GRUNDRISSE DES RECHTS

Muckel/Ogorek · Öffentliches Baurecht

Öffentliches Baurecht

von

Dr. iur. Stefan Muckel

Professor an der Universität zu Köln

und

Dr. iur. Markus Ogorek, LL.M. (Berkeley)

Professor an der EBS Universität
für Wirtschaft und Recht, Wiesbaden

2. Auflage 2014

C.H.BECK

www.beck.de

ISBN 978 3 406 65253 0

© 2014 Verlag C. H. Beck oHG
Wilhelmstraße 9, 80801 München
Druck und Bindung: Nomos Verlagsgesellschaft
In den Lissen 12, 76547 Sinzheim

Satz: Thomas Schäfer, www.schaefer-buchsatz.de

Gedruckt auf säurefreiem, alterungsbeständigem Papier
(hergestellt aus chlorfrei gebleichtem Zellstoff)

Vorwort zur 2. Auflage

Der Grundriss befindet sich nun auf dem Stand der Rechtsentwicklung bis Ende Dezember 2013. Nach wie vor verfolgt das Buch in erster Linie den Zweck, Studierenden der Rechtswissenschaften einen Text an die Hand zu geben, mit dessen Hilfe sie den für das Erste Examen maßgeblichen Stoff zum öffentlichen Baurecht erlernen bzw. wiederholen können. Auf eine nähere Auseinandersetzung mit primär wissenschaftlich oder für die Praxis relevanten Problemen des Faches haben wir deshalb verzichtet. Ich freue mich darüber, ab jetzt mit Herrn Professor Dr. Markus Ogorek LL.M. (Berkeley), Inhaber des Lehrstuhls für Staats- und Verwaltungsrecht, öffentliches und privates Wirtschaftsrecht an der EBS Universität für Wirtschaft und Recht, Wiesbaden, einen Mitautor für das Buch gewonnen zu haben, der sich die vornehmlich didaktischen Ziele des Textes zu eigen gemacht und mit großem Einsatz nun die zweite Auflage besorgt hat. Dabei konnte er auf die tatkräftige Unterstützung sowohl der Wiesbadener als auch der Kölner Mitarbeiter zurückgreifen. Ihnen allen sei herzlich gedankt.

Für kritische Hinweise sind wir dankbar. Sie erreichen uns unter markus.ogorek@ebs.edu oder unter stefan.muckel@uni-koeln.de.

Köln, im Dezember 2013   Stefan Muckel

Aus dem Vorwort zur 1. Auflage

Öffentliches Baurecht ist zwar in der Juristenausbildung aller Bundesländer Pflichtfach, aber nicht in seiner ganzen Breite. Meist werden nur Grundzüge oder ausgewählte Teile im Examen verlangt oder das Fach muss „im Überblick" bekannt sein (so etwa in Nordrhein-Westfalen nach § 11 Abs. 2 Nr. 13 lit. c JAG NRW). In öffentlich-rechtlichen Schwerpunktbereichen (§ 5a DRiG) wird mehr behandelt.

Der vorliegende Grundriss knüpft daran an und zielt auf die Pflichtfachprüfung. In ihr spielt das Baurecht zwar erfahrungsgemäß eine ganz erhebliche Rolle, aber eben nur in den Grundzügen. Mehr möchte dieses Buch nicht vermitteln. Für weitergehende Anfragen an die hochinteressante Materie sei verwiesen auf die zahlreichen breit angelegten Lehrbücher, die im Literaturverzeichnis aufgeführt sind, auf die aber auch in den Literaturhinweisen am Ende der einzelnen Abschnitte immer wieder hingewiesen wird.

Der Grundriss des Öffentlichen Baurechts sieht sich deshalb auch nicht in der Nachfolge des herausragenden Werkes von *Winfried Brohm*, das in drei Auflagen in der Reihe „Grundrisse des Rechts" erschienen ist und den Rechtsstoff ausführlicher darstellt, als es hier geschieht. Das vorliegende Buch versteht sich als Grundriss im eigentlichen Sinne des Wortes.

Wie in der Reihe „Grundrisse des Rechts" üblich, finden sich keine Fußnoten zu weiterführenden Nachweisen in Rechtsprechung und Literatur. Besonders wichtige Aspekte habe ich mit Nachweisen im Text belegt. Im Übrigen stehen Hinweise zu Literatur und Rechtsprechung – auch zu einzelnen dort besonders bezeichneten Gesichtspunkten – am Ende eines jeden Paragrafen.

Inhaltsverzeichnis

Abkürzungsverzeichnis

a. A.	anderer Ansicht
a. a. O.	am angegebenen Ort
abl.	ablehnend
ABlEG	Amtsblatt der Europäischen Gemeinschaften
Abs.	Absatz
a. E.	am Ende
AEG	Allgemeines Eisenbahngesetz
a. F.	alte(r) Fassung
AG VwGO NRW ...	(nordrhein-westfälisches) Ausführungsgesetz zur Verwaltungsgerichtsordnung (abgedruckt u. a. in der Sammlung *v. Hippel/Rehborn*, Gesetze des Landes Nordrhein-Westfalen, Nr. 252)
Alt.	Alternative
Anm.	Anmerkung
Art.	Artikel
Aufl.	Auflage
AUR	Agrar- und Umweltrecht
ausführl.	ausführlich
BauGB	Baugesetzbuch
BauGB DVO	Verordnung zur Durchführung des Baugesetzbuches
BauGBMaßnG	Maßnahmengesetz zum Baugesetzbuch
BauNVO	Baunutzungsverordnung
BauO/BO	Landesbauordnung
BauPG	Bauproduktengesetz
BauR	Baurecht
BauROG	Bauplanungs- und Raumordnungsgesetz
Bay	Bayern
BayBO	Bayerische Bauordnung
BayVBl.	Bayerische Verwaltungsblätter
BB	Betriebs-Berater
Bbg	Brandenburg
BbgBO	Brandenburgische Bauordnung
BBodSchG	Bundes-Bodenschutzgesetz
Bd.	Band
Bde.	Bände
BeckOK	Beck'scher Online-Kommentar
BFStrG	Bundesfernstraßengesetz
BGB	Bürgerliches Gesetzbuch

BGBl.	Bundesgesetzblatt
BGH	Bundesgerichtshof
BGHZ	Entscheidungen des Bundesgerichtshofs in Zivilsachen
BImSchG	Bundes-Immissionsschutzgesetz
Bln.	Berlin
BNatSchG	Bundesnaturschutzgesetz
BO	Bauordnung
BR-Drs.	Bundesratsdrucksache
Brem	Bremen, bremisch
BremLBO	Bremische Landesbauordnung
BRS	Baurechtssammlung
bspw.	beispielsweise
BT	Besonderer Teil
BT-Drs.	Bundestagsdrucksache
BürokAbbG I NRW	Erstes Gesetz zum Bürokratieabbau des Landes NRW
BVerfG	Bundesverfassungsgericht
BVerfGE	Entscheidungen des Bundesverfassungsgerichts
BVerwG	Bundesverwaltungsgericht
BVerwGE	Entscheidungen des Bundesverwaltungsgerichts
BW	Baden-Württemberg
bzw.	beziehungsweise
DDR	Deutsche Demokratische Republik
d. h.	das heißt
DIN	Deutsche Industrienorm
DÖV	Die öffentliche Verwaltung
DtZ	Deutsch-deutsche Rechts-Zeitschrift
DVBl.	Deutsches Verwaltungsblatt
ebd.	ebenda
EG	Europäische Gemeinschaft
EGBGB	Einführungsgesetz zum Bürgerlichen Gesetzbuch
EU	Europäische Union
f.	für; folgende (Seite)
ff.	folgende
Fn.	Fußnote
FS	Festschrift
FStrG	Fernstraßengesetz
GBl. DDR	Gesetzesblatt der Deutschen Demokratischen Republik
GE	Gewerbegebiet

gem.	gemäß
GewArch	Gewerbearchiv
GG	Grundgesetz
ggf.	gegebenenfalls
GO	Gemeindeordnung
grdl.	grundlegend
GVBl.	Gesetzes- und Verordnungsblatt
GVG	Gerichtsverfassungsgesetz
Halbs.	Halbsatz
HBauO	Hamburgische Bauordnung
HBO	Hessische Bauordnung
Hdb.	Handbuch
Hess	Hessen
h. L.	herrschende Lehre
h. M.	herrschende Meinung
Hrsg.	Herausgeber
i. d. R.	in der Regel
i. E.	im Einzelnen
i. e. S.	im engeren Sinne
insbes.	insbesondere
i. S. d.	im Sinne des
i. S. v.	im Sinne von
i. V. m.	in Verbindung mit
JA	Juristische Arbeitsblätter
JuS	Juristische Schulung
JZ	Juristenzeitung
KAG	Kommunalabgabengesetz
KommPrax	KommunalPraxis Bayern
KrO	Kreisordnung
KrW	Kreislaufwirtschaftsgesetz
KStZ	Kommunale Steuer-Zeitschrift
KV	Kommunalverfassung
LBauO	Landesbauordnung
LBO	Landesbauordnung
LG NRW	Gesetz zur Sicherung des Naturhaushalts und zur Entwicklung der Landschaft – Landschaftsgesetz
lit.	litera (Buchstabe)
Lit.	Literatur
LKRZ	Zeitschrift für Landes- und Kommunalrecht Hessen, Rheinland-Pfalz, Saarland

LKV	Landes- und Kommunalverwaltung
LPlG	Landesplanungsgesetz
Ls.	Leitsatz
LSA	Land Sachsen-Anhalt
MBO	Musterbauordnung
MV	Mecklenburg-Vorpommern
m. w. N.	mit weiteren Nachweisen
n.	nach
Nachw.	Nachweis(e)
NBO	Niedersächsische Bauordnung
Nds	Niedersachsen
NdsVBl.	Niedersächsische Verwaltungsblätter
n. F.	neue Fassung
NJ	Neue Justiz
NJOZ	Neue Juristische Online-Zeitschrift
NJW	Neue Juristische Wochenschrift
NJW-RR	Neue Juristische Wochenschrift, Rechtsprechungs-Report Zivilrecht
NordÖR	Zeitschrift für öffentliches Recht in Norddeutschland
Nr.	Nummer
NRG	Nachbarrechtsgesetz
NRW	Nordrhein-Westfalen
NuR	Natur und Recht
n. v.	nicht veröffentlicht
NVwZ	Neue Zeitschrift für Verwaltungsrecht
NVwZ-RR	Neue Zeitschrift für Verwaltungsrecht, Rechtsprechungs-Report
NWVBl.	Nordrhein-westfälische Verwaltungsblätter
o.	oben
OBG	Ordnungsbehördengesetz
öff.	öffentlich(er/es)
OLG	Oberlandesgericht
OVG	Oberverwaltungsgericht
PBefG	Personenbeförderungsgesetz
priv.	privat(er/es)
qm	Quadratmeter
Rh.-Pf.	Rheinland-Pfalz
Rn.	Randnummer
ROG	Raumordnungsgesetz

Rspr. .... Rechtsprechung

S. .... Seite
Saarl. .... Saarland
Sachs. .... Sachsen
SächsBO .... Sächsische Bauordnung
SH .... Schleswig-Holstein
SL .... Saarland
s. o. .... siehe oben
sog. .... sogenannte(r/s)
StadtKlassV .... Verordnung zur Bestimmung der Großen kreisange-
hörigen Städte und der Mittleren kreisangehörigen
Städte nach § 4 der Gemeindeordnung für das Land
Nordrhein-Westfalen v. 13.11.1979, zul. geänd. durch
Art. 1 der 16. ÄndVO v. 11.11.2008, GV NRW S. 687
(abgedruckt auch in der Sammlung v. *Hippel/Reh-
born*, Gesetze des Landes Nordrhein-Westfalen,
Nr. 20b)
st. Rspr. .... Ständige Rechtsprechung
StrReinG .... Straßenreinigungsgesetz
sub .... unter

Teils. .... Teilsatz
ThürBO .... Thüringer Bauordnung

u. .... und
u. a. .... und andere
UAbs. .... Unterabsatz
umfangr. .... umfangreich
UP .... Umweltprüfung
UPR .... Umwelt- und Planungsrecht
Urt. .... Urteil
usw. .... und so weiter
UVPG .... Gesetz über die Umweltverträglichkeitsprüfung

v. .... von/m
VBlBW .... Verwaltungsblätter Baden-Württemberg
VDI .... Verein Deutscher Ingenieure
VerwArch .... Verwaltungsarchiv
VG .... Verwaltungsgericht
VGH .... Verwaltungsgerichtshof
vgl. .... vergleiche
VO .... Verordnung
VR .... Verwaltungsrundschau

Häufig zitierte Literatur

I. Lehr- und Lernbücher zum Öffentlichen Baurecht

Battis, Ulrich, Öffentliches Baurecht und Raumordnungsrecht, 5. Aufl. 2006
Brenner, Michael, Öffentliches Baurecht, 3. Aufl. 2009
Brohm, Winfried, Öffentliches Baurecht, 3. Aufl. 2002
Dietlein, Johannes/Burgi, Martin/Hellermann, Johannes, Öffentliches Recht in Nordrhein-Westfalen, 5. Aufl. 2014
Dürr, Hansjochen/Middeke, Andreas, Baurecht Nordrhein-Westfalen, 4. Aufl. 2012
Erbguth, Wilfried, Öffentliches Baurecht mit Bezügen zum Umwelt- und Raumplanungsrecht, 5. Aufl. 2009
Finkelnburg, Klaus/Ortloff, Karsten/Kment, Martin, Öffentliches Baurecht, Band I: Bauplanungsrecht, 6. Aufl. 2011
Finkelnburg, Klaus/Ortloff, Karsten/Otto, Christian-W., Öffentliches Baurecht, Band II: Bauordnungsrecht, Nachbarschutz, Rechtsschutz, 6. Aufl. 2010
Hoppe, Werner/Bönker, Christian/Grotefels, Susan, Öffentliches Baurecht, 4. Aufl. 2010
Koch, Hans-Joachim/Hendler, Reinhard, Baurecht, Raumordnungs- und Landesplanungsrecht, 5. Aufl. 2009
Mampel, Dietmar, Nachbarschutz im öffentlichen Baurecht, 1994
Peine, Franz-Joseph, Öffentliches Baurecht. Grundzüge des Bauplanungs- und Bauordnungsrechts unter Berücksichtigung des Raumordnungs- und des Fachplanungsrechts, 4. Aufl. 2003
Schmidt, Rolf, Öffentliches Baurecht. Bauplanungsrecht, Bauordnungsrecht mit verwaltungsprozessualen Bezügen, 14. Aufl. 2013
Steiner, Udo, Baurecht mit Bezügen zum Raumordnungs- und Landesplanungsrecht. Prüfe Dein Wissen. Rechtsfälle in Frage und Antwort, Bd. 18, 5. Aufl. 2010
Schroeder, Daniela, Baurecht Nordrhein-Westfalen, Reihe „JURIQ Erfolgstraining", 2010
Stollmann, Frank, Öffentliches Baurecht, 9. Aufl. 2013

II. Handbücher und Monographien

Koppitz, Hans-Joachim/Schwarting, Gunnar/Finkeldei, Jörg, Der Flächennutzungsplan in der kommunalen Praxis, 3. Aufl. 2005
Langen, Werner/Schiffers, Karl-Heinz, Bauplanung und Bauausführung, 2. Aufl. 2013
Löffelbein, Klaus, Genehmigungsfreies Bauen und Nachbarrechtsschutz, 2000

Matyssek, Ulf, Nachbarschutz im öffentlichen Baurecht in den Fällen der
  Genehmigungsfreistellung (§ 67 BauO NW), 2003
Rinsdorf, Andrea, Der Flächennutzungsplan als Steuerungsinstrument der
  Gemeinde, 2004
Schwartmann, Rolf/Pabst, Heinz-Joachim, Bauvorhaben auf Altlasten, 2001
Steinberg, Rudolf/Wickel, Martin/Müller, Hendrik, Fachplanung, 4. Aufl.
  2012
Stüer, Bernhard, Handbuch des Bau- und Fachplanungsrechts, 4. Aufl. 2009
ders., Der Bebauungsplan. Städtebaurecht in der Praxis, 4. Aufl. 2009
Stüer, Bernhard/Probstfeld, Willi Esch, Die Planfeststellung. Grundlagen –
  Fachrecht – Rechtsschutz – Beispiele, 2003
Werner, Ulrich/Pastor, Walter, Der Bauprozess. Prozessuale und materielle
  Probleme des zivilen Bauprozesses, 14. Aufl. 2013

III. Fallsammlungen/Examinatorien

Ibler, Martin, Juristischer Studienkurs. Öffentliches Baurecht, 2006
Muckel, Stefan, Fälle zum Besonderen Verwaltungsrecht, 5. Aufl. 2013
Muckel, Stefan/Stemmler, Thomas, Fälle zum Bau- und Raumordnungsrecht,
  7. Aufl. 2013

IV. Kommentare zum Baurecht

Battis, Ulrich/Krautzberger, Michael/Löhr, Rolf-Peter, BauGB, 12. Aufl. 2013
Boeddinghaus, Gerhard/Hahn, Dittmar/Schulte, Bernd H., Die neue Bau-
  ordnung in Nordrhein-Westfalen. BauO NRW. Handkommentar, 2. Aufl.
  2000
dies., Bauordnung für das Land Nordrhein-Westfalen. Loseblattwerk, Stand:
  78. Erg.-Lfg. 2010
Ernst, Werner/Zinkahn, Willy/Bielenberg, Walter/Krautzberger, Michael,
  BauGB. Loseblattwerk, Stand: 109. Erg.-Lfg./1. Juni 2013
Eyermann, Erich, Verwaltungsgerichtsordnung, Kommentar, bearb. v. *Geiger,*
  Harald/Happ, Michael/Rennert, Klaus, 13. Aufl. 2010
Finkelnburg, Klaus/Dombert, Matthias/ Külpmann, Christoph, Vorläufiger
  Rechtsschutz im Verwaltungsstreitverfahren, 6. Aufl. 2011
Gädtke, Horst/Temme, Heinz-Georg/Heintz, Detlef/Czepuck, Knut, BauO
  NRW, Kommentar, 11. Aufl. 2008
Große-Suchsdorf, Ulrich, Niedersächsische Bauordnung, 9. Aufl. 2013
Jäde, Henning/Dirnberger, Franz/Weiß, Josef, BauGB, BauNVO, 7. Aufl.
  2013
Spannowsky, Willy/Uechtritz, Michael (Hrsg.), BeckOK BauGB, Stand:
  1.9.2013
Schlichter, Otto/Stich, Rudolf/Driehaus, Hans-Joachim/Paetow, Stefan
  (Hrsg.), Berliner Kommentar zum Baugesetzbuch (BauGB), Loseblatt,
  Stand: 25. Erg.-Lfg. (Nov. 2013)
Schrödter, Hans, BauGB, 7. Aufl. 2006

Thiel, Fritz/Rößler, Hans-Günter/Schumacher, Wilhelm, Baurecht in Nord-rhein-Westfalen. Kommentar und Vorschriftensammlung. Loseblattwerk, Stand: Dezember 2008

V. Sonstige Lehrbücher und Kommentare

Dreier, Horst (Hrsg.), GG,
Band 1, 2. Aufl. 2004
Band 2, 2. Aufl. 2006, Supplementum 2007
Hufen, Friedhelm, Verwaltungsprozessrecht, 9. Aufl. 2013
Jarass, Hans D./Pieroth, Bodo, GG, 11. Aufl. 2011
Kopp, Ferdinand O./Ramsauer, Ulrich, VwVfG, 13. Aufl. 2012
Kopp, Ferdinand O./Schenke, Wolf-Rüdiger, VwGO, 18. Aufl. 2012
Palandt, Otto (Begr.), BGB, 72. Aufl. 2013
Sachs, Michael (Hrsg.), GG, 6. Aufl. 2011
Steiner, Udo (Hrsg.), Besonderes Verwaltungsrecht, 8. Aufl. 2006
Tettinger, Peter J./Erbguth, Wilfried/Mann, Thomas, Besonderes Verwaltungsrecht. Kommunalrecht, Polizei- und Ordnungsrecht, Baurecht, 10. Aufl. 2009
v. Mangoldt, Hermann/Klein, Friedrich/Starck, Christian (Hrsg.), GG,
Band 1: Präambel, Art. 1–19, 6. Aufl. 2010
Band 2: Art. 20–82, 6. Aufl. 2010
v. Münch, Ingo/Kunig, Philip (Hrsg.), GG, 2 Bde., 6. Aufl. 2012
Schenke, Wolf-Rüdiger, Polizei- und Ordnungsrecht, 8. Aufl. 2013

1. Teil. Einführung

§ 1. Das öffentliche Baurecht – Begriff und Abgrenzung

I. Öffentliches und privates Baurecht

Das Baurecht reglementiert das Bauen. Es liefert Vorgaben darüber, 1
ob und wie man bauen darf. Dazu sind zwei Normenkomplexe, d. h.
zwei Arten von Baurecht, zu unterscheiden: das öffentliche und das
private Baurecht.

1. Privates Baurecht

Zum privaten Baurecht gehört zunächst das Bauvertragsrecht, das 2
in den Vorschriften über den Werkvertrag (§§ 631 ff. BGB) geregelt
ist. Hierzu ist eine umfangreiche Dogmatik entwickelt worden. Die
zivilrechtliche Baupraxis behandelt hauptsächlich die Mängel am
Bauwerk. Daraus resultieren die unzähligen – und nicht nur hinsichtlich ihres Streitwerts interessanten – Klagen auf Mängelbeseitigung,
Minderung des Werklohns (respektive des Architektenhonorars)
oder auf Schadensersatz (zum Mitverschulden des Bauherrn im
Verhältnis zu seinem Architekten und sonstigen Sonderfachleuten s.
Engbers, NZBau 2013, 618).

Als Ursache von Baumängeln kommen sowohl die nicht fachmän- 3
nische Erstellung des Bauwerks durch den beauftragten Bauunternehmer in Betracht als auch die unsachgemäße Planung des Architekten. Wer bauen will, für den ist die Rechtsmaterie des Zivilrechts also
ebenso wichtig wie das öffentliche Baurecht (vgl. etwa zu der kontro-
vers diskutierten Frage, ob bei Schwarzarbeit von Bauleistungen
Mängelansprüche bestehen, *BGH*, NZBau 2013, 627; *Jerger*, NZBau
2013, 608).

Beispiel (nach *OLG Köln*, NJOZ 2002, 2323): Architekt A schließt mit der 4
Gemeinde G einen Architektenvertrag über die Errichtung einer Veranstal-
tungshalle. Dabei beauftragt G den A mit der Planung und Bauleitung für
den Neubau einer örtlichen Begegnungsstätte. Gegenstand des Vertrags sind
auch die Allgemeinen Vertragsbedingungen der G mit freiberuflich Tätigen,

die u. a. auf das Beiblatt 1 zur DIN 18005 Teil 1 verweisen, dessen Vorgaben durch A einzuhalten sein sollen. Aus diesem ergibt sich für Mischgebiete der Immissionsrichtwert von 45 dB (A) hinsichtlich nächtlichen Lärms. In der Halle sollen laut Vertrag auch spät abends bis in die Nacht Veranstaltungen stattfinden, z. B. Tanzveranstaltungen oder Konzerte. Das beplante Grundstück liegt nach dem Flächennutzungsplan in einem Mischgebiet, ein Bebauungsplan besteht nicht. Nach Eröffnung der Halle kommt es zu Beschwerden des Nachbarn N wegen nächtlicher Geräuschbelästigungen, die über 45 dB (A) liegen. Eine nachträgliche ausreichende Schallisolierung der Halle ist nicht möglich. G trifft daraufhin mit N eine Vereinbarung. Danach werden auf Kosten der G im Haus des N Schallschutzfenster eingebaut, G wird in Zukunft keine Disco- und Rockveranstaltungen in der Halle mehr zulassen und N im Gegenzug darauf verzichten, Abwehr- und Unterlassungsansprüche zu erheben. G macht gegenüber A Gewährleistungsansprüche wegen mangelhafter Schallisolierung der Halle geltend und möchte die Kosten für die Schallisolierung am Haus des N ersetzt haben. Zu Recht?

5   G könnte gegen A einen Anspruch auf Schadensersatz gem. §§ 634 Nr. 4, 280 Abs. 1 Satz 1 BGB haben. Ein wirksamer Werkvertrag wurde in Form des Architektenvertrags zwischen A und G geschlossen. Die Planung müsste mangelhaft i. S. d. § 633 BGB sein. Gem. § 633 Abs. 2 Satz 1 BGB ist das Werk mangelhaft, wenn es nicht die vereinbarte Beschaffenheit hat. Gegenstand des Vertrags war auch die Einhaltung des Immissionsrichtwerts von 45 dB (A) für von der Halle ausgehenden Lärm in der Nacht. Soweit es also aus der Halle zu Lärmemissionen über 45 dB (A) bei nächtlichen Veranstaltungen kommt, verfehlt die Planung die vereinbarten Eigenschaften des Bauwerks. G könnte daher einen Schadensersatzanspruch gegen A haben. Bei den Kosten für den Schallschutz an dem Haus des N handelt es sich um einen Schadensposten, der nach § 280 Abs. 1 BGB zu ersetzen ist (*OLG Köln*, NJOZ 2002, 2323, 2325; vgl. auch *Busche*, in: MüKo-BGB, Bd. 4, 6. Aufl. 2012, § 634 Rn. 53). Aufgrund des Mangels in der Planung kam es zu nächtlichen Lärmbelästigungen des N oberhalb des zulässigen Pegels, die nur durch bauliche Maßnahmen am Haus des N beseitigt werden konnten. A hat den Mangel der Planung auch zu vertreten (vgl. § 280 Abs. 1 Satz 2 BGB). Er hätte als zuständiger Architekt für hinreichenden Schallschutz an der Halle sorgen müssen. Ihm war aufgrund der vertraglichen Vereinbarung mit G bekannt, dass es zu nächtlichen Veranstaltungen kommen würde und daher der Richtwert von 45 dB (A) als Höchstgrenze der Lärmemissionen durch geeignete Schallschutzmaßnahmen zu gewährleisten war. G kann daher von A die Kosten für die Schallisolierung des Hauses von N als Mangelfolgeschaden (Schadensersatz neben der Leistung) ersetzt verlangen.

6   Das private Baurecht umfasst auch nachbarschützende Vorschriften (zum zivilrechtlichen Nachbarschutz vgl. u. § 10 Rn. 86 f.). Dazu gehören die §§ 903 ff. BGB und § 1004 BGB. Diese Vorschriften regeln die bürgerlich-rechtliche Baufreiheit. Hierunter versteht man das Recht des Eigentümers, mit seinem Grundstück in baulicher Hin-

sicht nach Belieben zu verfahren, soweit dem nicht Rechte Dritter entgegenstehen. Vor der Nachbarschaft kann man sich also nicht nur öffentlich-rechtlich, sondern auch privatrechtlich schützen.

Beispiele: (1) § 906 BGB ist anwendbar, wenn es darum geht, die von einem 7 Nachbargrundstück ausgehenden Emissionen zu unterbinden, bspw. die von einer nahegelegenen Schweinemästerei ausgehenden Geruchsbelästigungen für ein Wohngebiet (vgl. *BGH*, NJW 1977, 146).

(2) Ein Überbau muss nicht geduldet werden, wenn er den Regeln der Baukunst nicht entspricht und deshalb über die Grenzverletzung hinausreichende Beeinträchtigungen des Nachbarn besorgen lässt (vgl. *BGH*, NJW-RR 2009, 24).

(3) Nach § 909 BGB darf ein Grundstück nicht in der Weise vertieft werden, dass der Boden des Nachbargrundstücks die erforderliche Stütze verliert, es sei denn, dass für eine genügende anderweitige Befestigung gesorgt ist.

Auf der Ebene des Landesrechts besteht für den Rechtsschutz ge- 8 genüber dem Nachbarn eine Besonderheit, die im Zusammenhang zu sehen ist mit dem Verhältnis von öffentlichem und privatem Baurecht. Sie ergibt sich in Nordrhein-Westfalen ebenso wie in anderen Bundesländern aus dem Nachbarrechtsgesetz des Landes (dazu *Bassenge*, in: Palandt, BGB Art. 124 EGBGB). Die Nachbarrechtsgesetze sind Landesrecht, und zwar nicht öffentlich-rechtliches, sondern privatrechtliches. Das zeigt bspw. § 50 Nachbarrechtsgesetz NRW (NachbG NRW[1]). Danach kann der Nachbar, wenn die Vorschriften des Gesetzes verletzt werden und das NachbG NRW selbst keine Regelung trifft, die Ansprüche geltend machen, die das BGB vorsieht.

Vor dem Hintergrund, dass das bürgerliche Recht eine Regelungs- 9 materie des Bundes ist, drängt sich die Frage auf, wieso es landesrechtliches Zivilrecht gibt. Nach Art. 74 Abs. 1 Nr. 1 GG hat der Bund die konkurrierende Gesetzgebungskompetenz für das bürgerliche Recht. Das bürgerliche Recht ist durch das Bürgerliche Gesetzbuch, das gem. Art. 125 Nr. 1 GG Bundesrecht ist, grundsätzlich abschließend vom Bund geregelt. Deshalb liegt die Schlussfolgerung nahe, dass die Länder keine Kompetenz zum Erlass nachbarrechtlicher Vorschriften haben.

Dafür spricht auch die historische Entwicklung des Bürgerlichen 10 Gesetzbuchs. Dessen Ursprünge reichen in das 19. Jahrhundert zurück, als das Zivilrecht noch Ländersache war, ehe es (nach mühsamer Auseinandersetzung) in die Reichskompetenz überführt wurde. Als

---

1 Ordnungszahl 185 in der Sammlung *v. Hippel/Rehborn*, Gesetze des Landes Nordrhein-Westfalen. Zu den Gesetzen in anderen Bundesländern vgl. Fn. 2 u. 3.

das Reich von dieser Kompetenz Gebrauch machte, traten die privatrechtlichen Vorschriften in Landesgesetzen außer Kraft. Ausgenommen sind allerdings gem. Art. 55 EGBGB diejenigen Vorschriften
der Länder, für die das Bürgerliche Gesetzbuch selbst oder das Ein-
führungsgesetz zum Bürgerlichen Gesetzbuch (EGBGB) etwas anderes bestimmt. Für die Nachbarrechtsgesetze der Länder enthalten
Art. 122 und 124 EGBGB solche Bestimmungen. Danach bleiben
Vorschriften über Obstbäume auf der Grenze oder auf Nachbargrundstücken (Art. 122 EGBGB) ebenso in Kraft wie die allgemeinen
Vorschriften über Beschränkungen des Eigentums zugunsten der
Nachbarn (Art. 124 EGBGB). Daraus folgt: Bei den Nachbarrechts-
gesetzen handelt es sich um landesrechtliches Zivilrecht, das das Inkrafttreten des Bürgerlichen Gesetzbuchs überdauert hat.

11   Daran ändert auch der Umstand nichts, dass die Nachbarrechtsgesetze
zeitlich nach dem Inkrafttreten des BGB (1.1.1900) erlassen wurden, das
NachbG NRW z. B. im Jahre 1969, also weit später. Der Landesgesetzgeber
ist ermächtigt, ein (nicht vorkonstitutionelles) Nachbarrechtsgesetz zu erlassen, wenn dieses neue Nachbarrecht im gleichen Umfang besteht wie diesem
vorangegangene Vorschriften, die schon vor 1900 geltendes Recht waren und
durch Art. 124 EGBGB aufrechterhalten worden sind. Das NachbG für das
Land Nordrhein-Westfalen hat Teile des gem. Art. 124 EGBGB weiterhin
geltenden Allgemeinen Landrechts für die Preußischen Staaten vom
5.2.1794, die Art. 23 §§ 1 bis 3 des Preußischen Ausführungsgesetzes zum
Bürgerlichen Gesetzbuch v. 20.9.1899, Art. 671, 672 Abs. 1, 674 bis 681 des
Rheinischen Bürgerlichen Gesetzbuchs (Code Civil) und das Gesetz über
das forstliche Nachbarrecht v. 25.6.1962 aufgehoben bzw. außer Kraft treten
lassen und durch gleichlautende Vorschriften ersetzt. Dementsprechend besaß
das Land die erforderliche Gesetzgebungskompetenz zum Erlass des
NachbG NRW.

12   Im Einzelnen sollte man sich zum Nachbarrecht in den einschlägigen Landesgesetzen, z. B. dem NachbG NRW, Folgendes merken:
– Es gehört dem Zivilrecht an.
– Es regelt u. a. Grenzabstände von Gebäuden (eine Materie, die
  auch Bestandteil der Bauordnung und der Bebauungspläne ist).
  Es findet insoweit allerdings nur selten Anwendung, weil es weit-
  reichende Ausnahmen und Ausschlusstatbestände vorsieht (§§ 2 f.
  NachbG NRW). So sind seine Vorschriften über Grenzabstände
  z. B. unanwendbar, wenn anderslautende öffentlich-rechtliche Vorschriften bestehen (§ 2 lit. a NachbG NRW)[2].

---

2 Siehe auch § 2 NbG LSA; § 1 Abs. 2 LNRG Rh.-Pf.; § 3 SächsNRG.

– In der Praxis bedeutsam sind vor allem die Vorschriften über *Einfriedungen* (§§ 32 ff. NachbG NRW) und über *Grenzabstände von Pflanzen*. In den §§ 40 ff. NachbG NRW ist genau bestimmt, wie nah Pflanzen an das Grundstück des Nachbarn heranreichen dürfen[3].

Beispiele: (1) Gem. § 50 Abs. 1 Nds. NRG sind mit Bäumen bestimmte, von   **13** der jeweiligen Baumhöhe abhängige Abstände zu den Nachbargrundstücken einzuhalten. Wenn ein Baum über die zulässige Höhe hinausgewachsen ist, kann der betroffene Nachbar das Zurückschneiden auf die zulässige Höhe verlangen, wenn der Eigentümer den Baum nicht beseitigen will, § 53 Abs. 2 Nds. NRG. Der Anspruch ist jedoch gem. § 54 Abs. 2 Nds. NRG ausgeschlossen, wenn der Nachbar nicht spätestens im fünften auf das Hinauswachsen folgende Kalenderjahr Klage auf Zurückschneiden erhebt (vgl. *BGH*, NJW 2004, 1037; ähnliche Regelung über den Ausschluss des Beseitigungsanspruchs: § 47 Abs. 1 NachbG NRW).

(2) Der Eigentümer eines bebauten oder gewerblich genutzten Grundstücks   **14** ist innerhalb eines im Zusammenhang bebauten Ortsteils nach § 32 Abs. 1 Satz 1 NachbG NRW auf Verlangen des Eigentümers des Nachbargrundstücks verpflichtet, sein Grundstück an der gemeinsamen Grenze einzufrieden.

(3) Ist keine kommunale Satzung oder ein Bebauungsplan zu beachten,   **15** steht es den Nachbarn grundsätzlich frei, sich über die Art der Einfriedung zu einigen. Wird keine Einigung erzielt, muss gem. § 35 NachbG NRW eine ortsübliche Einfriedung gewählt werden.

2. Öffentliches Baurecht

Im Gegensatz zum privaten Baurecht regelt das öffentliche Bau-   **16** recht das Bauen vornehmlich mit Blick auf die Belange des Gemeinwohls, also im öffentlichen Interesse.

II. Die Materien des öffentlichen Baurechts

Im Rahmen des öffentlichen Baurechts sind im Wesentlichen fol-   **17** gende Materien zu unterscheiden:

---

3 Entsprechende Regelungen in den anderen Bundesländer etwa: Art. 47 ff. BayAGBGB; §§ 12 ff. NRG BW; §§ 34 ff. NbG LSA; §§ 44 ff. LNRG Rh.-Pf.; §§ 9 ff. SächsNRG; §§ 44 ff. ThürNRG.

1. Planungsrecht

18   Das Planungsrecht ist eine begriffliche Zusammenfassung für alle Vorschriften, die die raumbedeutsame Planung der öffentlichen Hand betreffen. Diese Planung kann stattfinden auf der Ebene des Bundes, eines Landes oder einer Region. Bei der Planung in einer Region spricht man von Regionalplanung. Gemeint ist damit zumeist eine Planung auf der Ebene der Regierungsbezirke (vgl. §§ 1 Abs. 2, 2 Abs. 3, 4, 19 Abs. 1 LPlG NRW). Jedenfalls findet die Regionalplanung oberhalb der Ebene der Gemeinden statt.

19   Die Terminologie ist noch nicht ganz einheitlich. Mit einem gewissen Vorbehalt kann man folgende Begriffe unterscheiden, wobei zu beachten ist, dass es sachliche Überschneidungen gibt:

20   a) **Raumplanungsrecht.** Dem Raumplanungsrecht werden Gesetze begrifflich zugeordnet, die die Raumplanung rechtlich ordnen. Raumplanung ist die tiefenräumliche Gestaltung der Landschaft durch die öffentliche Hand auf allen Ebenen und Sachgebieten. Zu unterscheiden sind dabei zwei Arten von Planung: die Fachplanung und die Gesamtplanung.

21   aa) **Fachplanung.** Die Fachplanung bezieht sich auf die räumliche Planung einzelner Vorhaben in der Landschaft, etwa den Bau einer Eisenbahnstrecke oder einer Fernstraße. Hierfür bestehen regelmäßig eigene Gesetze. Sie sehen durchweg eine eigene Planfeststellung vor. Das BauGB nimmt die Fälle der Fachplanung in seinem § 38 aus dem Anwendungsbereich der Vorschriften über die Zulässigkeit von Vorhaben (§§ 29 bis 37 BauGB) aus (näher *Löhr*, in: Battis/Krautzberger/ Löhr, BauGB, § 38 Rn. 6 f.). Zu den fachplanerischen Vorhaben, die von § 38 BauGB erfasst werden, gehören z. B. der Bau von Bundesfernstraßen sowie Straßen nach den Landesstraßengesetzen.

22   bb) **Gesamtplanung.** Die Gesamtplanung betrifft demgegenüber nicht nur ein bestimmtes Vorhaben, sondern versucht, alle in einem bestimmten Gebiet auftretenden, den Raum betreffenden Interessen zu koordinieren. Zur Gesamtplanung gehören zunächst die Raumordnung und die Landesplanung, aber vor allem auch die Bauleitplanung der Gemeinden. Damit überschneidet sich das Raumplanungsrecht mit dem anderen Teilgebiet des Planungsrechts, dem Bauplanungsrecht.

23   b) **Bauplanungsrecht.** Im Gegensatz zum Raumplanungsrecht, das die tiefenräumliche Landschaftsnutzung rechtlich festlegt, geht

es beim Bauplanungsrecht um die rechtliche Festlegung der Nutzbarkeit des gemeindlichen Bodens. Diese Materie wird oft auch als Städtebaurecht oder Stadtplanungsrecht bezeichnet. Sie betrifft die Bauleitplanung der Gemeinden, wie sie im BauGB geregelt ist.

Der Zusammenhang zwischen Raumplanungsrecht und Baupla-   24
nungsrecht besteht also darin, dass Ersteres eine Landschaft großflä-
chig nach Kategorien wie „Stadt, Land, Fluss" verplant, während das
Letztere regelt, wie im städtischen Bereich der Boden im Einzelnen
genutzt, d. h. vor allem bebaut wird.

2. Bauordnungsrecht

Neben dem Planungsrecht steht das Bauordnungsrecht. Das   25
Bauordnungsrecht ist – wie bereits der Name anzeigt – Sonderordnungsrecht für den Bereich des Bauens und ist in den Landesbauordnungen geregelt. Es geht dabei nicht primär um die Nutzbarkeit des Bodens, sondern um Gefahrenabwehr im Rahmen der
planungsrechtlich zulässigen Nutzung des Bodens. Das Bauordnungsrecht enthält Vorschriften zur Abwehr von Gefahren, die von
(noch zu errichtenden) baulichen Anlagen ausgehen (früher dachte
man vor allem an Feuerstellen), und von Gefahren, die beim Bauen
selbst auftreten, z. B. durch herunterfallende Werkzeuge oder
Steine[4]. Dementsprechend legt das Bauordnungsrecht z. B. Anforderungen an die Standsicherheit von Gebäuden, die Beschaffenheit von
Baumaterialien, den baulichen Brandschutz und die Verkehrssicher-
heit fest.

3. Baunebenrecht

Obwohl sie für viele Bauvorhaben von Bedeutung sind, zählen die   26
unter dem Begriff des „Baunebenrechts" zusammengefassten Vorschriften nicht zum eigentlichen Baurecht. Mitunter wird daher
auch von „Komplementärnormen" gesprochen (vgl. näher *Brohm*,
Öffentliches Baurecht, § 3 Rn. 5). Es handelt sich insbes. um Materien, die herkömmlicherweise dem Umweltrecht zugerechnet
werden, wie etwa das Wasserrecht, das Abfallrecht, das Immissionsschutzrecht, das Recht des Naturschutzes und der Landschaftspflege
sowie das im Bundes-Bodenschutzgesetz kodifizierte Altlastenrecht.

---

4 Siehe auch Art. 52 BayBO; § 44 LBO BW; § 50 HessBO; § 55 LBauO M-V; § 57
LBauO Rh.-Pf.; § 56 LBO SH.

Darüber hinaus sind das Denkmalschutzrecht zu nennen, aber auch die das Baurecht i. e. S. näher ausführenden Regelwerke, seien es Rechtsverordnungen (z. B. die BauNVO), Verwaltungsvorschriften, wie die DIN-Normen, oder private Regelwerke (z. B. die VDI-Richtlinien).

Literatur: Zu I. (Öffentliches und privates Baurecht): Allgemein: *Finkelnburg/Ortloff/Kment*, Öffentliches Baurecht, Bd. I, 6. Aufl. 2011, S. 1 ff.; *Stollmann*, Öffentliches Baurecht, 9. Aufl. 2013, § 1 Rn. 1 ff.; zum Begriff des Baumangels: *Langen/Schiffers*, Bauplanung und Bauausführung, 2005, Rn. 132, 646, 1882 ff.; *Pastor*, in: Werner/Pastor, Bauprozess, 14. Aufl. 2013, Rn. 1960 ff.

Zu II. 1. (Planungsrecht): Zu den Begriffen im Planungsrecht: *Brohm*, Öffentliches Baurecht, 3. Aufl. 2002, § 2 Rn. 23, § 3 Rn. 1 ff.; *Hoppe*, in: Hoppe/Bönker/Grotefels, Öffentliches Baurecht, 4. Aufl. 2010, § 1 Rn. 1 ff.

Zum Begriff Fachplanung: *Ronellenfitsch*, Rechtsfolgen fehlerhafter Planung, NVwZ 1999, 583, 584; *Wahl/Dreier*, Entwicklung des Fachplanungsrechts, NVwZ 1999, 606.

Zur Rechtsprechung seit 2001 im Fachplanungsrecht: *Stüer*, Fachplanungsrecht: Verkehrsinfrastruktur, – Energiegewinnung, DVBl. 2003, 899; *Wahl/Hermanns*, Fachplanungsrecht: Grundlagen – Naturschutz, DVBl. 2003, 711.

Zur Berücksichtigung europarechtlicher Anforderungen im Fachplanungsrecht: *Wahl/Hönig*, Entwicklung des Fachplanungsrechts, NVwZ 2006, 161, 163 f.; zur „Europäisierung des Bauplanungsrechts" *Grünewald*, Subjektive Verfahrensrechte als Folge der Europäisierung des Bauplanungsrechts, NVwZ 2009, 1520, 1521.

Zu II. 2. (Bauordnungsrecht): *Erbguth*, in: Tettinger/Erbguth/Mann, Besonderes Verwaltungsrecht, 11. Aufl. 2012, Rn. 802 ff.

Zu der von den Ländern gemeinsam erlassenen Musterbauordnung: *Erbguth/Stollmann*, Entwicklung im Bauordnungsrecht, JZ 2007, 868; *Jäde*, Musterbauordnung 2002 – ein Überblick, NVwZ 2003, 668.

Zu III. 3. (Baunebenrecht): Zum BBodSchG: *Bickel*, Der Einfluss des Allgemeinen Polizeirechts auf die Auslegung des Bundes-Bodenschutzgesetzes, NVwZ 2004, 1210; *Kügel*, Die Entwicklung des Altlasten- und Bodenschutzrechts, NJW 2004, 1570; *Peine*, Die Kritik am Bundes-Bodenschutzgesetz – nach fünf Jahren revisited, UPR 2003, 406.

Umfassend zur Relevanz des Bodenschutzrechts bei Bauvorhaben: *Schwartmann/Pabst*, Bauvorhaben auf Altlasten, 2001, Rn. 84 ff.

Zum Denkmalschutz im Städtebau- und Bauordnungsrecht: *Stich*, Berücksichtigung des Denkmalschutzes bei Maßnahmen nach dem Städtebau- und Bauordnungsrecht, UPR 2003, 241.

Zu den das Baurecht i. e. S. näher ausführenden Regelwerken: *Diehr/Geßner*, Die Abwehrrechte landwirtschaftlicher Betriebe gegen heranrückende Wohnbebauung, NVwZ 2001, 985, 988 f.

§ 2. Gesetzgebungskompetenzen

I. Bund

Das Bauplanungsrecht im zuvor umschriebenen Sinne (d. h. das 1
Recht der örtlichen Bauleitplanung) ist Bundessache (vgl. BVerfGE
3, 407, 424 f.; 77, 288, 298 f.; *BVerwG*, DVBl. 2008, 358, 260). Der
Bund hat gem. Art. 74 Abs. 1 Nr. 18 GG die konkurrierende Gesetzgebungskompetenz für das Bodenrecht. Dazu zählen die Vorschriften, die die (bauliche) Nutzbarkeit von Grund und Boden zum Gegenstand haben (vgl. BVerfGE 3, 407, 424; 34, 139, 144), allen voran
die Normen des BauGB als wichtigste Rechtsquelle des Städtebaurechts. Das Recht der Erschließungsbeiträge fällt seit 1994 nicht
mehr in die konkurrierende Gesetzgebungskompetenz des Bundes.
Es ist in Art. 74 Abs. 1 Nr. 18 GG ausdrücklich aus dem Bodenrecht
ausgenommen worden. Dennoch enthält auch das neue BauGB in
den §§ 127 ff. BauGB eingehende Vorschriften über Erschließungsbeiträge. Das ist möglich wegen Art. 125a Abs. 1 GG, wonach Recht,
das aufgrund einer früheren konkurrierenden Gesetzgebungskompetenz des Bundes erlassen worden ist, als Bundesrecht fortbesteht. Es
kann allerdings durch Landesrecht ersetzt werden.

In die Bundeskompetenz fällt darüber hinaus die überörtliche Pla- 2
nung. Während der Bund zur Raumordnung vor der Föderalismusreform gem. Art. 75 Abs. 1 Nr. 4 GG a. F. (aufgeh. durch Gesetz
v. 28.8.2006, BGBl. I S. 2034) nur Rahmenvorschriften erlassen
durfte, gehört dieser Bereich gem. Art. 74 Abs. 1 Nr. 31 GG nunmehr
zur konkurrierenden Gesetzgebungskompetenz des Bundes. Davon
hat der Bund mit dem Raumordnungsgesetz v. 22.12.2008 (BGBl. I
S. 2986, zuletzt geändert durch Art. 9 Gesetz zur Neuregelung des
Wasserrechts v. 31.7.2009, BGBl. I S. 2585) Gebrauch gemacht. Die
Länder sind gem. Art. 72 Abs. 3 Satz 1 Nr. 4 GG jedoch berechtigt,
durch Gesetz hiervon abweichende Regelungen zu treffen. Gem.
Art. 72 Abs. 3 Satz 3 GG gilt dann im Verhältnis von Bundes- und
Landesrecht, abweichend von Art. 31 GG, das jeweils spätere Gesetz
(vgl. dazu *Degenhart*, in: Sachs, GG, Art. 72 Rn. 40 ff.).

II. Länder

3   In die Gesetzgebungskompetenz der Länder fällt vor allem das Bauordnungsrecht als typische gefahrenabwehrrechtliche Materie. Das folgt aus Art. 70 GG.

4   Die Länder regeln darüber hinaus das Nähere für ihren räumlichen Zuständigkeitsbereich auf dem Gebiet der überörtlichen Planung (in Nordrhein-Westfalen: Landesplanungsgesetz). Gem. Art. 72 Abs. 3 Satz 1 Nr. 4 GG sind sie ermächtigt, vom Bundesrecht abweichende Regelungen zur Raumordnung zu erlassen.

III. Europäische Union

5   Im Grundsatz kommen der Europäischen Union im Bereich des Bauplanungsrechts keine Kompetenzen zu. Erkennbar ist jedoch eine zunehmende „Europäisierung" des deutschen Städtebaurechts (ausführl. dazu *Erbguth*, NVwZ 2007, 985). Es wird immer mehr durch Vorgaben und Anregungen der Europäischen Union beeinflusst (vgl. *Stollmann*, Öffentliches Baurecht, § 3 Rn. 4). Bestes Beispiel für diese Entwicklung ist das am 20.7.2004 in Kraft getretene „Gesetz zur Anpassung des Baugesetzbuchs an EU-Richtlinien" bzw. „Europarechtsanpassungsgesetz Bau", kurz: EAG Bau (BGBl. I S. 1359). Aber auch das Raumordnungsgesetz v. 22.12.2008 – ROG 2008 – diente u. a. der Umsetzung von Richtlinien der Gemeinschaft (näher *Hoppe*, in: Hoppe/Bönker/Grotefels, Öffentliches Baurecht, § 3 Rn. 3). Darüber hinaus muss das deutsche Bauplanungsrecht mit den Vorschriften des europäischen Primärrechts, also insbes. den zwischen den Mitgliedstaaten geschlossenen Verträgen, vereinbar sein.

6   **Beispiel:** Das Bundesland N sieht in seinem Gesetz zur Landesentwicklung vor, dass großflächige Einzelhandelsbetriebe nur ausgewiesen werden, wenn sich der Standort in einer Gemeinde mit mehr als 100.000 Einwohnern befindet und ein „zentrenrelevantes Sortiment" angeboten wird. Diese Regelung führt zu einer Beschränkung der in Art. 49 AEUV (früher: Art. 43 EGV) garantierten Niederlassungsfreiheit, die jedenfalls mangels hinreichend objektiver und transparenter Beurteilungskriterien („großflächige Einzelhandelsbetriebe", „zentrenrelevantes Sortiment") nicht gerechtfertigt ist (vgl. zur Frage der Verfassungsmäßigkeit von Beschränkungen für sog. Hersteller-Direktverkaufszentren – „Factory-Outlet-Center", FOC – *NRWVerfGH*, NVwZ 2009, 1287).

Literatur: **Zu I. und II. (Gesetzgebungskompetenzen von Bund und Ländern):** *Koch/Hendler*, Baurecht, Raumordnungs- und Landesplanungsrecht, 5. Aufl. 2009, § 1; *Just*, in: Hoppe/Bönker/Grotefels, Öffentliches Baurecht, 4. Aufl. 2010, § 2 Rn. 1 ff.
Zur Gesetzgebungskompetenz des Bundes: *Hellermann*, in: Dietlein/Burgi/Hellermann, Öffentliches Recht in Nordrhein-Westfalen, 5. Aufl. 2014, § 4 Rn. 8 ff.; *Kunig;* in: v. Münch/Kunig (Hrsg.), GG, Bd. 3, 6. Aufl. 2012, Art. 74 Rn. 69 ff., 122; *Oeter*, in: v. Mangoldt/Klein/Starck, GG, Bd. 2, 6. Aufl. 2010, Art. 74 Rn. 23 f., 189; *Stollmann*, Öffentliches Baurecht, 9. Aufl. 2013, § 2 Rn. 23 f.
Zur Abweichungsgesetzgebung der Länder: *Degenhart*, in: Sachs (Hrsg.), GG, 6. Aufl. 2011, Art. 72 Rn. 40 ff.; *Stettner*, in: Dreier (Hrsg.), GG, Bd. 2, 2. Aufl. 2006, Supplementum 2007, Art. 72 Rn. 46 ff.
Zu III. (Einfluss der EU): *Erbguth*, Städtebaurecht und Raumordnungsrecht im Wandel: Ökologisierung durch Europäisierung, Rechtsschutz, Föderalismusreform, NVwZ 2007, 985; *Grünewald*, Subjektive Verfahrensrechte als Folge der Europäisierung des Bauplanungsrechts, NVwZ 2009, 1520, 1521 ff.

§ 3. Der Grundsatz der Baufreiheit

Baufreiheit bedeutet, dass jeder Grundstückseigentümer das Recht 1
hat, sein Grundstück baulich zu nutzen. Dieses Recht ergibt sich
nach traditioneller Auffassung aus der Eigentumsgarantie. Die Baufreiheit ist nach diesem Verständnis als Ausfluss des Grundrechts
aus Art. 14 Abs. 1 GG anzusehen (vgl. BVerfGE 35, 263, 276;
BVerwG, NVwZ 1998, 842, 844; *Krautzberger*, in: Battis/Krautzberger/Löhr, BauGB, § 1 Rn. 7; *Böhm*, JA 2013, 81 f.). Danach hat derjenige, der sich mit seinem Bauvorhaben im Rahmen der gesetzlichen
Bestimmungen hält, einen Anspruch auf Erteilung der ggf. erforderlichen Baugenehmigung. Es besteht kein Ermessen der Verwaltung,
eine Genehmigung muss erteilt werden.

Bereits der Hinweis auf die gesetzlichen Bestimmungen, die den 2
einfachrechtlichen Rahmen des Bauens umschreiben, zeigt allerdings,
dass der Umfang der Baufreiheit nicht allein durch die Eigentumsgarantie aus Art. 14 Abs. 1 Satz 1 GG bestimmt wird (anders *BGH*,
NVwZ 2011, 249, 250 Rn. 14). Nach Art. 14 Abs. 1 Satz 2 GG unterliegt das Eigentumsrecht den gesetzlichen Inhalts- und Schrankenbestimmungen. Sofern die Grenzen zulässiger Sozialbindung (Art. 14
Abs. 2 GG) eingehalten sind, kann der Staat daher verlangen, dass
die von ihm aufgestellten Vorschriften beachtet werden. Die Vor-

schriften des einfachen Rechts, insbes. im BauGB und in den Landesbauordnungen, bestimmen abstrakt und generell den Inhalt des Eigentums. Deshalb ergeben sich die konkreten Befugnisse des Eigentümers nicht unmittelbar aus der Eigentumsgarantie des Art. 14
Abs. 1 GG, sondern aus der Gesamtheit der seine Eigentümerstellung
regelnden gesetzlichen Bestimmungen. Diese Zusammenhänge sind
vom *BVerfG* vor allem seit der sog. Nassauskiesungsentscheidung
(BVerfGE 58, 300) entfaltet worden. Sie führen dazu, dass die grundrechtliche Baufreiheit aus Art. 14 Abs. 1 Satz 1 GG in einer konkreten Falllösung weitgehend bedeutungslos ist. Subjektive Rechte des
Grundstückseigentümers – etwa ein Anspruch auf Erteilung einer
Baugenehmigung – können sich nur aufgrund der das Eigentum inhaltlich näher ausformenden einfachen Gesetze ergeben. Wenn das
einfache Recht die Eigentumsbefugnisse übermäßig beschränkt, ist
es wegen Verstoßes gegen Art. 14 Abs. 1 GG verfassungswidrig und
damit nichtig. Ein unmittelbarer Rückgriff auf das Grundrecht, gewissermaßen am einfachen Recht vorbei, eröffnet sich auch dann für
den Eigentümer nicht, und zwar weder im Hinblick auf eine ange-
strebte Baugenehmigung noch auf Entschädigung. Vielmehr kommt
es auf die seit der Nassauskiesungsentscheidung des *BVerfG*
(BVerfGE 58, 300) näher konkretisierten Rechtsfolgen von Verstößen
gegen die Eigentumsgarantie aus Art. 14 Abs. 1 GG an (dazu *Erbguth*, Öffentliches Baurecht, § 2 Rn. 40 ff.; ferner *Maurer*, Allgemeines Verwaltungsrecht, § 27 Rn. 1 ff.).

3   **Beispiel:** Ein Bebauungsplan, der einen überörtlichen Grüngürtel verschiebt
und dadurch Privatgrundstücke als Teil des öffentlichen Grüngürtels ausweist,
um auf der anderen Seite des bisherigen Grünstreifens neuen Wohnraum zu
schaffen, bestimmt gem. Art. 14 Abs. 1 Satz 2 GG Inhalt und Schranken des
Eigentums der betroffenen Grundstückseigentümer. Die Bestandsgarantie des
Art. 14 Abs. 1 GG fordert u. a., dass unverhältnismäßige Belastungen der Eigentümer vermieden werden. Das allein gibt dem Eigentümer aber keinen
Entschädigungsanspruch unmittelbar aus Art. 14 Abs. 1 GG. Er muss viel-
mehr – im Wege der Normenkontrolle nach § 47 Abs. 1 Nr. 1 VwGO – den
Bebauungsplan angreifen. Der Bebauungsplan wird dann, sofern er sich als
Grundlage einer unverhältnismäßigen Belastung des Eigentümers darstellt,
von dem zuständigen Oberverwaltungsgericht aufgehoben (vgl. *BVerfG*,
NVwZ 2003, 727 f.).

4   Davon, dass einerseits der Staat auf die Einhaltung seiner Vorschriften bestehen kann und andererseits der Einzelne bei Einhaltung
der öffentlich-rechtlichen Vorschriften einen Rechtsanspruch auf Er-

teilung einer Genehmigung (aufgrund des einfachen Rechts) hat, gehen auch die Bauordnungen der Länder aus.

Beispiel: Nach § 75 Abs. 1 Satz 1 BauO NRW *ist* die Baugenehmigung zu   5
erteilen, wenn dem Vorhaben öffentlich-rechtliche Vorschriften nicht entgegenstehen[5]. Der Anspruch auf Erteilung einer Baugenehmigung findet seine grundrechtliche Anknüpfung in Art. 14 Abs. 1 GG. Hieraus kann allerdings nicht der Rückschluss gezogen werden, die in § 75 Abs. 1 Satz 1 BauO NRW zum Ausdruck gekommene Baufreiheit wurzele ausschließlich in der Eigentumsgarantie. Das Gegenteil ist der Fall. Die Befugnis zur Bebauung eines Grundstücks folgt ebenfalls aus dem Grundrecht der allgemeinen Handlungsfreiheit nach Art. 2 Abs. 1 GG (vgl. BVerwGE 42, 115). So erklärt sich, dass das Eigentum oder ein vergleichbares Recht nicht Voraussetzung für die Erteilung einer Baugenehmigung ist. Auch die aus der allgemeinen Handlungsfreiheit resultierende Baufreiheit ist allerdings nicht schrankenlos gewährleistet, da das Grundrecht insbes. unter dem Vorbehalt der verfassungsmäßigen Ordnung steht.

Aus Art. 14 Abs. 1 Satz 1 GG sollte sich nach langjähriger, aber inzwischen   6
überholter Auffassung ein sog. übergreifender oder auch **aktiver Bestandsschutz** für Änderungen oder Erweiterungen bestehender Anlagen ergeben. Danach gestattete die Eigentumsgarantie aus Art. 14 Abs. 1 GG Änderungs- oder Erweiterungsbauten, die zwar nach einfachem Recht nicht zulässig waren, aber mit dem (zulässigen) bestehenden Bauwerk in derart engem Funktionszusammenhang standen, dass das vorhandene Bauwerk ohne sie schlechterdings gegenstandslos würde (BVerwGE 50, 49, 56 f.). Vor diesem Hintergrund stellte sich das *BVerwG* auf den Standpunkt, dass sogar die Errichtung eines Garagengebäudes zu einem bestehenden Wohnhaus trotz entgegenstehender Festsetzungen im Bebauungsplan vom aktiven Bestandsschutz erfasst sein könne (BVerwGE 72, 36). Dabei nahm die Rechtsprechung an, dass sich unmittelbar aus der Eigentumsgarantie des Art. 14 Abs. 1 GG subjektiv-öffentliche Rechte, ggf. auch ein Anspruch auf Erteilung der Baugenehmigung, ergeben könnten (dazu die Darstellung bei *Koch/Hendler*, Baurecht, Raumordnungs- und Landesplanungsrecht, § 25 Rn. 110 m. w. N.). Inzwischen hat sich aber auch hier die Einsicht durchgesetzt, dass die Inhalts- und Schrankenbestimmungen nach Art. 14 Abs. 1 Satz 2 GG zwar verfassungswidrig sein können, aber in jedem Falle einen unmittelbaren Rückgriff auf die grundrechtliche Eigentumsgarantie aus Art. 14 Abs. 1 GG als Grundlage subjektiv-öffentlicher Rechte ausschließen (vgl. *BVerwG*, NVwZ 1998, 842). Es gibt heute keine Ansprüche mehr auf Genehmigung baulicher Anlagen neben dem einfachen Recht. Allein maßgeblich ist die gesetzliche Ausprägung (*Erbguth*, Öffentliches Baurecht, § 2 Rn. 56). Näher zum Bestandsschutz u. § 7 Rn. 193 ff.

---

5 Vgl. Art. 68 Abs. 1 Satz 1 BayBO; § 58 Abs. 1 Satz 1 LBO BW; § 64 Abs. 1 HBO; § 72 Abs. 1 LBauO M-V; § 70 Abs. 1 Satz 1 LBauO Rh.-Pf.; § 72 Abs. 1 SächsBO; § 73 Abs. 1 Satz 1 BauO SH.

Literatur: Zum Grundsatz der Baufreiheit als Ausfluss der Eigentums-garantie: *Brohm*, Öffentliches Baurecht, 3. Aufl. 2002, § 1 Rn. 7, 21, § 3 Rn. 11; *Dolderer*, Die Zulässigkeit von Bauvorhaben, Jura 2004, 752; *Erbguth*, Öffentliches Baurecht, 5. Aufl. 2009, § 2 Rn. 24 ff.; *ders.*, in: Tettinger/Erbguth/Mann, Besonderes Verwaltungsrecht, 11. Aufl. 2012, Rn. 817 ff.; *Hellermann*, in: Dietlein/Burgi/Hellermann, Öffentliches Recht in NRW, 5. Aufl. 2014, § 4 Rn. 5; *Jarass*, in: Jarass/Pieroth, GG, 12. Aufl. 2012, Art. 14 Rn. 24; *Just*, in: Hoppe/Bönker/Grotefels, Öffentliches Baurecht, 4. Aufl. 2010, § 2 Rn. 40 ff.; *Dähne*, Die sogenannte Baufreiheit, Jura 2003, 455; *Wieland*, in: Dreier (Hrsg.), GG, Bd. I, 3. Aufl. 2013, Art. 14 Rn. 50.

Zum Bestandsschutz: *Koch/Hendler*, Baurecht, Raumordnungs- und Landesplanungsrecht, 5. Aufl. 2009, § 25 Rn. 109 ff.; *Sieckmann*, Eigentumsgarantie und baurechtlicher Bestandsschutz, NVwZ 1997, 853.

§ 4. Die Planungshoheit der Gemeinde

1   Die Baufreiheit, die dem einzelnen Bürger auf der Grundlage der verfassungsrechtlichen Eigentumsgarantie aus Art. 14 Abs. 1 GG zusteht, tritt in mancherlei Beziehung in ein Spannungsverhältnis zu der gleichfalls verfassungsrechtlich gewährleisteten Planungshoheit der Gemeinden. Die Planungshoheit meint die Befugnis jeder Gemeinde, die Bodennutzung in ihrem Gebiet zu planen und zu regeln (vgl. BVerwGE 74, 124, 132). Sie schließt die Kompetenz der Gemeinde ein, ohne durchgängige und strikte Bindung an staatliche Vorgaben aufgrund eigenen politisch-administrativen Gestaltungs- und Entscheidungsspielraums über die bauliche und sonstige Verwendung und Nutzung von Grund und Boden im Gemeindegebiet zu disponieren. Zugleich gewährleistet sie, dass die Gemeinde die zur Verwirklichung des eigenverantwortlich wahrnehmbaren Gestaltungspotentials erforderlichen planerischen Leitlinien ohne imperative staatliche Beeinflussung entwickelt (vgl. *Stüer*, Der Bebauungsplan, Rn. 28). Sie ist geschützt durch Art. 28 Abs. 2 Satz 1 GG und gehört nach traditioneller Auffassung zum Kernbereich der den Gemeinden verbürgten Selbstverwaltung (vgl. *Erichsen*, Kommunalrecht des Landes NRW, 2. Aufl. 1997, S. 372 f. m. w. N.). Im öffentlichen Baurecht kommt sie besonders deutlich in § 2 Abs. 1 Satz 1 BauGB zum Ausdruck. Nach dieser Vorschrift sind die Bauleitpläne von der Gemeinde in eigener Verantwortung aufzustellen.

2   Die Planungshoheit der Gemeinden schützt als Abwehrrecht vor allem gegenüber Planungen des Bundes, des Landes oder einer ande-

ren Gemeinde, die Auswirkungen auf das Gemeindegebiet haben. Sie kann verletzt sein, wenn wesentliche Teile des Gemeindegebiets einer gemeindlichen Planung entzogen werden, wenn eine hinreichend konkrete und verfestigte eigene Planung der Gemeinde gestört oder unmöglich gemacht wird oder wenn städtebauliche Belange nicht in die fachplanerische Abwägung eingestellt werden (*Gaentzsch*, NVwZ 2001, 990, 991). Als Ausprägung der kommunalen Selbstverwaltung ist die Planungshoheit nicht absolut geschützt, sondern gilt nur „im Rahmen der Gesetze" (vgl. Art. 28 Abs. 2 Satz 1 GG). Vor diesem Hintergrund begegnet es keinen verfassungsrechtlichen Bedenken, dass z. B. das BauGB die Planungshoheit der Gemeinden in vielfältiger Hinsicht einschränkt. Zu denken ist in diesem Kontext z. B. an die in § 1 Abs. 4 BauGB ausgesprochene Verpflichtung der Gemeinden, ihre Bauleitpläne an die Ziele der Raumordnung anzupassen, sowie an das interkommunale Abstimmungsgebot des § 2 Abs. 2 BauGB. Auch der in § 38 BauGB vorgesehene Vorrang qualifizierter Fachplanung schränkt die gemeindliche Planungshoheit in verfassungsmäßiger Weise ein.

Beispiele: (1) Gemeinde G wendet sich gegen den formell ordnungsgemäß **3** zustande gekommenen Planfeststellungsbeschluss der zuständigen Behörde B, durch den die Erweiterung einer Sonderabfalldeponie gestattet wird. Nach dem Planfeststellungsbeschluss dürfen Abfälle abgelagert werden, deren Beseitigung nach den (vormals) geltenden abfallrechtlichen Vorschriften von den zuständigen Körperschaften in rechtmäßiger Weise ausgeschlossen wurde, ferner Altlasten und verunreinigte Böden und Bauwerke. Im Flächennutzungsplan der G ist der Bau von Wohnungen in einer Entfernung von 700 bis 800 m vom nördlichen Rand der Deponie ausgewiesen. G ist der Ansicht, angesichts der zu erwartenden Immissionen stelle die Deponie für die Bevölkerung eine unzumutbare Belästigung dar. B hat sich mit eventuellen Auswirkungen der Deponie auf die geplante Bebauung der G nicht weiter auseinandergesetzt. G sieht sich in ihrer Planungshoheit beeinträchtigt und wendet sich mit der zulässigen Anfechtungsklage an das zuständige Verwaltungsgericht. Ist die Klage begründet?

Eine Anfechtungsklage ist begründet, soweit der angegriffene Verwaltungs- **4** akt rechtswidrig und der Kläger dadurch in seinen Rechten verletzt ist, § 113 Abs. 1 Satz 1 VwGO. Angegriffener Verwaltungsakt ist der Planfeststellungsbeschluss (§§ 74 f. VwVfG). Rechtmäßig ist dieser, wenn er auf einer tauglichen Ermächtigungsgrundlage beruht und formell und materiell rechtmäßig ist. § 35 Abs. 2 Satz 1 KrWG macht die Errichtung und den Betrieb von Deponien sowie die wesentliche Änderung einer solchen Anlage von einer vorherigen Planfeststellung abhängig. Die Vorschrift enthält die materielle Ermächtigung der Planfeststellungsbehörde zur abfallrechtlichen Planung. An der formellen Rechtmäßigkeit besteht nach dem Sachverhalt kein Grund zu zweifeln. Fraglich ist allein, ob B den Anforderungen des Abwägungsgebots gerecht geworden ist. Insoweit bestehen Bedenken, weil B den geplanten Wohnungsbau nicht berücksichtigt hat. Dadurch könnte zugleich G in ihrer Planungshoheit verletzt sein. Bei der Planfeststellung vermittelt die gemeindliche Planungshoheit eine wehrfähige, in die Abwägung einzubeziehende Rechtsposition, wenn das Vorhaben eine hinreichend bestimmte gemeindliche Planung nachhaltig stört, wesentliche Teile des Gemeindegebiets einer durchsetzbaren gemeindlichen Planung entzieht oder gemeindliche Einrichtungen erheblich beeinträchtigt. Eine Beeinträchtigung des im Flächennutzungsplan der G dargestellten Wohnbereichs durch schädliche Umwelteinwirkungen scheidet jedoch angesichts seiner entfernten Lage aus. Damit ist der Planfeststellungsbeschluss auch materiell rechtmäßig, die Anfechtungsklage ist unbegründet (BVerwGE 90, 96).

5   (2) Die Festsetzung von Wasserschutzgebieten kann eine unverhältnismäßige Beeinträchtigung der Planungshoheit einer Gemeinde darstellen, wenn durch das zugelassene Vorhaben eine hinreichend konkrete und verfestigte eigene Planung der Gemeinde nachhaltig gestört wird oder wenn das Vorhaben wegen seiner Großräumigkeit wesentliche Teile des Gemeindegebiets einer durchsetzbaren kommunalen Planung entzieht (*BVerwG*, UPR 2009, 236).

6   Aus der Planungshoheit resultieren auch Beteiligungsrechte zugunsten der Gemeinde (vgl. BVerfGE 56, 298, 320; BVerwGE 77, 134, 138). Dem trägt u. a. § 36 BauGB Rechnung (s. zu dieser Norm *Krüper*, ZJS 2010, 582). Nach dieser Vorschrift darf die Baugenehmigungsbehörde über die Zulässigkeit bestimmter Vorhaben im bauaufsichtlichen Verfahren nur im Einvernehmen mit der Gemeinde entscheiden.

7   **Beispiele:** (1) Die Baugenehmigungsbehörde B erteilt A eine Baugenehmigung zur Errichtung einer Windenergieanlage im Außenbereich der Gemeinde G, ohne G am Genehmigungsverfahren zu beteiligen. G wendet sich im Wege der Anfechtungsklage gegen die Baugenehmigung. Wird das zuständige Verwaltungsgericht die Baugenehmigung allein aufgrund der unterlassenen Beteiligung der G aufheben?

8   Nach § 36 Abs. 1 BauGB kann über die Zulässigkeit eines nach den §§ 31, 33 bis 35 BauGB zu beurteilenden Vorhabens von der Baugenehmigungsbehörde nur im Einvernehmen mit der Gemeinde entschieden werden, also mit ihrer Zustimmung. Hier hat B eine Windenergieanlage im Außenbereich der G genehmigt. Dabei handelt es sich um ein Vorhaben i. S. d. § 35 Abs. 1 Nr. 5 BauGB. Der Anwendungsbereich des § 36 Abs. 1 BauGB ist also eröffnet. B hätte somit vor Erteilung der Baugenehmigung das Einvernehmen der G einholen müssen. B hat mit dem Verzicht auf die Beteiligung der G nicht nur eine ihr auferlegte Verfahrenspflicht verletzt, sondern damit möglicherweise auch sachlich in das – noch offene – Planungsrecht der G eingegriffen. Die in § 36 BauGB vorgesehene Mitwirkung der Gemeinde dient der Sicherung der gemeindlichen Planungshoheit. Dieser Verstoß wiegt so schwer, dass die von G

angefochtene Baugenehmigung allein deshalb aufzuheben ist (vgl. *BVerwG*, BauR 2008, 1844). Zu beachten ist, dass der prozessuale Anspruch auf Aufhebung der rechtswidrigen Baugenehmigung nicht nach § 46 VwVfG ausgeschlossen ist. Die Norm ist nämlich anerkanntermaßen nicht auf sog. absolute Verfahrensrechte anwendbar (vgl. zur Unterscheidung zwischen relativen und absoluten Verfahrensrechten *Schemmer*, in: Bader/Ronellenfitsch, BeckOK VwVfG, § 46 Rn. 26 ff.). Ein solches absolutes Verfahrensrecht ist auch das Recht auf Mitwirkung im Wege des gemeindlichen Einvernehmens nach § 36 BauGB (vgl. *Sachs*, in: Stelkens/Bonk/Sachs, VwVfG, § 46 Rn. 32).

(2) Aus Art. 28 Abs. 2 Satz 1 GG ergibt sich, dass die Nutzung eines ehe- **9** mals von den sowjetischen Streitkräften beanspruchten Geländes durch die Bundeswehr als Truppenübungs- und Luft-Boden-Schießplatz nur nach Anhörung der betroffenen Gemeinde erfolgen darf, in der sich diese nach einer der Materie angemessenen Prüfung und Würdigung zu den aus ihrer Sicht maßgeblichen Punkten sachgemäß äußern konnte. Weiterhin muss die eingeholte Stellungnahme zur Kenntnis genommen und bei der Entscheidung über die Nutzung durch die Bundeswehr in Erwägung gezogen werden (*BVerwG*, BauR 2001, 585).

Die Planungshoheit steht gem. Art. 28 Abs. 2 Satz 1 GG unter Ge- **10** setzesvorbehalt („im Rahmen der Gesetze"). Bund und Länder haben daher die Möglichkeit, durch Gesetz oder aufgrund eines Gesetzes die gemeindliche Planungshoheit einzuschränken, insbes. um eigene Bauvorhaben zu verwirklichen. Zu denken ist etwa an Autobahnen oder an Truppenübungsplätze für die Bundeswehr. Die einzelne Gemeinde muss allerdings Sonderopfer, die ihr auferlegt werden, anderen Gemeinden aber erspart bleiben, nur hinnehmen, wenn diese Sonderopfer der Wahrung überörtlicher Interessen dienen und durch zureichende Gründe gerechtfertigt sind. Zudem muss der Grundsatz der Verhältnismäßigkeit gewahrt sein (vgl. *BVerwG*, BauR 2001, 585, 590).

Literatur: *Erbguth*, Öffentliches Baurecht, 5. Aufl. 2009, § 2 Rn. 18 ff.; *Gaentzsch*, Zur Entwicklung des Bauplanungsrechts in der Rechtsprechung des *BVerwG*, NVwZ 2001, 990; *Just*, in: Hoppe/Bönker/Grotefels, Öffentliches Baurecht, 4. Aufl. 2010, § 2 Rn. 16 ff.; *Koch/Hendler*, Baurecht, Raumordnungs- und Landesplanungsrecht, 5. Aufl. 2009, § 12 Rn. 1 ff.; *Oebbecke*, in: Planung, FS für Hoppe, 2000, S. 239 ff.; *Stollmann*, Öffentliches Baurecht, 9. Aufl. 2013, § 2 Rn. 15 ff.; *Schrödter*, in: ders., BauGB, 7. Aufl. 2006, § 1 Rn. 15 ff.; *Stüer*, Der Bebauungsplan, 4. Aufl. 2009, Rn. 1, 26 ff.
Falllösung zur Planungshoheit (inbes. im Zusammenhang mit § 36 BauGB): *Ibler*, Öffentliches Baurecht, 2006, Fall 2.

2. Teil. Bauplanungsrecht

§ 5. Die Instrumente der gemeindlichen Planung

I. Flächennutzungsplan und Bebauungsplan

1   Das BauGB gibt den Gemeinden vor allem zwei Instrumente für ihre Bauleitplanung an die Hand: den Flächennutzungsplan und den Bebauungsplan (§ 1 Abs. 2 BauGB). Der Flächennutzungsplan wird im Gesetz als vorbereitender, der Bebauungsplan als verbindlicher Bauleitplan legaldefiniert (§ 1 Abs. 2 BauGB). Der Flächennutzungsplan ist in § 5 BauGB geregelt. Er unterscheidet sich inhaltlich vom Bebauungsplan vor allem dadurch, dass er für den Gesamtraum der Gemeinde aufzustellen ist (das folgt aus § 5 Abs. 1 BauGB), während der Bebauungsplan für einzelne Teilräume aus dem vorher vorhandenen Flächennutzungsplan entwickelt werden muss (§ 8 Abs. 2 BauGB). Mit dieser zweistufigen Planung will das Gesetz sicherstellen, dass der Planung für einzelne Ausschnitte des Gemeindegebiets (Bebauungsplan) eine stimmige Gesamtkonzeption für die ganze Gemeinde (Flächennutzungsplan) zugrunde liegt. Im BauGB gilt das sog. **Planmäßigkeitsprinzip**, d. h. die städtebauliche Entwicklung und Ordnung soll durch Pläne gesteuert werden (vgl. *BVerwG*, NVwZ 2004, 220, 221). Die städtebauliche Entwicklung soll die verschiedenen öffentlichen und privaten Interessen, die bei der Nutzung von Grund und Boden bestehen, beachten. Das Gesetz macht dies besonders deutlich in § 1 Abs. 5 bis 7 BauGB. Daraus ergibt sich, dass sämtliche für die städtebauliche Entwicklung bedeutsamen Gesichtspunkte zu berücksichtigen sind.

2   Das am 20.7.2004 in Kraft getretene Europarechtsanpassungsgesetz Bau (**EAG Bau**) hat das Bauleitplanverfahren weitreichend umgestaltet. Zum einen dient es der Umsetzung umweltbezogener Anforderungen des Gemeinschaftsrechts, zum anderen wurde es nach der Gesetzesbegründung der Bundesregierung zum Anlass genommen, „der gemeindlichen Bauleitplanung ein einheitliches und übersichtliches Verfahren zur Verfügung zu stellen, mit dem den komplexen Anforderungen an die räumliche Planung effizient Rechnung getragen wer-

den kann und das seiner besonderen Bedeutung für die nachhaltige
Entwicklung in Deutschland gerecht wird" (BT-Drs. 15/2250, S. 29).

Weitere Änderungen brachten u. a. das Gesetz zur Erleichterung von Pla-   **3**
nungsvorhaben für die Innenentwicklung der Städte vom 21.12.2006 (BGBl. I
S. 3316, **BauGB-Novelle 2007**), das vor allem das neue Planungsinstrument
des Bebauungsplans für die Innenentwicklung (§ 13a BauGB) einführte, und
das Gesetz zur Neufassung des Raumordnungsgesetzes und zur Änderung
anderer Vorschriften v. 22.12.2008 (**GeROG**, BGBl. I S. 2986). Vorangetrieben
wurde die Entwicklung des Bauplanungsrechts ferner durch das Gesetz zur
Förderung des Klimaschutzes bei der Entwicklung in den Städten und Gemeinden v. 22.7.2011 (BGBl. I S. 1509, hierzu *Kment*, DVBl. 2012, 1125,
1129; *Wickel*, UPR 2011, 416, 417), das am 30.7.2011 in Kraft getreten ist.
Ein Kernstück dieser BauGB-Novelle ist die sog. Klimaschutzklausel in § 1
Abs. 5 Satz 2 BauGB. Danach sollen die Bauleitpläne dazu beitragen, den Kli-
maschutz und die Klimaanpassung, inbes. auch in der Stadtentwicklung, zu
fördern. Eine Novellierung des Städtebaurechts erfolgte schließlich durch das
Gesetz zur Stärkung der Innenentwicklung in den Städten und Gemeinden
und weiterer Fortentwicklung des Städtebaurechts v. 11.6.2013 (BGBl. I
S. 1548). Vor Erlass des Gesetzes führte das Deutsche Institut für Urbanistik
– fachlich begleitet durch das Bundesministerium für Verkehr, Bau und Stadtentwicklung – ein „Planspiel" durch, bei dem die Praxistauglichkeit des Ge-
setzentwurfs unter Beteiligung von sieben Kommunen getestet wurde (hierzu
Bunzel, ZfBR 2013, 211). Das Gesetz will zur Funktionsfähigkeit von Innen-
städten und Ortskernen als Schlüsselfaktoren für die Stadtentwicklung beitragen. Zu diesem Zweck wurde bspw. die Ausnahmeregelung in § 34 Abs. 3a
BauGB um die Erweiterung, Änderung oder Erneuerung einer zulässigerweise errichteten baulichen Anlage zu Wohnzwecken ergänzt.

Lesbar werden Flächennutzungsplan und Bebauungsplan dadurch,   **4**
dass sie ihre rechtlich erheblichen Aussagen in Zeichen und Text aus-
drücken. Damit die **Planzeichen** verständlich sind, ist aufgrund von
§ 2 Abs. 5 Nr. 4 BauGB a. F. Ende 1990 die PlanzeichenVO 90 erlassen worden (VO v. 18.12.1990, BGBl. I 1991 S. 58). Sie enthält nähere
Vorschriften über die in den Darstellungen und Festsetzungen zu
verwendenden Planzeichen und ihre Bedeutung. Darüber hinaus er-
läutern die Pläne selbst die Zeichen, die sie verwenden, in einer Le-
gende. Heute findet sich die Verordnungsermächtigung für die PlanzeichenVO in § 9a Nr. 4 BauGB.

Aus der Entwicklung des Bauplanungsrechts in der Zeit vor Erlass des   **5**
EAG Bau sei noch das Bau- und Raumordnungsgesetz 1998 – **BauROG**
(BGBl. I S. 2081) erwähnt, das u. a. das bis dahin noch eigens bestehende
Maßnahmengesetz zum BauGB (BauGBMaßnG) in das BauGB integrierte
(näher *Krautzberger*, in: Battis/Krautzberger/Löhr, BauGB, Einl. Rn. 44).

Ein zentrales Anliegen des BauROG lag darin, bestimmte Typen von städtebaulichen Verträgen zu kodifizieren, die die Verwaltungspraxis entwickelt hatte.

1. Der Flächennutzungsplan

6   Der Flächennutzungsplan hat eine dreifache Aufgabe: Umsetzung übergeordneter Planungen, Steuerung nachfolgender Planungen und unmittelbare Standortbestimmung einzelner Bodennutzungen, etwa im Rahmen des § 35 Abs. 3 Satz 3 BauGB (vgl. *Löhr*, in: Battis/Krautzberger/Löhr, BauGB, § 5 Rn. 4). Er orientiert sich an der beabsichtigten städtebaulichen Entwicklung und ist zugleich an den vorhersehbaren Bedürfnissen der Gemeinde auszurichten. In dem Flächennutzungsplan stellt die Gemeinde ihre Bodennutzungskonzeption für das **gesamte Gemeindegebiet** dar (§ 5 Abs. 1 Satz 1 BauGB). In der kommunalen Planungspraxis setzt sich der Flächennutzungsplan zwar nicht selten aus mehreren Teilplänen zusammen. Rechtlich betrachtet handelt es sich hierbei aber lediglich um einen Gesamtplan (*Jaeger*, in: Spannowsky/Uechtritz, BeckOK BauGB, § 5 Rn. 26). Der Flächennutzungsplan bildet die Grundlage und setzt den Rahmen für die aus ihm zu entwickelnden Bebauungspläne. Anders als Letztere entfaltet der Flächennutzungsplan keine unmittelbaren Rechtswirkungen nach außen (hierzu *Battis*, Ad Legendum 2012, 153, 154f.). Außerdem gibt er die planerischen Vorstellungen der Gemeinde für das Plangebiet nur in ihren Grundzügen wieder (vgl. *BVerwG*, NVwZ 2006, 87, 89). Das bedeutet einerseits, dass die Darstellungen des Flächennutzungsplans nicht hinter den Grundzügen zurückbleiben dürfen (vgl. BVerwGE 95, 123, 126). Andererseits darf er die Art der Bodennutzung nur in den Grundzügen darstellen. Darin drückt sich die Funktion des Flächennutzungsplans als Rahmen für die beabsichtigte städtebauliche Entwicklung des Gemeindegebiets aus.

7   Ebenso wie der Bebauungsplan muss der Flächennutzungsplan den Zielen der Raumordnung angepasst werden, § 1 Abs. 4 BauGB. Ziele sind nach § 3 Nr. 2 ROG verbindliche Vorgaben in Form von räumlich und sachlich bestimmten oder bestimmbaren, vom Träger der Landes- oder Regionalplanung abschließend abgewogenen textlichen oder zeichnerischen Festlegungen in Raumordnungsplänen zur Entwicklung, Ordnung und Sicherung des Raums. Der Flächennutzungsplan weist ebenenspezifisch ein grobmaschiges Raster auf, das auf Verfeinerung angelegt ist und aufgrund seiner geringen Detail-

schärfe Gestaltungsspielräume offen lässt, die auf der Ebene der verbindlichen Bauleitplanung ausgefüllt werden können (vgl. *BVerwG*, NVwZ-RR 2003, 406). Einen Verstoß gegen § 1 Abs. 4 BauGB hat der *HessVGH* (BauR 2013, 1984) für den Fall bejaht, dass ein Bebauungsplan ein Sondergebiet „Biogas" festsetzt, obwohl der Regionalplan eine landwirtschaftliche Fläche vorsieht.

Während § 5 Abs. 1 und 5 BauGB Stellung und Aufgabe des Flä-   8
chennutzungsplans im Plansystem des BauGB bestimmen, regeln die Absätze 2 bis 4 den zulässigen Inhalt des Flächennutzungsplans. Dieser Darstellungskatalog wurde durch die Gesetzesnovellen 2011 und 2013 um Abs. 2 Nr. 2 lit. b bis d erweitert. Danach können die Gemeinden die Ausstattung des Gemeindegebiets mit Einrichtungen, Anlagen und sonstigen Maßnahmen, die dem Klimawandel entgegenwirken, im Flächennutzungsplan darstellen. In Bezug genommen sind hiermit vor allem Anlagen zur Erzeugung, Nutzung und Speicherung von Strom oder Wärme aus erneuerbaren Energien oder Kraft-Wärme-Kopplung (*Kopf*, LKRZ 2012, 261, 263). Ferner können zentrale Versorgungsbereiche im Flächennutzungsplan dargestellt werden. Hierdurch soll es den Gemeinden ermöglicht werden, die von ihnen entwickelten Einzelhandels- und Zentrenkonzepte umzusetzen. Da der Katalog des § 5 Abs. 2 BauGB nicht abschließend ist („insbesondere"), war die Darstellung von Versorgungsbereichen zwar schon zuvor möglich. § 5 Abs. 2 Nr. 2 lit. d BauGB hat also lediglich klarstellende Funktion (*Battis/Mitschang/Reidt*, NVwZ 2013, 961, 963). Von der Vorschrift geht aber eine wichtige Signalwirkung aus. Die Norm ruft in Erinnerung, dass es infolge der demografischen Entwicklung in Deutschland heute viele mobilitätsbehinderte ältere Menschen gibt, die auf eine wohnortnahe Versorgung angewiesen sind (RegE BT-Drs. 17/11468, S. 12).

Die Baunutzungsverordnung enthält ergänzende Regelungen über   9
den zulässigen Inhalt von Flächennutzungsplänen. § 1 Abs. 1 und 2 BauNVO[6] regelt dabei, welche Darstellungen im Flächennutzungsplan in Bezug auf Bauflächen und Baugebiete zulässig sind. Ein Teilflächennutzungsplan ist nur in den gesetzlich geregelten Ausnahmefällen der §§ 5 Abs. 1 Satz 2, Abs. 2b, 6 Abs. 3 u. 4 Satz 1 BauGB zulässig. Die Regelung in § 5 Abs. 2b BauGB zur Aufstellung von sachlichen Teilflächennutzungsplänen dient der Steuerung von privi-

---

6 Ordnungsnr. 311 in der Sammlung *Sartorius I*, Verfassungs- und Verwaltungsgesetze der Bundesrepublik.

legierten Außenbereichsvorhaben i. S. d. § 35 Abs. 3 Satz 3 BauGB. Ein solcher Teilplan ist rechtlich selbstständig. Er kann auch dann aufgestellt werden, wenn ein allgemeiner oder Gesamt-Flächennutzungsplan i. S. d. § 5 Abs. 1 Satz 1 BauGB nicht vorliegt oder nicht wirksam ist.

10   Die **Rechtsnatur** des Flächennutzungsplans ist aus seiner Funktion im Gefüge des Bauplanungsrechts zu bestimmen. Sie hat z. B. Bedeutung für die richtige Rechtsschutzform. Wenn es sich bei dem Flächennutzungsplan um eine gemeindliche Satzung handeln würde (wie das für den Bebauungsplan in § 10 Abs. 1 BauGB festgestellt ist), käme die abstrakte Normenkontrolle bei dem Oberverwaltungsgericht nach § 47 Abs. 1 Nr. 1 VwGO in Betracht. Handelt es sich bei dem Flächennutzungsplan dagegen um einen Verwaltungsakt (wie dies etwa für den Planfeststellungsbeschluss nach § 74 VwVfG bzw. nach den einschlägigen Sondergesetzen angenommen wird, vgl. *Steinberg/Berg/Wickel*, Fachplanung, § 6 Rn. 138 m. umfangr. Nachw.), so kann er mit einer Anfechtungsklage nach § 42 Abs. 1 Alt. 1 VwGO gerichtlich angegriffen werden.

11   Gegen die Einordnung des Flächennutzungsplans als Satzung oder als Verwaltungsakt spricht seine lediglich verwaltungsinterne Wirkung (vgl. zur mangelnden Satzungsqualität *BVerwG*, NVwZ 1991, 262, 263; *BVerwG*, NVwZ 2004, 614; zur mangelnden Verwaltungsaktqualität *BVerwG*, NVwZ 1992, 882). Eine Satzung erfordert als Rechtsnorm nach heute üblichem Verständnis Außenwirkung. Auch der Verwaltungsakt ist nach § 35 Satz 1 VwVfG auf unmittelbare Rechtswirkung nach außen gerichtet. Der Flächennutzungsplan ist indessen dazu bestimmt, der Gemeinde für die weitere Planung in Bebauungsplänen übergreifende Vorgaben an die Hand zu geben. Folglich dient er der Verwaltung lediglich intern dazu, die weitere Planung im Bebauungsplan in bestimmter Weise durchzuführen. Der Flächennutzungsplan ist deshalb keine Satzung, so dass eine (prinzipale) Normenkontrolle der Oberverwaltungsgerichte in direkter Anwendung von § 47 Abs. 1 Nr. 1 VwGO nicht in Betracht kommt (vgl. *BVerwG*, NVwZ 2004, 614). Eine Anfechtungsklage nach § 42 Abs. 1 Alt. 1 VwGO scheidet deshalb aus, weil der Flächennutzungsplan nicht als Verwaltungsakt zu bewerten ist.

12   Auch eine **allgemeine Leistungsklage** (auf Beseitigung einzelner Darstellungen) ist nicht statthaft. Eine solche Klage ginge ins Leere, da rechtswidrige Darstellungen eines Flächennutzungsplans rechtsunwirksam und nichtig sind. Gegen den bloßen Rechtsschein einer

wirksamen Verwaltungsmaßnahme ist – abgesehen vom Ausnahmefall einer Anfechtungsklage gegen einen nichtigen Verwaltungsakt – eine Gestaltungs- oder Leistungsklage nach der Systematik der VwGO nicht möglich (so die wohl h. M., vgl. *Erbguth*, Öffentliches Baurecht, § 15 Rn. 13; *Löhr*, in: Battis/Krautzberger/Löhr, BauGB, § 5 Rn. 46a m. w. N.; a. A. mit gewichtigen Gründen *W.-R. Schenke*, NVwZ 2007, 134, 138).

Die jüngere Rechtsprechung plädiert für eine **analoge Anwendung von § 47 Abs. 1 Nr. 1 VwGO** auf den Flächennutzungsplan. Voraussetzung hierfür ist allerdings, dass der Flächennutzungsplan Flächen für privilegierte Nutzungen nach § 35 Abs. 1 Nr. 2 bis 6 BauGB darstellt, die die Ausschlusswirkung des § 35 Abs. 3 Satz 3 BauGB an Standorten außerhalb der ausgewiesenen Flächen eintreten lassen (hierzu *Battis*, Ad Legendum 2012, 153, 156 f.). Zu beachten ist dabei, dass Gegenstand der Normenkontrolle nicht die Darstellung von Konzentrationsflächen im Flächennutzungsplan als solche ist (*BVerwG*, NVwZ 2013, 1011; weniger präzise *BVerwG*, NVwZ 2007, 1081 Rn. 13; insges. abl. *OVG Nds.*, NVwZ-RR 2008, 444). Nur die im Flächennutzungsplan ausdrücklich dargestellte oder in den Darstellungen des Flächennutzungsplans in sonstiger Weise zum Ausdruck kommende Willensentscheidung, die Rechtswirkungen des § 35 Abs. 3 Satz 3 BauGB eintreten zu lassen, ist einer Überprüfung im Verfahren nach § 47 Abs. 1 Nr. 1 VwGO zugänglich. Diese Judikatur geht zu Recht von Folgendem aus: Die Rechtswirkungen des § 35 Abs. 3 Satz 3 BauGB setzen nicht schon dann ein, wenn Positivflächen im Flächennutzungsplan dargestellt werden. Erforderlich ist vielmehr, dass im Flächennutzungsplan der planerische Wille der Gemeinde zum Ausdruck kommt, die Rechtswirkungen des § 35 Abs. 3 Satz 3 BauGB herbeizuführen. Nur mit Blick auf diese planerische Entscheidung entfaltet der Flächennutzungsplan ausnahmsweise Rechtswirkungen, welche der Bindungskraft von Festsetzungen eines Bebauungsplans gleichkommen. Gemessen an den gesetzgeberischen Zielsetzungen des § 47 Abs. 1 Nr. 1 VwGO kann dementsprechend auch nur insoweit eine planwidrige Regelungslücke bejaht werden, die im Wege der Analogie zu schließen ist (ausführl. *Bringewat*, NVwZ 2013, 984).

Auch kann in (seltenen) Einzelfällen direkter Rechtsschutz gegen einen Flächennutzungsplan in Betracht kommen, und zwar im Wege der **Feststellungsklage** (auf Feststellung der Rechtsunwirksamkeit einer Darstellung) nach § 43 Abs. 1 VwGO. Das wird aber allenfalls für

Fälle gelten, in denen der Flächennutzungsplan nicht auf weitere
Umsetzung durch einen Bebauungsplan angelegt ist und auch im
Übrigen keine Abwägungsspielräume bestehen, etwa bei sehr detail-
lierten Darstellungen, die einem Vorhaben im Außenbereich nach
§ 35 Abs. 3 Satz 1 Nr. 1 BauGB entgegenstehen (zu diesem sehr str.
Problemkreis: *Löhr*, in: Battis/Krautzberger/Löhr, BauGB, § 5
Rn. 46a f.; *Peine*, Öffentliches Baurecht, Rn. 636 ff.; teilw. abl. *Erb-
guth*, Öffentliches Baurecht, Rn. 13 ff.).

15   **Beispiel (nach *Steiner*, Öffentliches Baurecht, Nr. 329):** Das Unternehmen
U baut im Außenbereich Kalk ab. Im Eigentum von U stehende Flächen, auf
denen bisher kein Kalk abgebaut worden ist, sind im Flächennutzungsplan der
Gemeinde als Flächen für die Landwirtschaft dargestellt. U möchte aber in
fünf Jahren auch dort Kalk abbauen und erst kurz vorher die erforderliche
Baugenehmigung beantragen. Schon jetzt aber möchte U gerichtlich klären
lassen, ob der Flächennutzungsplan dem Abbau von Kalk auf den weiteren
Flächen entgegensteht.

16   Das für eine Feststellungsklage nach § 43 Abs. 1 VwGO erforderliche Feststellungsinteresse von U ergibt sich nicht aus dem Flächennutzungsplan allein,
wohl aber aus ihm in Verbindung mit § 35 Abs. 1 Nr. 3 sowie Abs. 3 Satz 1
Nr. 1 BauGB. Das Vorhaben von U und die Planung der Gemeinde stehen
sich unvereinbar gegenüber. Für abwägende Spielräume der Baugenehmigungsbehörde ist kein Raum. Das erforderliche Feststellungsinteresse von U
folgt auch aus (betriebs-)wirtschaftlichen Gründen.

17   Der Flächennutzungsplan kann auch Gegenstand einer inzidenten
gerichtlichen Kontrolle sein. Als Beispiel hierfür lässt sich etwa der
Fall anführen, dass die Verwaltung die Erteilung einer Baugenehmigung mit Hinweis darauf ablehnt, dass das Vorhaben den Darstellungen des Flächennutzungsplans widerspricht. Erhebt der Bauherr nun
eine **Verpflichtungsklage** auf Erteilung der Baugenehmigung, so
wird das Gericht den Flächennutzungsplan auf seine Rechtswirksamkeit überprüfen.

18   Begrifflich ist zu beachten: „Bauleitplan" ist der Oberbegriff für
Bebauungsplan und Flächennutzungsplan (vgl. § 1 Abs. 2 BauGB).
Im **Flächennutzungsplan** wird die Art der Bodennutzung „darge-
stellt" (§ 5 Abs. 1 Satz 1 BauGB). Im Bebauungsplan dagegen werden
die von der Gemeinde gewünschten Angaben „festgesetzt" (§ 9
Abs. 1 BauGB). Mit dieser Terminologie bringt das Gesetz einen
wichtigen Unterschied in der Rechtswirkung zum Ausdruck: Der
Bebauungsplan enthält rechtsverbindliche **„Festsetzungen"**, was
auch durch die Bezeichnung als „verbindlicher Bauleitplan" in § 1
Abs. 2 BauGB angezeigt wird. Die Gemeinde beschließt den Be-

bauungsplan als Satzung (§ 10 BauGB), also als Rechtsnorm. Der Flächennutzungsplan dagegen ist keine Rechtsnorm. Er wird zwar gem. § 6 Abs. 5 Satz 2 BauGB „wirksam", ruft aber keine normativen Außenwirkungen hervor. Er ist weder Satzung noch Verwaltungsakt. Überwiegend wird er als „hoheitliche Maßnahme eigener Art" qualifiziert (vgl. *BVerwG*, NVwZ 1991, 262; *Löhr*, in: Battis/Krautzberger/Löhr, BauGB, § 5 Rn. 45). Der Flächennutzungsplan gilt unbefristet. Die zunächst durch das EAG Bau 2004 in § 5 Abs. 1 Satz 3 BauGB eingefügte Pflicht, den Flächennutzungsplan 15 Jahre nach seiner erstmaligen oder erneuten Aufstellung einer Überprüfung zu unterziehen, ist mit der BauGB-Novelle 2007 (BGBl. I S. 3316) wieder aufgehoben worden. Vor dem Hintergrund der Staatszielbestimmung des Art. 20a GG können bereits im Flächennutzungsplan gem. § 5 Abs. 2a BauGB den Flächen, auf denen Eingriffe in Natur und Landschaft zu erwarten sind, Ausgleichsflächen (vgl. § 1a Abs. 3 BauGB) zugeordnet werden (s. dazu *BVerwG*, NVwZ 2003, 1515; *Tophoven*, NVwZ 2004, 1052).

Der Flächennutzungsplan bedarf – ebenso wie seine Änderung, Ergänzung und Aufhebung (§ 1 Abs. 8 BauGB) – gem. § 6 BauGB der **Genehmigung der höheren Verwaltungsbehörde.** Die Genehmigung ist ein gegenüber der Gemeinde erlassener, begünstigender Verwaltungsakt i. S. d. § 35 Satz 1 VwVfG. Dementsprechend kann die Gemeinde eine Verpflichtungsklage nach § 42 Abs. 1 Alt. 2 VwGO erheben, wenn die höhere Verwaltungsbehörde die Genehmigungserteilung verweigert. Welche Behörde die höhere Verwaltungsbehörde i. S. d. § 6 BauGB ist, bestimmt sich nach Landesrecht. Für Nordrhein-Westfalen z. B. ergibt sich die zuständige höhere Verwaltungsbehörde aus § 1 BauGB DVO NRW[7]. Höhere Verwaltungsbehörde ist danach die Bezirksregierung. Dass die Aufgaben der höheren Verwaltungsbehörde durch Rechtsverordnung auch auf andere staatliche Behörden als die gesetzlich vorgesehenen höheren Verwaltungsbehörden oder auch auf Landkreise oder kreisfreie Städte übertragen werden können, wird durch § 203 Abs. 3 BauGB ermöglicht. Bei der Genehmigungspflicht nach § 6 BauGB handelt es sich um ein Instrument der Rechtsaufsicht. Das ergibt sich aus § 6 Abs. 2 BauGB, dem zufolge die Genehmigung nur versagt werden darf, wenn der Flä-

19

---

7 Verordnung zur Durchführung des Baugesetzbuches v. 7.7.1987 (GV NRW S. 220), zuletzt geändert durch VO v. 27.9.2005 (GV NRW S. 818); abgedruckt in der Gesetzessammlung v. *Hippel/Rehborn*, Gesetze des Landes Nordrhein-Westfalen, Ordnungsnr. 92a.

chennutzungsplan nicht ordnungsgemäß zustande gekommen ist oder dem BauGB oder den auf Grund des BauGB erlassenen oder sonstigen Rechtsvorschriften widerspricht. Die Genehmigung darf folglich nicht aus Zweckmäßigkeitserwägungen abgelehnt werden. Gem. § 6 Abs. 4 Satz 1 BauGB ist über die Genehmigung binnen drei Monaten zu entscheiden. Aus wichtigen Gründen kann die Frist auf Antrag der Genehmigungsbehörde von der zuständigen übergeordneten Behörde verlängert werden, in der Regel jedoch nur bis zu drei Monaten (§ 6 Abs. 4 Satz 2 BauGB). Wird die Genehmigung nicht innerhalb der Frist unter Angabe von Gründen abgelehnt, so gilt sie gem. § 6 Abs. 4 Satz 4 BauGB als erteilt. Die Genehmigung kann mit einer Nebenbestimmung versehen werden. Zulässig ist etwa die Beifügung einer Auflage. Da § 6 BauGB keine Regelungen zu Nebenbestimmungen trifft, greift § 36 Abs. 1 VwVfG ein. Nebenbestimmungen zu einer Genehmigung nach § 6 BauGB sind somit nur zulässig, wenn sie sicherstellen sollen, dass die Genehmigungsvoraussetzungen erfüllt werden.

20   Dem Flächennutzungsplan ist gem. § 6 Abs. 5 Satz 3 BauGB eine „zusammenfassende Erklärung beizufügen über die Art und Weise, wie die Umweltbelange und die Ergebnisse der Öffentlichkeits- und Behördenbeteiligung in dem Flächennutzungsplan berücksichtigt wurden, und aus welchen Gründen der Plan nach Abwägung mit den geprüften, in Betracht kommenden anderweitigen Planungsmöglichkeiten gewählt wurde". Das Gesetz trifft keine Aussagen darüber, wie die zusammenfassende Erklärung aufzubauen ist. Ebenso wenig trifft es eine Aussage über ihre Form. In der Literatur ist vorgeschlagen worden, die zusammenfassende Erklärung nach dem chronologischen Gang des Abwägungsvorgangs und des Abwägungsergebnisses zu strukturieren (*Jaeger*, in: Spannowsky/Uechtritz, BeckOK BauGB, § 6 Rn. 30). Im Hinblick auf die Form wird empfohlen, die zusammenfassende Erklärung wie eine Presseerklärung oder eine Informationsbroschüre zu gestalten (vgl. *Krautzberger/Stüer*, DVBl. 2004, 914, 921).

2. Der Bebauungsplan

21   a) **Allgemeines.** Der Bebauungsplan ist grundsätzlich **aus dem Flächennutzungsplan zu entwickeln** (§ 8 Abs. 2 Satz 1 BauGB). Das bedeutet zunächst, dass überhaupt ein gültiger Flächennutzungsplan bestehen muss, bevor der Bebauungsplan aufgestellt wird. Darüber

hinaus darf der Bebauungsplan inhaltlich nicht von der Grundkonzeption des Flächennutzungsplans abweichen (vgl. etwa BVerwGE 48, 70; *Brohm*, Öffentliches Baurecht, § 6 Rn. 19). Von diesem als „Entwicklungsgebot" bezeichneten Grundsatz sieht das Gesetz folgende **Ausnahmen** vor:

Der „**selbstständige Bebauungsplan**": Ein Flächennutzungsplan **22** ist nicht erforderlich, wenn der Bebauungsplan ausreicht, um die städtebauliche Entwicklung zu ordnen (§ 8 Abs. 2 Satz 2 BauGB); diese Ausnahme hat Bedeutung vor allem für kleine dörfliche Gemeinden. Nicht erforderlich ist, dass ein selbstständiger Bebauungsplan das gesamte Gemeindegebiet abdeckt; er muss aber imstande sein, die städtebauliche Entwicklung für das gesamte Gemeindegebiet zu ordnen.

Das **Parallelverfahren** (§ 8 Abs. 3 BauGB): Gleichzeitig mit dem **23** Bebauungsplan wird der Flächennutzungsplan aufgestellt, geändert oder ergänzt. Das Gesetz stellt dafür keine besonderen Voraussetzungen auf. Nach der Rechtsprechung muss jedoch eine inhaltliche Abstimmung zwischen den beiden Planentwürfen gewollt und es müssen die einzelnen Abschnitte beider Verfahren zeitlich und im jeweiligen Fortgang derart aufeinander bezogen sein, dass eine inhaltliche Abstimmung möglich ist (vgl. BVerwGE 70, 171, 177 ff.; *BVerwG*, BRS 44 Nr. 23, S. 65; *VGH BW*, VBlBW 1996, 184, 186). Das Parallelverfahren hat Bedeutung vor allem, wenn noch kein Flächennutzungsplan besteht und – soweit es um die Änderung des Flächennutzungsplans geht – wenn ein bereits bestehender Flächennutzungsplan einer wichtigen Maßnahme entgegensteht und die Zeit nicht reicht, um den Flächennutzungsplan vor dem Bebauungsplan zu ändern. Voraussetzung für ein vorgezogenes Inkrafttreten des Bebauungsplans ist gem. § 8 Abs. 3 Satz 2 BauGB, dass der Bebauungsplan nach den Grundsätzen des § 8 Abs. 2 Satz 1 BauGB entwickelt sein wird. Der Entwurf des Flächennutzungsplans muss also für den Geltungsbereich des Bebauungsplans Darstellungen enthalten, die – wenn der Flächennutzungsplan bereits wirksam erlassen wäre – als Grundlage eines Bebauungsplans nach § 8 Abs. 2 Satz 1 BauGB ausreichen würden. Außerdem muss der Flächennutzungsplan das Stadium der sog. Planreife i. S. v. § 33 BauGB erreicht haben (*Schrödter*, in: ders., BauGB, § 8 Rn. 13).

Der **vorzeitige Bebauungsplan** (§ 8 Abs. 4 BauGB): Ausnahms- **24** weise kann ein Bebauungsplan auch aufgestellt, geändert, ergänzt oder aufgehoben werden, bevor der Flächennutzungsplan aufgestellt worden ist. Das geht nur unter den einschränkenden Voraussetzungen des § 8 Abs. 4 BauGB, wenn also dringende Gründe die vorzeitige Aufstellung des Bebauungsplans erfordern und der Bebauungsplan der beabsichtigten städtebaulichen Entwicklung des Gemeindegebiets (die ja im Zusammenhang erst in dem Flächennutzungsplan dargestellt werden soll) nicht entgegensteht. Dringende Gründe können nur angenommen werden, wenn die Planung keinen Zeitaufschub duldet (*BVerwG*, NJW 1969, 1076). Darüber hinaus ist zu verlangen, dass der vorzeitige Bebauungsplan erforderlich ist, um erhebliche Nachteile für die Entwicklung der Gemeinde zu vermeiden oder um die Verwirklichung eines im dringenden öffentlichen Interesse liegenden Vorhabens zu ermöglichen. Die Rechtsprechung hat bereits mehrfach dringende Gründe für einen vorzeitigen Bebauungsplan angenommen, um bedeutsame Vorhaben der öffentlichen Infrastruktur zu ermöglichen (*VGH BW*, BRS 25 Nr. 18, S. 58; *OVG Nds.*, OVGE 33, 353, 361). Ein weiterer Anwendungsbereich sind Fälle, in denen die Gemeinde, wenn sie nicht ganz schnell handelt, einen wichtigen Betrieb nicht auf ihrem Gebiet ansiedeln kann.

25 **Beispiele:** Wohnungsnot kann ein „dringender" Grund i. S. d. § 8 Abs. 4 BauGB für die vorzeitige bebauungsplanmäßige Festsetzung eines Wohngebiets sein (*BVerwG*, NVwZ 1985, 745), ebenso gewichtige Investitionen, die Durchführung einer Sanierung oder die Beschaffung wichtiger Gemeinbedarfsflächen (vgl. *Löhr*, in: Battis/Krautzberger/Löhr, BauGB, § 8 Rn. 11).

26 Einen Sonderfall für Abweichungen vom Flächennutzungsplan stellt der im beschleunigten Verfahren aufgestellte **Bebauungsplan der Innenentwicklung** dar (§ 13a Abs. 2 Nr. 2 BauGB). Das betrifft gem. § 13a Abs. 1 Satz 1 BauGB Bebauungspläne „für die Wiedernutzbarmachung von Flächen, die Nachverdichtung oder andere Maßnahmen der Innenentwicklung". Der Begriff der Innenentwicklung erfasst – anknüpfend an § 1 Abs. 6 Nr. 4 BauGB und die Bodenschutzklausel des § 1a Abs. 2 Satz 1 BauGB – nur solche Bebauungspläne, die die Maßnahmen zur Erhaltung, Erneuerung, Fortentwicklung, Anpassung und den Umbau vorhandener Ortsteile festsetzen (*Battis*, in: Battis/Krautzberger/Löhr, BauGB, § 13a Rn. 4).

27 Da nach § 13a Abs. 2 Nr. 2 BauGB ein Bebauungsplan, der von Darstellungen eines Flächennutzungsplans abweicht, unter bestimmten Voraussetzungen auch vor der Änderung oder Ergänzung des Flächennutzungsplans aufgestellt werden kann, wird in dieser Regelung nicht zu Unrecht ein „gewisser Systembruch" gesehen (*Stoll-mann*, Öffentliches Baurecht, § 7 Rn. 16).

Besonders zu beachten ist, dass **Verstöße** gegen die Bestimmungen   28
des § 8 BauGB **nicht immer zur Nichtigkeit** des Bebauungsplans
führen. Sie sind insbes. in den Fällen des § 214 Abs. 2 BauGB unbeachtlich. Diese wichtige Vorschrift ist bei der rechtlichen Beurteilung
einer Flächennutzungs- oder Bebauungsplanung immer zu beachten.
Wenn nach ihr ein Fehler bei der Planung unbeachtlich ist, darf der
Plan nicht von einem Gericht für nichtig erklärt werden. Hinzu kommen die Fristen, die § 215 BauGB für die Geltendmachung von Fehlern bei der Planung aufstellt, sowie die Möglichkeit eines ergänzenden Verfahrens nach § 214 Abs. 4 BauGB, das zur Behebung von
Mängeln führen kann, die nicht schon nach § 214 BauGB unbeachtlich sind. Die verwaltungsinterne Kontrolle wird jedoch durch die
§§ 214 f. BauGB nicht eingeschränkt. Die für die Genehmigung des
Bebauungsplans (§ 10 Abs. 2 BauGB) zuständige höhere Verwaltungsbehörde kann die in den Vorschriften genannten Verstöße gegen
Verfahrens- und Formvorschriften sowie die Abwägungsmängel rügen und auf sie die Versagung der Genehmigung stützen (§ 216
BauGB). Erhebt die Gemeinde hiergegen Klage, muss das Gericht ihren Genehmigungsanspruch unabhängig von den §§ 214 f. BauGB
prüfen. Für die Beantwortung der Frage, ob die höhere Verwaltungsbehörde die Genehmigung zu Recht verweigert hat, muss das Verwaltungsgericht dieselben Maßstäbe zugrunde legen, nach denen die
höhere Verwaltungsbehörde ihre Rechtskontrolle durchführt.

Unbeachtlich ist gem. § 214 Abs. 2 Nr. 2 BauGB die Verletzung des Ent-   29
wicklungsgebots gem. § 8 Abs. 2 Satz 1 BauGB, wenn dabei die sich aus dem
Flächennutzungsplan ergebende geordnete städtebauliche Entwicklung nicht
beeinträchtigt worden ist. Ob dies der Fall ist, beurteilt sich mit Blick auf die
planerische Konzeption des Flächennutzungsplans für den größeren Raum,
also in der Regel für das gesamte Gemeindegebiet (vgl. *BVerwG*, DÖV 1999,
733).

Der Bebauungsplan wird (vorbehaltlich der für die Stadtstaaten   30
geltenden Sonderregelung des § 246 Abs. 2 BauGB) als **Satzung** beschlossen, § 10 Abs. 1 BauGB. Gegen diese Satzung kann gem. § 47
Abs. 1 Nr. 1 VwGO die Normenkontrolle vor dem Oberverwaltungsgericht angestrengt werden.

b) Der Inhalt des Bebauungsplans. Die möglichen Festsetzungen   31
eines Bebauungsplans werden in § 9 BauGB aufgeführt. Dabei han-

delt es sich – anders als bei den in § 5 Abs. 2 BauGB genannten Darstellungen des Flächennutzungsplans – um abschließende Regelungen. Der Bebauungsplan kann u. a. Festsetzungen enthalten über

32 – die Art und das Maß der baulichen Nutzung, z. B.: reines Wohngebiet mit Vorgaben für die Grundflächenzahl, die Geschossflächenzahl oder die Höhe der baulichen Anlagen (§ 9 Abs. 1 Nr. 1 BauGB),
    – die Bauweise (offene oder geschlossene Bauweise) sowie die überbaubaren Grundstücksflächen (§ 9 Abs. 1 Nr. 2 BauGB),
    – die Größe, Breite und Tiefe der Baugrundstücke (§ 9 Abs. 1 Nr. 3 BauGB),
    – die Flächen für Nebenanlagen, wie Spielflächen (§ 9 Abs. 1 Nr. 4 BauGB),
    – die höchstzulässige Zahl von Wohnungen in Wohngebäuden (§ 9 Abs. 1 Nr. 6 BauGB).

33 Besonders wichtig sind die nach § 9 Abs. 1 Nr. 1 und 2 BauGB möglichen Festsetzungen über Art und Maß der baulichen Nutzung, über die Bauweise und die überbaubaren Grundstücksflächen. Diese und auch die in § 9 Abs. 1 Nr. 2a bis 9 BauGB vorgesehenen Festsetzungen werden durch die Verordnung über die bauliche Nutzung der Grundstücke (**Baunutzungsverordnung** – BauNVO) näher bestimmt. Die Ermächtigung für die Rechtsverordnung findet sich in § 9a BauGB. Dadurch werden eine gewisse Vereinheitlichung der Bebauungspläne im gesamten Bundesgebiet und auch ihre Vergleichbarkeit erreicht.

34 Die Baunutzungsverordnung vereinheitlicht in ihren §§ 16 ff. die in Bebauungsplänen möglichen Festsetzungen über das Maß der baulichen Nutzung, in § 22 die Festsetzungen über die Bauweise und in § 23 über die überbaubare Grundstücksfläche. Besonders hervorzuheben sind die Vorschriften über die Art der baulichen Nutzung, §§ 1 bis 15 BauNVO. Sie können teilweise (§§ 2 bis 14 BauNVO) unmittelbar geltendes Ortsrecht werden. Dies geschieht dadurch, dass sich der gemeindliche Plangeber im Plan auf die Vorschriften der §§ 2 bis 14 BauNVO bezieht (vgl. § 1 Abs. 3 Satz 2 BauNVO). Die Bezugnahme erfolgt, indem im Bebauungsplan einzelne Gebiete mit den Bezeichnungen versehen werden, die die Baunutzungsverordnung bereithält.

35 **Beispiel:** Der Bebauungsplan versieht ein Gebiet mit der Bezeichnung WR = reines Wohngebiet, oder mit GE = Gewerbegebiet, § 1 Abs. 2 BauNVO.

§ 1 Abs. 3 Satz 2 BauNVO sieht vor, dass in einem solchen Fall die **36**
Vorschriften der §§ 2 bis 14 BauNVO Bestandteil des Bebauungs-
plans werden. Nach den Ausnahmevorschriften in § 1 Abs. 4 bis 10
BauNVO sind freilich Modifikationen möglich.

Beispiel: Nach § 1 Abs. 6 BauNVO kann ausgeschlossen werden, dass die **37**
jeweils in Abs. 3 der §§ 2 bis 9 BauNVO enthaltenen Regelungen über die
ausnahmsweise Zulässigkeit von Vorhaben Bestandteil des Bebauungsplans
werden.

Gem. § 9 Abs. 2a BauGB kann ein Bebauungsplan für im Zusam- **38**
menhang bebaute Ortsteile (§ 34 BauGB) erlassen werden, der festsetzt, dass nur bestimmte Arten der nach § 34 Abs. 1 oder Abs. 2
BauGB zulässigen Nutzungen zulässig oder unzulässig sind oder
nur ausnahmsweise zugelassen werden können. Ziel dabei ist die Erhaltung und Entwicklung zentraler Versorgungsbereiche. Darüber
hinaus sieht der durch die BauGB-Novelle 2013 eingeführte § 9
Abs. 2b BauGB den Erlass von sog. Vergnügungsstättenbebauungs-
plänen vor (hierzu *Mitschang*, ZfBR 2012, 419). Zu den Vergnügungsstätten, die von der Regelung erfasst werden, zählen etwa Spielhallen, Spielcasinos, Spielbanken, Diskotheken sowie Varietés und
Kabaretts. § 9 Abs. 2b BauGB legt ausdrücklich fest, dass ein Vergnü-
gungsstättenbebauungsplan entweder auf Vergnügungsstätten im Allgemeinen oder auf besondere Arten von Vergnügungsstätten, etwa
Spielhallen, bezogen sein kann. Die Vorschrift soll den Gemeinden
ein Mittel an die Hand geben, um die Ansiedlung von Vergnügungsstätten – inbes. von Spielhallen – zu verhindern. Ein Vergnügungs-
stättenbebauungsplan nach § 9 Abs. 2b BauGB darf nur aus städtebaulichen Gründen erlassen werden. Nicht ausreichend sind
allgemeine, d. h. nicht gebietsbezogene Erwägungen im Hinblick auf
den Kinder- und Jugendschutz oder die Bekämpfung der Spielsucht
(*Battis/Mitschang/Reidt*, NVwZ 2013, 961, 963). Einen besonderen
städtebaulichen Grund stellt allerdings die Verhinderung des sog.
Trading-down-Effekts dar. Der (sozioökonomische) Begriff des *Trading-down* kennzeichnet eine Entwicklung, die auf der Beobachtung
wirtschaftlicher Aktivitäten und ihrer Auswirkungen auf gesellschaft-
liche Prozesse beruht (*BVerwG*, Beschl. v. 10.1.2013 – 4 B 48.12,
BeckRS 2013, 46322, Rn. 9). Gemeint ist damit der Erfahrungssatz,
dass sich bestimmte Gewerbebetriebe – z. B. Vergnügungsstätten –
negativ auf die Umgebung auswirken können (*BVerwG*, ZfBR 2008,
799, 800). Die Besonderheit des § 9 Abs. 2a und Abs. 2b BauNVO

liegt darin, dass den Gemeinden die Möglichkeit zum Erlass von Bebauungsplänen eröffnet wird, die die Art der baulichen Nutzung
steuern, ohne ein Baugebiet festzusetzen.

39   c) **Die Aufstellung des Bebauungsplans.** Bei der Aufstellung des
Bebauungsplans sind zunächst die verfahrensrechtlichen Besonderheiten zu beachten. Danach läuft die Planaufstellung regelmäßig
(zahlreiche Modifikationen in einzelnen Schritten sind ggf. zu beachten) wie folgt ab:

40   Zu Beginn steht der Beschluss der Gemeinde, einen Bebauungsplan
aufzustellen (**Aufstellungsbeschluss**), § 2 Abs. 1 Satz 2 BauGB. Dieser ist ortsüblich bekannt zu machen, § 2 Abs. 1 Satz 2 BauGB. Zu
beachten ist, dass der Aufstellungsbeschluss keine Zulässigkeitsvoraussetzung für das Planverfahren darstellt. Ein unzureichender oder
nicht ordnungsgemäß bekannt gemachter Aufstellungsbeschluss kann
jedoch zur Unwirksamkeit einer Veränderungssperre gem. § 14
BauGB führen. Auch für die in § 15 BauGB vorgesehene Zurückstellung von Baugesuchen ist der Aufstellungsbeschluss eine Rechtmäßigkeitsvoraussetzung. Schließlich entfaltet er Rechtswirkungen im
Zusammenhang mit § 33 BauGB, der die Zulassung von Vorhaben
während der Planaufstellung regelt. Hinsichtlich der Frage, wie der
Aufstellungsbeschluss bekannt zu machen ist, trifft das BauGB keine
Regelung. Daher richtet sich die Bekanntmachung des Beschlusses
nach den kommunalrechtlichen Bestimmungen der einschlägigen Gemeindeordnung und den ortsrechtlichen Bestimmungen der Haupt-
satzung.

41   **Beispiel:** In kleineren Gemeinden kann die Bekanntmachung durch Aus-
hang an der Bekanntmachungstafel erfolgen. Größere Gemeinden erfordern
aus rechtsstaatlichen Gründen eine andere Bekanntmachungsform, etwa durch
Veröffentlichung im Amtsblatt oder einer Tageszeitung (vgl. *OVG NRW,*
NWVBl. 2009, 21).

42   Danach hat gem. § 2 Abs. 4 Satz 1 BauGB mit Rücksicht auf die in
§§ 1 Abs. 6 Nr. 7, 1a BauGB genannten Umweltbelange eine **Umweltprüfung** (UP) zu erfolgen, in der die voraussichtlichen erheblichen Umweltauswirkungen ermittelt und in einem Umweltbericht
beschrieben und bewertet werden.

43   Soweit im Planaufstellungsverfahren eine Umweltprüfung durchgeführt
wird, entfällt die in §§ 1 ff. UVPG vorgesehene Umweltverträglichkeitsprüfung nach Maßgabe von § 17 UVPG.

Sodann erfolgt die **vorgezogene Öffentlichkeitsbeteiligung**, mit 44
der die Bürger über die allgemeinen Ziele und Zwecke der Planung
öffentlich unterrichtet werden (§ 3 Abs. 1 BauGB). Die Durchführung der vorgezogenen Öffentlichkeitsbeteiligung steht nicht im Ermessen der Gemeinde. Es handelt sich um eine (gebundene) Rechtspflicht („ist zu unterrichten"). Nach § 3 Abs. 1 Satz 1 Halbs. 2
BauGB ist der Öffentlichkeit Gelegenheit zur Äußerung und Erörte-
rung zu geben.

Auch die Behörden und sonstige **Träger öffentlicher Belange** sind 45
an dem Verfahren frühzeitig zu beteiligen (§ 4 Abs. 1 BauGB). Gem.
§ 4a Abs. 2 BauGB kann dies gleichzeitig mit der Bürgerbeteiligung
erfolgen.

Anschließend folgt die **förmliche Öffentlichkeitsbeteiligung** mit 46
vorheriger Bekanntgabe von Ort und Dauer der Auslegung, Entge-
gennahme von Anregungen, Bescheidung der Bürger bzw. Mitteilung
des Ergebnisses (§ 3 Abs. 2 BauGB) und ggf. erneuter Auslegung
(§ 4a Abs. 3 BauGB) sowie die **förmliche Behördenbeteiligung**, in
der die Stellungnahmen der Behörden und Träger öffentlicher Belange unter Berücksichtigung ihrer Aufgabenbereiche einzuholen
sind, § 4 Abs. 2 BauGB.

Danach ergeht regelmäßig der **Beschluss** der Gemeinde über den 47
Bebauungsplan (§ 10 Abs. 1 BauGB).

Für manche Bebauungspläne (selbstständige Bebauungspläne gem. § 8 48
Abs. 2 Satz 2 BauGB, vorzeitig bekanntgemachte Bebauungspläne gem. § 8
Abs. 3 Satz 2 BauGB und vorzeitige Bebauungspläne nach § 8 Abs. 4 BauGB)
gilt: Vorlage der Bebauungspläne mit den nicht berücksichtigten Anregungen
nebst Stellungnahme (§ 3 Abs. 2 Satz 6 BauGB) bei der höheren Verwaltungsbehörde zur Genehmigung (§ 10 Abs. 2 BauGB). Für alle anderen Bebauungspläne, inbes. für die aus einem Flächennutzungsplan gem. § 8 Abs. 2 Satz 1
BauGB entwickelten Bebauungspläne, ist das Genehmigungserfordernis
durch das Bau- und Raumordnungsgesetz 1998 (BauROG) abgeschafft worden. Das früher in § 11 Abs. 3 BauGB vorgesehene Anzeigeverfahren ist im
BauGB entfallen. Die Länder können jedoch nach Maßgabe des § 246
Abs. 1a BauGB ein Anzeigeverfahren einführen (näher *Löhr*, in: Battis/
Krautzberger/Löhr, BauGB, § 246 Rn. 7).

Sodann muss die Genehmigungserteilung bzw. – soweit eine solche 49
nicht erforderlich ist – der gemeindliche Beschluss über den Bebauungsplan öffentlich gemacht werden; es folgt die Auslegung des
Bebauungsplans (§ 10 Abs. 3 BauGB).

Nach Abschluss des Aufstellungsverfahrens sind die Gemeinden nach § 4c 50
BauGB verpflichtet, die erheblichen Umweltauswirkungen, die aufgrund der

Durchführung des Bebauungsplans eintreten, zu überwachen, sog. **Monitoring.** Schon während des Aufstellungsverfahrens ist das vorgesehene Konzept dieses Monitoring im oben genannten Umweltbericht nach § 2 Abs. 4 BauGB i. V. m. Nr. 3 lit. b der Anlage 1 (zu § 2 Abs. 4, §§ 2a und 4c) zu beschreiben. Zweck dieser Überwachung der Umweltauswirkungen ist es, die Gemeinden in den Stand zu versetzen, geeignete Maßnahmen zur Abhilfe von nachteiligen Auswirkungen zu ergreifen (§ 4c Satz 1 BauGB).

3. Die Rechtmäßigkeit des Bebauungsplans

51   Die vorgenannten Verfahrensabläufe werden größtenteils im Rahmen der verwaltungsgerichtlichen Kontrolle überprüft. Darüber hinaus prüft das Gericht, ob die materiell-rechtlichen Vorgaben des öffentlichen Baurechts eingehalten sind. Im Einzelnen ergibt sich folgender Prüfungsaufbau:

a) Formelle Rechtmäßigkeit des Bebauungsplans.

52   **aa) Zuständigkeit.** Die Zuständigkeit für die Aufstellung und den Beschluss des Bebauungsplans richtet sich nach den Vorschriften über die Verbands- und die Organkompetenz.

53   **Verbandskompetenz:** Nach § 2 Abs. 1 Satz 1 BauGB stellt die Gemeinde den Bebauungsplan in eigener Verantwortung auf. Die Zuständigkeitsregelung konkretisiert die Planungshoheit der Gemeinde, die Ausfluss der kommunalen Selbstverwaltungsgarantie ist.

54   **Rechtsfolge eines Verstoßes:** Nichtigkeit des Bebauungsplans.

55   **Organkompetenz:** Nach § 10 Abs. 1 BauGB wird der Bebauungsplan als Satzung beschlossen. Zuständig für den Erlass von Satzungen und sonstigen ortsrechtlichen Bestimmungen ist die von den Bürgern gewählte Gemeindevertretung. In Nordrhein-Westfalen ist das der Gemeinderat, § 41 Abs. 1 Satz 2 lit. f GO NRW[8].

56   **Rechtsfolge eines Verstoßes:** Nichtigkeit des Bebauungsplans (vgl. *BVerwG*, NVwZ 1999, 882).

57   **bb) Verfahren.** Das Verfahren zum Erlass eines Bebauungsplans besteht aus einer Reihe von unterschiedlichen Schritten. Dies sind im Wesentlichen die folgenden:

---

8 Gleichlautende Regelungen finden sich etwa in § 51 Nr. 6 HGO; § 22 Abs. 3 Nr. 6 KV MV; § 32 Abs. 2 Nr. 1 GO Rh.-Pf.; § 28 Nr. 2 GO SH. Siehe auch § 44 Abs. 3 Satz 1 Halbs. 2 GemO BW.

Aufstellungsbeschluss: Wie sich aus § 2 Abs. 1 Satz 2 BauGB er- 58
gibt, muss die Gemeinde bereits über ihre Absicht, den Bebauungsplan aufzustellen, einen Beschluss fassen. Dieser Planaufstellungsbeschluss eröffnet das förmliche Planaufstellungsverfahren. Er muss
den räumlichen Bereich bezeichnen, für den die Gemeinde den Plan
später aufstellen möchte.

Rechtsfolge eines Verstoßes: Der Verstoß ist unbeachtlich (vgl. BVerwGE 59
79, 200, 204 ff.). Das folgt aus § 214 Abs. 1 Satz 1 Nr. 4 BauGB, wo der Planaufstellungsbeschluss nicht genannt ist.

Frühzeitige Öffentlichkeitsbeteiligung: Unter der frühzeitigen 60
Öffentlichkeitsbeteiligung gem. § 3 Abs. 1 BauGB ist die Einbezie-
hung der Bürgerinteressen in der frühen Planungsphase zu verstehen.
Zur Öffentlichkeit i. S. v. § 3 Abs. 1 BauGB zählt jedermann, d. h.
jede natürliche oder juristische Person, die von der Bauleitplanung
betroffen ist oder ein sonstiges Interesse an ihr hat (vgl. *Battis*, in:
Battis/Krautzberger/Löhr, BauGB, § 3 Rn. 6). Den Gemeindeein-
wohnern soll Gelegenheit gegeben werden, ihre eigenen Wünsche
und Vorstellungen, aber auch Anregungen und Kritik in den Planungsprozess einzubringen. So soll das Vertrauen der Bürger in die
gemeindliche Planung und die Vollständigkeit des abwägungserheblichen Materials gesichert werden.

Rechtsfolge eines Verstoßes: Der Verstoß gegen § 3 Abs. 1 BauGB ist un- 61
beachtlich. Das folgt aus § 214 Abs. 1 Satz 1 Nr. 2 BauGB, wo zwar die Vorschriften über die förmliche Bürgerbeteiligung aufgeführt sind, nicht aber § 3
Abs. 1 BauGB (vgl. *BVerwG*, NVwZ-RR 2003, 172).

Förmliche Öffentlichkeitsbeteiligung: Wenn die Gemeinde die ei- 62
gentliche Konzeptions- und Planungsphase abgeschlossen und einen
im Prinzip beschlussreifen Entwurf des Bebauungsplans erstellt hat,
erfolgt die förmliche Bürgerbeteiligung nach § 3 Abs. 2 BauGB. Dafür sind der Entwurf des Bebauungsplans und seine Begründung einschließlich des Umweltberichts nach § 2a BauGB für die Dauer eines
Monats öffentlich auszulegen, wobei gem. § 187 Abs. 2 BGB der erste
Tag der Auslegung mitzählt. Die Berechnung des Fristendes richtet
sich nach § 188 Abs. 2 BGB (vgl. BVerwGE 40, 363). Ort und Dauer
der Auslegung müssen mindestens eine Woche vorher ortsüblich be-
kanntgemacht werden. Während der Dauer der Auslegung können
sich die Bürger mit Anregungen zu dem Planentwurf äußern. Nach
§ 3 Abs. 2 Satz 3 BauGB sollen zusätzlich zur öffentlichen Bekannt-

machung nach Abs. 2 Sätze 1 und 2 die nach § 4 Abs. 2 BauGB beteiligten Behörden und sonstigen Träger öffentlicher Belange gesondert von der Auslegung benachrichtigt werden (zur Behördenbeteiligung sogleich). Soweit sich mehr als 50 Personen mit im Wesentlichen gleichlautenden Anregungen beteiligt haben, sieht § 3 Abs. 2 Satz 5 BauGB ein spezielles Massenverfahren vor. Wird der Entwurf des Bebauungsplans nach der Auslegung geändert oder ergänzt, ist nach Maßgabe des § 4a Abs. 3 Satz 1 BauGB erneut auszulegen und sind die Stellungnahmen erneut einzuholen. Das Verfahren kann jedoch entsprechend den Vorgaben des § 4a Abs. 3 Sätze 2 bis 4 BauGB gegenständlich und zeitlich beschränkt durchgeführt werden.

63 **Rechtsfolge eines Verstoßes:** Nichtigkeit des Bebauungsplans, wenn der Fehler innerhalb eines Jahres gerügt wird (§§ 214 Abs. 1 Satz 1 Nr. 2, 215 Abs. 1 Satz 1 Nr. 1 BauGB). Selbst wenn der Fehler rechtzeitig gerügt wird, kann ein ergänzendes Verfahren gem. § 214 Abs. 4 BauGB zur Behebung von Fehlern führen, soweit nicht ihre Behebbarkeit wegen der Schwere der Mängel ausgeschlossen ist (vgl. dazu BVerwGE 119, 54). Ein ergänzendes Verfahren muss die Identität des Plans wahren und darf ihn nicht grundlegend ändern (vgl. u. Rn. 160). Wenn im ergänzenden Verfahren inhaltliche Änderungen des Bebauungsplans vorgenommen werden, die nachteilige Auswirkungen haben können, handelt es sich um abwägungsbeachtliche Änderungen, die der Kritik in einem erneuten Auslegungsverfahren zugänglich bleiben müssen (*BVerwG*, NVwZ 2010, 777, 778 Rn. 8). Das *OVG* erklärt den Bebauungsplan für „unwirksam". Mit diesem in § 47 Abs. 5 Satz 2 VwGO seit Erlass des EAG Bau 2004 vorgesehenen Ausspruch ist sowohl der Fall der – nicht behebbaren – Nichtigkeit einer Rechtsnorm erfasst als auch der Fall der – im ergänzenden Verfahren behebbaren – bloßen Unwirksamkeit einer Norm, insbes. eines Bebauungsplans (näher *Kopp/Schenke*, VwGO, § 47 Rn. 120 m. w. N.).

64 **Frühzeitige Beteiligung der Behörden und sonstiger Träger öffentlicher Belange:** Aus § 4 Abs. 1 BauGB ergibt sich, dass neben Behörden auch sonstige von der Planung konkret in ihrem Aufgabenbereich berührte Träger öffentlicher Belange beteiligungsfähig sind. Nur § 4 Abs. 3 BauGB ist auf Behörden beschränkt. „Träger öffentlicher Belange" ist der Oberbegriff für die zu beteiligenden Stellen. Der Anwendungsbereich von § 4 Abs. 1 BauGB ist weit zu verstehen. Auch private Rechtsträger können Träger öffentlicher Belange sein, wenn ihnen durch Gesetz oder auf Grund eines Gesetzes die Wahrnehmung öffentlicher Belange übertragen wird. Es muss sich also nicht notwendig um eine hoheitlich handelnde Behörde im formellen, d. h. verwaltungsorganisatorischen Sinne handeln (vgl. *Stollmann*, Öffent-

liches Baurecht, § 6 Rn. 13). Dementsprechend sind etwa die Nachfolgeunternehmen von Post und Bahn, soweit sie zur Erbringung von Leistungen einer flächendeckenden Grundversorgung verpflichtet sind, als Träger öffentlicher Belange zu qualifizieren. Träger öffentlicher Belange sind auch die benachbarten Gemeinden. Nach § 4a Abs. 5 BauGB sind die benachbarten Gemeinden bei Bauleitplänen mit möglicherweise erheblichen Auswirkungen auf sie nach den Grundsätzen der Gegenseitigkeit und Gleichwertigkeit zu unterrichten. Gem. § 4 Abs. 1 i. V. m. § 3 Abs. 1 BauGB hat die Beteiligung möglichst frühzeitig stattzufinden. Die frühzeitige Behördenbeteiligung beginnt wie die frühzeitige Öffentlichkeitsbeteiligung vor Erstellung des Planentwurfs. So sollen die möglicherweise in ihrem Aufgabenbereich berührten Behörden und sonstigen Träger öffentlicher Belange informiert werden und Gelegenheit zur Äußerung erhalten. Die frühzeitige Behördenbeteiligung kann gem. § 4a Abs. 2 BauGB auch gleichzeitig mit der frühzeitigen Bürgerbeteiligung erfolgen.

Beispiele: Zu den nach § 4 Abs. 1 BauGB zu beteiligenden öffentlichen Trä- **65** gern zählen z. B. das Gewerbeaufsichtsamt, das Umweltamt, die Denkmalschutzbehörde, die Träger der Straßenbaulast, aber auch die Träger der funktionalen Selbstverwaltung, wie die Industrie- und Handelskammern sowie die Handwerkskammern (vgl. *Wagner*, BauR 1997, 709, 711; *Battis*, in: Battis/Krautzberger/Löhr, BauGB, § 4 Rn. 3).

Rechtsfolge eines Verstoßes: Ein Verstoß gegen § 4 Abs. 1 BauGB ist un- **66** beachtlich (wie bei einem Verstoß gegen die frühzeitige Öffentlichkeitsbeteiligung, o. Rn. 61).

Förmliche Beteiligung der Behörden und sonstiger Träger öf- **67** **fentlicher Belange:** Das förmliche Beteiligungsverfahren wird mit der Einholung der Stellungnahmen der Behörden und sonstiger Träger öffentlicher Belange zum Planentwurf und der Begründung samt Umweltbericht eingeleitet, § 4 Abs. 2 BauGB. Die Stellungnahmefrist beträgt gem. § 4 Abs. 2 Satz 2 BauGB einen Monat; bei Vorliegen eines wichtigen Grundes soll die Frist durch die Gemeinde angemessen verlängert werden, § 4 Abs. 2 Satz 2 Halbs. 2 BauGB. Nach § 4 Abs. 2 Satz 3 Halbs. 1 BauGB sollen sich die Stellungnahmen auf den jeweiligen Aufgabenbereich der Träger öffentlicher Belange beschränken. Diese Vorschrift dient der Verfahrensbeschleunigung (vgl. *Battis*, in: Battis/Krautzberger/Löhr, BauGB, § 4 Rn. 6). § 4 Abs. 2 Satz 3 Halbs. 2 BauGB verpflichtet die Träger öffentlicher Belange zur Aufklärung der Gemeinde über von ihnen beabsichtigte oder bereits eingeleitete Planungen und sonstige Maßnahmen sowie deren zeitliche Abwicklung, soweit sie für die städtebauliche Entwicklung und Ordnung des Planungsgebiets bedeutsam sind. Dadurch sollen der Gemeinde gesicherte Informationen über die Auswirkungen der Maßnahmen der unterschiedlichen Träger öffentlicher Belange in ihrem Gebiet verschafft werden. § 4 Abs. 2 Satz 4 BauGB enthält eine allgemeine Informationspflicht im Hinblick auf die Vervollständigung des Abwägungsmaterials. Gem. § 4a Abs. 2 BauGB kann die Einholung der Stellungnahme zeitgleich mit der Auslegung nach § 3 Abs. 2 BauGB erfolgen.

68   **Rechtsfolge eines Verstoßes:** Der Verstoß gegen § 4 Abs. 2 BauGB ist beachtlich (wie bei einem Verstoß gegen § 3 Abs. 2 BauGB, o. Rn. 63).

69   Für nicht rechtzeitig im Verfahren der Öffentlichkeits- und Behördenbeteiligung abgegebene Stellungnahmen gilt die **Präklusionsregelung** des § 4a Abs. 6 BauGB. Diese verfahrensrechtliche Ausschlussregelung ist jedoch in ihrem Anwendungsbereich sehr beschränkt. Zum einen steht der Gemeinde ein Ermessen zu, ob sie verspätete Stellungnahmen bei der Beschlussfassung über den Bauleitplan berücksichtigen möchte oder nicht. Zum anderen kommt die Präklusion nur in Betracht, sofern die Gemeinde bei der Beschlussfassung den Inhalt der Stellungnahme nicht kannte und nicht hätte kennen müssen und deren Inhalt für die Rechtmäßigkeit des Bauleitplans nicht von Bedeutung ist, § 4a Abs. 6 Satz 1 a. E. BauGB. Ausreichend ist, dass sich der Kommune die fraglichen Umstände im Verfahren hätten aufdrängen müssen (BVerwGE 59, 87, 103). Im Rahmen der Öffentlichkeitsbeteiligung gilt nach § 4a Abs. 6 Satz 2 BauGB die besondere Voraussetzung, dass auf den Ausschluss verspäteter Stellungnahmen in der Bekanntmachung gem. § 3 Abs. 2 Satz 2 BauGB hingewiesen werden muss.

70   **Ordnungsgemäßer Satzungsbeschluss:** Der Bebauungsplan muss ordnungsgemäß als Satzung beschlossen sein (§ 10 Abs. 1 BauGB). Die Anforderungen an die ordnungsgemäße Beschlussfassung ergeben sich aus den Vorschriften des Gemeinderechts. Zu ihnen gehören insbes.:

71   – ordnungsgemäße Einberufung des Rats (in Nordrhein-Westfalen z. B. § 47 Abs. 2 Satz 1 GO NRW[9]),
      – Öffentlichkeit der Ratssitzung (§ 48 Abs. 2 Satz 1 GO NRW[10]),
      – Beschlussfähigkeit des Rats (§ 49 GO NRW[11]).

---

9 § 34 Abs. 1 Satz 1 GemO BW; § 56 HGO; § 29 Abs. 3 KV MV; § 34 Abs. 2 und 3 GemO Rh.-Pf.; § 34 Abs. 3 und 4 GO SH.
10 § 35 Abs. 1 Satz 1 GemO BW; § 52 HGO; § 29 Abs. 5 Satz 1 KV MV; § 35 Abs. 1 Satz 1 GemO Rh.-Pf.; § 35 Abs. 1 Satz 1 GO SH.
11 § 37 Abs. 2 GemO BW; § 53 HGO; § 30 KV M-V; § 38 GO SH; § 39 GemO Rh.-Pf.

Rechtsfolge eines Verstoßes: Fehler sind nach Maßgabe von § 7 Abs. 6 GO 72
NRW[12] unbeachtlich. § 214 BauGB erfasst nur Verstöße gegen die Vorschriften „dieses Gesetzbuches", also des BauGB.

– Keine Mitwirkung von Ratsmitgliedern, bei denen ein Ausschlie- 73
ßungsgrund („Befangenheit") vorliegt (§ 43 Abs. 2 i. V. m. § 31
GO NRW[13]).

Rechtsfolge eines Verstoßes: In Nordrhein-Westfalen ist der Beschluss 74
trotz der Befangenheit eines Ratsmitglieds nicht ungültig, wenn dessen Mitwirkung auf das Ergebnis keinen Einfluss hatte (§§ 43 Abs. 2, 31 Abs. 6 GO
NRW)[14]. Hat die Mitwirkung eines Befangenen dagegen im Einzelfall Einfluss
auf das Ergebnis genommen, greift § 214 Abs. 4 BauGB, weil diese Norm
auch Fehler erfasst, die sich aus der Anwendung von Landesrecht ergeben
(h. M., vgl. *Battis*, in: Battis/Krautzberger/Löhr, BauGB, § 214 Rn. 23, 25
m. w. N.). Der Plan ist zunächst rechtsunwirksam, kann aber im Rahmen eines
ergänzenden Verfahrens rückwirkend in Kraft gesetzt werden. Das gleiche gilt
auch in den anderen Bundesländern bei beachtlichen Verstößen gegen die dortigen Befangenheitsvorschriften[15].

Begründung des Bebauungsplans gem. § 9 Abs. 8 BauGB: Dem 75
Bebauungsplan muss eine Begründung mit den Angaben nach § 2a
BauGB beigefügt sein, in der die Ziele, Zwecke, und wesentlichen
Auswirkungen des Bebauungsplans (§ 2a Satz 2 Nr. 1 BauGB) und
die in dem Umweltbericht nach der Anlage 1 zum BauGB auf Grund
der Umweltprüfung nach § 2 Abs. 4 BauGB ermittelten und bewerteten Belange des Umweltschutzes (§ 2a Satz 2 Nr. 2 BauGB) darzule-
gen sind. Die Begründung erfüllt eine wichtige Funktion: Sie trägt
entscheidend zum Verständnis des Bebauungsplans bei und ermöglicht dem Bürger eine effektive Information. Deshalb muss sie vollständig sein (vgl. *Battis*, in: Battis/Krautzberger/Löhr, BauGB, § 9
Rn. 124). Die Begründung ist dem Bebauungsplan „beizufügen".
Das Gesetz bringt mit diesem Begriff zum Ausdruck, dass die Begründung selbst nicht Bestandteil der Satzung und auch nicht Inhalt
des Bebauungsplans wird (*BGH*, NVwZ 1986, 917).

---

12 § 4 Abs. 4 GemO BW; § 5 Abs. 4 HGO; § 5 Abs. 5 KV MV; § 24 Abs. 6 GemO Rh.-
 Pf.; § 4 Abs. 3 GO SH.
13 § 32 Abs. 1 i. V. m. § 18 GemO BW; § 25 HGO; § 24 Abs. 4 KV MV; § 22 Abs. 1
 GemO Rh.-Pf.; § 32 Abs. 3 Satz 1 i. V. m. § 22 GO SH.
14 Ebenso z. B. die Rechtslage in Schleswig-Holstein, vgl. §§ 32 Abs. 3 Satz 1, 22 Abs. 5
 Nr. 1 GO SH.
15 Siehe etwa §§ 32 Abs. 1, 18 Abs. 6 GemO BW; § 25 Abs. 6 HGO; § 24 Abs. 4 und 5
 KV MV; § 22 Abs. 5 GemO Rh.-Pf.

76 **Rechtsfolge eines Verstoßes:** Nach § 214 Abs. 1 Satz 1 Nr. 3 Halbs. 2 BauGB ist es für die Rechtswirksamkeit des Bebauungsplans unbeachtlich, wenn die Begründung lediglich unvollständig ist. Anders ist es dagegen, wenn die Begründung völlig fehlt (vgl. *Battis*, in: Battis/Krautzberger/Löhr, BauGB, § 9 Rn. 124). Das Fehlen oder die Unvollständigkeit der Begründung kann aber ein Indiz dafür sein, dass das Abwägungsmaterial nicht vollständig ermittelt oder unzutreffend bewertet worden ist oder ein Fehler im Abwägungsergebnis vorliegt (*Spannowsky*, in: Spannowsky/Uechtritz, BeckOK BauGB, § 9 Rn. 178).

77 Zu beachten ist, dass von einem Teil der verfahrensrechtlichen Anforderungen in einem **vereinfachten Verfahren** nach § 13 BauGB abgewichen werden kann, wenn es nur darum geht, dass ein Bauleitplan (nicht nur ein Bebauungsplan) geändert oder ergänzt werden soll, und wenn die Grundzüge der Planung nicht berührt werden. In ähnlicher Weise sieht das Gesetz seit der BauGB-Novelle 2007 ein **beschleunigtes Verfahren** für Bebauungspläne der Innenentwicklung nach 13a BauGB vor.

78 **Umweltprüfung gem. § 2 Abs. 4 BauGB:** § 2 Abs. 4 Satz 1 BauGB verlangt für die Belange des § 1 Abs. 6 Nr. 7 und des § 1a BauGB entsprechend den Anforderungen der Plan-UP-Richtlinie[16] die Durchführung einer Umweltprüfung (UP, dazu bereits o. Rn. 42 f.). Die Umweltprüfung ist integraler Bestandteil des Planaufstellungsverfahrens und bei allen Bauleitplänen durchzuführen, deren Aufstellung, Änderung oder Ergänzung nicht im vereinfachten Verfahren (§ 13 Abs. 3 Satz 1 BauGB) oder im beschleunigten Verfahren (§ 13a Abs. 2 Nr. 1 i. V. m. § 13 Abs. 3 BauGB) erfolgt.

79 Eine ordnungsgemäße Umweltprüfung setzt nach § 2 Abs. 4 Satz 1 BauGB voraus, dass die voraussichtlichen erheblichen Umweltauswirkungen der Planung ermittelt und in einem Umweltbericht beschrieben und bewertet werden. Die Gemeinde legt dazu für jeden Bauleitplan fest, in welchem Umfang und Detaillierungsgrad die Ermittlung der Belange für die Abwägung erforderlich ist (sog. **Scoping**, § 2 Abs. 4 Satz 2 BauGB). Die Vorgaben, was in den Umweltbericht aufzunehmen ist und welchen Inhalt er haben muss, ergeben sich aus der Anlage 1 zu § 2 Abs. 4, §§ 2a und 4c BauGB, die ihrerseits eine Umsetzung umweltbezogener Anforderungen des Gemeinschaftsrechts (der Plan-UP-Richtlinie) darstellt. Das Ergebnis der Umwelt-

---

16 Richtlinie 2001/42/EG des Europäischen Parlaments und des Rates vom 27.6.2001 über die Prüfung der Umweltauswirkungen bestimmter Pläne und Programme, ABl. EG Nr. L 197 S. 30.

prüfung ist in der Abwägung zu berücksichtigen (§ 2 Abs. 4 Satz 4 BauGB). Der Umweltbericht bildet gem. § 2a Satz 3 BauBG einen gesonderten Teil der Begründung zum Entwurf des Bauleitplans.

Die Umweltprüfung spielt in Ausbildung und Prüfung nur eine **80** untergeordnete Rolle, ist aber in der Praxis von erheblicher Bedeutung. Sie soll der Gemeinde die voraussichtlichen Umweltauswirkungen der Planung verdeutlichen und damit sicherstellen, dass die Umweltbelange des § 1 Abs. 6 Nr. 7 sowie § 1a BauGB mit dem ihnen gebührenden Gewicht in der Abwägung berücksichtigt werden. Die Umweltprüfung führt nach einhelliger Meinung aber nicht zu einem höheren materiellen Gewicht des Umweltschutzes in der Abwägung, sondern allenfalls zu einer formellen Aufwertung, die die Durchsetzungschance der Umweltbelange in der Abwägung erhöhen kann (BVerwGE 100, 238, 244).

Rechtsfolgen eines Verstoßes: Die Nicht-Durchführung oder fehlerhafte **81** Durchführung einer Umweltprüfung stellt einen Verfahrensfehler dar, da das Gesetz die Umweltprüfung gem. §§ 2, 2a BauGB in das Planaufstellungsverfahren integriert hat. Die Beachtlichkeit entsprechender Fehler beurteilt sich daher nach § 214 Abs. 1 BauGB. Dabei ist allerdings die Sondervorschrift in § 214 Abs. 1 Satz 1 Nr. 3 Halbs. 2 BauGB zu beachten, der zufolge grundsätzlich jeder Fehler im Umweltbericht beachtlich ist, es sei denn, er betrifft unwesentliche Punkte (vgl. *Kersten*, in: Spannowsky/Uechtritz, BeckOK BauGB, § 2 Rn. 108 f. m. w. N.).

Darüber hinaus verlangt § 2 Abs. 3 BauGB, dass alle Belange, die für die **82** Abwägung (§ 1 Abs. 7 BauGB) von Bedeutung sind (Abwägungsmaterial), ermittelt und bewertet werden. Mängel der Ermittlung und Bewertung des Abwägungsmaterials sollen gem. § 214 Abs. 1 Satz 1 Nr. 1 BauGB Verfahrensfehler darstellen. Das Verhältnis der mit § 2 Abs. 3 BauGB eingeführten Verfahrensschritte zur Abwägung nach § 1 Abs. 7 BauGB, die nicht nur verfahrensrechtliche, sondern auch materielle Bedeutung hat, ist durchaus problematisch und kann erst nach der Darstellung der Abwägung erläutert werden (u. Rn. 119 ff.).

Beispiele für Bewertungsmaßstäbe in der UP sind: die umweltbezogenen **83** Ziele der Raumordnung (§ 1 Abs. 4 BauGB), die allgemeinen Ziele des § 1 Abs. 5 Satz 2 BauGB, die Bodenschutzklausel (§ 1a Abs. 2 BauGB), die naturschutzrechtliche Eingriffsregelung (§ 1a Abs. 3 BauGB), umweltrelevante Aussagen in Fachplänen des Naturschutz-, Wasser-, Abfall- und Immissionsschutzrechts (§ 2 Abs. 4 Satz 6 BauGB), der Trennungsgrundsatz des § 50 BImSchG.

cc) Form. Die Form des Bebauungsplans richtet sich im Einzelnen **84** nach den Bestimmungen des Gemeinderechts. Der Bebauungsplan muss insbes. vor dem Bekanntmachungsakt durch den Bürgermeister ausgefertigt werden[17], wobei der Bürgermeister seine Unterschrift sowohl unter dem Text als auch auf den dazugehörigen Karten anbringen muss (vgl. *Rabe*, ZfBR 2001, 229, 236).

85   **Rechtsfolge eines Verstoßes:** Fehler sind nach Maßgabe der jeweiligen Vorschriften des Kommunalrechts, z. B. § 7 Abs. 6 GO NRW[18], (un)beachtlich.

86   **dd) Genehmigungsverfahren.** Gem. § 10 Abs. 2 Satz 1 BauGB bedürfen nur der selbstständige Bebauungsplan nach § 8 Abs. 2 Satz 2 BauGB, der im Parallelverfahren nach § 8 Abs. 3 Satz 2 BauGB entwickelte und der vorzeitige Bebauungsplan nach § 8 Abs. 4 BauGB einer Genehmigung der höheren Verwaltungsbehörde. Das Genehmigungsverfahren, der geltende Maßstab sowie der Genehmigungsinhalt richten sich gem. § 10 Abs. 2 Satz 2 BauGB nach den Vorschriften über den Flächennutzungsplan in § 6 Abs. 2 und 4 BauGB. Für die übrigen Bebauungspläne kann eine Anzeigepflicht gegenüber der Aufsichtsbehörde bestehen. Das ist aber nur der Fall, soweit die Länder das Anzeigeverfahren für ihr jeweiliges Landesgebiet nach § 246 Abs. 1a Satz 1 Halbs. 1 BauGB vorgesehen haben. Soweit ersichtlich, haben die Länder von dieser Möglichkeit nicht oder nur sehr zurückhaltend Gebrauch gemacht (vgl. *Löhr*, in: Battis/Krautzberger/Löhr, BauGB, § 246 Rn. 7).

87   **ee) Bekanntmachung.** Nachdem der Bebauungsplan vom Rat der Gemeinde beschlossen und vom Bürgermeister ausgefertigt wurde, ist seine Genehmigung (soweit erforderlich) bzw. der Beschluss des Bebauungsplans gem. § 10 Abs. 3 BauGB ortsüblich bekanntzumachen (zu den Voraussetzungen der ortsüblichen Bekanntmachung *Oehmen*, in: Spannowsky/Uechtritz, BeckOK BauGB, § 10 Rn. 24 ff. m. w. N.). Üblicherweise erfolgt die Bekanntmachung im Amtsblatt der Gemeinde oder in Tageszeitungen. Der Bebauungsplan selbst ist zur Einsicht bereitzuhalten, § 10 Abs. 3 Satz 2 BauGB. Das Gesetz enthält keine Regelung zu der Frage, wie lange die Gemeinde den Bebauungsplan zur Einsicht bereithalten muss. Vor diesem Hintergrund hat sich das *BVerwG* auf den Standpunkt gestellt, dass der Bebauungsplan grundsätzlich dauerhaft auszulegen und bereitzuhalten ist (BVerwGE 44, 244, 250). Die Anforderungen des § 10 Abs. 3 Satz 2 BauGB sind erfüllt, wenn der Plan bei der jeweiligen Behörde während der Dienststunden eingesehen werden kann.

---

17 § 2 BekanntmVO NRW; § 5 Abs. 4 Satz 1 KV MV; § 4 Abs. 2 GO SH.
18 § 4 Abs. 4 GemO BW; § 5 Abs. 4 HGO; § 5 Abs. 5 KV MV; § 24 Abs. 6 GemO Rh.-Pf.; § 4 Abs. 3 GO SH.

Rechtsfolge eines Verstoßes: Nach § 214 Abs. 1 Satz 1 Nr. 4 BauGB ist der   88
Verstoß beachtlich, wenn der damit verfolgte Hinweiszweck nicht erreicht
worden ist. Seine Heilung kann allerdings ggf. noch im ergänzenden Verfahren nach § 214 Abs. 4 BauGB erfolgen.

b) Materielle Rechtmäßigkeit des Bebauungsplans. aa) Planer-   89
forderlichkeit (§ 1 Abs. 3 BauGB). Nach § 1 Abs. 3 BauGB haben
die Gemeinden Bauleitpläne aufzustellen, sobald und soweit es für
die städtebauliche Entwicklung und Ordnung erforderlich ist. Die
Aufstellung eines Bebauungsplans ist also nicht in das Ermessen der
Gemeinde gestellt. Vielmehr ist die gemeindliche Planungshoheit in
zweifacher Hinsicht eingeschränkt: Zum einen besteht für die Gemeinde eine Rechtspflicht zur Aufstellung eines Bebauungsplans, sobald und soweit die Erforderlichkeit gegeben ist (vgl. BVerwGE 119,
25, 28 ff.). Zum anderen ergibt sich aus § 1 Abs. 3 BauGB ein Pla-
nungsverbot, wenn die Aufstellung eines Bebauungsplans nicht nach
dieser Bestimmung erforderlich ist (vgl. *Krautzberger*, in: Battis/
Krautzberger/Löhr, BauGB, § 1 Rn. 25 ff.). Begrifflich wird das für
eine Gemeinde aus § 1 Abs. 3 BauGB im Einzelfall folgende Gebot,
einen Bauleitplan aufzustellen, als **Planungspflicht** umschrieben.
Demgegenüber steht die gleichfalls aus § 1 Abs. 3 BauGB folgende
sog. **Planrechtfertigung** dafür, dass die Planung ihre Rechtfertigung
nicht in sich selbst trägt, sondern regelmäßig in Rechtspositionen
Dritter eingreift und im Hinblick auf die betroffenen Rechte rechtfer-
tigungsbedürftig ist (vgl. *Peine*, Öffentliches Baurecht, Rn. 1195;
Hoppe, in: Hoppe/Bönker/Grotefels, Öffentliches Baurecht, § 7
Rn. 14 f. m. w. N.).

Bei der Erforderlichkeit i. S. d. § 1 Abs. 3 BauGB handelt es sich   90
um einen unbestimmten Rechtsbegriff, der grundsätzlich der vollen
gerichtlichen Nachprüfung unterliegt (vgl. *Dürr/Middeke*, Baurecht
NRW, Rn. 14). Dieser Grundsatz wird jedoch dadurch relativiert,
dass in die Erforderlichkeit zahlreiche Prognosen über die zukünftige
städtebauliche Entwicklung einfließen. Außerdem bestimmt sich die
Erforderlichkeit insgesamt nach der planerischen Konzeption der
Gemeinde, die als solche nicht nachprüfbar ist (dazu *BVerwG*,
NVwZ 2001, 1280). Die Hürde der Planrechtfertigung ist daher nied-
rig: Eine Planung ist schon dann erforderlich, wenn sie nach der gemeindlichen Konzeption für die städtebauliche Entwicklung und
Ordnung vernünftigerweise geboten ist (vgl. BVerwGE 56, 110,
118 f.; 71, 166, 168; 117, 25 ff.). Das Planungskonzept der Gemeinde
ergibt sich dabei nicht nur aus dem Flächennutzungsplan, sondern

auch aus sog. informellen Plänen, die im BauGB nicht vorgesehen sind, sich aber in der Praxis entwickelt haben (vgl. dazu *Brohm*, Öffentliches Baurecht, § 12 Rn. 2 a. E., § 7 Rn. 3 ff.).

91 Die Rechtsprechung hat inzwischen **Fallgruppen** herausgearbeitet, in denen eine Planung nicht erforderlich ist. Das sind etwa folgende Konstellationen:

92 – Der Planung liegt überhaupt keine (nachvollziehbare) planerische Konzeption zugrunde (vgl. *BbgOVG*, LKV 2000, 460, 461).

93 – Der Bebauungsplan ist überflüssig, weil auch ohne Bebauungsplan die vorgesehene Nutzung zulässig wäre und die angestrebten Negativwirkungen eintreten würden, so dass sich an der bauplanungsrechtlichen Situation durch den Bebauungsplan nichts ändert (vgl. BVerwGE 40, 258, 262).

94 – Die Festsetzungen des Bebauungsplans lassen sich aus tatsächlichen oder rechtlichen Gründen nicht verwirklichen (vgl. BVerwGE 109, 246, 249 f.; *BVerwG*, NVwZ 2003, 749, 750).

95 – Die Festsetzungen entsprechen nicht dem planerischen Willen der Gemeinde, sondern sind nur vorgeschoben, um eine andere Nutzung zu verhindern oder um Zwecke zu erreichen, die § 1 Abs. 1 BauGB fremd sind (vgl. BVerwGE 117, 50, 57; *BVerwG*, NVwZ 1991, 875; *BayVGH*, BayVBl. 2001, 272, 273).

96 – Die Festsetzungen liegen ausschließlich im privaten Interesse (vgl. *Dürr/Middeke*, Baurecht NRW, Rn. 17).

97 – Das Plangebiet ist offensichtlich überdimensioniert (vgl. *BVerwG*, NVwZ 1993, 1102, 1103; *BbgOVG*, LKV 2000, 460, 461).

98 Zu beachten ist aber immer: Es geht bei § 1 Abs. 3 BauGB regelmäßig nur um eine Vorabkontrolle, bei der offensichtlich untaugliche Zweck-Mittel-Relationen, Verstöße gegen höherrangiges Recht oder Verstöße gegen höherrangige Ziele festgestellt werden können.

99 **Rechtsfolge eines Verstoßes:** Nichtigkeit des Bebauungsplans. § 214 BauGB nennt in Abs. 1 nur die „Verletzung von Verfahrens- und Formvorschriften" (zu ihnen zählt § 1 Abs. 3 BauGB nicht), in Abs. 2 ist vom Verhältnis von Flächennutzungsplan und Bebauungsplan und schließlich in Abs. 3 von der planerischen Abwägung die Rede.

100 Zu beachten ist, dass die nach § 1 Abs. 3 BauGB gebotene Erforderlichkeit eines Bebauungsplans bzw. einer einzelnen planerischen Festsetzung auch im Nachhinein entfallen kann. Der Fortbestand einer planerischen Festsetzung hängt davon ab, ob sie noch geeignet ist, zur städtebaulichen Ordnung i. S. d. § 1 Abs. 3 BauGB einen sinnvol-

len Beitrag zu leisten. Eine planerische Festsetzung tritt nach der Rechtsprechung wegen „**Funktionslosigkeit**" sogar *eo ipso* außer Kraft, wird also unwirksam und nichtig, wenn und soweit die Verhältnisse, auf die sie sich bezieht, in der tatsächlichen Entwicklung einen Zustand erreicht haben, der eine Verwirklichung der Festsetzung auf unabsehbare Zeit ausschließt, und dieser Umstand einen Grad von Erkennbarkeit erreicht hat, der einem etwaigen Vertrauen in die Fortgeltung der planerischen Festsetzung die Schutzwürdigkeit nimmt (vgl. *BVerwG*, NJW 1977, 2325, 2326; *BVerwG*, NVwZ 1999, 986; *BayVGH*, BayVBl. 2005, 366; näher *Erhard*, NVwZ 2006, 1362 m. w. N.). Neuerdings sieht die Rechtsprechung aber nicht nur in einer sich ändernden Sachlage einen Umstand, der die Funktionslosigkeit eines Bebauungsplans zur Folge haben kann. Auch eine geänderte Rechtslage kann dazu führen, dass der Vollzug des Bebauungsplans auf unabsehbare Zeit ausgeschlossen erscheint (*BVerwG*, NVwZ 2005, 442, 444 m. w. N.). Ungeachtet vielfältiger Einzelfragen, die diese Rechtsprechung aufwirft, stellt sich stets das Grundproblem, wann genau hinreichend deutlich feststeht, dass veränderte Umstände oder rechtliche Rahmenbedingungen zur Funktionslosigkeit des Bebauungsplans geführt haben. Allgemeingültige Vorgaben stehen dazu nur begrenzt zur Verfügung (dazu bereits *BVerwG*, NJW 1977, 2325 f.).

Beispiele: (1) Nicht erforderlich ist ein Bebauungsplan, dessen Verwirklichung im Zeitpunkt des Inkrafttretens dauerhafte Hindernisse tatsächlicher oder rechtlicher Art entgegenstehen (BVerwGE 116, 144, 146 f.), oder eine ausschließlich privaten Interessen dienende reine „Gefälligkeitsplanung" (*OVG Nds.*, NVwZ 1990, 576). **101**

(2) Eine Bauleitplanung, die nur darauf abzielt, einer Entschädigungsforderung zu entgehen, ist ebenfalls nicht erforderlich (*VGH BW*, NVwZ-RR 2002, 630, 631).

(3) Ein Bebauungsplan, der Flächen für landwirtschaftliche und forstwirtschaftliche Nutzung nicht im Interesse einer Förderung der Landwirtschaft und Forstwirtschaft, sondern deshalb festsetzt, weil er durch das damit weitgehend erreichte Bauverbot außerhalb der Landwirtschaft und Forstwirtschaft liegende Ziele fördern will, ist mangels Erforderlichkeit nichtig (BVerwGE 40, 258, 262 f.).

(4) Ein Bebauungsplan, dessen Verwirklichung an artenschutzrechtlichen Zugriffs- und Störungsverboten i. S. d. § 44 BNatSchG scheitert, kann gegen § 1 Abs. 3 BauGB verstoßen. Dieser Rechtsverstoß liegt aber nicht vor, wenn die Voraussetzungen für die Erteilung einer Befreiung gem. § 67 BNatSchG vorliegen, sog. Befreiungslage (*HessVGH*, NVwZ-RR 2008, 446 zu §§ 42, 62 BNatSchG a. F.).

(5) Funktionslos ist ein Bebauungsplan geworden, wenn er eine Bebauungstiefe (§ 23 Abs. 4 BauNVO) von 10 m festsetzt, diese Festsetzung jedoch in
einer großen Zahl von Fällen nicht eingehalten worden ist. Die Verwirklichung der festgesetzten Bebauungstiefe ist dadurch auf unabsehbare Zeit ausgeschlossen und hat ihren Sinn verloren (*BVerwG*, NJW 1977, 2325, 2326;
weitere Beispiele bei *Stüer*, Der Bebauungsplan, Rn. 586 ff.).

102   Mit der Erforderlichkeit der Bauleitplanung hängt die Frage zusammen, ob der Einzelne, etwa ein interessierter Großinvestor, einen
Anspruch darauf haben kann, dass die Gemeinde einen Bebauungsplan aufstellt. Das aber schließt § 1 Abs. 3 Satz 2 BauGB ausdrücklich
aus. Danach hat **niemand einen Anspruch auf die Aufstellung von
Bauleitplänen** und städtebaulichen Satzungen. Ein Anspruch kann,
wie § 1 Abs. 3 Satz 2 Halbs. 2 BauGB klarstellt, auch nicht durch
Vertrag begründet werden. Die Norm stellt ein sog. **Vertragsformverbot** auf. Ein Vertrag, der hiergegen verstößt, ist gem. § 59 Abs. 1
VwVfG i. V. m. § 134 BGB nichtig. Aus § 1 Abs. 8 BauGB folgt, dass
auch ein Anspruch auf Änderung, Ergänzung oder Aufhebung von
Bauleitplänen nicht bestehen kann (vgl. *Krautzberger*, in: Battis/
Krautzberger/Löhr, BauGB, § 1 Rn. 31). Davon zu unterscheiden ist
die Befugnis der Kommunalbehörde, bei Verletzung der Planungspflicht die Aufstellung eines Bebauungsplans anzuordnen (*Böhm*, JA
2013, 81, 82).

103   **bb) Entwicklung des Bebauungsplans aus dem Flächennutzungsplan.** Der Bebauungsplan muss gem. § 8 Abs. 2 Satz 1 BauGB
aus dem ihm zugrundeliegenden Flächennutzungsplan entwickelt
werden. Der Begriff „entwickeln" beschränkt die Gemeinde nicht darauf, das grobe Raster des Flächennutzungsplans mit detaillierteren
Festsetzungen auszufüllen. Er gibt ihr vielmehr die gestalterische
Freiheit, innerhalb des vom Flächennutzungsplan vorgegebenen Rahmens eigenständig zu planen (vgl. BVerwGE 48, 70, 74). Dabei können die Festsetzungen des Bebauungsplans sogar von den Darstellungen des Flächennutzungsplans abweichen, wenn hierdurch die
Grundkonzeption des Flächennutzungsplans nicht beeinträchtigt
wird und sich der Bebauungsplan als schlüssige Fortentwicklung
bzw. Konkretisierung des Flächennutzungsplans darstellt (vgl.
BVerwG, NVwZ 2000, 197, 198; *OVG NRW*, NWVBl. 2000).

104   **Beispiele:** (1) Ein Bebauungsplan, der ein Wohn- oder Gewerbegebiet festsetzt, ist unzulässig, wenn der Flächennutzungsplan den betroffenen Bereich
als „Grünland" ausweist (vgl. BVerwGE 48, 70, 75 f.).

(2) Der Gestaltungsrahmen für die Entwicklung aus dem Flächennutzungsplan wird überschritten, wenn an exponierter Stelle des Gemeindegebiets aus einer öffentlichen Parkfläche im Bebauungsplan private Gartenflächen werden (vgl. *BayVGH*, BayVBl. 1983, 565 f.).

(3) Wird eine Fläche, die im Flächennutzungsplan als Gemeinbedarfseinrichtung vorgesehen ist, im Bebauungsplan als Kerngebiet festgesetzt, so bedeutet dies keine Verletzung des Entwicklungsgebots, wenn die betroffene Fläche in eine gemischte Baufläche eingestreut ist (*VGH BW*, ZfBR 2000, 55).

Rechtsfolge eines Verstoßes: Ein Verstoß gegen das Entwicklungsgebot des **105**
§ 8 Abs. 2 BauGB kann gem. § 214 Abs. 2 BauGB unbeachtlich sein. Häufig kommt dessen Nr. 2 in Betracht. Danach führt ein Verstoß gegen das Entwicklungsgebot nicht zur Nichtigkeit des Bebauungsplans, wenn die sich aus dem Flächennutzungsplan ergebende geordnete städtebauliche Entwicklung nicht beeinträchtigt wird. Der Anwendungsbereich der Vorschrift ist jedoch eng, weil dann, wenn die im Flächennutzungsplan zum Ausdruck gebrachte planerische Konzeption für den engeren Bereich des Bebauungsplans nicht beeinträchtigt wird, im Regelfall bereits kein Verstoß gegen das Entwicklungsgebot aus § 8 Abs. 2 BauGB vorliegt. Für die Frage, ob durch den nicht aus dem Flächennutzungsplan entwickelten Bebauungsplan die geordnete städtebauliche Entwicklung beeinträchtigt wird, ist deshalb die planerische Konzeption des Flächennutzungsplans für den größeren Raum, d. h. das gesamte Gemeindegebiet oder jedenfalls einen über das Bebauungsplangebiet hinausreichenden Ortsteil, maßgebend (vgl. *BVerwG*, NVwZ 2000, 197, 198). Darüber hinaus kommt es u. a. auf das planerische Gewicht der Abweichung an und auf ihr Verhältnis zu den anderen Darstellungen des Flächennutzungsplans, auf die sie sich auswirkt. Der Flächennutzungsplan muss seine Bedeutung als grundsätzliches kommunales Steuerungsinstrument der städtebaulichen Entwicklung „im Großen und Ganzen" behalten (vgl. *BVerwG*, NVwZ 2000, 197, 198 m. w. N). Dann ist der Verstoß gegen § 8 Abs. 2 Satz 1 BauGB nach § 214 Abs. 2 Nr. 2 BauGB unbeachtlich.

cc) Anpassung an die Ziele der Raumordnung. Nach § 1 Abs. 4 **106**
BauGB sind die Bauleitpläne den Zielen der Raumordnung anzupassen. Die Vorschrift findet ihre Entsprechung in § 4 Abs. 1 Satz 1 ROG, wonach öffentliche Stellen bei raumbedeutsamen Planungen und Maßnahmen die Ziele der Raumordnung beachten müssen. Die Pflicht der Gemeinden, ihre Bauleitpläne nach § 1 Abs. 4 BauGB den Zielen der Raumordnung anzupassen, betrifft zunächst die noch aufzustellenden Pläne. Darüber hinaus erfasst die Vorschrift aber auch Pläne, die bereits bestehen. Denn die **Anpassungspflicht aus § 1 Abs. 4 BauGB** bezweckt „umfassende Konkordanz zwischen der übergeordneten Landesplanung und der gemeindlichen Bauleitplanung" (*BVerwG*, NVwZ 2007, 953 Rn. 4). Aus § 1 Abs. 4 BauGB

folgt daher das Gebot, einen bereits in Kraft getretenen Bauleitplan
zu ändern, wenn neue oder geänderte Ziele der Raumordnung es erfordern (*BVerwG*, a. a. O.). Die Anpassungspflicht des § 1 Abs. 4
BauGB läuft auf eine strikte Bindung der Gemeinde an die Ziele der
Raumordnung hinaus. Selbst bei Vorliegen besonders schwerwiegen-
der Gründe hat die Gemeinde nicht die Möglichkeit, raumordneri-
sche Zielaussagen in der Abwägung zu überwinden (*Dirnberger*, in:
Spannowsky/Uechtritz, BeckOK BauGB, § 1 Rn. 65).

107   Es handelt sich nicht um einen Aspekt der nach § 1 Abs. 7 BauGB gebotenen Abwägung öffentlicher und privater Belange (dazu u. Rn. 119 ff.). Die Anpassungspflicht nach § 1 Abs. 4 BauGB ist dem Abwägungsprogramm „rechtlich vorgelagert" (*BVerwG*, a. a. O.).

108   Allein der Umstand, dass ein Bebauungsplan aus dem Flächennut-
zungsplan gem. § 8 Abs. 2 BauGB entwickelt worden ist, stellt ihn im
Übrigen nicht von der Anpassungspflicht des § 1 Abs. 4 BauGB frei.
Diese Pflicht geht vielmehr in jedem Falle vor. Die übergeordnete
Raumordnungsplanung setzt sich auch gegenüber einem zielwidrigen
Flächennutzungsplan durch (*BVerwG*, NVwZ 2003, 742, 743 f.). Das
ergibt sich aus dem Wortlaut von § 1 Abs. 4 BauGB, der nicht nur
Bebauungspläne der Anpassungspflicht unterwirft, sondern „Bauleitpläne". Hierzu zählen gem. § 1 Abs. 2 BauGB auch die Flächennutzungspläne (vgl. zum Verhältnis der örtlichen Flächennutzungsplanung zur überörtlichen Raumordnungsplanung *Kümper*, ZfBR 2012,
631).

109   **Rechtsfolge eines Verstoßes gegen § 1 Abs. 4 BauGB:** Ein Bauleitplan, der
gegen das Anpassungsgebot verstößt, ist nichtig. Der Fall wird in § 214
BauGB nicht aufgeführt, Fehler sind daher stets beachtlich. Allerdings kann
der Fehler in einem ergänzenden Verfahren nach § 214 Abs. 4 BauGB behoben werden (*BVerwG*, NVwZ 2004, 226, 228 zu § 215a a. F.; *Battis*, in: Bat-
tis/Krautzberger/Löhr, BauGB, § 214 Rn. 25 m. w. N.).

110   **dd) Zulässiger Inhalt des Bebauungsplans.** Der zulässige Inhalt
des Bebauungsplans ergibt sich aus § 9 Abs. 1 bis 7 BauGB. Besondere Erwähnung verdient § 9 Abs. 4 BauGB, weil diese Vorschrift
zum Verständnis der gesetzlichen Strukturen unabdingbar ist. Danach steht den Ländern die Möglichkeit offen, durch Rechtsvorschriften zu bestimmen, dass auf Landesrecht beruhende Regelungen
als Festsetzungen in den Bebauungsplan aufgenommen werden können. Der Inhalt des Bebauungsplans kann sich also **auch aus dem
Landesrecht** ergeben! Die Länder haben diese Möglichkeit genutzt,

etwa gem. § 86 Abs. 4 BauO NRW[19]. Nach dieser Bestimmung können die in § 86 Abs. 1 und 2 BauO NRW genannten **örtlichen Bauvorschriften** als Festsetzungen in den Bebauungsplan aufgenommen werden. Dazu zählen Bauvorschriften über die äußere Gestaltung von baulichen Anlagen und von Werbeanlagen, die Lage, Größe, Beschaffenheit, Ausstattung und Unterhaltung von Kinderspielplätzen sowie die Gestaltung, Begrünung und Bepflanzung der Gemeinschaftsanlagen, der Lagerplätze und der Stellplätze (§ 86 Abs. 1 Nr. 1, 3 u. 4 BauO NRW).

Da die auf landesrechtlichen Bestimmungen beruhenden Festsetzungen verfahrensrechtlich in den Bebauungsplan integriert sind, müssen sie, wie der Bebauungsplan im Übrigen, das für diesen vorgeschriebene Aufstellungs-, Änderungs- und ggf. auch Genehmigungsverfahren durchlaufen (vgl. *Löhr*, in: Battis/Krautzberger/Löhr, BauGB, § 9 Rn. 107 f.). Deshalb finden auf sie auch die Vorschriften über das Normenkontrollverfahren (§ 47 VwGO) und über die Beachtlichkeit bzw. Unbeachtlichkeit von Rechtsverstößen (§§ 214 bis 216 BauGB) Anwendung (vgl. *BVerwG*, ZfBR 1993, 88, 89). **111**

§ 9 Abs. 1a Satz 2 BauGB sieht vor, dass Flächen zum Ausgleich für Eingriffe in Natur und Landschaft im Bebauungsplan an Ort und Stelle oder aber an anderer Stelle als am Ort des Eingriffs festgesetzt und dem Eingriffsgrundstück zugeordnet werden können. Ebenso können die **Ausgleichsmaßnahmen** auch in einem anderen Bebauungsplan außerhalb des eigenen Gemeindegebiets gemäß einer vertraglichen Regelung (§ 11 BauGB) festgesetzt und dem Eingriffsgrundstück zugeordnet werden (vgl. *BVerwG*, NVwZ 1997, 1216, 1218). Welche dieser Möglichkeiten die Gemeinde wählt, steht in ihrem planerischen Ermessen. Ausgleichsmaßnahmen auf mehrere Bebauungspläne zu verteilen, ist vor allem dann empfehlenswert, wenn die Gemeinde das sog. **Öko-Konto** (§ 135a Abs. 2 Satz 2 BauGB) nutzt. Auf dem Öko-Konto kann die Gemeinde im Vorgriff auf Ausgleichsmaßnahmen, die durch zukünftige Eingriffe in Natur und Landschaft erforderlich werden, bereits eine Kompensation „ansparen", um sie nach erfolgtem Eingriff in Anrechnung zu bringen, also gewissermaßen „abzubuchen" (vgl. dazu *Schink/Matthes-Bredelin*, ZfBR 2001, 155, 158). **112**

---

19 Art. 81 Abs. 2 BayBO; § 81 Abs. 3 HBO; § 86 Abs. 3 LBauO MV; § 88 Abs. 6 LBauO Rh.-Pf.; § 84 Abs. 3 BauO SH; vgl. auch § 74 Abs. 6 und 7 LBO BW.

113   § 9 Abs. 1a Satz 1 BauGB bezieht sich auf die **Bodenschutzklausel**
        des § 1a BauGB, die im Zusammenhang mit dem Bundes-Boden-
        schutzgesetz (Gesetz zum Schutz vor schädlichen Bodenveränderun-
        gen und zur Sanierung von Altlasten v. 17.3.1998, BGBl. I S. 502) zu
        sehen ist. § 1a BauGB wiederum steht in unmittelbarem Zusammen-
        hang mit der Vorschrift des § 1 Abs. 5 Satz 1 BauGB. Danach sollen
        die Bauleitpläne eine nachhaltige städtebauliche Entwicklung und
        eine dem Wohl der Allgemeinheit entsprechende sozialgerechte Bo-
        dennutzung gewährleisten („**Nachhaltigkeitsprinzip**").

114   **Rechtsfolge eines Verstoßes gegen § 9 Abs. 1 bis 7 BauGB:** Der Verstoß ist
        stets beachtlich, weil er von §§ 214, 215 BauGB nicht erfasst wird. Da ein er-
        gänzendes Verfahren (§ 214 Abs. 4 BauGB) mit unzulässigen Inhalten nicht
        denkbar ist, führt ein Verstoß gegen § 9 Abs. 1 bis 7 BauGB zur Nichtigkeit
        des Bebauungsplans. Hierüber brauchen allerdings in der Falllösung keine
        Ausführungen gemacht zu werden, weil das Gericht ggf. nur beurteilt, ob ein
        ergänzendes Verfahren in rechtmäßiger Weise durchgeführt worden ist. Das
        Gericht braucht, nachdem es Fehler festgestellt hat, die nicht nach §§ 214,
        215 BauGB unbeachtlich sind, nicht zu erörtern, ob ein ergänzendes Verfah-
        ren möglich wäre.

115   **ee) Abstimmung mit benachbarten Gemeinden.** Nach § 2 Abs. 2
        BauGB muss die Gemeinde ihren Bauleitplan mit den Planungen be-
        nachbarter Gemeinden abstimmen (sog. **interkommunales Abstim-
        mungsgebot**). Benachbart i. S. d. Norm sind nicht nur Gemeinden,
        deren Territorium unmittelbar aneinander angrenzt. Entscheidend ist
        vielmehr der Bereich der planungsrechtlichen Auswirkungen des Vor-
        habens. Die Vorschrift ist vor dem Hintergrund der in Art. 28 Abs. 2
        GG gewährleisteten gemeindlichen Planungshoheit zu sehen. Daraus
        ergibt sich, dass eine *materielle* Abstimmungspflicht immer dann be-
        steht, wenn erkennbar wird, dass durch eine Bauleitplanung auch be-
        rechtigte und relevante Interessen der Nachbargemeinden betroffen
        sein könnten (vgl. BVerwGE 84, 209, 218). Gewichtige Auswirkun-
        gen auf Planungen einer Nachbargemeinde dürfen nicht allein deshalb
        im Rahmen der Abwägung zurückgestellt werden, weil die Nachbar-
        gemeinde die Abwägungsentscheidung über ihren Plan noch nicht
        getroffen hat. Die Konkretisierung dieser Planung und ihre Realisie-
        rungschancen können aber für das Gewicht der nachbargemeind-
        lichen Belange von Bedeutung sein (*BVerwG*, DVBl 2010, 839). Die
        Nachbargemeinde kann sich nach dem durch das EAG Bau einge-
        führten § 2 Abs. 2 Satz 2 BauGB auch auf die ihr durch die Ziele der
        Raumordnung zugewiesene Funktion berufen und sie klageweise gel-

tend machen (vgl. dazu *OVG Nds.*, NVwZ-RR 2007, 7). Die Regelung in § 2 Abs. 2 BauGB enthält keine Vorgaben zum Abstimmungs-*verfahren*. Insoweit ist § 4 BauGB einschlägig, weil auch Nachbargemeinden zu den „Behörden" in diesem Sinne zählen (vgl. BVerwGE 84, 209, 216; *OVG Koblenz*, NVwZ-RR 2009, 711, 712).

Beispiel: Der formell ordnungsgemäß zustande gekommene Bebauungsplan **116** der Gemeinde G sieht die Festsetzung eines Sondergebiets für die Errichtung des Möbelmarkts M mit einer Verkaufsfläche von 30.000 qm vor. Auf dem Gebiet der benachbarten Gemeinde H befindet sich der Möbelmarkt R mit einer Verkaufsfläche von 19.500 qm. Eine Abstimmung zwischen G und H hat nicht stattgefunden, weshalb H sich in ihrem Recht auf interkommunale Abstimmung gem. § 2 Abs. 2 BauGB verletzt sieht. H befürchtet anlässlich des geplanten Möbelmarkts M den Niedergang des Möbelhauses R und infolgedessen den Verlust von Arbeitsplätzen in der Gemeinde H und erwartet auch Einbußen bei der Gewerbesteuer. Bezifferbar sind diese Nachteile aber für H derzeit noch nicht. H stellt bei dem zuständigen *OVG* einen – zulässigen – Normenkontrollantrag gem. § 47 Abs. 1 Nr. 1 VwGO. Ist der Antrag begründet?

Der Normenkontrollantrag ist begründet, wenn die zur Überprüfung ge- **117** stellte baurechtliche Satzung rechtsfehlerhaft ist und der Fehler sich auf ihre Wirksamkeit auswirkt. In Betracht kommt ein Verstoß gegen § 2 Abs. 2 BauGB. Die Vorschrift ist vor dem Hintergrund der gemeindlichen Planungshoheit, dem aus der Selbstverwaltungsgarantie des Art. 28 Abs. 2 GG folgenden Recht auf Planung und Regelung der Bodennutzung im Gemeindegebiet (§ 2 Abs. 1 BauGB), zu sehen. Aus diesem rechtlichen Zusammenhang folgt nach der Rechtsprechung des *BVerwG*, dass es der zwischengemeindlichen Abstimmung – unabhängig davon, ob bei der Nachbargemeinde bereits Bauleitpläne oder erst bestimmte planerische Vorstellungen bestehen – immer dann bedarf, wenn „unmittelbare Auswirkungen gewichtiger Art" in Betracht kommen (*BVerwG*, BRS 25 Nr. 14; BVerwGE 84, 209). Wirtschaftliche Auswirkungen eines Möbelhauses der vorliegenden Art, wie der Verlust von Arbeitsplätzen oder die Verringerung des Gewerbesteueraufkommens, sind im Rahmen des § 2 Abs. 2 BauGB grundsätzlich irrelevant. Anders ist dies, wenn die Auswirkungen städtebauliche Bedeutung erlangen. Das wird von der Rechtsprechung etwa angenommen, wenn aufgrund der Planung Verkehrsströme völlig umgelenkt werden oder die ganze örtliche Wirtschaft von Kaufkraftabflüssen bedroht wird mit der Folge einer Verödung der Innenstadt und einer Unterversorgung der dort ansässigen Bevölkerung (vgl. *OVG MV*, NVwZ 2000, 826, 927). Von einer städtebaulichen Bedeutung der Auswirkungen ist nach Ansicht der Rechtsprechung dagegen nicht auszugehen, wenn ein Umsatzrückgang von 8 % in den Nachbargemeinden befürchtet wird (vgl. *OVG Rh.-Pf.*, NVwZ 1999, 435, 438) oder wenn nach einem methodisch einwandfreien Einzelhandelsgutachten Kaufkraftabflüsse von unter 5 % in den Nachbargemeinden zu erwarten sind (vgl. *OVG NRW*, NVwZ 2005, 1201, 1203 ff.). Ein durch den befürchteten Niedergang des Möbelhauses R bedingter Verlust von Arbeitsplätzen in der Gemeinde H sowie die erwartete, damit im Zusammenhang stehende Einbuße an Gewerbesteuern hat nach diesen Vorgaben keine städtebauliche Bedeutung. Der Antrag der H ist unbegründet (vgl. *OVG MV*, NVwZ 2000, 826).

118 **Rechtsfolge eines Verstoßes gegen § 2 Abs. 2 BauGB:** Nach verbreiteter Ansicht handelt es sich bei dem interkommunalen Abstimmungsgebot des § 2 Abs. 2 BauGB um einen Unterfall des Abwägungsgebots aus § 1 Abs. 7 BauGB (vgl. *BayVGH*, NVwZ 2000, 822, 825; *OVG Nds.*, NVwZ 2001, 452, 453, m. umfangr. Nachw.; zu den Rechtsfolgen von Abwägungsfehlern i. E. u. Rn. 147 ff.). Nach zutreffender Gegenauffassung geht es jedoch bei dem Abstimmungsgebot darum, einen schonenden Ausgleich zwischen kollidierenden Planungskompetenzen zu finden, also um die Herstellung praktischer Konkordanz. Das ist etwas anderes als ein Abwägungsvorgang. Danach finden die §§ 214 Abs. 3 Satz 2, 215 Abs. 1 Satz 1 Nr. 3 BauGB keine Anwendung. Verstöße gegen § 2 Abs. 2 BauGB führen zur Nichtigkeit des Bebauungsplans, soweit sie nicht durch ein ergänzendes Verfahren nach § 214 Abs. 4 BauGB behoben werden können. Die benachbarte Gemeinde kann die Verletzung des interkommunalen Abwägungsgebots im Wege der sog. Gemeindenachbarklage gem. § 47 Abs. 2 Satz 1 VwGO geltend machen (vgl. *BVerwG*, DÖV 1994, 874 f.; *Battis*, in: Battis/Krautzberger/Löhr, BauGB, § 2 Rn. 24 m. w. N.).

119 **ff) Fehlerfreie Abwägung.** Nach § 1 Abs. 7 BauGB sind bei der Aufstellung der Bauleitpläne die öffentlichen und privaten Belange gegeneinander und untereinander gerecht abzuwägen (umf. hierzu *R. Bach*, Die Abwägung gemäß § 1 Abs. 7 BauGB nach Erlass des EAG Bau, 2012). Bei dem Abwägungsgebot handelt es sich um den Zentralbegriff bauleitplanerischen Handelns. Es folgt letztlich aus dem Wesen rechtsstaatlicher Planung (*BVerwG*, NJW 1969, 1868). Gem. § 1 Abs. 7 BauGB hat die planerische Abwägung in dreifacher Weise zu erfolgen. Abzuwägen sind
– die öffentlichen Belange untereinander und gegeneinander;
– die privaten Belange untereinander und gegeneinander;
– öffentliche und private Belange untereinander und gegeneinander.

Zu berücksichtigen ist dabei, dass kein genereller Vorrang der öffentlichen Belange vor den privaten Belangen besteht. Vielmehr ist für jede Bauleitplanung die jeweils objektive Gewichtigkeit der von der Planung berührten Belange zu ermitteln (BVerwGE 34, 301, 309; 45, 309, 325 f.; 47, 144, 148). Gem. § 214 Abs. 3 BauGB ist für die Abwägung die Sach- und Rechtslage im Zeitpunkt der Beschlussfassung über den Bauleitplan maßgebend.

120 Die in § 1 Abs. 7 BauGB genannten Belange bezeichnen das **Abwägungsmaterial**. Dabei handelt es sich um alle Belange, die für die

Abwägung von Bedeutung sind (§ 2 Abs. 3 BauGB). Zu den **privaten Belangen** zählen zunächst alle Interessen, die vom Schutz des Grundeigentums in Art. 14 Abs. 1 GG erfasst sind, insbes. das Interesse an der Nutzung des Bodens. Darüber hinaus sind alle sonstigen verfassungsrechtlich geschützten Belange des Einzelnen einzubeziehen, die durch die Planung berührt sein können. Zu denken ist etwa an die durch Art. 12 Abs. 1 GG geschützte Gewerbefreiheit oder an die über Art. 2 Abs. 2 Satz 1 GG gewährleisteten gesundheitlichen Belange (BVerwGE 59, 87, 101).

Beispiel: Bei der Aufstellung eines Bebauungsplans muss die Gemeinde **121** auch das von der Berufsfreiheit des Art. 12 Abs. 1 GG geschützte Interesse eines Unternehmers an einer seinen wirtschaftlichen Bedürfnissen entsprechenden Erweiterung seiner Produktionsstätten berücksichtigen (*BVerwG*, DVBl. 1971, 746, 749; *BVerwG*, NVwZ 1989, 245, 246).

Es fließen in die Abwägung aber auch Interessen ein, die als solche **122** nicht Gegenstand eines subjektiv-öffentlichen Rechts sind.

Beispiel: In der Abwägung kann auch eine durch die Verwirklichung des **123** Bebauungsplans bewirkte Beeinträchtigung der freien Aussicht zu berücksichtigen sein (*BVerwG*, NVwZ 1995, 895) sowie eine Störung durch Verkehrslärm, selbst wenn dabei die Zumutbarkeitsgrenze der VerkehrslärmschutzVO[20] nicht überschritten wird (*BVerwG*, NJW 1992, 2884; vgl. auch *Gaentzsch*, NVwZ 2001, 990, 993; eingehend zum Lärmschutz in der Bauleitplanung *Stapelfeldt*, KommJur 2012, 415).

Der Begriff des **öffentlichen Belangs** ist ebenso wie derjenige des **124** privaten Belangs weit zu verstehen. Er umfasst letztlich alle Interessen, die für die städtebauliche Ordnung und Entwicklung von Bedeutung sind.

Beispiele: Zu den öffentlichen Belangen gehört die planerische Zielsetzung, **125** einen vorhandenen Ortsteil fortzuentwickeln (*BVerwG*, NVwZ-RR 1998, 415, 416), ebenso das politisch motivierte Bestreben, bestimmte Gewerbe anzusiedeln (*BVerwG*, DVBl. 1993, 113, 114).

Anhaltspunkte für in Betracht kommende öffentliche Belange bie- **126** ten § 1 Abs. 5 und Abs. 6 BauGB. Insoweit wird in Rechtsprechung und Literatur differenziert zwischen den generellen Planungszielen in § 1 Abs. 5 BauGB und den konkreten Planungsleitlinien in § 1 Abs. 6 BauGB. Besonders zu beachten ist, dass die Auflistung in § 1 Abs. 6

---

20 16. BImSchV, abgedruckt in der Sammlung *Sartorius* I, Verfassungs- und Verwaltungsgesetze, Nr. 296e.

Nr. 1 bis 12 BauGB nicht abschließend ist. Die Formulierung „insbesondere" zu Beginn dieser Vorschrift zeigt das deutlich an. Weitere Belange, die in der Abwägung zu berücksichtigen sind, nennt § 1a BauGB. So stellt bspw. § 1a Abs. 3 Satz 1 BauGB klar, dass sich die Gemeinde mit den Grundprinzipien der naturschutzrechtlichen Eingriffsregelung des § 14 BNatSchG, nämlich mit dem Schutzgebot und dem Wiederherstellungsgebot, auseinandersetzen muss. Schließlich ist auf § 1a Abs. 4 BauGB hinzuweisen, wonach die Vorschriften des BNatSchG über die Zulässigkeit und Durchführung von Eingriffen in Gebiete nach § 1 Abs. 6 Nr. 7 lit. b BauGB (Gebiete von gemeinschaftlicher Bedeutung und Europäische Vogelschutzgebiete i. S. d. BNatSchG) in den Abwägungsprozess einbezogen werden müssen. So verweist § 38 Abs. 3 BNatSchG darauf, dass die erforderliche Forschung und die notwendigen wissenschaftlichen Arbeiten i. S. d. Art. 18 der Europäischen Fauna-Flora-Habitat-Richtlinie[21] und des Art. 10 der Richtlinie 2009/147/EG (Europäische Vogelschutzrichtlinie[22], vgl. hierzu *OVG NRW*, NWVBl. 2000, 52) gefördert werden. Nach § 31 BNatSchG erfüllen der Bund und die Länder die sich aus diesen Richtlinien ergebenden Verpflichtungen zum Aufbau und Schutz des zusammenhängenden europäischen ökologischen Netzes „Natura 2000" i. S. d. Art. 3 der Fauna-Flora-Habitat-Richtlinie. § 32 BNatSchG definiert vor diesem Hintergrund die jeweiligen Schutzgebiete. §§ 33, 34 BNatSchG regeln die Verträglichkeit und Unzulässigkeit von Projekten in den Schutzgebieten.

127   **Beispiel:** Plant eine Gemeinde die Ausweisung eines Gewerbegebiets, so wird dies vornehmlich mit der Zielsetzung geschehen, Arbeitsplätze zu schaffen, was einen öffentlichen Belang darstellt (§ 1 Abs. 6 Nr. 8 lit. c BauGB). Doch müssen auch andere öffentliche Belange einbezogen werden, z. B. die Auswirkungen des Vorhabens auf Tiere und Pflanzen (vgl. § 1 Abs. 6 Nr. 7 lit. a BauGB).

128   Allerdings müssen nur solche Belange berücksichtigt werden, deren **Betroffenheit mehr als geringfügig**, in ihrem Eintritt zumindest wahrscheinlich und für die planende Stelle erkennbar ist. Darüber hinaus können solche Interessen unberücksichtigt bleiben, die entweder objektiv geringwertig oder – generell oder nur im konkreten Fall – nicht schutzwürdig sind, etwa weil ihnen ein „Makel" anhaftet oder

---

21 Richtlinie 92/43/EWG v. 21.5.1992 zur Erhaltung der natürlichen Lebensräume sowie der wildlebenden Tiere und Pflanzen (ABlEG Nr. L 206, S. 7).
22 Richtlinie 79/409/EWG v. 2.4.1979 über die Erhaltung der wildlebenden Vogelarten (ABlEG Nr. L 103, S. 1)

ihr Träger vernünftigerweise nicht auf ihren Fortbestand vertrauen durfte (*BVerwG*, NVwZ 2008, 899, 901 m. w. N.; zusammenfassend *Dirnberger*, in: Spannowsky/Uechtritz, BeckOK BauGB, § 1 Rn. 142 ff.; *Stüer*, Hdb. des Bau- und Fachplanungsrechts, Rn. 1532).

Beispiele: (1) Nicht schutzwürdig ist etwa das Interesse an der Beibehaltung   **129** einer bestimmten wirtschaftlich vorteilhaften Situation, die durch die Planung eines Einzelhandelszentrums gefährdet ist (*BVerwG*, NVwZ 1990, 555), oder das Interesse am Erhalt einer lediglich tatsächlich geduldeten Zufahrtsmöglichkeit über ein Grundstück, das überplant werden soll (*VGH BW*, NVwZ 1990, 982).
(2) Demgegenüber ist der Gesundheitsschutz der Plannachbarn ein grund-   **130** sätzlich schutzwürdiger (§ 1 Abs. 6 Nr. 1 BauGB) und auch nicht geringwertiger Belang (Art. 2 Abs. 2 Satz 1 GG). Er ist aber nur zu berücksichtigen, wenn die Betroffenheit mehr als geringfügig, in ihrem Eintritt zumindest wahrscheinlich und für die planende Stelle erkennbar ist. Sieht ein Bebauungsplan die Errichtung eines Golfplatzes vor, so muss eine Gesundheitsgefährdung der Anwohner durch abirrende Golfbälle nur dann berücksichtigt werden, wenn diese Gefahr hinreichend wahrscheinlich ist (vgl. *VGH BW*, NVwZ 1990, 982).

Die **Abwägung** vollzieht sich **in drei Schritten** (BVerwGE 34,   **131** 301, 309; 45, 309, 314 f.; 59, 87, 98; dazu auch *Dürr/Middeke*, Baurecht NRW, Rn. 47; *Erbguth*, Öffentliches Baurecht, § 5 Rn. 134 ff.; *Finkelnburg/Ortloff/Kment*, Öffentliches Baurecht, Bd. I, S. 42 f., sowie die Literaturhinweise am Ende des Abschnitts):
– Ermittlung der für die Abwägung erheblichen Belange („Zusammenstellung des Abwägungsmaterials"),
– Gewichtung der Belange,
– Entscheidung darüber, welche Belange im gegenüberstellenden Vergleich mit anderen den Vorrang erhalten bzw. zurücktreten müssen.

Zur Systematisierung von Rechtsfehlern bei der Abwägung wird   **132** unterschieden zwischen **Abwägungsvorgang** und **Abwägungsergebnis** (ausführl.: *Hoppe*, in: Hoppe/Bönker/Grotefels, Öffentliches Baurecht, § 7 Rn. 127 ff.). Diese Unterscheidung ist notwendig wegen der **unterschiedlichen Fehlerfolgen**, die das Gesetz an Abwägungsvorgang und -ergebnis knüpft (§ 214 Abs. 3 Satz 2 BauGB). Der Abwägungsvorgang meint dabei die ersten beiden Schritte, das Abwägungsergebnis den dritten Schritt der Abwägung. Zum Abwägungsvorgang gehört also einerseits das Zusammenstellen und Aufbereiten des Abwägungsmaterials, d. h. die Gewinnung der notwendigen tatsächlichen und rechtlichen Erkenntnisse für die zu treffende Planungsentscheidung (*Dürr/Middeke*, Baurecht NRW, Rn. 47), und andererseits die Gewichtung des Abwägungsmaterials, d. h. die isolierte Bewertung der Einzelbelange (siehe dazu *OVG NRW*, NWVBl. 2000, 187). Beim Abwägungsergebnis geht es dagegen darum, dass die Einzelbelange in Relation zueinander gesetzt und zwischen ihnen ein sachgerechter Ausgleich gefunden wird. Der Abwägungsvorgang weist Elemente eines dynamischen Prozesses auf, während das Abwägungsergebnis den Endpunkt dieses Prozesses markiert und insoweit statischen Charakter hat. In den Abwägungsvorgang fließen vielfältige tatsächliche, auch politische Erwägungen ein. Das betrifft vor allem die Entscheidung darüber, welches Gewicht einzelnen Belangen zukommt.

133   **Beispiel:** Der Gemeinde ist die mit einer Industrieansiedlung verbundene Schaffung von Arbeitsplätzen besonders wichtig, während sie Belangen des Naturschutzes nur eine geringe Bedeutung beimisst.

134   Dagegen geht es beim Abwägungsergebnis im Wesentlichen „nur noch" darum, rechtliche Regeln auf den bereits im Einzelnen bewerteten Bestand an Abwägungsmaterial anzuwenden.

135   **Beispiel:** Das Abwägungsergebnis ist z. B. berührt, wenn die Planung an sich korrekt verlaufen ist, aber die planerischen Festsetzungen im Bebauungsplan nicht von dem Willen des Satzungsgebers gedeckt sind (*BbgOVG*, LKV 2000, 460, 461). Dasselbe gilt, wenn sich nach Abschluss der Planung herausstellt, dass sich ihr Anlass, etwa die Ansiedlung eines großen Versicherungsgebäudes für mehrere hundert Beschäftigte am Rande einer Kleinstadt, nachträglich erledigt, weil das Unternehmen in einer anderen Stadt bauen möchte (vgl. das Beispiel bei *Steiner*, Baurecht, Nr. 312).

136   Nach der Rechtsprechung des *BVerwG* und fast einheiliger Auffassung im Schrifttum können die folgenden **Abwägungsfehler** – mit Ausnahme des Abwägungsausfalls, dem lediglich im Rahmen des Abwägungsvorgangs Bedeutung zukommt – auf beiden Ebenen der Abwägung, also im Abwägungsvorgang wie auch im Abwägungsergebnis, auftreten (grdl. BVerwGE 34, 301, 309; 45, 309, 315; ausführl. *Bertrams*, in: FS für Hoppe, 2000, S. 975, 987 ff.; *Hoppe*, BauR 1970, 15, 17 f.; *Koch/Hendler*, Baurecht, Raumordnungs- und Landesplanungsrecht, § 17 Rn. 14 ff., 64; *Stüer*, Hdb. des Bau- und Fachplanungsrechts, 4. Aufl. 2009, Rn. 1527 ff.):
– **Abwägungsausfall:** Eine – sachgerechte – Abwägung hat gar nicht stattgefunden.

– **Abwägungsdefizit:** In die Abwägung sind die Belange, die nach Lage der Dinge hätten eingestellt werden müssen, nicht vollständig eingestellt worden.

– **Abwägungsfehleinschätzung:** Die Bedeutung der betroffenen öffentlichen und privaten Belange ist verkannt worden.

– **Abwägungsdisproportionalität:** Die von der Planung berührten Belange werden in einer Weise in ein Verhältnis (von Vorrang und Nachrang) zueinander gesetzt, das dem Gewicht einzelner Belange nicht entspricht.

Beispiele: (1) *Abwägungsausfall:* Eine am Rhein gelegene Großstadt sieht **137** sich angesichts drohenden Hochwassers gehalten, einen Damm zu planen. Die Stadt hält sich irrtümlich für rechtlich gebunden und stellt überhaupt keine Erwägungen an (Beispiel nach *Stüer*, Hdb. des Bau- und Fachplanungsrechts, Rn. 1529).

(2) *Abwägungsdefizit:* Bei der geplanten Ansiedlung eines Gewerbegebiets **138** werden die Auswirkungen der Planung auf Natur und Landschaft (§ 1 Abs. 6 Nr. 7 BauGB) völlig außer Acht gelassen. Der Gemeinde ist darüber hinaus zwar bewusst, dass von der gewerblichen Nutzung Emissionen ausgehen können, doch sie holt ein Sachverständigengutachten, das zur sachgerechten Ermittlung der Auswirkungen auf die Bevölkerung notwendig ist, nicht ein (*BVerwG*, NVwZ-RR, 1990, 230, dazu *Stollmann*, Öffentliches Baurecht, § 7 Rn. 40).

(3) *Abwägungsfehleinschätzung:* Die Gemeinde hält ein Verkehrsbedürfnis **139** für so dringend, dass ein Kreisverkehr mit einem Durchmesser von 30 Metern geplant wird. Tatsächlich würde auch ein kleinerer Kreisverkehr zur Bewältigung des Verkehrsaufkommens ausreichen (*OVG Rh.-Pf.*, BauR 2006, 1944).

(4) *Abwägungsdisproportionalität:* Die Gemeinde stellt bei der Ausweisung **140** eines neuen Gewerbegebiets den Schutz der benachbarten Bevölkerung als Belang in die Abwägung ein und bezeichnet ihn als besonders wichtig. Die Interessen an der Ausweisung neuer Gewerbeflächen werden demgegenüber als vergleichsweise gering angesehen. In der Gesamtabwägung bevorzugt die Gemeinde die Gewerbegebietsausweisung, obwohl dieser Belang mit geringerem Gewicht in der Abwägung berücksichtigt wurde und die entgegenstehenden Belange der Wohnbevölkerung ein wesentlich größeres Gewicht erhalten hatten (Beispiel nach *Stüer*, Hdb. des Bau- und Fachplanungsrechts, Rn. 1547).

Diese Abwägungsfehler bilden den **Kontrollmaßstab für die ge-** **141** **richtliche Überprüfung** von Bebauungsplänen (*Dürr/Middeke*, Baurecht NRW, Rn. 47). Dabei ist die sog. Kontrolldichte der rechtlichen Nachprüfung insbes. begrenzt, soweit es um die Gewichtung der Belange geht. Sie steht in Rede bei der Abwägungsfehleinschätzung und Abwägungsdisproportionalität. Die Gerichte dürfen – wie bei Ermessensfehlern gem. § 114 Satz 1 VwGO – nicht ihre Vorstellungen an die Stelle derjenigen des Planungsträgers setzen (*Bertrams*, in: FS f. Hoppe, S. 975, 991; *Schulze-Fielitz*, ebd., S. 997, 1003 f.). Sie haben also nicht danach zu fragen, ob das Abwägungsergebnis Beifall verdient oder gar optimal ist. Die gerichtliche Nachprüfung beschränkt sich vielmehr darauf, ob mit der vorgenommenen Abwägung die objektive Gewichtigkeit eines der betroffenen Belange „völlig verfehlt" wird (BVerwGE 45, 309, 315; 56, 283, 289) bzw. ob eine eindeutige Fehlgewichtung im Verhältnis der Belange untereinander vorgenommen wurde (näher *Brohm*, Öffentliches Baurecht, § 13 Rn. 23).

142   Um die Handhabung des Abwägungsgebots des § 1 Abs. 7 BauGB zu erleichtern, haben Rechtsprechung und Literatur sog. Planungsgrundsätze entwickelt. Von besonderer Bedeutung sind insoweit der Grundsatz der Konfliktbewältigung, das Trennungsgebot sowie das planungsrechtliche Gebot der Rücksichtnahme. Das **Gebot der planerischen Konfliktbewältigung** besagt, dass ein Bebauungsplan so weit wie möglich die von ihm vorgefundenen oder durch ihn ausgelösten Konflikte bewältigen muss (BVerwGE 45, 309; *Stüer/Schröder*, BayVBl. 2000, 25). Die Planung darf nicht dazu führen, dass Konflikte, die durch sie hervorgerufen werden, zu Lasten Betroffener letztlich ungelöst bleiben. Das Gebot der Konfliktbewältigung läuft allerdings nicht darauf hinaus, dass der Bebauungsplan alle Konflikte lösen muss. Konfliktbewältigung meint keine völlige Konfliktfreiheit. Der Plangeber trägt dem Gebot der Konfliktbewältigung vielmehr bereits dadurch Rechnung, dass er ein Gleichgewicht zwischen den anerkannten Grundsätzen des Städtebaus einerseits sowie hinzunehmenden städtebaulichen Widersprüchen und Nutzungskonflikten andererseits herstellt (*Stüer*, in: Stüer, Bau- und Fachplanungsrecht, Rn. 1561).

143   Vor diesem Hintergrund ist es rechtlich nicht zu beanstanden, wenn der Bebauungsplan die abschließende Konfliktlösung dem späteren Baugenehmigungsverfahren überlässt. Der Baugenehmigungsbehörde ist mit § 15 BauNVO ein geeignetes Instrumentarium an die Hand gegeben, um im Einzelfall auftretende Konflikte zu bewältigen. Eine Konfliktlösung im Baugenehmigungsverfahren setzt aber voraus, dass der Bebauungsplan für sie noch offen ist. Je konkreter eine konfliktträchtige Festsetzung im Bebauungsplan ist, umso geringer sind die Spielräume, die § 15 BauNVO der Baugenehmigungsbehörde eröffnet. Mit anderen Worten: § 15 BauNVO ermöglicht eine Feinjustierung und damit eine Lösung der in der Bauleitplanung ausgeklammerten Konflikte nur, soweit der Bebauungsplan selbst noch keine abschließenden planerischen Entscheidungen trifft (*Dirnberger*,

in: Spannowsky/Uechtritz, BeckOK BauGB, § 1 Rn. 182). Es würde
den Regelungsgehalt des § 15 BauNVO überspannen, wenn sich mit
Hilfe dieser Norm im Rahmen eines Baugenehmigungsverfahrens
eine fehlerhafte Planung korrigieren ließe.

Zu beachten ist schließlich, dass eine planerische Konfliktbewälti-   144
gung nicht schon deshalb entbehrlich ist, weil die von der Planung
nachteilig Betroffenen auf ihre Abwehrrechte verzichten (*BVerwG*,
ZfBR 2002, 371). Grund hierfür ist, dass der Konflikt objektiv gelöst
werden muss. Hiervon ist (erst) auszugehen, wenn die private Verzichtserklärung alle künftigen Konflikte entfallen lässt und dadurch
auch künftige Konfliktlösungen verlässlich entbehrlich macht
(*BVerwG*, ZfBR 2002, 371, 372).

Die Abwägung hat ferner dem **Trennungsgebot** des § 50   145
BImSchG Rechnung zu tragen. Das Trennungsgebot verlangt, miteinander unverträgliche Nutzungen ausreichend räumlich voneinander zu trennen. Das mit ihm verfolgte Anliegen ist auch auf der
Ebene des Unionsrechts in Art. 12 Abs. 1 UAbs. 2 der **Seveso-II-
Richtlinie 96/82/EG** verankert, die einen „angemessenen Abstand"
zwischen Störfallbetrieben und empfindlichen Nutzungen (z. B. öffentlich genutzten Gebäuden) fordert (hierzu *Steiff*, NZBau 2007,
363; *Kraus*, ZfBR 2012, 324). Im Rahmen der planerischen Abwägung müssen folglich auch die Emissionen und Immissionen berücksichtigt werden, die von der geplanten Bebauung ausgehen werden
oder auf diese einwirken. Eine wesentliche Folgerung des Trennungs-
gebots liegt z. B. darin, dass Wohngebiete und die nach ihrem Wesen
umgebungsbelastenden Industriegebiete möglichst nicht nebeneinander liegen sollen (BVerwGE 45, 309, 327). Der Trennungsgrundsatz
gilt freilich nicht uneingeschränkt. Das ist sachgerecht, weil sich eine
strikte räumliche Trennung von unverträglichen Nutzungen nicht
immer realisieren lässt. Zu denken ist etwa an die Überplanung einer
bereits existierenden Gemengelage verschiedener Nutzungen. Das
BVerwG hat mit Blick hierauf festgestellt: „In den Bereichen, in denen Gebiete von unterschiedlicher Qualität und unterschiedlicher
Schutzwürdigkeit zusammentreffen, ist die Grundstücksnutzung mit
einer spezifischen gegenseitigen Pflicht zur Rücksichtnahme belastet.
Das führt nicht nur zur Pflichtigkeit dessen, der Belästigungen verbreitet, sondern auch – i. S. der 'Bildung einer Art von Mittelwert' –
zu einer die Tatsachen respektierenden Duldungspflicht derer, die
sich in der Nähe von – als solchen legalen – Belästigungsquellen ansiedeln" (BVerwGE 50, 49, 54).

146 Damit ist ein weiterer wichtiger Abwägungsgrundsatz angesprochen, nämlich das **planerische Rücksichtnahmegebot,** das als eine besondere Ausprägung des Verhältnismäßigkeitsgrundsatzes zu begreifen ist. Der Grundgedanke des Rücksichtnahmegebots liegt darin, dass im Rahmen der Bauleitplanung auf die nachteilig betroffenen Belange Rücksicht zu nehmen ist. Das Rücksichtnahmegebot soll also verhindern, dass die Planungsentscheidungen zu unzumutbaren Beeinträchtigungen für bestehende oder konkret geplante Vorhaben führen. Zu diesem Zweck ist der Plangeber gehalten, nach Maßgabe der planerischen Zielkonzeption einen Ausgleich zwischen den unterschiedlichen betroffenen Interessen vorzunehmen.

147 Wenn ein Abwägungsfehler festgestellt wird, stellt sich die Frage nach den **Rechtsfolgen der fehlerhaften Abwägung.** Insoweit ist zu differenzieren (hier liegt, wie bereits unter Rn. 132 angedeutet, der Grund dafür, dass überhaupt zwischen Abwägungsvorgang und -ergebnis unterschieden werden muss):

148 Mängel im Abwägungsvorgang können gem. § 214 Abs. 3 Satz 2 BauGB unbeachtlich sein. Sie sind nach dieser Vorschrift nur erheblich (d. h.: sie können zur Unwirksamkeit des Bebauungsplans führen), wenn sie offensichtlich und auf das Abwägungsergebnis von Einfluss gewesen sind (eine vergleichbare Regelung findet sich für das Planfeststellungsrecht in § 75 Abs. 1a Satz 1 VwVfG, s. auch § 46 VwVfG). **Offensichtlich** ist ein Mangel im Abwägungsvorgang dann, wenn er sich aus der aktenmäßigen Zusammenstellung und Aufbereitung des Abwägungsmaterials ergibt und nicht nur aus – nicht schriftlich dokumentierten – Motiven und Vorstellungen der an der Abstimmung beteiligten Gemeindevertreter (sog. aktenkundig gewordener Fehler, vgl. *OVG Nds.,* NVwZ-RR 1998, 18, 20; *OVG NRW,* NVwZ 1996, 274, 280 m. w. N.). Die aktenmäßige Zusammenstellung muss hinreichend klar und deutlich und vor allem lückenlos auf den Abwägungsfehler hinweisen (*BVerwG,* NVwZ 1994, 274, 275; 1995, 692, 693). Danach lässt die Lückenhaftigkeit der Abwägungsgesichtspunkte nicht ohne Weiteres auf einen erheblichen Abwägungsfehler schließen. Nur wenn konkrete Umstände positiv und klar auf einen Mangel im Abwägungsvorgang hindeuten, kann er als offensichtlich i. S. v. § 214 Abs. 3 Satz 2 Halbs. 2 BauGB angesehen werden (näher *Uechtritz,* in: Spannowsky/Uechtritz, BeckOK BauGB, § 214 Rn. 28 f., auch zu Schwierigkeiten mit diesen Kriterien der Rechtsprechung).

149 Der offensichtliche Mangel im Abwägungsvorgang muss nach § 214 Abs. 3 Satz 2 Halbs. 2 BauGB zudem **Einfluss auf das Abwä-**

gungsergebnis gehabt haben. Hiervon ist auszugehen, wenn nach den Umständen des jeweiligen Falls die konkrete Möglichkeit besteht, dass ohne den Mangel im Planungsvorgang die Planung anders ausgefallen wäre. Es reicht nicht aus, wenn nur festgestellt werden kann, dass die Vermeidung des Fehlers zu einem anderen Ergebnis hätte führen können (näher *Battis*, in: Battis/Krautzberger/Löhr, BauGB, § 214 Rn. 22 m. w. N.).

Der Mangel muss schließlich gem. § 215 Abs. 1 Satz 1 Nr. 3 BauGB **150** **innerhalb eines Jahres** seit Bekanntgabe des Plans geltend gemacht werden.

Beispiel: Berücksichtigt die Gemeinde bei der Abwägung zu Unrecht einen **151** Belang, hier: den falschen Verlauf der Grenze eines Landschaftsschutzgebiets, und geht diese irrige Annahme aus den Planunterlagen hervor, so liegt ein offensichtlicher Mangel vor. Hat sich die Gemeinde von dieser Annahme bei der Planung leiten lassen, so besteht die konkrete Möglichkeit, dass ohne diesen Fehler anders geplant worden wäre, so dass der Mangel auch Einfluss auf das Abwägungsergebnis hat (BVerwGE 64, 33, 40).

Mängel im Abwägungsergebnis sind stets beachtlich, ohne dass es **152** auf die Offensichtlichkeit des Mangels ankommt. Mangels Rügefrist können sie grundsätzlich zeitlich unbegrenzt geltend gemacht werden (*Bönker*, in: Hoppe/Bönker/Grotefels, Öffentliches Baurecht, § 17 Rn. 45).

All diese, aber auch weitere Aspekte der Abwägungsfehlerlehre **153** sind seit jeher nicht unproblematisch (vgl. *Hellermann*, in: Dietlein/Burgi/Hellermann, Öffentliches Recht in NRW, § 4 Rn. 84). Durch das EAG Bau aus dem Jahre 2004 ist die Abgrenzung weiter erschwert und in Frage gestellt worden. Denn durch **§ 2 Abs. 3 BauGB** und **§ 214 Abs. 1 Satz 1 Nr. 1 BauGB** sind bis dahin rein materiell-rechtlich verstandene Anforderungen an die Abwägung als verfahrensrechtlich relevante Aspekte eingestuft worden. Zugleich anerkennt § 214 Abs. 3 Satz 2 BauGB, dass Mängel des Abwägungsvorgangs materiell-rechtliche Bedeutung haben. Die **Rechtsänderung** ist daher vielfach kritisiert worden und wirkt in der Tat „nicht konsistent" (*Hellermann*, a. a. O., Rn. 85; w. N. bei *Battis*, in: Battis/Krautzberger/Löhr, BauGB, § 214 Rn. 20). Die Literatur hat deshalb auch ganz überwiegend vorgeschlagen, die bisherige Abwägungsdogmatik beizubehalten und die gesetzlich vorgeschriebene Bewertung der betroffenen öffentlichen und privaten Belange als materiell-rechtliche Anforderung an Abwägungsvorgang und -ergebnis anzusehen (vgl. *Hellermann*, a. a. O., Rn. 85 m. w. N.).

154   Immerhin sprechen der Wortlaut des § 2 Abs. 3 BauGB, die Entstehungsgeschichte dieser Vorschrift sowie der Wille des Gesetzgebers (der die Vorschrift als „Verfahrensgrundnorm" verstanden wissen will, BT-Drs. 15/2250, S. 42; dazu auch *BVerwG*, NVwZ 2008, 899, 901) dafür, die Abwägungsschritte des Ermittelns und Bewertens der betroffenen Belange als Teile des Verfahrens nach § 214 Abs. 1 Satz 1 Nr. 1 BauGB anzusehen und weitere Abwägungsschritte dem Abwägungsvorgang „im Übrigen" gem. § 214 Abs. 3 Satz 2 Halbs. 2 BauGB zuzuordnen. Das aber ist allenfalls „systematisch spannend" (*Mager*, JA 2009, 398, 399), weil die Voraussetzungen für einen beachtlichen Abwägungsfehler bei § 214 Abs. 1 Satz 1 Nr. 1 BauGB und § 214 Abs. 3 Satz 2 Halbs. 2 BauGB gleich sind. Deshalb folgt das *BVerwG* dem Gesetzgeber in der rechtlichen Einstufung von Abwägungsfehlern als Verfahrensfehler, lässt aber „inhaltlich alles beim Alten" (*Mager*, JA 2009, 398, 400). Die Beachtlichkeit einzelner Mängel richte sich zwar nach § 214 Abs. 1 Satz 1 Nr. 1 BauGB; diese Vorschrift enthalte jedoch keine über § 214 Abs. 3 BauGB hinausgehenden Einschränkungen der Fehlerbeachtlichkeit (*BVerwG*, NVwZ 2008, 899; offen lassend noch BVerwGE 128, 238).

155   Insgesamt gilt danach für die Beachtlichkeit von Abwägungsfehlern: **Fehlerhafte Ermittlungen oder Bewertungen** des Abwägungsmaterials sind gem. § 214 Abs. 1 Satz 1 Nr. 1 BauGB beachtlich, wenn der Mangel wesentliche Punkte betraf sowie offensichtlich und auf das Ergebnis des Verfahrens von Einfluss gewesen ist. Das „Ergebnis des Verfahrens" ist gleichbedeutend mit dem Abwägungsergebnis. Ermittlungs- und Bewertungsfehler betreffen „wesentliche Punkte" i. S. v. § 214 Abs. 1 Satz 1 Nr. 1 BauGB nicht erst bei gravierenden Fehlurteilen, sondern bereits dann, wenn die fehlerhaft ermittelten oder bewerteten Belange in der konkreten Situation abwägungsbeachtlich waren (*BVerwG*, NVwZ 2008, 899, 900 f.). Da abwägungsrelevante Belange generell ermittelt und bewertet werden müssen, stellt der Verweis auf „wesentliche Punkte" keine Einschränkung der Fehlerbeachtlichkeit dar. Ermittlungs- und Bewertungsfehler müssen gem. § 215 Abs. 1 Satz 1 Nr. 1 BauGB innerhalb eines Jahres seit Bekanntgabe des Plans geltend gemacht werden.

156   Die Beachtlichkeit von **Mängeln des Abwägungsvorgangs im Übrigen** richtet sich nach § 214 Abs. 3 Satz 2 Halbs. 2 BauGB. Nach Einführung von § 2 Abs. 3 BauGB sowie § 214 Abs. 1 Satz 1 Nr. 1 BauGB kann darunter wohl nur noch die fehlerhafte Gewichtung der Belange untereinander (Abwägungsdisproportionalität) fallen (vgl. *Mager*, JA 2009, 398, 400; str. – zum Meinungsstand *Uechtritz*, in: Spannowsky/Uechtritz, BeckOK BauGB, § 214 Rn. 120 f.).

Mängel im Abwägungsergebnis sind stets von Bedeutung für die 157
Wirksamkeit des Bebauungsplans. Sie können nicht nach § 215 Abs. 1
BauGB durch Zeitablauf unbeachtlich, sondern nur durch ein ergänzendes Verfahren nach § 214 Abs. 4 BauGB behoben werden, sofern
die Fehler nicht so gravierend sind, dass sie die Grundzüge der Planung berühren (vgl. *Mager*, JA 2009, 398, 400; *R. Schmidt*, Öffentliches Baurecht, Rn. 109a f. m. w. N.).

Prüfungsschema: Rechtmäßigkeit eines Bebauungsplans	158

I. Formelle Rechtmäßigkeit
  1) Zuständigkeit, §§ 1 Abs. 3, 2 Abs. 1 BauGB
  2) Verfahren
    a) Planaufstellungsbeschluss, § 2 Abs. 1 Satz 2 BauGB
    b) Ermittlung und Bewertung des Abwägungsmaterials, § 2 Abs. 3 BauGB
    c) Umweltprüfung, § 2 Abs. 4 Satz 1 BauGB
    d) Vorgezogene Öffentlichkeits- und Behördenbeteiligung, §§ 3 Abs. 1, 4 Abs. 1 BauGB
    e) Förmliche Öffentlichkeits- und Behördenbeteiligung, §§ 3 Abs. 2, 4 Abs. 2 BauGB
    f) Ordnungsgemäßer Satzungsbeschluss, § 10 Abs. 1 BauGB i. V. m. den landesrechtlichen Gemeindeordnungen
    g) Genehmigung der höheren Verwaltungsbehörde, § 10 Abs. 2 BauGB
    h) Ausfertigung und öffentliche Bekanntmachung des Bebauungsplans, § 10 Abs. 3 BauGB
II. Materielle Rechtmäßigkeit
  1) Planerforderlichkeit, § 1 Abs. 3 BauGB
  2) Entwicklung aus dem Flächennutzungsplan, § 8 Abs. 2 BauGB
  3) Anpassung an Ziele der Raumordnung, § 1 Abs. 4 BauGB
  4) Zulässiger Inhalt des Bebauungsplans, § 9 BauGB
  5) Abstimmung mit benachbarten Gemeinden, § 2 Abs. 2 BauGB
  6) Fehlerfreie Abwägung, § 1 Abs. 7 BauGB

159   c) Überprüfung des Bebauungsplans. aa) Korrekturmöglichkeiten der Gemeinde, Grundsatz der Planerhaltung. *Grundsätzlich sind Rechtsnormen, die gegen höherrangiges Recht verstoßen, unwirksam und nichtig* (sog. Nichtigkeitsdogma). Verstößt aber ein Bauleitplan gegen Vorschriften der §§ 1 ff. BauGB, so hat das nicht zwingend die Nichtigkeit des Plans zur Folge. Das ergibt sich aus §§ 214 ff. BauGB, die den **Grundsatz der Planerhaltung**, der in der Überschrift des Gesetzesabschnitts mit §§ 214 bis 216 BauGB aufgegriffen wird, durch die Unbeachtlichkeitsvorschriften der §§ 214, 215 BauGB und die Möglichkeit des ergänzenden Verfahrens nach § 214 Abs. 4 BauGB ausformen.

160   Gem. § 214 Abs. 4 BauGB ist der Bebauungsplan trotz eines nach §§ 214, 215 BauGB beachtlichen Mangels nicht nichtig, wenn der Fehler durch ein **ergänzendes Verfahren** beseitigt werden kann. Der Bebauungsplan entfaltet dann bis zur Behebung des Mangels keine Rechtswirkungen; er ist also „schwebend unwirksam". Im Wege des ergänzenden Verfahrens können sowohl Verstöße gegen Verfahrens- und Formvorschriften nach Bundes- oder Landesrecht als auch Abwägungsfehler geheilt werden. Ausgeschlossen ist jedoch eine Heilung für Mängel, die so schwer wiegen, dass sie die Planung als Ganzes von vornherein infrage stellen oder die Grundzüge der Planung berühren. Zulässig sind nur „punktuelle Nachbesserungen bei ansonsten intakter Gesamtplanung", d. h. das ergänzende Verfahren darf nicht zu einem grundlegend anderen Bebauungsplan führen. Deshalb scheidet eine Fehlerbehebung im ergänzenden Verfahren aus, wenn sich die tatsächlichen oder rechtlichen Verhältnisse seit dem ursprünglichen Aufstellungsverfahren so grundlegend verändert haben, dass der Bebauungsplan inzwischen einen funktionslosen Inhalt hat oder das (damalige) Abwägungsergebnis unhaltbar geworden ist (vgl. *Uechtritz*, in: Spannowsky/Uechtritz, BeckOK BauGB, § 214 Rn. 126 ff., 132 f.; *Battis*, in: Battis/Krautzberger/Löhr, BauGB, § 214 Rn. 23 ff. m. w. N.).

161   Im ergänzenden Verfahren wird nur das, was zur Behebung des Mangels erforderlich ist, behandelt und abgewogen; das Verfahren setzt also an der Stelle ein, an der im ursprünglichen Planaufstellungsverfahren der Fehler unterlaufen ist. Nach Abschluss des ergänzenden Verfahrens kann die Gemeinde entweder den Bebauungsplan neu erlassen oder den korrigierten Bebauungsplan rückwirkend in Kraft setzen.

Beispiele: (1) Ein ergänzendes Verfahren kann in Betracht kommen, um ei- **162** nen wegen Verstoßes gegen § 18 BNatSchG mangelhaften Bebauungsplan, ergänzt um die erforderlichen Festsetzungen zum Ausgleich von Eingriffen in Natur und Landschaft, erneut zu beschließen (vgl. *BVerwG*, NVwZ 2000, 1053 zum im Wesentlichen inhaltsgleichen § 8a BNatSchG a. F.). (2) Bei einem Mangel der Satzung, der auf Vorschriften des Landesrechts beruht und nach Landesrecht beachtlich ist (z. B. bei Fehlen der Ausfertigung eines Bebauungsplans), kommt ebenfalls ein ergänzendes Verfahren in Betracht (*BVerwG*, NVwZ 1990, 258).

bb) Normenkontrolle durch das *OVG*. Für die gerichtliche Über- **163** prüfung von Bebauungsplänen steht das Normenkontrollverfahren nach § 47 Abs. 1 Nr. 1 VwGO zur Verfügung. Dabei handelt es sich sowohl um ein subjektives Rechtsschutzverfahren als auch um ein objektives Beanstandungsverfahren *(BVerwG*, NVwZ 1992, 567, 568). Das bedeutet, dass das *OVG* den Bebauungsplan umfassend auf Rechtsfehler hin untersuchen muss; es ist nicht darauf beschränkt zu prüfen, ob der Antragsteller in seinen Rechten verletzt ist. Ergibt die Prüfung einen Fehler, der nicht nach den §§ 214, 215 BauGB unbeachtlich ist, muss das Gericht den Bebauungsplan für unwirksam erklären (dazu bereits o. Rn. 63). Die Erklärung der Unwirksamkeit durch das Normenkontrollgericht ist nach § 47 Abs. 5 Satz 2 VwGO allgemeinverbindlich (sog. Wirkung *erga omnes*).

Im Gegensatz zur Erklärung der Unwirksamkeit entfaltet die Ablehnung **164** eines Normenkontrollantrags Rechtskraft nur zwischen den Beteiligten des jeweiligen Verfahrens. Daraus folgt, dass im Fall der Ablehnung des Normenkontrollantrags die Gültigkeit der Norm nicht allgemeinverbindlich, sondern nach § 121 VwGO nur zwischen den Beteiligten rechtskräftig festgestellt ist (*Ziekow*, in: Sodan/Ziekow, VwGO, 3. Aufl. 2010, § 47 Rn. 367).

Zulässigkeit des Normenkontrollantrags:
Verwaltungsrechtsweg: Der Verwaltungsrechtsweg muss eröffnet **165** sein. § 47 Abs. 1 VwGO verweist mit der Einschränkung, dass das *OVG* nur „im Rahmen seiner Gerichtsbarkeit" entscheidet, auf § 40 VwGO. Das *OVG* darf demnach nur solche Normen auf ihre Gültigkeit hin überprüfen, deren Anwendung im Einzelfall zu einer öffentlich-rechtlichen Streitigkeit i. S. d. § 40 Abs. 1 Satz 1 VwGO führen kann.

Statthaftigkeit des Antrags: Im Normenkontrollverfahren kön- **166** nen nur die in § 47 Abs. 1 VwGO genannten Rechtsvorschriften zur Überprüfung gestellt werden. Dazu gehören nach § 47 Abs. 1 Nr. 1 VwGO Satzungen, die aufgrund der Vorschriften des BauGB erlas-

sen worden sind, also u. a. Bebauungspläne (§ 10 Abs. 1 BauGB), Satzungen über Veränderungssperren (§ 16 BauGB), Satzungen über die
Bestimmung des Innenbereichs (§ 34 Abs. 4 BauGB) und Außenbereichssatzungen (§ 35 Abs. 6 BauGB), Sanierungssatzungen (§ 142
BauGB) und Erhaltungssatzungen (§ 172 BauGB), nicht jedoch
„planreife" Entwürfe von Bebauungsplänen. Auch Flächennutzungspläne können grundsätzlich nicht Gegenstand einer Normenkontrolle nach § 47 Abs. 1 VwGO sein. Dann aber, wenn ein Flächennutzungsplan nach § 35 Abs. 3 Satz 3 BauGB ausnahmsweise
Rechtswirkungen nach außen entfaltet (o. Rn. 13), ist der Antrag bei
dem *OVG* analog § 47 Abs. 1 Nr. 1 VwGO statthaft. Ein durch tatsächliche Entwicklungen im Plangebiet funktionslos gewordener Bebauungsplan kann im Rahmen des Verfahrens nach § 47 VwGO
überprüft werden (vgl. *BVerwG*, NVwZ 1999, 986; *Koch/Hendler*,
Baurecht, Raumordnungs- und Landesplanungsrecht, § 21 Rn. 8
m. w. N.).

167   **Antragsbefugnis:** Nach § 47 Abs. 2 VwGO muss der Antragsteller
darlegen, durch die Anwendung des Bebauungsplans in seinen subjektiven Rechten verletzt zu werden. Da die Antragsbefugnis nach
§ 47 Abs. 2 VwGO im Kern der Klagebefugnis nach § 42 Abs. 2
VwGO entspricht und auch aus der Entstehungsgeschichte des § 47
Abs. 2 VwGO hervorgeht, dass die Antragsbefugnis für die Normenkontrolle **der Klagebefugnis** für die Anfechtungsklage **angepasst**
werden sollte, sind an die Antragsbefugnis keine höheren Anforderungen als an die Klagebefugnis zu stellen. Es genügt also die Möglichkeit einer Rechtsverletzung (vgl. *Hufen*, Verwaltungsprozessrecht, § 19 Rn. 19 ff.).

168   **Beispiel:** Wendet sich der Eigentümer E eines im Plangebiet gelegenen
Grundstücks gegen eine seinen Grund und Boden betreffende Festsetzung,
so ist die Antragsbefugnis regelmäßig zu bejahen. E kann geltend machen,
dass eine Verletzung seines Grundrechts aus Art. 14 Abs. 1 GG zumindest
möglich erscheint (zur Antragsbefugnis sonstiger dinglich Berechtigter *OVG
NRW*, NVwZ 2000, 130).

169   Soweit es um die Antragsbefugnis von Personen geht, die sich nicht
auf Art. 14 Abs. 1 GG berufen können, hat das *BVerwG* klargestellt,
dass es ein Rücksichtnahmegebot und somit ein allgemeines Recht auf
fehlerfreie Abwägung nur nach Maßgabe der einfachen Gesetze, nicht
aber als ein das gesamte Bauplanungsrecht umfassendes allgemeines
Gebot gibt. Als einfaches Gesetz, dem ein **Gebot zur fehlerfreien**

Abwägung zu entnehmen ist, kommt vor allem § 1 Abs. 7 BauGB in Betracht. Das *BVerwG* hat dazu entschieden, dass das „Abwägungs-gebot [...] drittschützenden Charakter hinsichtlich solcher privater Belange [hat], die für die Abwägung erheblich sind" (*BVerwG*, NJW 1999, 592, 593). Danach ist schon derjenige antragsbefugt, der geltend machen kann, dass seine Belange im Rahmen der Abwägung nach § 1 Abs. 7 BauGB nicht angemessen berücksichtigt wurden.

Die Antragsbefugnis kann auch durch Präklusion nach § 47 Abs. 2a **170** VwGO, § 3 Abs. 2 Satz 2 Halbs. 2 BauGB entfallen (*Battis*, in: Battis/Krautz-berger/Löhr, BauGB, § 3 Rn. 16; vgl. auch die gliederungstechnische Einrü-ckung bei *Kopp/Schenke*, VwGO, § 47 Rn. 75a).

Nicht abschließend geklärt ist bisher die Antragsbefugnis sog. **ob-** **171** **ligatorisch Berechtigter**. Gemeint sind damit Dritte, die kein Eigen-tumsrecht oder sonstiges dingliches Recht an einem von einem Bau-vorhaben betroffenen Grundstück haben, sondern nur mittelbar, etwa aufgrund eines mit dem Eigentümer geschlossenen Miet- oder Pachtvertrags, berechtigt sind. Das *BVerwG* hat dem Pächter eines Weidegrundstücks, das für die Existenz seines landwirtschaftlichen Betriebs wichtig ist, die Antragsbefugnis im Normenkontrollverfah-ren zuerkannt. Dabei stellte sich das Gericht auf den Standpunkt, dass jegliche privaten Interessen, die innerhalb des Abwägungsvor-gangs zu berücksichtigen sind, mithin auch solche eines Mieters oder Pächters, die Antragsbefugnis begründen können (BVerwGE 110, 36, 39). Dem ist jedoch entgegenzuhalten, dass der obligatorisch Berechtigte „nur" ein Nutzungsrecht hat. Der Bebauungsplan wirkt nicht unmittelbar auf die schuldrechtliche Beziehung ein, die dem ob-ligatorisch Berechtigten dieses Nutzungsrecht vermittelt. § 47 Abs. 2 Satz 1 VwGO verlangt jedoch eine Rechtsverletzung „durch" den Bebauungsplan oder seine Anwendung. Ersteres ist gegeben, wenn der Bebauungsplan die Rechtsverletzung unmittelbar herbeiführt, ohne dass es eines weiteren Umsetzungsakts bedarf. Letzteres meint nach Ansicht der Rechtsprechung, dass die geltend gemachte Beein-trächtigung eines subjektiven privaten Rechts zwar durch einen nach-folgenden eigenen Rechtsakt eintritt, dieser Rechtsakt jedoch in dem vom Antragsteller angegriffenen Bebauungsplan als vom Satzungsge-ber geplante Folgemaßnahme bereits angelegt ist (vgl. *BVerwG*, NVwZ-RR 2001, 199, 200; *OVG NRW*, NVwZ 2000, 1307). Das dürfte bei Änderungskündigungen oder sonstigen Maßnahmen, mit denen die privaten Vertragspartner ihre schuldrechtlichen Beziehungen gestalten, regelmäßig nicht der Fall sein. Überdies ist der nachbarschützende Gehalt bauplanungsrechtlicher Vorschriften grundstücksbezogen. Daraus ergibt sich, dass er im Grundsatz auf den Eigentümer beschränkt ist.

172   Etwas anderes kann sich nur ergeben, wenn der obligatorisch Berechtigte (Mieter, Pächter u. Ä.) sich unabhängig von seiner Rechtsposition an dem Grundstück darauf berufen kann, dass die Planung möglicherweise seine eigenen Rechte verletzt. Insoweit kommen insbes. die Grundrechte aus Art. 2 Abs. 2 Satz 1, Art. 4 Abs. 1 und 2, Art. 5 Abs. 3 GG in Betracht (*Hufen*, Verwaltungsprozessrecht, § 19 Rn. 21, 28).

173   Zu verneinen ist die Antragsbefugnis, wenn lediglich nach § 47 Abs. 2a VwGO präkludierte Einwendungen erhoben werden. Nach dieser Norm ist der Normenkontrollantrag unzulässig, wenn die den Antrag stellende natürliche oder juristische Person nur Einwendungen geltend macht, die sie im Rahmen der öffentlichen Auslegung (§ 3 Abs. 2 BauGB) oder im Rahmen der Beteiligung der betroffenen Öffentlichkeit (§ 13 Abs. 2 Nr. 2 und § 13a Abs. 2 Nr. 1 BauGB) nicht oder verspätet geltend gemacht hat, aber hätte geltend machen können, und wenn auf diese Rechtsfolge im Rahmen der Beteiligung hingewiesen worden ist. Angesichts dieser Regelung muss – nachdem festgestellt worden ist, welche subjektiv-öffentlichen Rechte des Antragstellers in Rede stehen – stets in einem weiteren Schritt geprüft werden, ob diese präkludiert sind. Für die Praxis ist insbes. von Bedeutung, dass die Präklusionsvorschrift des § 47 Abs. 2a VwGO auch das aus dem Abwägungsgebot des § 1 Abs. 7 BauGB folgende subjektive Recht auf fehlerfreie Abwägung privater Belange erfasst. Von der Obliegenheit, Einwendungen bereits im Rahmen der öffentlichen Auslegung geltend zu machen, sind auch solche Einwendungen nicht ausgespart, die sich der planenden Gemeinde nach Lage der Dinge aufdrängen mussten. § 47 Abs. 2a VwGO unterscheidet nämlich seinem Wortlaut nach nicht danach, ob die abwägungserheblichen Belange für die Gemeinde ohne Weiteres ersichtlich sind (BVerwGE 138, 181). Voraussetzung für den Eintritt der Präklusionswirkung ist, dass die öffentliche Auslegung des Planentwurfs ordnungsgemäß erfolgt ist. Überdies setzt § 47 Abs. 2a VwGO einen Hinweis auf die von ihm angeordneten Rechtsfolgen voraus. Ungenaue Formulierungen bei der gemeindlichen Bekanntmachung von Auslegungen können dazu führen, dass die Beteiligungsrechte einschränkende Regelung des § 47 Abs. 2a VwGO im Einzelfall überwunden werden

kann (*VGH BW*, VBlBW 2011, 280). Der Hinweis auf die Präklusionswirkung muss bereits mit der Bekanntmachung von Ort und Zeit der öffentlichen Auslegung verbunden werden (*Giesberts*, in: Posser/Wolf, BeckOK VwGO, § 47 Rn. 57a). Bislang war strittig, ob auch eine am Wortlaut des § 3 Abs. 2 Satz 2 Halbs. 2 BauGB a. F. orientierte Belehrung die Rechtsfolgen des § 47 Abs. 2a VwGO auslöst. Die Auslegungsschwierigkeiten rührten daher, dass die beiden Vorschriften sich in ihrem Wortlaut unterschieden („soweit" statt „nur"). Nach Ansicht des BVerwG konnte auch eine Belehrung, die die Formulierung des § 3 Abs. 2 Satz 2 Halbs. 2 BauGB aufgriff, die Präklusionswirkung herbeiführen, da sie nicht geeignet sei, bei Betroffenen einen rechtserheblichen Irrtum hervorzurufen und sie davon abzuhalten, während des Planaufstellungsverfahrens Einwendungen zu erheben (BVerwGE 138, 84). Mit Wirkung zum 20.9.2012 ist § 3 Abs. 2 Satz 2 Halbs. 2 BauGB neu gefasst und an den Wortlaut des § 47 Abs. 2a VwGO angepasst worden.

Richtiger Antragsgegner ist nach § 47 Abs. 2 Satz 2 VwGO diejenige Körperschaft, die die zur Überprüfung gestellte Rechtsvorschrift erlassen hat. Es gilt also das Rechtsträgerprinzip. Eine Behörde scheidet somit als Antragsgegner aus. Bei Satzungen nach § 47 Abs. 1 Nr. 1 VwGO ist der Normenkontrollantrag gegen die planende Gemeinde zu richten.   174

Partei- und Prozessfähigkeit, Postulationsfähigkeit: Antragsberechtigt sind nach § 47 Abs. 2 Satz 1 VwGO natürliche und juristische Personen sowie jede Behörde. Die Vorschrift ist *lex specialis* gegenüber § 61 VwGO. Die Prozessfähigkeit richtet sich nach § 62 VwGO. Natürliche und juristische Personen des Privatrechts sind vor dem *OVG* nur postulationsfähig, wenn sie anwaltlich vertreten sind (§ 67 Abs. 1 Satz 1 VwGO). Für juristische Personen des öffentlichen Rechts gilt § 67 Abs. 4 Satz 4 VwGO.   175

Frist: Nach § 47 Abs. 2 Satz 1 VwGO ist der Normenkontrollantrag innerhalb eines Jahres nach Bekanntmachung der Norm zu stellen. Die Jahresfrist greift nicht nur bei Normenkontrollanträgen von Behörden ein, sondern auch bei Normenkontrollanträgen von Privatpersonen. Da es sich bei ihr um eine Ausschlussfrist handelt, scheidet eine Wiedereinsetzung in den vorigen Stand (§ 60 VwGO) aus (vgl. *W.-R. Schenke*, Verwaltungsprozessrecht, Rn. 912b m. w. N.; a. A. *Hufen*, Verwaltungsprozessrecht, § 19 Rn. 40).   176

Umstritten ist, ob die Frist des § 47 Abs. 2 Satz 1 VwGO auch dann gilt, wenn ein Bebauungsplan nicht von Anfang an ungültig   177 war, sondern funktionslos und damit unwirksam geworden ist. In Erwägung zu ziehen ist, die Fristbestimmung des § 47 Abs. 2 Satz 1 VwGO in einer solchen Situation analog anzuwenden und den Fristlauf im Zeitpunkt des (mutmaßlichen) Außer-Kraft-Tretens des Bebauungsplans beginnen zu lassen. Hiergegen ist jedoch einzuwenden, dass sich oftmals nicht mit Sicherheit sagen lassen wird, wann genau der Bebauungsplan unwirksam geworden ist. Eine Analogie zu § 47 Abs. 2 Satz 1 VwGO wäre sonach mit einer erheblichen Einbuße an Rechtssicherheit verbunden. Vor diesem Hintergrund ist davon auszugehen, dass ein Normenkontrollantrag unbefristet zulässig ist, soweit er auf die nachträgliche Unwirksamkeit zielt (*VGH BW*, BeckRS 2010, 50785; *Giesberts*, in: Posser/Wolf, BeckOK VwGO, § 47 Rn. 55).

178   **Allgemeines Rechtsschutzbedürfnis:** Auch für einen Antrag auf Normenkontrolle muss ein Rechtsschutzbedürfnis bestehen. Ein solches ist bei Normen, die von der Behörde als gültig angesehen werden, im Regelfall anzunehmen, wenn eine Rechtsverletzung des Antragstellers durch die Feststellung der Unwirksamkeit der angegriffenen Norm noch verhindert, beseitigt oder wenigstens abgemildert werden kann. Das Rechtsschutzbedürfnis fehlt, wenn dem Antragsteller offensichtlich keinerlei rechtliche oder tatsächliche Vorteile daraus erwachsen, dass die Norm für nichtig bzw. unwirksam erklärt wird. In einem solchen Fall erweist sich die Inanspruchnahme des Gerichts als nutzlos (*Kopp/Schenke*, VwGO, § 47 Rn. 89).

179   **Beispiele:** (1) Das Rechtsschutzbedürfnis fehlt, wenn die dem Nachbarn erteilte Baugenehmigung unanfechtbar ist und bereits verwirklicht wurde und deshalb die Aufhebung des Bebauungsplans das Vorhaben nicht mehr verhindern kann (vgl. *BVerwG*, NJW 1988, 839).

(2) Wendet sich der Antragsteller gegen ein im Bebauungsplan vorgesehenes Vorhaben, das auch bei Unwirksamkeit des Plans nach § 34 oder § 35 BauGB ohne Weiteres zu genehmigen wäre, fehlt es ebenfalls am Rechtsschutzbedürfnis (*BVerwG*, NVwZ 2000, 194).

180   **Begründetheit des Normenkontrollantrags:**
Der Normenkontrollantrag ist begründet, wenn die zur Überprüfung gestellte baurechtliche Satzung rechtsfehlerhaft ist und der Fehler sich auf ihre Wirksamkeit auswirkt. Wie bereits erwähnt, prüft das *OVG* die Satzung umfassend auf Rechtsfehler und nicht nur im Hinblick darauf, ob die nach § 47 Abs. 2 Satz 1 VwGO geltend gemachte Rechtsverletzung vorliegt (vgl. *BVerwG*, NVwZ 2001, 431, 432). § 113 Abs. 1 Satz 1 VwGO findet also keine Anwendung (näher *Hu-*

fen, Verwaltungsprozessrecht, § 30 Rn. 1 ff., 20 ff.; *Koch/Hendler*, Baurecht, Raumordnungs- und Landesplanungsrecht, § 21 Rn. 22 ff.).

4. Kein Anspruch des Bürgers auf Aufstellung eines Bebauungsplans

Zu beachten ist schließlich, dass der einzelne Bürger nach § 1 Abs. 3 Satz 2 BauGB auf die Aufstellung eines Bebauungsplans keinen Rechtsanspruch hat, und zwar auch nicht aufgrund eines mit der Gemeinde geschlossenen Vertrags. Die Norm statuiert ein sog. **Vertragsformverbot.** Ein Vertrag, in dem sich eine Gemeinde gleichwohl zur Bauleitplanung zu verpflichten versucht, ist nichtig (*BGH*, NJW 1980, 826). Die Nichtigkeitsfolge ergibt sich nach zutreffender Ansicht aus § 54 Abs. 1 VwVfG i. V. m. § 134 BGB (*Voßkuhle/Kaiser*, JuS 2013, 687, 689).   **181**

Beispiel: Bei einem vorhabenbezogenen Bebauungsplan (§ 12 Abs. 1 BauGB) hat der Vorhabenträger nach § 12 Abs. 2 BauGB einen Anspruch auf ermessensfehlerfreie Entscheidung über die beantragte Einleitung des Bebauungsplanverfahrens. Dieser Anspruch beschränkt sich allerdings darauf, dass die Gemeinde überhaupt entscheidet, ob sie das Satzungsverfahren einleitet. Demgegenüber hat der Vorhabenträger keinen Anspruch auf Erlass der Satzung (vgl. *VGH BW*, DÖV 2000, 966).   **182**

5. Exkurs: Haftung der Gemeinde für Fehler bei der Aufstellung von Bebauungsplänen

Wenn den Ratsmitgliedern bei der Aufstellung von Bebauungsplänen Fehler unterlaufen, kommen **Amtshaftungsansprüche** gegenüber der Gemeinde aus § 839 BGB i. V. m. Art. 34 GG in Betracht. Die Mitglieder der kommunalen Vertretungskörperschaften sind bei ihrer Tätigkeit als Normgeber Beamte im haftungsrechtlichen Sinne (BGHZ 106, 323, 330 m. w. N.). Sie müssen eine drittbezogene Amtspflicht verletzt haben. Das Merkmal der Drittbezogenheit ist gegeben, wenn die Amtspflicht nicht nur dem Interesse der Allgemeinheit, sondern zumindest auch dem Schutz des Geschädigten zu dienen bestimmt ist. Der *BGH* vertritt die Auffassung, dass bei der Rechtsetzung Pflichten grundsätzlich nur gegenüber der Allgemeinheit bestehen (vgl. etwa BGHZ 56, 40, 44 ff.). Beim Erlass von Bebauungsplänen hat er jedoch drittbezogene Amtspflichten anerkannt, wenn und soweit bei der Planung in qualifizierter und zugleich individualisierbarer Weise auf schutzwürdige Interessen eines erkennbar   **183** abgegrenzten Kreises Dritter Rücksicht zu nehmen ist. Dritte können dabei sowohl die Eigentümer, die zukünftigen Eigentümer und Bewohner des Plangebiets sein als auch die Bauherren und Bauträger, und zwar wegen ihrer Verantwortlichkeit gegenüber den Käufern aus §§ 437, 435, 433 Abs. 1 Satz 2 BGB (vgl. BGHZ 106, 323, 332 f.; 108, 224, 228; näher zum Ganzen *Schieferdecker*, in: Hoppe/Bönker/ Grotefels, Öffentliches Baurecht, § 19 Rn. 3 ff.).

184   § 39 BauGB sieht einen Entschädigungsanspruch vor, wenn das **Vertrauen in einen bestehenden Bebauungsplan** enttäuscht wird. Haben Eigentümer im berechtigten Vertrauen auf den Bestand eines rechtsverbindlichen Bebauungsplans Aufwendungen zur Vorbereitung von plankonformen Nutzungsmöglichkeiten getroffen, so können sie eine angemessene Entschädigung in Geld verlangen, soweit die Aufwendungen durch die Änderung, Ergänzung oder Aufhebung des Bebauungsplans an Wert verlieren. Der Anspruch kann auch sonstigen Nutzungsberechtigten zustehen, z. B. einem Mieter oder Pächter (zum Kreis der Anspruchsberechtigten s. *Hoffmann*, in: Spannowsky/Uechtritz, BeckOK BauGB, § 39 Rn. 5). § 40 BauGB sieht einen Entschädigungsanspruch in Fällen vor, in denen in einem Bebauungsplan für Flächen des betroffenen Eigentümers **fremdnützige Festsetzungen** erfolgen. Der Anspruch entsteht unabhängig davon, ob die Festsetzungen in einem qualifizierten Bebauungsplan (§ 30 Abs. 1 BauGB) oder in einem einfachen Bebauungsplan (§ 30 Abs. 3 BauGB) enthalten sind. Aus verfassungsrechtlicher Perspektive stellen sich die Festsetzungen im Bebauungsplan als ausgleichspflichtige Inhalts- und Schrankenbestimmungen dar (vgl. zum sog. Planungsschadensrecht *Koch/Hendler*, Baurecht, Raumordnungs- und Landesplanungsrecht, § 19 Rn. 15 ff. m. w. N.).

II. Der vorhabenbezogene Bebauungsplan

185   Ein wichtiges Instrument der gemeindlichen Bauleitplanung, das neben Flächennutzungsplan und Bebauungsplan in seiner herkömmlichen Ausformung steht, ist der vorhabenbezogene Bebauungsplan nach § 12 BauGB. Dabei handelt es sich um eine Satzung i. S. d. § 10 Abs. 1 BauGB, die zwei Charakteristika aufweist: Sie bezieht sich zum einen – wie der Name bereits andeutet – auf ein **konkretes städtebauliches Investitionsprojekt**. Zum anderen besteht bei der Aufstellung des Plans eine enge Kooperation zwischen der planenden Gemeinde und einem Investor.

186   Der vorhabenbezogene Bebauungsplan muss grundsätzlich den gleichen formellen und materiellen Anforderungen genügen wie jeder andere Bebauungsplan auch. Das gilt insbes. für die Beteiligung der

Bürger und der Träger öffentlicher Belange. Es bestehen jedoch einige Besonderheiten:

Dem Verfahren zur Aufstellung des vorhabenbezogenen Bebauungsplans ist ein selbstständiges Verwaltungsverfahren vorgeschaltet, das sog. Einleitungsverfahren. Das Einleitungsverfahren beginnt damit, dass der Vorhabenträger, ein (privater) Investor, der planenden Gemeinde einen zuvor mit ihr abgestimmten Plan zur Durchführung des Vorhabens und der Erschließungsmaßnahmen (**Vorhaben- und Erschließungsplan**) vorlegt und den Antrag stellt, über diesen Vorhaben- und Erschließungsplan das Bebauungsplanverfahren einzuleiten. Die Gemeinde muss dann gem. § 12 Abs. 2 BauGB nach pflichtgemäßem Ermessen über den Antrag entscheiden. Mit „Ermessen" ist dabei Verwaltungsermessen, nicht Planungsermessen gemeint (*VGH BW*, DÖV 2000, 966). Die Gemeinde darf also ihrer Entscheidung keinen unrichtigen Sachverhalt zugrunde legen und muss insbes. die Vorgaben beachten, die sich aus den Grundrechten, etwa aus dem Gleichheitssatz des Art. 3 Abs. 1 GG, ergeben. Überdies muss sie ihr Einleitungsermessen entsprechend dem Zweck des § 12 Abs. 2 BauGB ausüben, der darin besteht, die berechtigten Verfahrensinteressen des Vorhabenträgers zu schützen (vgl. *VGH BW*, DÖV 2000, 966, 967), und sie darf ihre Entscheidung nicht auf sachfremde Erwägungen stützen. Die Einleitungsentscheidung ist nicht identisch mit dem Planaufstellungsbeschluss i. S. d. § 2 Abs. 1 Satz 2 BauGB, der am Beginn des Planaufstellungsverfahrens steht (o. Rn. 40 f.). Informelles Abstimmungsverfahren, formelles Einleitungsverfahren und Planaufstellungsverfahren sind vielmehr eigenständige Verfahrensschritte, die aufeinander folgen. **187**

Der Vorhaben- und Erschließungsplan des Investors wird gem. § 12 Abs. 3 Satz 1 BauGB Bestandteil des vorhabenbezogenen Bebauungsplans. Er bildet im Planaufstellungsverfahren die Grundlage der gemeindlichen Planungen. Das bedeutet aber nicht, dass die Gemeinde insoweit an die Entscheidungen des Investors gebunden ist. Sie muss insbes. eine eigene Abwägung nach § 1 Abs. 7 BauGB vornehmen. **188**

Vorhaben- und Erschließungsplan und vorhabenbezogener Bebauungsplan werden überdies miteinander verknüpft durch einen – vom Gesetz in § 12 Abs. 1 Satz 1 BauGB so genannten – **Durchführungsvertrag**. Darin verpflichtet sich der Vorhabenträger gegenüber der Gemeinde, das Vorhaben und die erforderlichen Erschließungsmaßnahmen innerhalb einer bestimmten Frist durchzuführen und **189**

die Kosten zu tragen. Der Durchführungsvertrag muss abgeschlossen
sein, bevor der Satzungsbeschluss der Gemeinde nach § 10 Abs. 1
BauGB ergeht.

190 Das **Verfahren** läuft also folgendermaßen ab:

– Der Vorhabenträger legt der Gemeinde einen Plan für das Vorhaben und für die Erschließung vor (Vorhaben- und Erschließungs-
   plan) und beantragt, über diesen das Bebauungsplanverfahren ein-
   zuleiten.
– Die Gemeinde trifft die Einleitungsentscheidung nach § 12 Abs. 2
   BauGB.
– Es erfolgt das Planaufstellungsverfahren (§§ 2 ff. BauGB).
– Der Vorhabenträger verpflichtet sich gegenüber der Gemeinde, das
   Vorhaben und die erforderlichen Erschließungsmaßnahmen inner-
   halb einer bestimmten Frist durchzuführen und die Kosten zu tra-
   gen; der Investor und die Gemeinde schließen darüber gem. § 12
   Abs. 1 Satz 1 BauGB einen Durchführungsvertrag.
– Sodann fasst die Gemeinde den Satzungsbeschluss nach § 10 Abs. 1
   BauGB.

191 Inhaltlich ist zu beachten, dass die Gemeinde bei ihren Festsetzungen nicht an die – für Bebauungspläne im Übrigen abschließenden –
Regelungen des § 9 BauGB und auch nicht an die BauNVO gebunden ist (§ 12 Abs. 3 Satz 2 BauGB). Der Gemeinde kommt also insofern ein „**Festsetzungserfindungsrecht**" zu (*Reidt*, LKV 2000, 417,
419), sie hat jedoch die Leitlinien- und Orientierungsfunktion der
BauNVO bei der Konkretisierung der Maßstäbe für eine geordnete
städtebauliche Entwicklung zu beachten (*OVG NRW*, ZfBR 2004,
473).

192 **Beispiel:** Im Rahmen vorhabenbezogener Bebauungspläne ist die Gemeinde
bei der Bestimmung der Zulässigkeit der Vorhaben nicht an die Festsetzungen
der BauNVO gebunden, sondern kann mehr oder weniger konkret-individuelle vorhabenbezogene Regelungen treffen. Sieht eine Gemeinde im
vorhabenbezogenen Bebauungsplan für den unbeplanten Innenbereich, der
weitgehend zu Wohnzwecken und zum Teil wohnfremd genutzt wird (Werk-
zeugbau, Kunststoffbearbeitung und Lackierarbeiten), in der Nachbarschaft
der Wohngrundstücke Bauflächen für die Erweiterung eines landwirtschaftlichen Lohnunternehmens vor, kann darin eine zulässige „maßgeschneiderte"
planerische Lösung liegen. Der vorhabenbezogene Bebauungsplan kann von
einer Gemeinde genutzt werden, um im unbeplanten Innenbereich konkret
vorgesehene Erweiterungen vorhandener baulicher Nutzungen, die an sich
nach der Gebietstypik unzulässig wären, dauerhaft rechtlich abzusichern und
durch konkret-individuelle Regelungen in einer mit der Umgebung verträg-

lichen Weise für zulässig zu erklären. Dies kann z. B. geschehen, indem die zulässige Art der baulichen Nutzung im Vorhaben- und Erschließungsplan als Bestandteil des vorhabenbezogenen Bebauungsplans mit den Worten „Mischgebiet (Landwirtschaftliches Lohnunternehmen)" umschrieben und für die einzelnen betroffenen Bereiche in den textlichen Festsetzungen im Detail festgelegt wird. Die Festlegung „Mischgebiet" kann allerdings in diesem Zusammenhang nur zum Inhalt haben, dass das betriebliche Geschehen konkret so abzuwickeln ist, dass es noch als mischgebietsverträglich, d. h. „nicht wesentlich störend" i. S. v. § 6 Abs. 1 BauNVO zu qualifizieren ist (*OVG NRW*, BRS 64 Nr. 227).

Bis zur BauGB-Novelle 2007 (o. Rn. 3) musste ein Vorhaben- und **193** Erschließungsplan konkrete Vorhaben zum Gegenstand haben, z. B. Wohnungen, Hotels, Bürogebäude, gewerbliche Anlagen. Die Festsetzung eines Baugebiets im Sinne der BauNVO war nicht möglich. Das ist durch § 12 Abs. 3a BauGB geändert worden. Diese Vorschrift erweitert den Anwendungsbereich des Durchführungsvertrags. Danach ist es möglich, im vorhabenbezogenen Bebauungsplan für den Bereich des Vorhaben- und Erschließungsplans eine bauliche oder sonstige **Nutzung auch allgemein festzusetzen**. Unter entsprechender Anwendung des § 9 Abs. 2 BauGB ist dann festzusetzen, dass im Rahmen der vorgesehenen Nutzungen nur solche Vorhaben zulässig sind, zu deren Durchführung sich der Vorhabenträger im Durchführungsvertrag verpflichtet (näher *Krautzberger*, in: Battis/Krautzberger/Löhr, BauGB, § 12 Rn. 9, 21a f.).

Die **Zulässigkeit einzelner Vorhaben** bestimmt sich für den Be- **194** reich eines vorhabenbezogenen Bebauungsplans nach § 30 Abs. 2 BauGB. Danach ist das Vorhaben im Geltungsbereich eines solchen Bebauungsplans zulässig, wenn es dem Bebauungsplan nicht widerspricht und die Erschließung gesichert ist. Es besteht dann ein bauplanungsrechtlicher Rechtsanspruch auf Zulassung (vgl. aber § 29 Abs. 2 BauGB). Insoweit gelten gegenüber Vorhaben im Bereich eines qualifizierten Bebauungsplans keine Besonderheiten.

III. Der städtebauliche Vertrag

Die Kooperation mit Privaten, seit dem Einzug der Anglizismen in **195** das (öffentliche) Recht auch als „Public Private Partnership" bezeichnet, spielt im Planungsrecht eine immer größere Rolle. Das ist nicht zuletzt zurückzuführen auf die Vorschriften über den städtebaulichen Vertrag in § 11 BauGB. Zulässige Gegenstände eines städtebaulichen

Vertrags ergeben sich aus § 11 Abs. 1 Satz 2 BauGB. Die dortige Aufzählung ist aber nicht abschließend. Zur Vermeidung von Missverständnissen muss vor allem eines hervorgehoben werden: Wenn § 11 Abs. 1 Satz 2 Nr. 1 BauGB festlegt, dass auch die Ausarbeitung der städtebaulichen Planungen Gegenstand eines Vertrags sein kann, so bedeutet das nicht, dass der Bürger abweichend von § 1 Abs. 3 Satz 2 Halbs. 2 BauGB einen Anspruch auf die Aufstellung von Bauleitplänen durch Vertrag erhalten darf. Bei § 1 Abs. 3 Satz 2 Halbs. 2 BauGB handelt es sich vielmehr um eine Verbotsnorm i. S. d. § 59 Abs. 1 VwVfG i. V. m. § 134 BGB, die auch im Rahmen des § 11 BauGB zu beachten ist. Ein Vertrag über die Ausarbeitung der städtebaulichen Planung i. S. d. § 11 Abs. 1 Satz 2 Nr. 1 BauGB darf also **nicht das „Ob" der Planung zum Gegenstand** haben. Überdies betont das Gesetz in § 11 Abs. 1 Satz 2 Nr. 1 letzter Teils. BauGB, dass die Verantwortung für das gesetzlich vorgesehene Planaufstellungsverfahren bei den Gemeinden verbleibt. Das bedeutet, dass die Gemeinde den gesamten Planungsprozess steuern und autonom in den Händen halten muss; sie muss „Herrin des Verfahrens" (*Kahl*, DÖV 2000, 793, 797) bleiben. In diesem Rahmen hat sie die Möglichkeit, Dritte, insbes. private Planungs- und Ingenieurbüros, als Verwaltungshelfer in den Planungsprozess einzuschalten (vgl. auch § 4b BauGB). Gegenstand von Verträgen über die Ausarbeitung der städtebaulichen Planung kann dabei nicht nur die Erarbeitung der Plankonzeption sein, sondern auch die Erschließung durch beitragsfähige und nicht beitragsfähige Erschließungsanlagen, die Vorbereitung und Erstellung des Umweltberichts oder eines Verkehrsgutachtens, eine Altlastenuntersuchung etc. (näher *Krautzberger*, in: Battis/Krautzberger/Löhr, BauGB, § 11 Rn. 5 ff.). Klargestellt wurde durch das Gesetz zur Stärkung der Innenentwicklung in den Städten und Gemeinden und weiteren Fortentwicklung des Städtebaurechts v. 11.6.2013 (BGBl. I S. 1548) nunmehr, dass die Gemeinde städtebauliche Verträge auch mit einer juristischen Person abschließen kann, an der sie selbst beteiligt ist, § 11 Abs. 1 Satz 3 BauGB. Eine Gemeinde kann auch mit anderen Gemeinden oder anderen juristischen Personen des öffentlichen Rechts städtebauliche Verträge schließen. Für solche Verträge gelten gem. § 11 Abs. 4 BauGB die allgemeinen Regeln der § 56 VwVfG und § 57 VwVfG für öffentlich-rechtliche Verträge, da § 11 BauGB aufgrund seiner systematischen Stellung im vierten Abschnitt nur die Zusammenarbeit der Gemeinde mit Privaten zum Gegenstand hat. Beim Abschluss städtebaulicher Verträge unterliegen die Gemeinden

der Bindung an Gesetz und Recht. Die gesetzlichen Schranken gelten
für alle Arten von städtebaulichen Verträgen, und zwar unabhängig
davon, ob der jeweilige Vertrag in § 11 BauGB ausdrücklich erwähnt
wurde oder als sonstiger städtebaulicher Vertrag i. S. d. § 11 Abs. 4
BauGB einzuordnen ist. In materieller Hinsicht findet die Vertrags-
freiheit der Gemeinden ihre Grenzen u. a. im Grundsatz der Verhältnismäßigkeit (§ 11 Abs. 2 Satz 1 BauGB), im Koppelungsverbot (§ 56
Abs. 1 Satz 2 VwVfG), im Verbot des Machtmissbrauchs (§ 59 Abs. 1
VwVfG i. V. m. § 138 Abs. 1 BGB) und in den Regeln über die ordnungsgemäße Ermessensausübung (vgl. *Kahl*, DÖV 2000, 793, 798 f.).

Literatur: Allgemein: *Kuschner/Schöler/Stehr*, Aus der neueren Rechtsprechung des Oberverwaltungsgerichts zum Bauplanungs- und Bauordnungsrecht, NWVBl. 2004, 220 (Teil 1), 253 (Teil 2), 297 (Teil 3).
Zu I. (Die Instrumente der gemeindlichen Planung im Allgemeinen):
Zum Planmäßigkeitsprinzip: *Koch/Hendler*, Baurecht, Raumordnungs-
und Landesplanungsrecht, 5. Aufl. 2009, § 13 Rn. 5 f.; *Stüer*, Der Bebauungsplan, 4. Aufl. 2000, Rn. 78 f.; *Bönker*, in: Hoppe/Bönker/Grotefels, Öffentliches Baurecht, 4. Aufl. 2010, § 5 Rn. 94 ff.
Zu jüngeren Rechtsänderungen: *Starke*, Die BauGB-Novelle 2007, JA 2007,
488.
Zu I. 1. (Flächennutzungsplan): Allgemein: *Koppitz*, in: Koppitz/Schwar-
ting, Der Flächennutzungsplan in der kommunalen Praxis, 3. Aufl. 2005; *Rinsdorf*, Der Flächennutzungsplan als Steuerungsinstrument der Gemeinde, 2004
Zum Rechtsschutz gegen den Flächennutzungsplan: *W.-R. Schenke*,
Rechtsschutz gegen Flächennutzungspläne, NVwZ 2007, 134.
**Zur Einordnung des Flächennutzungsplans als Rechtsnorm bei der
Darstellung von Konzentrationsflächen (§ 35 Abs. 3 Satz 3 BauGB):** *Frey*,
Aktuelle Fragestellungen bei der Normenkontrolle gegen Windkraft-Flächen-
nutzungspläne, NVwZ 2013, 1184; *Jeromin*, Normenkontrolle gegen Flächen-
nutzungspläne, NVwZ 2006, 1374; *W.-R. Schenke*, Rechtsschutz gegen
Flächennutzungspläne, NVwZ 2007, 134, 136 f.; *Scheidler*, Flächennutzungs-
pläne als Gegenstand einer Normenkontrollklage, DÖV 2008, 766.
**Zu den durch das EAG Bau neugeschaffenen Festsetzungsmöglichkeiten
des § 9 Abs. 2 BauGB:** *Schieferdecker*, Baurecht auf Zeit im BauGB 2004,
BauR 2005, 320 ff.; *Kuschnerus*, Befristete und bedingte Festsetzungen in Bebauungsplänen – Zur praktischen Anwendung des neuen § 9 II BauGB, ZfBR
2005, 125.
Zu den umfangreichen Änderungen durch das EAG Bau: *Battis/Krautz-
berger/Löhr*, Die Änderungen des Baugesetzbuchs durch das Europarechtsanpassungsgesetz Bau (EAG Bau 2004), NJW 2004, 2553; *Finkelnburg*, Die Änderungen des Baugesetzbuchs durch das Europarechtsanpassungsgesetz Bau,
NVwZ 2004, 897; *Krautzberger/Stüer*, Städtebaurecht 2004: Was hat sich geändert? DVBl. 2004, 781; *Wagner/Engel*, Neuerungen im Städtebaurecht
durch das Europarechtsanpassungsgesetz Bau (EAG Bau), BayVBl. 2005, 33.

Zu I. 2. (Bebauungsplan):
Zum Entwicklungsgebot und den jeweiligen Ausnahmen: *Brohm*, Öffentliches Baurecht, 3. Aufl. 2002, § 6 Rn. 19 f.; *Schrödter*, in: ders., Baugesetzbuch, 7. Aufl. 2006, § 8 Rn. 7 ff.
Zum Aufstellungsverfahren: kurze Übersicht u. a. bei *Battis*, in Battis/Krautzberger/Löhr, BauGB, 12. Aufl. 2013, § 2 Rn. 2; eingehend: *Stüer*, Der Bebauungsplan, 4. Aufl. 2009, Rn. 438 ff.
Zur Umweltprüfung: *Bönker*, in: Hoppe/Bönker/Grotefels, Öffentliches Baurecht, 4. Aufl. 2010, § 5 Rn. 162 ff.; *Stollmann*, Öffentliches Baurecht, 9. Aufl. 2013, § 6 Rn. 7 ff.; *Erbguth*, Öffentliches Baurecht, 5. Aufl. 2009, § 3 Rn. 24 ff.; *Koch/Hendler*, Baurecht, Raumordnungs- und Landesplanungsrecht, 5. Aufl. 2009, § 11 Rn. 30, § 15 Rn. 5, 40 ff.
Zu I. 3. (Rechtmäßigkeit des Bebauungsplans):
Zu a) (Formelle Rechtmäßigkeit): Zum Begriff „sonstige Träger öffentlicher Belange": *Battis*, in: Battis/Krautzberger/Löhr, BauGB, 12. Aufl. 2013, § 4 Rn. 3; *Stollmann*, Öffentliches Baurecht, 9. Aufl. 2013, § 6 Rn. 13; *Wagner*, Bauleitplanverfahren – Änderungen durch die BauGB-Novelle 1998, BauR 1997, 709, 711.
Zur Berechnung der Fristen nach § 3 Abs. 2 Sätze 1 und 2 BauGB: *Konrad*, Ausgewählte Grundprobleme des Baurechts, JA 2000, 608, 613; *Ley*, Die Berechnung der Fristen bei der öffentlichen Auslegung nach § 3 II S. 1 und 2 BauGB, BauR 2000, 654.
Zu der Frage, zu welchen Zeiten innerhalb der Monatsfrist dem Bürger Einsicht in die Planunterlagen zu gewähren ist: *Schrödter*, in: ders., BauGB, 7. Aufl. 2006, § 3 Rn. 35a.
Zu Umweltprüfung und Umweltbericht: *Battis/Krautzberger/Löhr*, Die Änderungen des Baugesetzbuches durch das Europarechtsanpassungsgesetz Bau (EAG Bau 2004), NJW 2004, 2553, 2554 f.; *Hoppe*, Die Abwägung im EAG Bau nach Maßgabe des § 1 VII BauGB 2004, NVwZ 2004, 903, 907 ff.; *Schrödter*, in: ders., BauGB, 7. Aufl. 2006, § 2 Rn. 64 ff.; *ders.*, Umweltprüfung in der Bauleitplanung, LKV 2008, 109; *Schubert*, Die bauplanungsrechtliche Umweltprüfung im Spannungsfeld EG-rechtlicher Vorgaben und kommunaler Praktikabilitätsansprüche, NuR 2005, 369; *Uechtritz*, Die Umweltprüfung in der Bauleitplanung, BauR 2005, 1859.
Zu Fehlern bei der Ausfertigung: *Rabe*, Fehler in der Bauleitplanung, ZfBR 2001, 229.
Zu b) (Materielle Rechtmäßigkeit):
Zur „Funktionslosigkeit" von Bebauungsplänen: *Erhard*, Außer-Kraft-Treten eines Bebauungsplans wegen Funktionslosigkeit nur bei „legaler" oder behördlich geduldeter planabweichender Entwicklung, NVwZ 2006, 1362.
Ausführl. zur naturschutzrechtlichen Eingriffs- und Ausgleichsregelung im Bauplanungsrecht: *Brohm*, in: FS für Hoppe, 2000, S. 511 ff.; eine Anleitung zur Vornahme des Ausgleichs bietet das bayerische Ausgleichskonzept; vgl. dazu *Freiherr von und zu Franckenstein*, Der naturschutzrechtliche Ausgleich im Bebauungsplan, BayVBl. 2001, 65.

Zum Nachhaltigkeitsprinzip: *Battis/Krautzberger/Löhr*, Die Neuregelungen des Baugesetzbuches zum 1.1.1998, NVwZ 1997, 1145, 1147; *Krautzberger*, Zur Europäisierung des Städtebaurechts, DVBl. 2005, 197, 201 f.; *Kuschnerus*, Die „Nachhaltigkeit" im Abwägungsprozeß und in der gerichtlichen Überprüfung, ZfBR 2000, 15.

Zur Anpassung der Bauleitpläne an die Ziele der Raumordnung nach § 1 Abs. 4 BauGB: *Koch/Hendler*, Baurecht, Raumordnungs- und Landesplanungsrecht, 5. Aufl. 2009, § 8 Rn. 4 f.; *Krautzberger*, in: Battis/Krautzberger/Löhr, BauGB, 12. Aufl. 2013, § 1 Rn. 32 ff.; *Muckel/Stemmler*, Fälle zum öffentlichen Baurecht, 7. Aufl. 2013, S. 11 ff., Rn. 39.

Zum ergänzenden Verfahren: *Tettinger*, Biotopschutz durch Bebauungsplan, WiVerw 2000, 1, 26 ff.; *Rieger*, Bedeutung und Rechtsfolgen der Regelung in § 215a Abs. 1 BauGB über das ergänzende Verfahren zur Behebung von Satzungsmängeln, UPR 2003, 161.

Zur Abwägung allgemein: *Blumenberg*, Neuere Entwicklungen zu Struktur und Inhalt des Abwägungsgebots im Bauplanungsrecht, DVBl. 1989, 86; *Erbguth*, Neue Aspekte zur planerischen Abwägungsfehlerlehre? DVBl. 1986, 1230; *ders.*, Öffentliches Baurecht, 5. Aufl. 2009, § 5 Rn. 114 ff.; *Hoppe*, Die Schranken der planerischen Gestaltungsfreiheit (§ 1 Abs. 4 und 5 BBauG), BauR 1970, 15; *Hoppe*, in: *ders.*/Bönker/Grotefels, Öffentliches Baurecht, 4. Aufl. 2010, § 7; *ders.*, Entwicklung von Grundstrukturen des Planungsrechts durch das BVerwG, DVBl. 2003, 697; *Ibler*, Die Differenzierung zwischen Vorgangs- und Ergebniskontrolle bei planerischen Abwägungsentscheidungen, DVBl. 1988, 469; *ders.*, Die behördlichen Abwägungsspielräume bei Bauleitplanung und Planfeststellung, JuS 1990, 7; *Koch*, Das Abwägungsgebot im Planungsrecht, DVBl. 1983, 1125; *ders.*, Abwägungsvorgang und Abwägungsergebnis als Gegenstände gerichtlicher Plankontrolle, DVBl. 1989, 399; *Koch/Hendler*, Baurecht, Raumordnungs- und Landesplanungsrecht, 5. Aufl. 2009, § 17; *Stüer*, Handbuch des Bau- und Fachplanungsrechts, 4. Aufl. 2009, Rn. 1527 ff.; *Weyreuther*, Rechtliche Bindung und gerichtliche Kontrolle planender Verwaltung im Bereich des Bodenrechts, BauR 1977, 293.

Speziell zum Verhältnis von § 1 Abs. 7 und § 2 Abs. 3 BauGB: *Erbguth*, Abwägung auf Abwegen? – Allgemeines und Aktuelles, JZ 2006, 484; *Happ*, Neues zur Abwägung (§ 1 VII BauGB)? NVwZ 2007, 304; *Hoppe*, Die Abwägung im EAG Bau nach Maßgabe des § 1 VII BauGB 2004, NVwZ 2004, 903; *Kraft*, Gerichtliche Abwägungskontrolle von Bauleitplänen nach dem EAG Bau, UPR 2004, 331; *Mager*, Neues vom Abwägungsgebot?, JA 2009, 399 (Besprechung von BVerwG, Urt. v. 9.4.2008 – 4 CN 1.07, NVwZ 2008, 899); *Pieper*, Teilweiser Abschied von der materiellen Abwägungsfehlerlehre im EAG-Bau – Folgen für die Rechtmäßigkeitsprüfung des Bebauungsplans, Jura 2006, 817; *Quaas/Kukk*, Neustrukturierung der Planerhaltungsbestimmungen in §§ 214 ff. BauGB, BauR 2004, 1541; *U. Stelkens*, Planerhaltung bei Abwägungsmängeln nach dem EAG Bau, UPR 2005, 81; *Uechtritz*, Die Änderungen im Bereich der Fehlerfolgen und der Planerhaltung nach §§ 214 ff. BauGB, ZfBR 2005, 11.

Zu II. (Der vorhabenbezogene Bebauungsplan):
Allgemein: *Heitsch*, Risikobegrenzung bei „Public Private Partnerships"
durch Allgemeines und Besonderes Verwaltungsrecht, UPR 2005, 121; *Köster*,
Der vorhabenbezogene Bebauungsplan nach § 12 BauGB, ZfBR 2005, 147.
    Zu den materiell-rechtlichen Voraussetzungen und zum Verfahren: *Dol-*
derer, Die Einleitung des vorhabenbezogenen Bebauungsplanverfahrens –
Rechtsgrundsätze und Rechtsschutz, UPR 2001, 41; *Kuschnerus*, Der vorhabenbezogene Bebauungsplan im Lichte der jüngeren Rechtsprechung, BauR
2004, 946; *Menke*, Der vorhabenbezogene Bebauungsplan, NVwZ 1998, 577.
    Zu III. (Der städtebauliche Vertrag):
    Ausführl. zum städtebaulichen Vertrag: *Decker*, Ausgewählte examensre-
levante Probleme des städtebaulichen Vertrages nach § 11 BauGB, JA 2012,
286; *Erbguth/Witte*, Biete Planung, suche Grundstück – Möglichkeiten und
Grenzen städtebaulicher Verträge, DVBl. 1999, 435; *Lorz*, Unzulänglichkeiten
des Verwaltungsvertragsrechts am Beispiel der städtebaulichen Verträge, DÖV
2002, 177.
    Zur Rolle der Kooperation mit Privaten im Planungsrecht: *Heitsch*, Ri-
sikobegrenzung bei „Public Private Partnerships" durch Allgemeines und Besonderes Verwaltungsrecht, UPR 2005, 121; *Stehlin/Gebhardt*, Public Private
Partnership – ein Modell für Kommunen? VBlBW 2005, 90.

§ 6. Die Sicherung der Bauleitplanung

1   Das Gesetz gibt den Gemeinden eine Reihe von Instrumenten zur
Sicherung ihrer Bauleitplanung an die Hand. Solche Sicherungsin-
strumente sind erforderlich, weil jede Planung der Gemeinde Zeit
braucht. Mit ihnen hat die Gemeinde die Möglichkeit zu verhindern,
dass Baumaßnahmen, die während des Planungsprozesses genehmigt
und realisiert werden, ihre noch nicht abgeschlossene Planung unterlaufen. Nach der Vorschrift des § 36 Abs. 1 Satz 3 BauGB stellen die
Länder in den Fällen, in denen sich die planungsrechtliche Zulässigkeit eines Vorhabens nach § 30 Abs. 1 BauGB richtet, sicher, dass die
Gemeinde rechtzeitig vor Ausführung des Vorhabens über Maßnahmen zur Sicherung der Bauleitplanung nach §§ 14, 15 BauGB entscheiden kann. Das ist vor allem von Bedeutung, wenn die planende
Gemeinde nicht selbst Trägerin der Bauaufsichtsbehörde und damit
nicht für die Erteilung von Baugenehmigungen zuständig ist.

2   **Beispiel:** In Nordrhein-Westfalen ist die untere Bauaufsichtsbehörde die
kreisfreie Stadt, die Große kreisangehörige Stadt oder die Mittlere kreisangehörige Stadt i. S. von §§ 1 f. StadtKlassV. Nur bei ihnen erlässt also die Stadt als
Träger der Planungshoheit die Bauleitpläne (§ 1 Abs. 3 Satz 1 BauGB: „die

Gemeinden") und ist zugleich Träger der Bauaufsichtsbehörde (§ 60 Abs. 1 Nr. 3 lit. a BauO NRW). In den anderen, kleineren Gemeinden des Landes werden zwar auch gem. §§ 1 ff. BauGB die Bauleitpläne aufgestellt. Die für den Erlass von Baugenehmigungen zuständige Bauaufsichtsbehörde ist aber der Landrat des Kreises (§§ 60 Abs. 1 Nr. 3 lit. b BauO NRW, 42 KrO NRW).

Die Instrumente zur Sicherung der gemeindlichen Bauleitplanung **3** sind im Wesentlichen die folgenden:

I. Die Veränderungssperre

Das Gesetz nennt im Rahmen der Vorschriften über die Sicherung **4** der Bauleitplanung (§§ 14 ff. BauGB) an erster Stelle die Veränderungssperre. Mit einer solchen kann die Gemeinde beschließen, dass Bauvorhaben nicht durchgeführt, vorhandene bauliche Anlagen nicht beseitigt und erhebliche oder wertsteigernde Veränderungen an Grundstücken oder baulichen Anlagen nicht vorgenommen werden dürfen (§ 14 Abs. 1 Nr. 1 und 2 BauGB). Auf diese Weise können **Veränderungen** im planrelevanten Bereich ausgeschlossen werden, die die noch nicht abgeschlossene **Bauleitplanung** der Gemeinde verhindern oder **erschweren** würden, etwa weil sie die Festsetzungen des künftigen Bebauungsplans in Frage stellen oder Enteignungen mit hohen Entschädigungsleistungen auslösen. Die mit der Veränderungssperre ausgesprochenen Verbote führen dazu, dass beantragte Genehmigungen zu versagen und genehmigungsfreie Vorhaben zu untersagen sind. Die Veränderungssperre wird als Satzung beschlossen (§ 16 Abs. 1 BauGB) und ist in ihrer Geltungsdauer begrenzt (§ 17 BauGB).

Die Regelungen in § 14 Abs. 2 bis 4 BauGB formulieren **Ausnah- 5 men** von den Vorschriften über die Veränderungssperre in § 14 Abs. 1 BauGB bzw. Modifikationen der dortigen Regelungen. Danach können Ausnahmen von der Veränderungssperre insbes. zugelassen werden, wenn überwiegende öffentliche Belange nicht entgegenstehen (§ 14 Abs. 2 BauGB). Das ist der Fall, wenn sich eine Gefährdung der Planung durch das Vorhaben nicht feststellen lässt (vgl. *Finkelnburg/Ortloff/Kment*, Öffentliches Baurecht, Bd. I, S. 255 f.). Zudem werden Vorhaben, die bereits vor Erlass der Veränderungssperre genehmigt wurden oder die nach einem anderen baurechtlichen Verfahren zulässig sind, von der Veränderungssperre nicht berührt (§ 14 Abs. 3 BauGB). Das Gleiche gilt für Unterhaltungsarbeiten und für die Fortführung der bisherigen Nutzung.

6   Für die Rechtmäßigkeit einer Veränderungssperre ist entscheidend, dass die Gemeinde bereits beschlossen hat, einen Bebauungsplan aufzustellen (§ 14 Abs. 1 BauGB). Der Aufstellungsbeschluss gem. § 2 Abs. 1 Satz 2 BauGB muss wirksam gefasst und ordnungsgemäß bekannt gemacht worden sein. Das ist schon deshalb hervorzuheben, weil ein wirksamer und ordnungsgemäß bekannt gemachter Aufstellungsbeschluss keine Rechtmäßigkeitsvoraussetzung für einen Bebauungsplan ist. Gleichwohl ist er von zentraler Bedeutung für eine Veränderungssperre. Ist der Aufstellungsbeschluss nicht gefasst worden oder rechtswidrig zustande gekommen, so ist die Veränderungssperre nichtig. Die unterbliebene Bekanntmachung des Aufstellungsbeschlusses kann in einem solchen Fall allerdings nachgeholt und die als Satzung zu erlassende Veränderungssperre gem. § 214 Abs. 4 BauGB rückwirkend auf den Tag nach der Bekanntmachung des Beschlusses über die Aufstellung des Bebauungsplans in Kraft gesetzt werden (*BVerwG*, NVwZ 2010, 42; *Hornmann*, in: Spannowsky/ Uechtritz, BeckOK BauGB, § 14 Rn. 13).

7   **Beispiel:** U betreibt in der Gemeinde A einen „Depot-Markt" mit einer Geschossfläche von 1.463 qm und einer Verkaufsfläche von 977 qm. In der Umgebung des Depot-Markts sind auf der Westseite überwiegend Gewerbebetriebe vorhanden, während die Grundstücke östlich überwiegend mit Wohngebäuden bebaut sind. Ein Bebauungsplan besteht nicht. Im Flächennutzungsplan ist der Bereich des Grundstücks des U als Gewerbefläche dargestellt. Die Gemeinde A beschließt am 2.1.2009, einen Bebauungsplan für den Bereich des Grundstücks des U aufzustellen, und erlässt zur Sicherung dieser Planung eine Veränderungssperre. Die Planungsabsichten der A gehen dahin, das Gebiet als Gewerbegebiet auszuweisen und damit die Schaffung großflächiger Einzelhandelsbetriebe zu verhindern. U beantragt am 9.10.2009 die Erteilung eines Bauvorbescheids für die Erweiterung seines Depot-Markts um 416 qm Verkaufsfläche und 151 qm Lagerfläche. Der Gemeinderat von A beschließt, das Einvernehmen nicht zu erteilen, weil die Erweiterung des Depot-Markts die Vielfalt des Einzelhandels in A gefährde. U beruft sich darauf, sein geplantes Bauvorhaben sei als Ausnahme zu der Veränderungssperre zuzulassen. Zu Recht?

8   Die Planungsabsicht der Gemeinde A besteht gerade darin, die Schaffung großflächiger Einzelhandelsbetriebe zu verhindern. Gegenstand der auf die Erweiterung des vorhandenen Markts gerichteten Bauvoranfrage des U ist jedoch ein solcher großflächiger Betrieb. Aus diesem Grund liegen schon die Tatbestandsvoraussetzungen des § 14 Abs. 2 BauGB nicht vor bzw. stehen einer Ausnahme überwiegende öffentliche Belange entgegen. Ein Vorhaben, das mit dem Sicherungszweck der Veränderungssperre nicht vereinbar ist, insbes. der beabsichtigten Planung widerspricht oder sie wesentlich erschweren würde, darf auch im Wege der Ausnahme nicht zugelassen werden (vgl. *BVerwG*, ZfBR 1989, 171).

Darüber hinaus muss die Veränderungssperre zur Sicherung der   9
Bauleitplanung **erforderlich** sein. Dabei spielt eine entscheidende
Rolle, ob die zu sichernde Planung überhaupt eine konkrete Konzeption erkennen lässt, die mit den Mitteln der Bauleitplanung in rechtlich
zulässiger Weise verwirklicht werden kann. Der Inhalt der beabsichtigten Planung muss bereits in einem Mindestmaß bestimmt und absehbar sein (*BVerwG*, BRS 50 Nr. 103; NVwZ 2004, 984; ZfBR 2008,
70). Ist der Inhalt der beabsichtigten Planung im Zeitpunkt ihres Erlasses noch nicht absehbar, so hat dies die Unwirksamkeit der Veränderungssperre zur Folge (vgl. *BVerwG*, BauR 2008, 328). Dasselbe gilt,
wenn die durch die Veränderungssperre zu sichernde Planungskonzeption nicht hinreichend konkretisiert oder wenn die Planungskonzeption zwar konkret ist, aber rechtliche Mängel erkennen lässt, die
nicht mehr behebbar sind. So hat etwa eine Planung für ein großräumiges Gebiet, die lediglich pauschale Planungsziele wie die Schaffung eines Erholungsschwerpunkts, den Vogelschutz, den Naturschutz und
den Schutz seltener Tier- und Pflanzenarten aufführt, noch nicht die
nötige, für den Erlass einer Veränderungssperre erforderliche Konkretisierung, wenn sie zugleich offen für Rohstoffabbau sein soll und
nicht einmal ansatzweise erkennbar ist, wie die Festsetzungen zur
Umsetzung der Planungsvorstellungen zumindest in groben Zügen
über das Plangebiet verteilt werden sollen (vgl. *OVG Koblenz*, ZfBR
2012, 579). Die Veränderungssperre ist überdies unwirksam, wenn sie
Zielen dient, für deren Verwirklichung die Planungsinstrumente des
BauGB nicht bestimmt sind, oder wenn sich das aus dem Aufstellungsbeschluss ersichtliche Planungsziel im Wege planerischer Festsetzung nicht (mehr) erreichen lässt (zum Ganzen *Hornmann*, in: Spannowsky/Uechtritz, BeckOK BauGB, § 14 Rn. 36 ff. m. w. N.).

Beispiel: Die Gemeinde O beschließt, einen Bebauungsplan aufzustellen,   10
mit dem sie das städtebauliche Ziel verfolgt, bestimmte Bereiche ihres Gemeindegebiets „zu Gunsten bestimmter Schutzgüter, insbes. Landschaftsschutz, Fremdenverkehr und Anwohnerschutz von Windenergieanlagen freizuhalten und gegebenenfalls positiv geeignete Standorte für die Errichtung
von Windkraftanlagen festzusetzen". Ferner beschließt sie für das Plangebiet
eine Veränderungssperre. Ist die Veränderungssperre zur Sicherung der Bauleitplanung erforderlich?

Eine Veränderungssperre kann nur dann erforderlich sein, wenn der Inhalt   11
der beabsichtigten Planung im Zeitpunkt ihres Erlasses zumindest absehbar
und die durch sie zu sichernde Planungskonzeption hinreichend konkretisiert

ist. Wesentlich ist dabei, dass die Gemeinde bereits positive Vorstellungen über den Inhalt des Bebauungsplans entwickelt hat. Mit der Angabe des Planungsziels, „bestimmte Bereiche des Stadtgebiets zu Gunsten bestimmter Schutzgüter wie Landschaftsschutz, Fremdenverkehr und Anwohnerschutz von Windenergieanlagen freizuhalten und gegebenenfalls positiv geeignete Standorte für die Errichtung von Windkraftanlagen festzusetzen", ist das erforderliche Mindestmaß dessen, was Inhalt des künftigen Bebauungsplans sein soll, nicht erreicht. Eine positive Vorstellung über den Inhalt des künftigen Bebauungsplans lässt sich darin nicht erkennen. Eine städtebauliche Vorstellung, nach der in einem großen Teil des Gemeindegebiets, hier 560 ha, Sondergebiete für die Windenergienutzung, Kompensationsflächen, Flächen für die Landwirtschaft und öffentliche Grünflächen geplant werden sollen, ist kein hinreichend konkretes Planungskonzept, wenn nicht die Bereiche, in denen die unterschiedlichen Nutzungen verwirklicht werden sollen, zumindest grob bezeichnet sind (vgl. *BVerwG*, NVwZ 2004, 984).

II. Die Zurückstellung von Baugesuchen

12   Für den Fall, dass selbst eine Veränderungssperre nicht schnell genug käme, sieht § 15 BauGB die Möglichkeit vor, Baugesuche (d. h. insbes. Anträge auf Erteilung einer Baugenehmigung oder eines Vorbescheids) zurückzustellen. Nach dieser Vorschrift muss die Baugenehmigungsbehörde auf einen entsprechenden Antrag der Gemeinde hin die Entscheidung über die Zulässigkeit von Vorhaben im Einzelfall für einen Zeitraum von zwölf Monaten aussetzen. Eine Zurückstellung von Baugesuchen kann etwa dazu eingesetzt werden, gemeindliche Planungen in einem Flächennutzungsplan, mit dem die Rechtswirkungen des § 35 Abs. 3 Satz 3 BauGB herbeigeführt werden sollen, zu sichern (hierzu *Scheidler*, ZfBR 2012, 123). Anders als die Veränderungssperre begründet die als Verwaltungsakt ergehende Zurückstellung keinen Versagungsgrund, sondern nur ein zeitweiliges Verfahrenshindernis (vgl. *Krautzberger*, in: Battis/Krautzberger/Löhr, BauGB, § 15 Rn. 1). Die Maßnahme ist zulässig, wenn die Gemeinde eine Veränderungssperre nach § 14 BauGB nicht beschlossen hat, obwohl deren Voraussetzungen erfüllt sind, oder wenn eine beschlossene Veränderungssperre noch nicht in Kraft getreten ist. Zudem muss zu befürchten sein, dass die Durchführung der Planung durch das Vorhaben unmöglich gemacht oder wesentlich erschwert wird (§ 15 Abs. 1 Satz 1 BauGB). Schließlich setzt § 15 Abs. 1 Satz 1 BauGB einen Antrag der Gemeinde bei der Baugenehmigungsbehörde voraus. Der Antrag kann nur für ein konkretes Baugesuch ge-

stellt werden. Gegenüber dem betroffenen Bauherrn stellt der Antrag einen verwaltungsinternen Vorgang dar. Dementsprechend kann der Bauherr den Antrag nicht isoliert anfechten (vgl. § 44a VwGO).

III. Die Grundstücksteilung

Mit dem EAG Bau 2004 sind die früheren Regelungen über das Erfordernis der Teilungsgenehmigung (§§ 19, 20 BauGB a. F.) entfallen. § 19 BauGB n. F. enthält heute nur noch eine materiell-rechtliche Regelung zur Teilung von Grundstücken. Danach darf die Teilung eines Grundstücks, also die gem. § 19 Abs. 1 BauGB gegenüber dem Grundbuchamt abgegebene Erklärung des Eigentümers, dass ein Grundstück selbstständig eingetragen werden soll, nach § 19 Abs. 2 BauGB keine den Bebauungsplanfestsetzungen widersprechenden Verhältnisse hervorrufen. Widerspricht eine Grundstücksteilung einem Bebauungsplan, so kann die Bauaufsichtsbehörde dagegen einschreiten (Einzelheiten bei *Grziwotz*, in: Spannowsky/Uechtritz, BeckOK BauGB, § 19 Rn. 14).

IV. Gesetzliche Vorkaufsrechte der Gemeinde

Zu den Instrumenten, die das Gesetz den Gemeinden zur Sicherung ihrer Bauleitplanung an die Hand gibt, gehören auch die gesetzlichen Vorkaufsrechte nach §§ 24 f. BauGB. Dabei wird unterschieden zwischen dem allgemeinen Vorkaufsrecht gem. § 24 BauGB und dem durch Satzung begründbaren besonderen Vorkaufsrecht nach § 25 BauGB. Ein Vorkaufsrecht gibt der Gemeinde die Möglichkeit, sich durch Eingriff in fremde Vertragsbeziehungen das Eigentum an Grundstücken zu verschaffen, um sie der im Bebauungsplan vorgesehenen Nutzung zuführen, aber auch um sie für eine gezielte Bodenpolitik einsetzen zu können (vgl. *Brohm*, Öffentliches Baurecht, § 25 Rn. 3). Der Gesetzgeber geht davon aus, dass es für die Durchführung der gemeindlichen Planung nützlich sein kann, wenn die Gemeinde Grundstückseigentümerin ist. Die Ausübung des Vorkaufsrechts ist gegenüber einer förmlichen Enteignung ein milderes Mittel. Um einen Missbrauch des Vorkaufsrechts zu verhindern, verlangen die §§ 24 Abs. 3, 25 Abs. 2 Satz 1 BauGB, dass das Vorkaufsrecht nur ausgeübt werden darf, wenn das **Wohl der Allgemeinheit** dies rechtfertigt. Das ist der Fall, wenn der Erwerb des Grundstücks im konkreten Fall zu den im Gesetz gebilligten boden- und eigentumspolitischen sowie städtebaulichen Zwecken erfolgt. Weil es somit entscheidend auf den Verwendungszweck des Grundstücks ankommt, muss die Gemeinde ihn angeben.

15   **Beispiel:** Das Wohl der Allgemeinheit i. S. v. § 24 Abs. 3 Satz 1 BauGB rechtfertigt die Ausübung des Vorkaufsrechts nach § 24 Abs. 1 Satz 1 Nr. 5 BauGB nur, wenn damit Flächen für die Errichtung von Wohngebäuden oder für deren infrastrukturelle Ausstattung erworben werden sollen und erkennbar ist, dass die Gemeinde alsbald diejenigen Schritte vornehmen wird, die erforderlich sind, um das städtebauliche Ziel zu verwirklichen. Es reicht nicht, wenn die Gemeinde für eine unbestimmte Zukunft entsprechende Maßnahmen plant und dazu Bodenbevorratung betreibt. Erforderlich ist vielmehr grundsätzlich, dass alsbald ein Bebauungsplan aufgestellt wird (*BVerwG*, NVwZ 2010, 593 f.).

16   Die Gemeinde muss, wenn sie ihr Vorkaufsrecht ausübt, grundsätzlich dem Eigentümer denjenigen Preis zahlen, den der Verkäufer in dem Kaufvertrag mit dem Dritten vereinbart hat, § 28 Abs. 2 Satz 2 BauGB i. V. m. § 464 Abs. 2 BGB. Darüber hinaus sieht § 26 BauGB bestimmte Ausschließungsgründe vor. So ist die Ausübung des Vorkaufsrechts etwa ausgeschlossen, wenn der Eigentümer das Grundstück an seinen Ehegatten oder an eine Person verkauft, die mit ihm in gerader Linie verwandt oder verschwägert oder in der Seitenlinie bis zum dritten Grad verwandt ist (§ 26 Nr. 1 BauGB). § 27 BauGB sieht die Möglichkeit vor, die Ausübung des Vorkaufsrechts durch die Gemeinde abzuwenden. Eine solche Abwendungsbefugnis steht dem Käufer zu, wenn er den mit dem Vorkaufsrecht verfolgten Zweck selbst verwirklicht.

Literatur: Zu I. (Veränderungssperre): *Hager/Kirchberg*, Veränderungssperre, Zurückstellung von Baugesuchen und faktische Bausperren, NVwZ 2002, 400, und Haftungsfragen bei Veränderungssperre, Zurückstellung und faktischer Bausperre, NVwZ 2002, 538; *Finkelnburg/Ortloff/Kment*, Öffentliches Baurecht, Bd. I, 6. Aufl. 2011, S. 249 ff.

Zu II. (Zurückstellung von Baugesuchen): *Hager/Kirchberg*, Veränderungssperre, Zurückstellung von Baugesuchen und faktische Bausperren, NVwZ 2002, 400, 405 f.; *Rieger*, Rechtsschutz gegen die Zurückstellung von Baugesuchen, BauR 2003, 1512; *Rieger*, Zurückstellung und Flächennutzungsplanung, ZfBR 2012, 430; *Scheidler*, Die Sicherung gemeindlicher Planungen für Windkraftanlagen durch die Zurückstellung von Baugesuchen nach § 15 Abs. 3 BauGB, ZfBR 2012, 123.

Zu III. (Grundstücksteilung): *Witt*, Die Teilung von Grundstücken nach § 19 BauGB in der Fassung des EAG-Bau, NordÖR 2005, 286.

Zu **IV.** (**Gemeindliche Vorkaufsrechte**): *Schröer/Kullick*, Enteignung „light" durch gemeindliches Vorkaufsrecht?, NZBau 2013, 755.

§ 7. Die planungsrechtliche Zulässigkeit des Bauvorhabens

Die Errichtung von baulichen Anlagen ist diversen rechtlichen **1** Vorgaben unterworfen, die die Zulässigkeit des Vorhabens im Einzelnen regeln. Sie ergeben sich aus Bundesrecht (insbes. Bauplanungsrecht), aus Landesrecht (insbes. Bauordnungsrecht) und dem Satzungsrecht der jeweiligen Gemeinde (insbes. dem Bebauungsplan). Entsprechend dem umfassenden rechtlichen Rahmen, in den Bauvorhaben sich einfügen müssen, knüpfen die Vorschriften der Landesbauordnungen die Erteilung einer Baugenehmigung an die Voraussetzung, dass dem Vorhaben „öffentlich-rechtliche Vorschriften" nicht entgegenstehen (§ 75 Abs. 1 Satz 1 BauO NRW; zu den Regelungen in anderen Bundesländern u. § 9 Rn. 59). Zu diesen öffentlich-rechtlichen Vorschriften, die das einzelne Bauvorhaben reglementieren, zählen an vorderer Stelle die des Bauplanungsrechts. Sie ergeben sich im Wesentlichen aus §§ 29 ff. BauGB.

I. Überblick über die planungsrechtlichen Tatbestände zur Zulässigkeit von Bauvorhaben

Die planungsrechtliche Zulässigkeit eines Bauvorhabens beurteilt **2** sich maßgeblich nach dem Standort des Vorhabens. Das Gesetz unterscheidet insoweit Vorhaben in drei Bereichen:
- Vorhaben im Geltungsbereich eines qualifizierten Bebauungsplans (§ 30 Abs. 1 BauGB),
- Vorhaben im unbeplanten Innenbereich (§ 34 BauGB) und
- Vorhaben im Außenbereich (§ 35 BauGB).

1. Vorhaben im Geltungsbereich eines qualifizierten Bebauungsplans (§ 30 Abs. 1 BauGB)

Sofern das Vorhaben im Bereich eines qualifizierten Bebauungs- **3** plans liegt, beurteilt sich seine planungsrechtliche Zulässigkeit nach den Festsetzungen des Bebauungsplans. Ein qualifizierter Bebauungsplan zeichnet sich nach § 30 Abs. 1 BauGB dadurch aus, dass er mindestens Festsetzungen über die Art und das Maß der baulichen Nutzung, die überbaubaren Grundstücksflächen und die örtlichen Verkehrsflächen enthält. **Während der Planaufstellung** kann das Vorhaben nach **§ 33 BauGB** zulässig sein.

4   Vorhaben, die nicht im Bereich eines qualifizierten, sondern nur eines sog. **einfachen Bebauungsplans** liegen, sind nach Maßgabe dieses Plans, im Übrigen nach den §§ 34, 35 BauGB zulässig (§ 30 Abs. 3 BauGB). Einen einfachen Bebauungsplan erkennt man daran, dass er nicht die in § 30 Abs. 1 BauGB genannten Mindestanforderungen (Festsetzungen über Art und Maß baulicher Nutzung, überbaubare Grundstücksflächen und örtliche Verkehrsflächen) aufweist.

2. Vorhaben im unbeplanten Innenbereich (§ 34 BauGB)

5   Wenn kein Bebauungsplan i. S. d. § 30 Abs. 1 BauGB für das Gebiet besteht, in dem das Vorhaben liegt, und es sich bei dem Gebiet um einen im Zusammenhang bebauten Ortsteil handelt, beurteilt sich die Zulässigkeit nach § 34 BauGB. Dann kommt es darauf an, ob sich das Vorhaben nach den in § 34 BauGB näher umschriebenen Kriterien in die Eigenart der näheren Umgebung einfügt.

6   Das Gleiche gilt, wenn das Vorhaben in einem im Zusammenhang bebauten Gebiet liegt, für das nur ein einfacher Bebauungsplan gem. § 30 Abs. 3 BauGB besteht, soweit dieser Plan keine Maßstäbe vorgibt.

3. Vorhaben im Außenbereich (§ 35 BauGB)

7   Liegt das Vorhaben im Außenbereich, ist es unter den Voraussetzungen des § 35 BauGB zulässig. Im Außenbereich befinden sich alle Vorhaben, die weder im Geltungsbereich eines (qualifizierten) Bebauungsplans noch im unbeplanten Innenbereich liegen. Im Außenbereich sind Bauvorhaben nur in besonderen, in § 35 BauGB im Einzelnen geregelten Fällen zulässig. Es gilt der Grundsatz, dass im Außenbereich nicht gebaut werden soll. Grund hierfür ist, dass Raum ein knappes und nicht beliebig vermehrbares Gut ist.

II. Der Anwendungsbereich der §§ 30 ff. BauGB

8   Die Vorschriften über die planungsrechtliche Zulässigkeit von Bauvorhaben in §§ 30 bis 37 BauGB finden Anwendung, wenn es um

Maßnahmen i. S. d. **§ 29 Abs. 1 BauGB** geht. Dazu gehören zunächst sämtliche Vorhaben, die die Errichtung, Änderung oder Nutzungsänderung von baulichen Anlagen zum Gegenstand haben. Aber auch Aufschüttungen und Abgrabungen größeren Umfangs sowie Ausschachtungen und Ablagerungen sind erfasst.

Die Errichtung einer baulichen Anlage umfasst neben der erstmali-   9
gen Herstellung auch den Wiederaufbau einer zuvor beseitigten Anlage. Auch ein Wiederaufbau ist demnach nur nach den §§ 30 ff. BauGB zulässig, allerdings unter teilweise erleichterten Voraussetzungen (näher dazu *Halama*, in: Schlichter/Stich/Driehaus/Paetow, Berliner Komm. zum BauGB, § 29 Rn. 9).

Änderung und Nutzungsänderung setzen eine bereits vorhandene   10
bauliche Anlage voraus. Bei einer Änderung wird die bestehende Anlage baulich umgestaltet durch Umbau, Verkleinerung oder Erweiterung. Wird die bestehende Anlage erweitert, kann es sich auch um die Errichtung einer neuen baulichen Anlage handeln, wenn die ursprüngliche Anlage um ein selbstständiges, abtrennbares Vorhaben ergänzt wird. In der Regel wird jedoch die Erweiterung nicht unabhängig von der bereits vorhandenen Anlage zu überprüfen, sondern die Änderung als einheitliches Vorhaben an den bauplanungsrechtlichen Zulassungsvoraussetzungen zu messen sein. Eine isolierte Betrachtung ist dann nicht möglich (*BVerwG*, NVwZ 1994, 294, 295; *BVerwG*, NVwZ 2006, 340).

Eine Nutzungsänderung ist gegeben, wenn für die planungsrecht-   11
liche Zulässigkeit der neuen Nutzung andere Vorschriften gelten als für die alte oder zwar noch die gleichen Vorschriften gelten, die Zulässigkeit nach der Änderung aber anders zu beurteilen sein kann. Auch erhöhte Belastungen für die Nachbarschaft können eine bodenrechtlich relevante Nutzungsänderung bewirken (*BVerwG*, NVwZ 1993, 1184; *VGH BW*, NJOZ 2012, 188). Die bloße Nutzungsintensivierung stellt jedoch keine Nutzungsänderung dar (*BVerwG*, DVBl. 1999, 244).

Beispiel: Eine Nutzungsänderung liegt vor, wenn ein Hotel zukünftig als   12
Altenheim genutzt werden soll. Die andersartigen Bedürfnisse alter und behinderter Menschen können städtebauliche Probleme aufwerfen, so dass die Zulässigkeit des Vorhabens neu zu überprüfen ist (*BVerwG*, NVwZ 1989, 667, 668).

Anders als dies nach der bis zum 31.12.1997 geltenden Fassung des § 29   13
BauGB der Fall war, stellt § 29 Abs. 1 BauGB seither nach seinem Wortlaut für Vorhaben, die sich auf bauliche Anlagen beziehen, keine weiteren Voraus-

setzungen mehr auf. Nach § 29 Satz 1 BauGB a. F. war der Anwendungsbereich der §§ 30 bis 37 BauGB nur eröffnet, wenn das Vorhaben einer bauaufsichtlichen Genehmigung oder Zustimmung bedurfte oder zumindest der Baugenehmigungsbehörde angezeigt werden musste. Da die Länder zunehmend davon abgesehen haben, für bauliche Anlagen eine Baugenehmigung zu verlangen, musste in § 29 BauGB auf das Erfordernis einer Baugenehmigung verzichtet werden, wollte der Bund sicherstellen, dass die §§ 30 ff. BauGB auch in den Fällen gelten, in denen eine Baugenehmigung nach Landesrecht nicht erforderlich ist (vgl. für Nordrhein-Westfalen etwa die Vorschriften über genehmigungsfreie Vorhaben in §§ 65 bis 67 BauO[23]). Deshalb kommt es nach neuem Recht **nicht mehr** auf die **landesrechtliche Genehmigungsbedürftigkeit** des Vorhabens an. Da die Gemeinden aber von dem Vorhaben Kenntnis erlangen müssen, um ggf. Maßnahmen zur Sicherung ihrer Planungen zu ergreifen (§§ 14 ff. BauGB, o. § 6 Rn. 1 ff.), müssen sie informiert werden. Das sieht etwa § 36 Abs. 1 Satz 3 BauGB vor (näher *Koch/Hendler*, Baurecht, Raumordnungs- und Landesplanungsrecht, § 23 Rn. 11 ff., § 25 Rn. 16).

14   Der **Begriff der baulichen Anlage** i. S. d. § 29 Abs. 1 BauGB ist **nicht** identisch mit dem landesrechtlichen Begriff der baulichen Anlage, wie er sich aus den **Bauordnungen** der Länder ergibt, etwa aus § 2 Abs. 1 BauO NRW[24]. Die Unterschiede zwischen beiden Begriffen sind darauf zurückzuführen, dass der bauordnungsrechtliche Begriff, entsprechend seiner gefahrenabwehrrechtlichen Funktion, alle Anlagen erfassen soll, von denen die für Bauwerke typischen Gefahren (vor allem für Leben und körperliche Unversehrtheit ihrer Nutzer) ausgehen. Demgegenüber hat das Bauplanungsrecht entsprechend seiner Zielsetzung die Vorhaben im Auge, die für die städtebauliche Entwicklung erheblich und deshalb dem materiellen Bauplanungsrecht zu unterwerfen sind.

15   Auch mit Blick auf die unterschiedliche Gesetzgebungskompetenz von Bund und Ländern im Bereich des Baurechts (o. § 2 Rn. 1 ff.) kann der Begriff der baulichen Anlage in § 29 Abs. 1 BauGB nicht identisch sein mit dem einer Landesbauordnung, etwa dem des § 2 Abs. 1 BauO NRW. Hinzu kommt, dass der Begriff der baulichen Anlage in den Landesbauordnungen nicht ganz einheitlich definiert

23 Art. 57 f. BayBO; §§ 50 ff. i. V. m. Anhang LBO BW; §§ 55 ff. HBO; § 60 f. HBauO; § 63, 68 f. BauO SH; §§ 69 ff. NBO; § 55 BbgBO; §§ 61 f. SächsBO; §§ 60 f. BauO LSA; §§ 63 f. ThürBO; §§ 62, 67 LBauO Rh.-Pf.; §§ 65 f. BremLBO; §§ 61 ff. LBO SL; §§ 61 f. LBauO MV; §§ 62 f. BauO Bln.
24 Vgl. Art. 2 Abs. 1 BayBO; § 2 Abs. 1 LBO BW; § 2 Abs. 1 HBO; § 2 Abs. 1 LBauO MV; § 2 Abs. 1 LBauO Rh.-Pf.; § 2 Abs. 1 BauO SH; § 2 Abs. 1 BauO Bln.; § 2 Abs. 1 HBauO; § 2 Abs. 1 NBO; § 2 Abs. 1 BbgBO; § 2 Abs. 1 SächsBO; § 2 Abs. 1 ThürBO; § 2 Abs. 1 BauO LSA; § 2 Abs. 1 BremLBO; § 2 Abs. 1 LBO SL.

wird, der bundesrechtliche Begriff in § 29 Abs. 1 BauGB aber im gesamten Bundesgebiet einheitlich verstanden werden muss (vgl. *Dürr/Middeke*, Baurecht NRW, Rn. 79 m. w. N.).

Das *BVerwG* hat für eine bauliche Anlage zunächst auf einen „ver- **16** hältnismäßig weiten Begriff des Bauens" abgestellt. Er umfasst „das Schaffen von Anlagen [...], die in einer **auf Dauer** gedachten Weise **künstlich mit dem Erdboden verbunden** sind" (*BVerwG*, NJW 1977, 2090, 2091). Das entspricht zwar in der Sache weitgehend dem Verständnis der baulichen Anlage nach § 2 Abs. 1 BauO NRW. Die Vorschrift kann aber aus den genannten Gründen dennoch nicht herangezogen werden.

Beispiele: (1) Diese Voraussetzungen werden regelmäßig von sämtlichen Ge- **17** bäuden erfüllt. Aber auch Mobilfunkanlagen oder asphaltierte Flächen sind bauliche Anlagen. Eine künstliche Verbindung mit dem Erdboden kann bspw. auch hergestellt werden, indem jemand Podestplatten aus Holz auf den Boden legt und dauerhaft Zelte darauf aufstellt (dazu *BVerwG*, BRS 28 Nr. 89, S. 213).

(2) Auch Werbeanlagen, die nicht unmittelbar mit dem Boden verbunden **18** sind, sondern an Hauswänden, Einfriedungen oder auf dem Dach angebracht sind, erfüllen die Voraussetzungen des § 29 Abs. 1 BauGB. Es genügt dafür, wenn die Werbeanlage an einer baulichen Anlage angebracht wird, die ihrerseits unmittelbar mit dem Erdboden verbunden ist (*BVerwG*, DVBl. 1995, 749; *Halama*, in: Schlichter/Stich/Driehaus/Paetow, Berliner Komm. zum BauGB, § 29 Rn. 8).

Im Übrigen ist der bauplanungsrechtliche Begriff der baulichen **19** Anlage gegenüber dem bauordnungsrechtlichen Begriff in mehrfacher Hinsicht modifiziert. Während der bauordnungsrechtliche Begriff der baulichen Anlage wegen etwaiger Sicherheitsanforderungen auch Anlagen einschließt, die nur kurzfristig errichtet werden, ist für den bauplanungsrechtlichen Begriff entscheidend, ob durch Bauen in einem weit verstandenen Sinne **auf Dauer eine künstliche Verbindung mit dem Erdboden** hergestellt wird oder jedenfalls die Absicht dazu besteht. Dies ergibt sich daraus, dass nur bei dauerhafter Veränderung des örtlichen Erscheinungsbilds Aspekte der Bodennutzung sowie der städtebaulichen Entwicklung berührt sein können. Für die Dauerhaftigkeit ist entscheidend, welche maßgebliche Funktion der Eigentümer der Anlage zuweist. Entscheidend ist die beabsichtigte Dauerhaftigkeit der Anlage und nicht die tatsächliche Nutzung derselben (*Löhr*, in: Battis/Krautzberger/Löhr, BauGB, § 29 Rn. 11).

Beispiele: (1) Fahrgeschäfte und Verkaufsbuden auf Jahrmärkten sind regel- **20** mäßig keine baulichen Anlagen i. S. d. § 29 Abs. 1 BauGB, da sie nicht dauerhaft an einer Stelle stehen. Sie sind daher nicht geeignet, boden- oder stadtplanungsrechtliche Konflikte hervorzurufen. Wohl aber kann der Platz, auf dem ein Jahrmarkt stattfindet, sofern er in irgendeiner Weise befestigt ist, eine bauliche Anlage im Sinne der Norm sein, da dieser dauerhaft Einfluss auf das Stadtbild nehmen kann. Auch Fahrgeschäfte, die langfristig in einem Vergnügungspark betrieben werden, können als bauliche Anlagen i. S. d. Bauplanungsrechts zu qualifizieren sein (*Krautzberger*, in: Ernst/Zinkahn/Bielenberg/Krautzberger, BauGB, § 29 Rn. 26c).

21   (2) Auch ein Wohnboot kann unter Umständen eine bauliche Anlage nach § 29 Abs. 1 BauGB sein, wenn es durch am Ufer verschraubte Eisenrohre gehalten wird und sich nur innerhalb der durch diese Befestigung gesetzten Grenzen bewegen kann. Eine solche Befestigung reicht für eine Verbindung mit dem Erdboden aus (*BVerwG*, DVBl. 1974, 336).

22   (3) Ein Wohnwagen kann dann eine bauliche Anlage darstellen, wenn er durch seine ständige Aufstellung an einem Ort ein Wochenendhaus ersetzen soll (*BVerwG*, BRS 23 Nr. 129).

23   (4) Ein Baugerüst, welches für die Zeit eines neuen Fassadenanstrichs aufgestellt wird, stellt mangels Dauerhaftigkeit keine bauliche Anlage dar (*Krautzberger*, in: Ernst/Zinkahn/Bielenberg/Krautzberger, BauGB, § 29 Rn. 26c).

24   (5) Wochenendplätze sind in der Regel genehmigungsfreie bauliche Anlagen zur Freizeitgestaltung, jedoch als Einheit zu betrachten und infolgedessen bodenrechtlich relevante Anlagen i. S. d. § 29 Abs. 1 BauGB (*Rieger*, in: Schrödter, BauGB, § 29 Rn. 13).

25   Eine weitere, wichtige Modifikation gegenüber dem bauordnungsrechtlichen Begriff der baulichen Anlage nimmt das Planungsrecht dadurch vor, dass die Anlage planungsrechtlich bzw. **bodenrechtlich relevant** sein muss, damit gem. § 29 Abs. 1 BauGB die Vorschriften der §§ 30 bis 37 BauGB anwendbar sind. Diese Einschränkung des Begriffs der baulichen Anlage in § 29 Abs. 1 BauGB folgt daraus, dass der Bund nach Art. 74 Abs. 1 Nr. 18 GG die Gesetzgebungskompetenz nur für das Bodenrecht und nicht für das gesamte Baurecht hat. Eine Anlage ist planungsrechtlich relevant, wenn sie die in § 1 Abs. 6 BauGB genannten Belange in einer Weise berührt oder berühren kann, die geeignet ist, das Bedürfnis nach einer ihre Zulässigkeit regelnden verbindlichen Bauleitplanung hervorzurufen (so bereits BVerwGE 44, 59, 61 f.; *BVerwG*, NJW 1977, 2090, 2091). Dahinter steht der Gedanke, dass eine Kontrolle an den Zulässigkeitsmaßstäben der §§ 30 bis 37 BauGB nur dann gerechtfertigt ist, wenn Auswirkungen auf die in § 1 Abs. 6 BauGB genannten städtebaulichen Belange in Rede stehen. Abzustellen ist dabei auf eine verallgemeinernde Betrachtungsweise. Das Bedürfnis nach einer verbindlichen Bauleitplanung besteht nicht erst, wenn das konkrete

Einzelvorhaben städtebauliche Belange nach § 1 Abs. 6 BauGB berührt, sondern bereits dann, wenn das Vorhaben im Falle seiner Häufung Anlass zur Bauleitplanung gibt (BVerwGE 91, 234).

Beispiele: (1) Die erwähnten Podestplatten (o. Rn. 17) können einen der in § 1 Abs. 6 BauGB genannten Belange berühren, und zwar die Gestaltung des Landschaftsbilds i. S. d. § 1 Abs. 6 Nr. 5 BauGB. Das ergibt sich daraus, dass solche Platten dazu bestimmt sind, als Grundlage für auf Dauer errichtete Zelte zu dienen. Dem kann nicht entgegengehalten werden, die Platten hätten auf die Landschaft ebenso wenig Einfluss wie lose nebeneinander gelegte Bretter. Entscheidend ist nämlich die Funktion der Anlage. Sie besteht hier – anders als bei Brettern, die ohne Verbindung nebeneinander gelegt werden – darin, eine dauerhafte Veränderung der vorgefundenen Situation zu ermöglichen. Die Berührung des Landschaftsbilds durch solche Podestplatten löst auch das Bedürfnis nach einer die Zulässigkeit dieser Einrichtungen regelnden Planung aus. Insofern ist zu beachten, dass nicht schon die einzelne Anlage als solche das Planungsbedürfnis auslösen muss. Es reicht die Einleitung einer bodenrechtlich unerwünschten Entwicklung. § 29 BauGB greift also nicht erst dann ein, wenn die unerwünschte Entwicklung ein solches Ausmaß erreicht hat, dass sie nur noch mit Schwierigkeiten bekämpft werden kann (*BVerwG*, BRS 28 Nr. 89, S. 213).   **26**

(2) Nach *OVG Nds.*, AUR 2005, 299, ist auch ein Bau zur Haltung von Bienenstöcken eine bauliche Anlage i. S. v. § 29 BauGB, da er städtebaulich relevante Gesichtspunkte berühren könne. Für die Eigenart eines Gebiets sei es von Bedeutung, in welchem Umfang dort Kleintiere gehalten werden.   **27**

(3) Die in vielfacher Hinsicht umstrittenen Mobilfunksendeanlagen erfüllen zwar das Merkmal der dauerhaften Verbindung mit dem Erdboden, städtebaulich relevant sind sie aber erst ab einer gewissen Größe, so dass sie auch erst dann unter den bauplanungsrechtlichen Begriff der baulichen Anlage fallen. Die städtebauliche Relevanz ergibt sich zudem daraus, dass auf Grund der Vielzahl an Netzbetreibern und der geringen Reichweite solcher Anlagen mit einer Häufung von ihnen auch in Wohngebieten zu rechnen ist (vgl. *OVG NRW*, NVwZ-RR 2005, 608, 609; *Löhr*, in: Battis/Krautzberger/Löhr, BauGB, § 29 Rn. 14 m. w. N.).   **28**

(4) Die Erweiterung einer Spielhalle um ein Billardcafé stellt ein neues Gesamtvorhaben dar und unterfällt als solches dem Anwendungsbereich des Bauplanungsrechts. Wird das Billardcafé in den Spielhallenbetrieb integriert und ermöglicht dies erstmalig den Ausschank alkoholischer Getränke an Spielhallennutzer, wird der Rahmen der alten Bewilligung verlassen. Dabei macht es keinen Unterschied, dass beide Vorhaben als „kerngebietstypische Vergnügungsstätten" anzusehen sind. Auch wird die Attraktivität der Spielhalle durch die Änderung erhöht. Demzufolge ist die bodenrechtliche Relevanz der Nutzungsänderung gegeben (*VGH BW*, NJOZ 2013, 188; *Dziallas*, NZBau 2013, 28).   **29**

(5) Bei Werbeanlagen kann im Hinblick auf den Schutz des Ortsbilds ein Bedürfnis nach förmlicher Planung bestehen. Zu berücksichtigen sind hierbei   **30**

die Größe der Werbeanlage, die optische Gestaltung derselben und die Eigenart des betroffenen Gebiets (*Halama*, in: Schlichter/Stich/Driehaus/Paetow, Berliner Komm. zum BauGB, § 29 Rn. 8).

III. Die Kriterien der §§ 30, 34, 35 BauGB

31   Die bauplanungsrechtliche Zulässigkeit von Bauvorhaben bestimmt sich nach den in §§ 30 ff. BauGB genannten Kriterien. Sie sollen im Folgenden näher beleuchtet werden.

1. Die Zulässigkeit von Vorhaben im Geltungsbereich eines qualifizierten Bebauungsplans

32   **a) Der qualifizierte Bebauungsplan als Zulässigkeitsmaßstab.** Im Geltungsbereich eines qualifizierten Bebauungsplans, d. h. eines Bebauungsplans, der mindestens die in § 30 Abs. 1 BauGB genannten Festsetzungen aufweist, ist ein Vorhaben grundsätzlich nur zulässig, wenn es diesen Festsetzungen nicht widerspricht und die Erschließung gesichert ist. Die Festsetzungen im Bebauungsplan zur Art der baulichen Nutzung werden konkretisiert durch die §§ 2 bis 15 BauNVO. Für Festsetzungen zum Maß der baulichen Nutzung, zur Bauweise (insbes. offene oder geschlossene) und zur überbaubaren Grundstücksfläche gelten die §§ 16 ff. BauNVO. Die Verordnungsermächtigung für die Baunutzungsverordnung findet sich in § 9a Nr. 1 bis 3 BauGB (näher *Löhr*, in: Battis/Krautzberger/Löhr, BauGB, § 9a Rn. 1 f.). Die Vorschriften der **§§ 2 bis 14 BauNVO** werden gem. § 1 Abs. 3 Satz 2 BauNVO **Bestandteil des Bebauungsplans**, wenn die Gemeinde die in § 1 Abs. 2 BauNVO genannten Gebiete (z. B. reines Wohngebiet, Gewerbegebiet) festsetzt und soweit nicht in § 1 Abs. 4 bis 10 BauNVO etwas anderes bestimmt ist.

33   **aa) Vorliegen eines qualifizierten Bebauungsplans.** Es muss zunächst festgestellt werden, ob es sich bei dem Bebauungsplan tatsächlich um einen qualifizierten Bebauungsplan i. S. d. § 30 Abs. 1 BauGB handelt. Hierzu muss der **Bebauungsplan** zunächst **rechtmäßig** sein. Wenn insoweit Bedenken bestehen, muss an dieser Stelle der Bebauungsplan anhand der oben (§ 5 Rn. 51 ff.) vorgestellten Kriterien auf seine Rechtmäßigkeit untersucht werden.

34   Fraglich ist, ob die Verwaltung einen aus ihrer Sicht rechtswidrigen Bebauungsplan anwenden muss. Die Frage der Befugnis zur Nichtanwendung ist insbes. dann brisant, wenn nicht die Gemeinde – die

den Bebauungsplan erlassen hat – für den Erlass der Baugenehmigung zuständig ist, sondern der Landrat. Ist die Gemeinde für den Erlass der Baugenehmigung zuständig und gelangt sie zu der Auffassung, der anzuwendende Bebauungsplan sei unwirksam, so kann sie ein Aufhebungsverfahren gem. § 1 Abs. 8 BauGB einleiten, um den Anschein der Rechtsgeltung des Plans zu beseitigen (*BVerwG*, NVwZ 1991, 524; *Bönker*, in: Hoppe/Bönker/Grotefels, Öffentliches Baurecht, § 5 Rn. 267). Gegebenenfalls kann die Gemeinde den Fehler, unter dem der Bebauungsplan leidet, auch in einem ergänzenden Verfahren nach § 214 Abs. 4 BauGB rückwirkend beheben.

Da die Verwaltung nach Art. 20 Abs. 3 GG an Recht und Gesetz **35** gebunden ist, darf sie die Eigentumsrechte der Bauherrschaft nicht auf der Grundlage eines unwirksamen Bebauungsplans einschränken. Vor diesem Hintergrund soll der Baugenehmigungsbehörde ein **Prüfungsrecht** hinsichtlich der Rechtmäßigkeit eines Bebauungsplans zustehen (allgemein zur Normprüfungs- und Normverwerfungskompetenz der Verwaltung *Gril*, JuS 2000, 1080). Gelangt die Baugenehmigungsbehörde zu der Überzeugung, der Bebauungsplan sei rechtswidrig, so hat sie die Gemeinde und die Kommunalaufsicht über ihre Rechtsauffassung zu unterrichten. Dagegen darf die Baugenehmigungsbehörde den Bebauungsplan nicht aus eigener Machtvollkommenheit als unwirksam behandeln und rechtliche Schlüsse hieraus ziehen. Gegen eine Nichtanwendungskompetenz der Verwaltung werden mehrere Argumente ins Feld geführt: Verwiesen wird insoweit auf § 47 Abs. 1 Nr. 1 VwGO, dem sich ein gerichtliches Verwerfungsmonopol entnehmen lasse. Darüber hinaus wird geltend gemacht, eine Befugnis der Baugenehmigungsbehörde, den Plan außer Acht zu lassen, sei mit der durch Art. 28 Abs. 2 GG garantierten Planungshoheit der Gemeinden unvereinbar. Schließlich soll auch das rechtsstaatliche Postulat nach Rechtssicherheit darauf hindeuten, dass die Baugenehmigungsbehörde einen Bebauungsplan der Gemeinde nicht ignorieren dürfe. Teilt die Kommunalaufsichtsbehörde die gegen die Rechtmäßigkeit des Bebauungsplans geltend gemachten Bedenken, so kann sie die Gemeinde im Wege der Rechtsaufsicht zur Abänderung oder Aufhebung des ergangenen Plans veranlassen.

Die Baugenehmigungsbehörde hat darüber hinaus die Möglichkeit, **36** den Bebauungsplan im Rahmen eines Normenkontrollverfahrens gem. § 47 Abs. 1 Nr. 1 VwGO gerichtlich überprüfen zu lassen. Insoweit ist jedoch die Antragsfrist nach § 47 Abs. 2 Satz 1 VwGO zu beachten. Demgegenüber ist ein von der Gemeinde, die den Bebauungsplan erlassen hat, eingeleitetes Normenkontrollverfahren unzulässig. Der Gemeinde fehlt das erforderliche Rechtsschutzbedürfnis, da sie den Bebauungsplan ohne gerichtliche Hilfe aufheben kann (*Kalb/ Külpmann*, in: Ernst/Zinkahn/Bielenberg/Krautzberger, BauGB, § 10 Rn. 367).

37   **bb) Kein Widerspruch gegen die Festsetzungen.** Die planungsrechtliche Zulässigkeit eines Vorhabens hängt weiterhin davon ab, dass das Vorhaben den Festsetzungen des Bebauungsplans nicht widerspricht. Setzt die Gemeinde in einem Bebauungsplan die Art der baulichen Nutzung fest (§ 9 Abs. 1 Nr. 1 BauGB), indem sie Baugebiete nach § 1 Abs. 2 BauNVO ausweist, dann beurteilt sich die Frage nach der Planwidrigkeit eines Bauvorhabens insoweit unmittelbar nach den §§ 2 bis 14 BauNVO. Die §§ 2 bis 14 BauNVO normieren hierbei zunächst den grundsätzlichen Charakter eines Plangebiets. Es wird festgelegt, welchem Zweck die Festsetzung des entsprechenden Gebiets dienen soll. Die Charakterisierung des Plangebiets befindet sich systematisch immer in Absatz 1 der jeweiligen Norm. Absatz 2 der jeweiligen Norm regelt, welche Art von Vorhaben mit dem in Absatz 1 geregelten Charakter typischerweise gut vereinbar und daher grundsätzlich zulässig ist. Absatz 3 regelt sodann, welche Vorhaben ausnahmsweise zugelassen werden können.

38   **Beispiel:** A möchte in einem qualifiziert beplanten Gebiet, das der Bebauungsplan als „reines Wohngebiet" ausweist, ein Haus mit einer Schusterei errichten. Nach § 30 Abs. 1 BauGB kommt es für die Zulässigkeit des Vorhabens auf die Festsetzungen des Bebauungsplans an. Der Bebauungsplan setzt ein „reines Wohngebiet" fest. Dabei handelt es sich um eines der in § 1 Abs. 2 BauNVO genannten Baugebiete. Infolge dieser Festsetzung werden nach § 1 Abs. 3 Satz 2 BauNVO die Vorschriften der §§ 2 bis 14 BauNVO zum Bestandteil des Bebauungsplans. Das bedeutet, dass sich die Zulässigkeit des Vorhabens im Hinblick auf die Art der baulichen Nutzung nach § 3 BauNVO, der Vorschrift über die Zulässigkeit von Vorhaben in reinen Wohngebieten, bestimmt. Nach § 3 Abs. 2 BauNVO sind in einem reinen Wohngebiet grundsätzlich nur Wohngebäude und Anlagen zur Kinderbetreuung, die den Bedürfnissen der Bewohner des Gebiets dienen, zulässig. Sofern also die Baugenehmigungsbehörde die Schusterei nicht aufgrund einer Ausnahme nach § 31 Abs. 1 BauGB i. V. m. § 3 Abs. 3 BauNVO oder einer Befreiung von den Festsetzungen des Bebauungsplans nach § 31 Abs. 2 BauGB genehmigt, wird A die Schusterei nicht errichten können.

39   Die Regelung über die Zulässigkeit von Anlagen zur Kinderbetreuung in § 3 Abs. 2 Nr. 2 BauNVO wurde erst im Zuge der BauGB-Novelle 2013 hinzugefügt. Zuvor waren solche Anlagen in einem reinen Wohngebiet nur aus-

nahmsweise als Anlagen für soziale Zwecke nach § 3 Abs. 3 Nr. 2 BauNVO zulässig. Nach der Übergangsregelung des § 245a Abs. 1 Satz 1 BauGB gilt die neue Vorschrift grundsätzlich auch für bereits vor Änderung der BauNVO erlassene Bebauungspläne. Gleiches gilt für Anlagen zur Nutzung solarer Strahlungsenergie und Kraft-Wärme-Kopplungsanlagen nach § 14 Abs. 3 BauNVO (*Battis/Mitschang/Reidt*, NVwZ 2013, 961, 968 f.).

Eine wichtige, von der Regel des § 1 Abs. 3 Satz 2 BauNVO abwei- **40** chende Bestimmung ist § 1 Abs. 6 Nr. 2 BauNVO. Sie räumt der Gemeinde die Möglichkeit ein, die in §§ 2 bis 9 BauNVO vorgesehenen **Ausnahmen** für **allgemein zulässig** zu erklären.

Die in den §§ 2 bis 14 BauNVO verwendeten Begriffe „sonstige", **41** „sonstige nicht störende" oder „sonstige nicht wesentlich störende" Vorhaben sind allein nach ihrem Wortlaut sehr weit gefasst, so dass ein nachgelagertes Korrektiv erforderlich ist. Dieses haben Literatur und Rechtsprechung durch das Merkmal der **Gebietsverträglichkeit** geschaffen. Nach der Rechtsprechung des *BVerwG* besteht Gebietsunverträglichkeit, wenn ein Vorhaben bezogen auf den Gebietscharakter in seiner typischen Nutzungsweise störend wirkt (BVerwGE 116, 155, 157 ff.; näher *Erbguth*, Öffentliches Baurecht, § 8 Rn. 12a m. w. N; s. zum Kriterium der Gebietsverträglichkeit auch den Klausurfall von *Ingold*, JuS 2014, 40, 42).

Beispiel: Die Einrichtung einer Begräbnisstätte für Gemeindepriester mit 10 **42** Grabplätzen innerhalb einer bestehenden syrisch-orthodoxen Kirche in einem Industriegebiet stellt eine Anlage für kirchliche Zwecke dar und erfüllt somit die Voraussetzungen für eine Ausnahme nach § 9 Abs. 3 Nr. 2 BauNVO. Dennoch ist sie im Ergebnis unzulässig, weil sie mit der typischen Zweckbestimmung dieses Baugebiets nicht vereinbar ist und regelmäßig (auf die näheren Umstände des Einzelfalls kommt es für die **typisierende Betrachtung** der Gebietsverträglichkeit nicht an) der konkreten Gebietseigenart widerspricht. Eine Begräbnisstätte erfordert zum Schutz der Totenruhe und zum Schutz der Trauernden ein ruhiges, pietätvolles Umfeld ohne unmittelbare Konfrontation mit dem Arbeitsalltag und immissionsintensiven Betrieben. Diese Voraussetzungen können jedoch in einem Industriegebiet, das typischerweise von gewerblicher Lebensbetätigung mit entsprechender Betriebsamkeit von Arbeitnehmern, Kunden und Anlieferern sowie einer spezifischen Unruhe durch den Gebietsverkehr mit hohem LKW-Anteil geprägt ist, nicht erfüllt werden (*VGH BW*, BauR 2010, 256 – nur Ls.).

cc) Kein Widerspruch zu den allgemeinen Anforderungen des **43** **§ 15 BauNVO.** Obwohl ein Vorhaben den Festsetzungen des Bebauungsplans nicht widerspricht (oder aufgrund einer Ausnahme nach § 31 Abs. 1 BauGB i. V. m. Absatz 3 der einschlägigen Bestimmung in der BauNVO zugelassen werden könnte), kann es im Einzelfall nach § 15 Abs. 1 BauNVO unzulässig sein. Nach dieser Vorschrift sind die in den §§ 2 bis 14 BauNVO aufgeführten baulichen oder sonstigen Anlagen in den folgenden drei Fällen unzulässig:

– wenn die Anlagen nach ihrer Anzahl, Lage, Umfang oder Zweckbestimmung der Eigenart des Baugebiets widersprechen oder
– wenn von ihnen Belästigungen oder Störungen ausgehen können, die nach der Eigenart des Baugebiets im Baugebiet selbst oder in dessen Umgebung unzumutbar sind, oder
– wenn sie selbst solchen Belästigungen oder Störungen ausgesetzt werden.

Feste Regeln lassen sich dabei nicht aufstellen. Erforderlich ist eine Gesamtschau der von dem Vorhaben ausgehenden Beeinträchtigungen (*BVerwG*, Beschl. v. 10.1.2013 – 4 B 48.12, BeckRS 2013, 46322, Rn. 7).

44   Wichtig ist hierbei die **Abgrenzung** zum ungeschriebenen **Merkmal der Gebietsverträglichkeit** nach § 30 BauGB. Während es für die Beurteilung nach § 30 BauGB auf die konkrete Einzelfallsituation gerade nicht ankommt (o. Rn. 41), greift das Korrektiv des § 15 Abs. 1 BauNVO erst ein, wenn es darum geht, die Genehmigung solcher Vorhaben zu versagen, die zwar nach Art, Größe, Störpotential oder störenden Auswirkungen generell (typischerweise) den Gebietscharakter nicht konterkarieren, jedoch nach Anzahl, Lage, Umfang oder Zweckbestimmung „angesichts der konkreten Verhältnisse an Ort und Stelle" der Eigenart des Baugebiets widersprechen bzw. für die Nachbarschaft mit unzumutbaren Belästigungen oder Störungen verbunden sind (*BVerwG*, NVwZ 2008, 786, 788 m. w. N.). Die Gebietsverträglichkeit ist also ein generell-typisierend ansetzendes Kriterium; § 15 Abs. 1 BauNVO blickt auf die konkreten Umstände des Einzelfalls.

45   **Beispiel:** Ein Vorhaben widerspricht z. B. gem. § 15 Abs. 1 Satz 1 BauNVO der Eigenart des Baugebiets, wenn es dazu führen würde, dass in einem Mischgebiet (§ 6 BauNVO) zu 85 % gewerbliche Nutzung angesiedelt würde. Das widerspräche der Eigenart des Mischgebiets, wie sie in § 6 Abs. 1 BauNVO (Wohnen und Gewerbebetriebe in ausgeglichenem Verhältnis) umschrieben ist (vgl. BVerwGE 79, 309).

46   Ob von einem Vorhaben im Einzelfall unzumutbare Belästigungen oder Störungen i. S. d. § 15 Abs. 1 Satz 2 BauNVO ausgehen, ist im Rahmen einer Interessenabwägung zwischen den Interessen des Bauherrn und denen des Nachbarn zu klären. Die jeweilige Schutz-

bedürftigkeit der Interessen bestimmt, zu wessen Gunsten die Abwägung ausgeht. Dabei sind insbes. die Auswirkungen der beabsichtigten Nutzung der baulichen Anlage und das Interesse des Nachbarn an deren Verhinderung gegeneinander abzuwägen.

dd) Die Erschließung ist gesichert. Das Bauvorhaben ist schließ- 47
lich nur dann zulässig, wenn seine Erschließung gesichert ist. Der Erschließungsbegriff des § 30 Abs. 1 BauGB bestimmt sich inhaltlich nach § 123 Abs. 1 BauGB. Im Gegensatz zu § 123 Abs. 1 BauGB liegt § 30 Abs. 1 BauGB allerdings nicht ein gebietsbezogener, sondern ein grundstücksbezogener Erschließungsbegriff zugrunde. Ein Grundstück ist erschlossen, wenn es die notwendigen Anschlüsse an die Infrastruktur aufweist: an das **Straßennetz**, die **Stromversorgung**, **Wasserversorgung** und **Abwasserbeseitigung**. Eine Liste möglicher Erschließungsanlagen findet sich in § 127 BauGB. Ob die Erschließung eines Grundstücks gesichert ist, beurteilt sich aber nicht danach, was theoretisch alles an Erschließungsanlagen zulässig ist, sondern was im konkreten Fall für das einzelne Grundstück nach dem Bebauungsplan vorgesehen ist. Das kann, muss sich aber nicht auf die genannten vier Aspekte beschränken (näher *Löhr*, in: Battis/Krautzberger/Löhr, BauGB, § 30 Rn. 15 ff.; *Dürr/Middeke*, Baurecht NRW, Rn. 148 ff., jeweils m. w. N.). Die Erschließung ist gesichert, wenn damit gerechnet werden kann, dass sie bis zur Herstellung des Bauwerks, spätestens bis zur Gebrauchsabnahme, funktionsfähig angelegt ist und dass sie dauerhaft zur Verfügung stehen wird. Vor diesem Hintergrund kann es insbes. bei überschaubaren Vorhaben genügen, dass erst nach Genehmigungserteilung mit der Durchführung der Erschließungsmaßnahmen begonnen wird (vgl. *Tophoven*, in: Spannowsky/Uechtritz, BeckOK BauGB, § 30 Rn. 40). Die Erschließung muss nicht notwendig von der Gemeinde, sondern kann auch vom Bauherrn selbst oder von einem Dritten übernommen werden (*BVerwG*, NVwZ 1986, 38).

ee) Prüfungsschema:

Zulässigkeit eines Vorhabens im Geltungsbereich eines qualifizierten Bebauungsplans, § 30 Abs. 1 BauGB	48
1. Vorhaben i. S. v. § 29 Abs. 1 BauGB 2. Qualifizierter Bebauungsplan	

> 3. Kein Widerspruch gegen die Festsetzungen des Bebauungsplans
> und Gebietsverträglichkeit
> 4. Kein Widerspruch zu § 15 BauNVO
> 5. Erschließung gesichert

49   **b) Der vorhabenbezogene Bebauungsplan.** Für die Zulässigkeit von Vorhaben im Geltungsbereich eines vorhabenbezogenen Bebauungsplans i. S. von § 12 BauGB gilt nach § 30 Abs. 2 BauGB im Grundsatz nichts anderes als bei einem Vorhaben, das im Geltungsbereich eines qualifizierten Bebauungsplans i. S. v. § 30 Abs. 1 BauGB liegt (näher *Koch/Hendler*, Baurecht, Raumordnungs- und Landesplanungsrecht, § 25 Rn. 48a).

50   **c) Der einfache Bebauungsplan.** Der einfache Bebauungsplan ist ein Bebauungsplan, der die in § 30 Abs. 1 BauGB für den qualifizierten Bebauungsplan formulierten Mindestanforderungen (Festsetzungen über die Art und das Maß der baulichen Nutzung, die überbaubaren Grundstücksflächen und die örtlichen Verkehrsflächen) nicht erfüllt. Mit diesem Verständnis ist der einfache Bebauungsplan in § 30 Abs. 3 BauGB legaldefiniert (Klammerdefinition).

51   § 30 Abs. 3 BauGB schreibt vor, dass sich die Zulässigkeit von Vorhaben im Geltungsbereich eines einfachen Bebauungsplans „im Übrigen", d. h. soweit der Bebauungsplan keine Festsetzungen enthält, nach den Vorschriften der §§ 34, 35 BauGB richtet. Ein Vorhaben im Geltungsbereich eines einfachen Bebauungsplans wird insoweit so behandelt, als bestünde gar kein Bebauungsplan (näher *Löhr*, in: Battis/Krautzberger/Löhr, BauGB, § 30 Rn. 8 m. w. N.). Auch im Geltungsbereich eines einfachen Bebauungsplans muss die jeweils erforderliche Erschließung erfolgen. Das folgt bereits daraus, dass § 34 Abs. 1 Satz 1 BauGB und § 35 Abs. 1 und 2 BauGB die gesicherte Erschließung als planungsrechtliche Zulässigkeitsvoraussetzung nennen. Soweit der einfache Bebauungsplan selbst Festsetzungen über die Erschließung enthält, sind diese maßgeblich.

52   **d) Ausnahmen und Befreiungen.** Wenn ein Vorhaben den Festsetzungen des Bebauungsplans widerspricht, bedeutet das noch nicht, dass es endgültig unzulässig ist. Nach § 31 Abs. 1 BauGB kann eine Ausnahme zugelassen oder nach § 31 Abs. 2 BauGB eine Befreiung von den Festsetzungen des Bebauungsplans gewährt werden. Der Unterschied zwischen Ausnahmen und Befreiungen besteht darin, dass **Ausnahmen** nach § 31 Abs. 1 BauGB bereits im Bebauungsplan, einschließlich der nach § 1 Abs. 3 Satz 2 BauNVO in ihn inkorporierten Vorschriften der Baunutzungsverordnung (vgl. z. B. die in §§ 2 bis 9 BauNVO jeweils in Abs. 3 statuierten Ausnahmen), vorgesehen sind, während mit **Befreiungen** nach § 31 Abs. 2 BauGB die Festsetzungen des Bebauungsplans durchbrochen werden. Wegen dieses sachlichen Unterschieds müssen Ausnahmen und Befreiungen auch terminologisch auseinandergehalten werden.

Bei der Anwendung des § 31 BauGB ist zu beachten, dass die pla-   53
nerische Entscheidung der Gemeinde nicht mit Hilfe von Ausnahmen und Befreiungen in ihr Gegenteil verkehrt werden darf. Bei dem Bebauungsplan handelt es sich um eine Satzung, die von der Gemeinde beschlossen wird und deren Änderungen gem. §§ 1 Abs. 8, 2 Abs. 1 BauGB ebenfalls von der Gemeinde und nicht von der Bauaufsichtsbehörde vorgenommen werden. Die Bauaufsichtsbehörde muss diese Zuständigkeitsregelung, die Ausfluss des in Art. 28 Abs. 2 GG verbürgten Selbstverwaltungsrechts der Gemeinden ist, bei der Erteilung von Ausnahmen und Befreiungen beachten und demgemäß dafür Sorge tragen, dass das vom **Bebauungsplan** vorgegebene Regel-Ausnahme-Verhältnis **gewahrt** bleibt. Das gilt auch im Hinblick auf die Bestimmungen des § 1 Abs. 5 und 6 BauNVO, wonach im Bebauungsplan Vorhaben, die nach der BauNVO grundsätzlich zulässig sind, als unzulässig bezeichnet werden können und solche Vorhaben, die nach der BauNVO nur ausnahmsweise zulässig sind, als allgemein zulässig bezeichnet werden können. Sie modifizieren das von der BauNVO im Einzelnen vorgegebene Regel-Ausnahme-Verhältnis, geben es jedoch nicht ersatzlos auf.

Der **Anwendungsbereich** des § 31 BauGB beschränkt sich auf das   54
Bauplanungsrecht. Im Bauordnungsrecht bestehen eigene Regelungen, z. B. die Vorschrift über Abweichungen von den bauaufsichtlichen Anforderungen der Bauordnung in § 73 BauO NRW[25]. § 31 BauGB kann darüber hinaus nicht über die allgemeinen Anforderungen des § 15 BauNVO hinweghelfen. § 15 BauNVO verlangt bereits den Blick auf die Besonderheiten des Einzelfalls, so dass durch die Anwendung dieser Vorschrift Einzelfallgerechtigkeit und Normflexibilität in ausreichendem Maße gewährleistet werden. Aus demselben Grunde ist für

---

25 Art. 63 BayBO; § 56 LBO BW; § 63 HBO; § 69 HBauO; § 71 BauO SH; § 66 NBO; § 60 BbgBO; § 67 SächsBO; § 66 BauO LSA; § 63e ThürBO; § 69 LBauO Rh.-Pf.; § 67 BremLBO; § 68 LBO SL; § 67 LBauO MV; § 68 BauO Bln.

§ 31 BauGB grundsätzlich (beachte die Ausnahme des § 34 Abs. 2 Halbs. 2 BauGB) im Anwendungsbereich der §§ 34 und 35 BauGB kein Raum. Diese Vorschriften ermöglichen durch das Gebot des Einfügens in die nähere Umgebung und der Berücksichtigung öffentlicher Belange, den Besonderheiten des Einzelfalls Rechnung zu tragen.

55   Anwendbar ist § 31 BauGB sowohl bei einfachen als auch bei qualifizierten Bebauungsplänen. Einfache Bebauungspläne können keine höhere Verbindlichkeit beanspruchen als qualifizierte Bebauungspläne. Schon deshalb muss § 31 BauGB auch bei einfachen Bebauungsplänen anwendbar sein. So gewinnt die Vorschrift mittelbar und in seltenen Fällen (nämlich bei einfachen Bebauungsplänen) auch Bedeutung für Vorhaben, deren Zulässigkeit sich nach §§ 34, 35 BauGB richtet (*Löhr*, in: Battis/Krautzberger/Löhr, BauGB, § 31 Rn. 9). Überdies kann von den Festsetzungen eines vorhabenbezogenen Bebauungsplans gem. § 31 Abs. 2 BauGB eine Befreiung erteilt werden. Der Gesetzeswortlaut steht einer Anwendung dieser Vorschrift nicht entgegen. Denn § 12 Abs. 3 BauGB führt eine Reihe von Bestimmungen an, die keine Anwendung finden; § 31 BauGB zählt jedoch nicht dazu (*VGH BW*, NVwZ-RR 2008, 225).

56   Die Erteilung einer Ausnahme und einer Befreiung steht im Ermessen der Baugenehmigungsbehörde. Unter Umständen kann das Ermessen aber insbes. im Hinblick auf Art. 14 Abs. 1 GG auf Null reduziert sein (BVerwGE 117, 50; *BVerwG*, NVwZ-RR 1999, 8; *BGH*, NVwZ 1994, 405; *Bönker*, in: Hoppe/Bönker/Grotefels, Öffentliches Baurecht, § 8 Rn. 44, 74; *Rieger*, in: Schrödter, BauGB, § 31 Rn. 13, 34).

57   **aa) Ausnahmen.** Die Möglichkeit zur Erteilung von Ausnahmen muss im Bebauungsplan explizit durch entsprechende Festsetzungen vorgesehen sein. Die Gemeinde muss die Ausnahmemöglichkeit nach Art (von welchen Festsetzungen kann abgewichen werden?) und Umfang (maximales Ausmaß der Ausnahme) festlegen. Zu den im Bebauungsplan festgesetzten Ausnahmen zählen neben den ausdrücklich formulierten auch diejenigen, die in den Absätzen 3 der §§ 2 bis 9 BauNVO vorgesehen werden, soweit sie ohne ausdrückliche Erwähnung gem. § 1 Abs. 3 Satz 2 BauNVO Bestandteil des Bebauungsplans sind. Gleiches gilt für die in § 14 Abs. 2 Satz 2 BauNVO geregelten versorgungs- und fernmeldetechnischen Nebenanlagen. Die Erteilung von Ausnahmen unterliegt allerdings Beschränkungen. Das ungeschriebene Tatbestandsmerkmal der **Gebiets-**

verträglichkeit gilt nicht nur für die allgemein zulässigen Vorhaben, sondern erst recht auch für die Vorhaben, die ausnahmsweise zugelassen werden können (BVerwGE 116, 155, 157 ff.). Die Gebietsstruktur darf nicht durch zu häufige Erteilung von Ausnahmen und der Gebietscharakter nicht durch unvereinbare Vorhaben verändert werden. Ausnahmen müssen mit der Zweckbestimmung des jeweiligen Gebiets vereinbar sein, da diese Ausdruck der gemeindlichen Planungshoheit ist, die die Baugenehmigungsbehörde zu respektieren hat. Bei der Prüfung der Gebietsverträglichkeit muss eine typisierende Betrachtungsweise zugrunde gelegt werden, die der Einzelfallprüfung nach § 15 Abs. 1 Satz 1 BauNVO vorgelagert ist (*BVerwG*, NVwZ 2011, 748, 749 f. Rn. 19).

Beispiele: (1) Mobilfunkanlagen können als fernmeldetechnische Nebenanlagen gem. § 14 Abs. 2 BauNVO in reinen Wohngebieten ausnahmsweise zugelassen werden. Da es sich bei der Nutzung der Mobilfunkanlage aber um eine gewerbliche Nutzung handelt, würde eine ausnahmsweise Zulassung auf vielen Dächern zu einem Ausmaß an gewerblicher Nutzung führen, das in einem reinen Wohngebiet unzulässig ist. Die Gebietsstruktur würde dadurch verändert. Es kann daher regelmäßig nur eine begrenzte Anzahl solcher Anlagen zugelassen werden. Hinsichtlich des Gebietscharakters kommt es auf den Umfang der geplanten Anlage an. Eine ca. 10 m hohe Anlage mit ca. 1 m Durchmesser (Mast und Antennen) verändert jedenfalls nicht den Gebietscharakter eines reinen Wohngebiets, das durch ein- bis achtgeschossige Bauweise geprägt ist. Bei einer Prägung allein mit maximal zweigeschossigen Einfamilienhäusern kann die Beurteilung jedoch anders ausfallen. Maßgeblich sind die Umstände des Einzelfalls (*OVG NRW*, NVwZ-RR 2005, 608). **58**

(2) Ein Seniorenheim ist in einem Gewerbegebiet auch nicht ausnahmsweise zulässig. Es handelt sich zwar um eine soziale Einrichtung, die gem. § 8 Abs. 3 Nr. 2 BauNVO grundsätzlich ausnahmsweise zulässig sein kann. In einem Seniorenheim gibt es aber eine wohnähnliche Unterbringung, die mit dem Grundsatz, das im Gewerbegebiet nicht gewohnt werden soll, nicht vereinbar ist (*BVerwG*, NVwZ 2002, 1384, 1385). **59**

(3) Auch ein Krematorium mit Abschiedsraum ist im Gewerbegebiet nicht genehmigungsfähig. Das Krematorium ist zwar als säkulare Bestattungseinrichtung eine Anlage für kulturelle Zwecke i. S. d. § 8 Abs. 3 Nr. 2 BauNVO. Soll aber zusätzlich ein Raum errichtet werden, in dem Familienangehörige in Ruhe Abschied von dem Verstorbenen nehmen können, verträgt das Vorhaben sich nicht mit der Zweckbestimmung des Gewerbegebiets. Das Störpotential eines Vorhabens kann nicht nur im Störgrad, sondern auch in der Störempfindlichkeit liegen. Der übliche Umgebungslärm in einem Gewerbegebiet steht im Widerspruch zu einem Krematorium mit Abschiedsraum, das – ähnlich wie ein Friedhof – einen Ort der Ruhe und des Gedenkens an die Verstorbenen darstellt (*BVerwG*, KommJur 2012, 192, 194). **60**

61   **bb) Befreiungen.** Befreiungen stellen grundsätzlich eine Durchbrechung des bauplanerischen Konzepts dar. Sie sind nur zulässig, wenn
- die Grundzüge der Planung nicht berührt werden,
- einer der in § 31 Abs. 2 Nr. 1 bis 3 BauGB genannten Gründe vorliegt und
- die Abweichung auch unter Würdigung nachbarlicher Interessen mit den öffentlichen Belangen vereinbar ist.

62   **(1) Grundzüge der Planung nicht berührt.** Eine Befreiung nach § 31 Abs. 2 BauGB kommt nur in Betracht, wenn die Grundzüge der Planung nicht berührt werden. Die Grundzüge der Planung werden umso eher berührt, je stärker die Befreiung in das planerisch erfasste Interessengeflecht der Gemeinde eingreift. Dies lässt auf eine Änderung der Planungskonzeption schließen. Alles, was den Bebauungsplan in seinen Grundzügen verändert, darf nur im Wege einer Umplanung durch die Gemeinde erfolgen und nicht durch einen einzelfallbezogenen Verwaltungsakt der Baugenehmigungsbehörde. Eine solche Sichtweise sichert nicht nur die Planungshoheit der Gemeinde, sondern verhilft auch den behördlichen und öffentlichkeitsgerichteten Beteiligungsrechten im Planungsverfahren zur Durchsetzung. Befreiungen können dementsprechend nur erteilt werden, wenn mit ihnen keine bedeutende Abweichung von tragenden Planinhalten verbunden ist oder wenn von Festsetzungen befreit wird, welche das Planungskonzept nicht bestimmen (*BVerwG*, KommJur 2012, 192, 195; *Erbguth*, Öffentliches Baurecht, S. 256 f.). Auf der anderen Seite muss selbst ein so gravierender Vorgang wie die Änderung der Nutzungsart eines Baugebiets nicht notwendigerweise die Grundzüge einer Planung berühren (*Siegmund*, in: Spannowsky/Uechtritz, BeckOK BauGB, § 31 Rn. 59). Als Faustformel gilt: Die Grundzüge der Planung sind dann nicht berührt, wenn sich das Vorhaben i. S. d. § 34 Abs. 1 BauGB in die nähere Umgebung einfügt (BVerwGE 56, 71; *Rieger*, in: Schrödter, BauGB, § 31 Rn. 18).

63   **(2) Besondere Befreiungsvoraussetzungen.** Gem. § 31 Abs. 2 BauGB kommt eine Befreiung in Betracht, wenn
- Gründe des Allgemeinwohls die Befreiung erfordern (Nr. 1) oder
- die Abweichung städtebaulich vertretbar ist (Nr. 2) oder
- die Durchführung des Bebauungsplans zu einer offenbar nicht beabsichtigten Härte führen würde (Nr. 3).

Gründe des Allgemeinwohls sind alle öffentlichen Belange und In- **64** teressen. Die Befreiung muss nicht unabweisbar notwendig sein. Es genügt, wenn sie vernünftigerweise geboten ist.

Beispiele: (1) Zu den öffentlichen Belangen zählen bspw. die auswärtigen **65** Beziehungen der Bundesrepublik Deutschland. Daher kann es unter Umständen gerechtfertigt sein, den Bau einer konsularischen Vertretung in einem reinen Wohngebiet auf der Grundlage des § 31 Abs. 2 BauGB zu genehmigen (BVerwGE 128, 118).

(2) Ferner kann das Gemeinwohl durch Krankenhäuser, Kindergärten, Pfle- **66** geheime, Schulen, Theater und Museen, sportliche Einrichtungen und Feuerwachen gefördert werden. Auch bei dringendem Wohnbedarf liegt ein Grund des Allgemeinwohls vor (*Rieger*, in: Schrödter, BauGB, § 31 Rn. 24).

(3) Auch eine Mobilfunksendeanlage kann aus Allgemeinwohlgründen ver- **67** nünftigerweise geboten sein. Maßgeblich ist dabei der öffentliche Belang einer flächendeckenden Versorgung mit Einrichtungen des Mobilfunks (*BVerwG*, ZfBR 2004, 471, 472).

Städtebaulich vertretbar ist alles, was gem. § 1 Abs. 5, 6 und 7 **68** BauGB Gegenstand städtischer Bauleitplanung sein kann. Nach dieser Vorschrift können Befreiungen für alles erteilt werden, was die Stadt im Bebauungsplan alternativ hätte planen können.

Beispiel: Im Rahmen eines Bebauungsplans werden für ein beplantes Gebiet **69** Flächen für einen Kinderspielplatz und einen Rodelhügel festgesetzt. Zeigt sich später, dass die Errichtung dieser Anlagen an einer anderen Stelle im Plangebiet sinnvoller ist, kann eine Befreiung von den Festsetzungen gem. § 31 Abs. 2 Nr. 2 BauGB erteilt werden, da eine Festsetzung dieser abweichenden Flächen auch im Bebauungsplan möglich gewesen wäre (*VG München*, Urt. v. 10.3.2008 – M 8 K 07.2519, juris).

Härtefallbefreiungen können erfolgen, wenn im Einzelfall Beson- **70** derheiten bestehen, die zur Folge haben, dass das Grundstück nicht bebaut werden kann. Die Vorschrift ist eng auszulegen. Wichtig ist hierbei, dass insoweit nur **grundstücksbezogene Besonderheiten** einen Härtefall begründen können. Persönliche Umstände, insbes. wirtschaftliche, aber auch soziale Gründe, können keine Berücksichtigung finden.

Beispiele: (1) Die Festsetzung von Baugrenzen kann dazu führen, dass die **71** bebaubare Fläche eines Grundstücks so verringert wird, dass eine Bebauung ausgeschlossen ist. Diese Problematik stellt sich häufig bei Eck- oder Randgrundstücken.

(2) Eine Befreiung nach § 31 Abs. 2 Nr. 3 BauGB kommt auch in Betracht, **72** wenn der Bebauungsplan eine geschlossene Bauweise festsetzt, ein Anbau an

das Nachbarhaus aber auf Grund von Höhenunterschieden zwischen den Grundstücken nicht möglich ist.

73   (3) Keine Befreiung wird dagegen im folgenden Fall gewährt: Familie F bewohnt ein Eigenheim in einem dicht bebauten Wohngebiet. Die Grenzen, die der qualifizierte Bebauungsplan dem Maß der baulichen Nutzung setzt, hat sie ausgeschöpft. Die Zahl der Kinder nimmt ständig zu; inzwischen haben die Eheleute F acht Kinder. Die Familie benötigt deshalb dringend weiteren Wohnraum. Der Plan steht jedoch einem weiteren Ausbau des Hauses entgegen. Die Baugenehmigungsbehörde wird eine Befreiung nach § 31 Abs. 2 Nr. 3 BauGB nicht erteilen, weil die „Härte", die die Familie F trifft, keine städtebaulichen Gründe hat. Die Härte i. S. v. § 31 Abs. 2 Nr. 3 BauGB erfasst nur grundstücksbezogene Härten, die sich gerade aus den boden- und planungsrechtlichen Besonderheiten des zu beurteilenden Grundstücks ergeben (vgl. *Siegmund*, in: Spannowsky/Uechtritz, BeckOK BauGB, § 31 Rn. 52; Beispiel nach *G. Hager*, JuS 1989, 382, 387).

74   **(3) Vereinbarkeit mit öffentlichen Belangen und nachbarrechtlichen Interessen.** Befreiungen müssen zudem mit den öffentlichen Belangen sowie den nachbarrechtlichen Interessen vereinbar sein (dazu i. E. u. § 10 Rn. 36 ff.).

75   **(4) Atypischer Sachverhalt als weitere Voraussetzung?** Problematisch ist die Frage, ob eine rechtmäßige Befreiung nur dann möglich ist, wenn das Vorhaben atypisch ist. Nach der früheren Rechtsprechung des *BVerwG* durfte eine Befreiung nur erteilt werden, wenn eine **Atypik** vorlag und sich der Fall als Sonder- oder Einzelfall darstellte. Danach musste es sich um einen – am Schutzzweck der Norm gemessen – atypischen Sachverhalt handeln. Ein solcher war anzunehmen, wenn der Sachverhalt in bodenrechtlicher Beziehung Besonderheiten aufwies, die ihn im Verhältnis zu der im Bebauungsplan getroffenen Festsetzung als Sonderfall erscheinen ließen (*VGH BW*, NVwZ 2004, 357). Diese Rechtsprechung fußte auf dem Gedanken, dass die mit einer Normierung regelmäßig verbundene Abstraktion oder doch Verallgemeinerung unvermeidbar zu Differenzen zwischen dem Regelungsgehalt einerseits und dem hinter der Regelung stehenden Schutzgut andererseits führt (BVerwGE 40, 268). Im Rahmen des BauROG 1998 strich der Gesetzgeber in § 31 Abs. 2 BauGB die Beschränkung auf den Einzelfall. Hierzu heißt es in der Gesetzesbegründung (BT-Drs. 13/6392, S. 56): „Eine Atypik im Sinne der bisherigen Rechtsprechung muss daher nicht mehr vorliegen." Daran schloss sich eine allgemeine Diskussion über die Frage an, ob die Gesetzesänderung zu einem Wegfall des Erfordernisses der Atypik geführt hat. Das *BVerwG* hat diese Frage bislang noch nicht abschlie-

ßend beantwortet. Doch dürfte die im Gesetzgebungsverfahren zum Ausdruck gebrachte Einschätzung die Rechtslage zutreffend widerspiegeln. Dem Gesetzgeber ging es vor allem darum, die Möglichkeit der Befreiung nicht auf einen einzigen Fall zu beschränken, sondern auch Befreiungen in mehreren Fällen zu ermöglichen. Vor diesem Hintergrund besteht nunmehr Einigkeit darüber, dass der Einzelfall keine Voraussetzung mehr für eine Befreiung ist. Das Erfordernis der Atypik ist auch in der Sache nicht mehr erforderlich, um den schützenswerten Interessen ausreichend Rechnung zu tragen. Bei § 31 Abs. 2 Nr. 1 und 3 BauGB sind die Tatbestände bereits so restriktiv formuliert, dass eine Befreiung nur in Sonderfällen in Betracht kommt. „Gründe des Allgemeinwohls, die eine Befreiung erfordern" sowie eine „offenbar nichtbeabsichtigte Härte" setzen schon von sich aus einen außergewöhnlichen, von der Norm abweichenden Fall voraus. Anders ist dies nur bei § 31 Abs. 2 Nr. 2 BauGB, da „städtebaulich vertretbar" alles ist, was die Gemeinde auch im Rahmen der Bauleitplanung hätte regeln können. Auch insoweit kann jedoch im Ergebnis auf das Merkmal der Atypik verzichtet werden. § 31 Abs. 2 BauGB fordert für eine Befreiung bereits ausdrücklich die Vereinbarkeit mit öffentlichen Belangen sowie die Vereinbarkeit mit den Grundzügen der Planung. Eine Vielzahl von Befreiungen führt zwangsläufig dazu, dass die Grundzüge der Planung berührt werden. Aus diesem Grund ist eine großzügige und vielfältige Befreiungspraxis der Baugenehmigungsbehörden ohnehin nicht möglich. Zudem spricht in solchen Fällen, in denen zahlreiche Befreiungen erforderlich werden, viel dafür, dass ein Planungserfordernis gem. § 1 Abs. 3 BauGB besteht, welches den Befreiungen als öffentlicher Belang entgegengehalten werden kann. Die Gemeinde muss dann ggf. umplanen. Da eine Befreiung nach § 36 Abs. 1 Satz 1 BauGB nur im Einvernehmen mit der Gemeinde erteilt werden darf, ist auch gewährleistet, dass diese von einer Befreiung rechtzeitig Kenntnis erlangt und ggf. durch Veränderungssperre (§ 14 BauGB) und Umplanung reagieren kann. Hierdurch ist ihre Planungshoheit (Art. 28 Abs. 2 GG) ausreichend geschützt. Im Ergebnis ist somit davon auszugehen, dass für eine Befreiung nach § 31 Abs. 2 BauGB ein atypischer Sonderfall **nicht mehr zu fordern** ist (so auch *VGH BW*, NVwZ 2004, 357 m. w. N.; *Löhr*, in: Battis/Krautzberger/Löhr, BauGB, § 31 Rn. 26).

2. Zulässigkeit von Vorhaben während der Planaufstellung

76   Auch während des Zeitraums, in dem ein Bebauungsplan aufgestellt wird, kann sich die Notwendigkeit ergeben, über die Zulässigkeit eines Vorhabens zu entscheiden – zumal ein Planaufstellungsverfahren mitunter ziemlich lange dauert. Der noch nicht in Kraft
getretene Plan kann an sich nicht der Maßstab für die rechtliche Beurteilung eines solchen Vorhabens sein. Andererseits erscheint es
nicht sinnvoll, so zu tun, als gebe es noch keinerlei Planung und das
Grundstück liege wie andere im unbeplanten Innenbereich gem. § 34
BauGB oder im Außenbereich nach § 35 BauGB. Denn dann müsste
der Bauantrag für ein Vorhaben, das zwar nicht gegenwärtig, aber in
naher Zukunft zulässig sein wird, abgelehnt werden. Dem trägt § 33
BauGB Rechnung, indem die Vorschrift für die Zulässigkeit eines
Vorhabens während der Planaufstellung u. a. darauf abstellt, dass es
den künftigen Festsetzungen des Bebauungsplans nicht entgegensteht. Die Funktion von § 33 BauGB besteht darin, das nach den
§§ 30, 34 oder 35 BauGB derzeit unzulässige Vorhaben im **Vorgriff
auf den künftigen, das Vorhaben zulassenden Bebauungsplan** zu
gestatten (*Hellermann*, in: Dietlein/Burgi/Hellermann, Öffentliches
Recht in NRW, § 4 Rn. 186). Zu beachten ist, dass § 33 BauGB keinen
zusätzlichen planungsrechtlichen Bereich schafft, sondern einen positiven Zulassungstatbestand statuiert. Daher ist zunächst die Zulässigkeit des Vorhabens nach den übrigen Normen zu prüfen (§§ 30, 34
oder 35 BauGB). Ergibt sich daraus die Unzulässigkeit des Vorhabens, so kommt eine Zulässigkeit nach § 33 BauGB in Betracht. Liegen auch dessen Voraussetzungen nicht vor, ist das Vorhaben nicht
nach § 33 BauGB, sondern nach §§ 30, 34 oder 35 BauGB unzulässig.

77   Die Regelung des § 33 BauGB kann im größeren Zusammenhang sog. städtebaulicher Konzepte gesehen werden, die in verschiedenen Phasen vor Erlass
eines Bebauungsplans, aber auch im unbeplanten Innenbereich sowie im Außenbereich für die Zulässigkeit eines Vorhabens eine – jeweils unterschiedliche
– rechtliche Bedeutung erlangen können (dazu *Terwiesche*, NVwZ 2010, 553).

78   **a) Planaufstellungsbeschluss.** Voraussetzung des in § 33 Abs. 1
BauGB niedergelegten Zulassungstatbestands ist zunächst ein Beschluss der Gemeinde über die Aufstellung eines Bebauungsplans.
Er kann entweder die erstmalige Aufstellung oder die Änderung, Ergänzung oder (teilweise) Aufhebung eines Bebauungsplans zum Gegenstand haben. Das ergibt sich aus § 1 Abs. 8 BauGB. Ein Aufstellungsbeschluss ist zwar nicht Wirksamkeitsvoraussetzung für den

Bebauungsplan (*BVerwG*, NVwZ 1988, 916, 917 m. w. N.). Die Rechtsfolgen des § 33 Abs. 1 BauGB treten aber nur bei Vorliegen eines wirksam gefassten und ordnungsgemäß bekannt gemachten Aufstellungsbeschlusses ein (*Stock*, in: Ernst/Zinkahn/Bielenberg/ Krautzberger, BauGB, § 33 Rn. 30).

b) Formelle Planreife. Ferner müssen die Voraussetzungen von **79** § 33 Abs. 1 Nr. 1 bis 4 BauGB kumulativ erfüllt sein. So muss zunächst der Bebauungsplan die sog. formelle Planreife erreicht haben. Formelle Planreife setzt nach § 33 Abs. 1 Nr. 1 BauGB voraus, dass die Öffentlichkeits- und Behördenbeteiligung nach § 3 Abs. 2 BauGB, § 4 Abs. 2 BauGB und § 4a Abs. 2 bis 5 BauGB durchgeführt worden ist. Die Voraussetzungen des § 33 Abs. 1 Nr. 1 BauGB sind erst dann erfüllt, wenn die vorgenannten Verfahrensschritte ordnungsgemäß abgeschlossen worden sind.

c) Plankonformität. Gem. § 33 Abs. 1 Nr. 2 BauGB muss ferner **80** anzunehmen sein, dass das Vorhaben den künftigen Festsetzungen des Bebauungsplans nicht entgegensteht. An diese sog. materielle Planreife sind strenge Anforderungen zu stellen (*OVG NRW*, NVwZ-RR 2001, 568). Voraussetzung ist die hinreichend sichere Prognose („anzunehmen ist"), dass der vorliegende Planentwurf in Kraft treten wird. Dazu gehört nicht zuletzt, dass er den Anforderungen genügt, die sich aus dem Abwägungs- bzw. dem Abstimmungsgebot ergeben (vgl. § 1, 1a, 2 Abs. 2 BauGB). Auch im Übrigen dürfen keine Bedenken gegen die Rechtmäßigkeit des Verfahrens und den Inhalt des Entwurfs bestehen (*OVG NRW*, NVwZ-RR 2001, 568; *OVG Berlin*, BeckRS 2010, 50924). Die Voraussetzungen des § 33 Abs. 1 Nr. 2 BauGB können auch in Bezug auf einen Teil des Planentwurfs zu bejahen sein („Teilplanreife"). Unabdingbare Voraussetzung dafür ist aber, dass der Teil des Plangebiets, in dem das Vorhaben verwirklicht werden soll, einer isolierten planungsrechtlichen Beurteilung innerhalb der planerischen Gesamtkonzeption zugänglich ist (*Tophoven*, in: Spannowsky/Uechtritz, BeckOK BauGB, § 33 Rn. 17).

d) Plananerkenntnis. Der Antragsteller muss die Festsetzungen **81** schriftlich anerkennen (§ 33 Abs. 1 Nr. 3 BauGB). Das Anerkenntnis ist eine einseitige, empfangsbedürftige verwaltungsrechtliche Willenserklärung, die gegenüber der Baugenehmigungsbehörde abzugeben ist. Es hat zur Folge, dass die Wirksamkeit des zukünftigen Bebauungsplans im Verhältnis zwischen dem Antragsteller und der planenden Gemeinde vorverlegt wird (*BVerwG*, NVwZ 1996, 892; *OVG NRW*, NVwZ-RR 2001, 568; *Stollmann*, Öffentliches Baurecht, § 15 Rn. 11). Das Anerkenntnis hat dingliche Wirkung. Dementsprechend wirkt die Erklärung auch gegenüber den Rechtsnachfolgern des Antragstellers.

82   **e) Gesicherte Erschließung.** Schließlich muss die Erschließung des Grundstücks gesichert sein (§ 33 Abs. 1 Nr. 4 BauGB). Insoweit gelten dieselben Anforderungen wie bei den §§ 30, 34 und 35 BauGB.

83   **Prüfungsschema: Zulässigkeit eines Vorhabens während der Planaufstellung, § 33 BauGB**

1. Vorhaben i. S. d. § 29 Abs. 1 BauGB
2. Keine Zulässigkeit nach §§ 30, 34 oder 35 BauGB
3. Planaufstellungsbeschluss, § 33 Abs. 1 Halbs. 1 BauGB
4. Formelle Planreife, § 33 Abs. 1 Nr. 1 BauGB
5. Plankonformität, § 33 Abs. 1 Nr. 2 BauGB
6. Plananerkenntnis, § 33 Abs. 1 Nr. 3 BauGB
7. Erschließung ist gesichert, § 33 Abs. 1 Nr. 4 BauGB
8. Ggf. gemeindliches Einvernehmen, § 36 BauGB

3. Vorhaben im unbeplanten Innenbereich

84   **a) Die Abgrenzung von Innen- und Außenbereich. aa) Allgemeines.** Wenn ein Vorhaben nicht im Geltungsbereich eines Bebauungsplans liegt, beurteilt sich seine Zulässigkeit nach § 34 oder § 35 BauGB, je nachdem ob es im unbeplanten Innenbereich oder im Außenbereich verwirklicht werden soll. Zwischen beiden Bereichen ist sorgfältig zu differenzieren, da die jeweiligen Anforderungen an die Zulässigkeit von Bauvorhaben sehr unterschiedlich sind und der Außenbereich für eine Bebauung nur in sehr begrenztem Umfang zur Verfügung steht.

85   Für die Zulässigkeit eines Vorhabens nach § 34 BauGB kommt es zunächst darauf an, ob ein „im Zusammenhang bebauter Ortsteil" besteht, § 34 Abs. 1 Satz 1 BauGB.

86   **bb) Ortsteil.** Ortsteil i. S. d. § 34 Abs. 1 BauGB ist jeder Bebauungskomplex im Gebiet einer Gemeinde, der nach der Zahl der vorhandenen Bauten ein gewisses Gewicht hat und Ausdruck einer

organischen, gewachsenen baulichen **Siedlungsstruktur** ist (BVerwGE 31, 22, 26). Der Begriff des „Ortsteils" dient der Abgrenzung zur Splittersiedlung. Es sind grundsätzlich nur solche Gebäude zu berücksichtigen, die zum Aufenthalt von Menschen bestimmt sind. Auf die Anzahl der Bauten kommt es grundsätzlich nicht an, da auch hier die Gegebenheiten des Einzelfalls zu berücksichtigen sind. So dürfte regelmäßig in ländlichen, dünn besiedelten Gegenden bereits eine geringe Anzahl an Gebäuden ausreichen, um einen Ortsteil i. S. d. § 34 Abs. 1 BauGB zu begründen, während in dicht besiedelten Gebieten die gleiche Anzahl möglicherweise nicht ausreicht.

Im Gegensatz zu der allein anhand der tatsächlichen Verhältnisse **87** zu entscheidenden Frage nach dem Bebauungszusammenhang fließt mit dem Tatbestandsmerkmal „Ortsteil" auch ein Ansatzpunkt für eine Abgrenzung nach rechtlichen Kriterien, etwa der **Gemeindegrenze**, in die Bewertung ein. Das Gesetz knüpft mit dem Begriff des Ortsteils an die gemeindliche Planungshoheit (dazu o. § 4 Rn. 1 ff.) an. Die in § 34 Abs. 1 BauGB genannte Eigenart der näheren Umgebung fungiert für das unbeplante Gebiet als Planersatz. Im Rahmen dessen kann der Gemeinde nur das zugerechnet werden, was sie durch sachgerechte eigene Planung hätte abwenden können. Das beschränkt sich, sieht man einmal vom Abstimmungsgebot nach § 2 Abs. 2 BauGB ab, auf das Gemeindegebiet (vgl. *Muckel/Ogorek*, JA 2011, 281, 284).

Beispiele: (1) Der alte Weiler W liegt fernab von Städten in einer Fluss- **88** schleife. Er besteht aus 12 Wohngebäuden, 6 Bauernhöfen, einer Gaststätte, einem kleinen Lebensmittelgeschäft und einem mittelständischen Gewerbebetrieb sowie einer Kirche, die sich mittig zwischen den Gebäuden befindet. Es gibt zudem eine Poststelle sowie eine Apotheke. In einem der Wohnhäuser betreibt ein Arzt seine allgemeinmedizinische Praxis. Das Gewässer umgrenzt die Bebauung. Am jenseitigen Ufer liegen Wiesen, die landwirtschaftlich genutzt werden. Dabei ist zunächst zu berücksichtigen, dass sich der Weiler in einer ländlichen Gegend und noch dazu weit entfernt von anderen Ortsteilen oder Städten befindet. In dieser ansonsten unbebauten Gegend hat die hier vorliegende Ansammlung von insgesamt 22 Gebäuden, die zum Aufenthalt von Menschen bestimmt sind, ausreichendes Gewicht. Zudem sind die Bauten um die Kirche herum angeordnet und das gesamte Gebiet wird von dem Fluss „eingerahmt", so dass auch das Kriterium einer organischen Siedlungsstruktur erfüllt ist. Weiterhin befinden sich im Ort die notwendigsten Einrichtungen zur Deckung des täglichen Bedarfs, welche den Bewohnern ein eigenständiges Leben ermöglichen. Insgesamt erfüllt der alte Weiler W somit das Kriterium des Ortsteils i. S. d. § 34 Abs. 1 BauGB (Beispiel n. *G. Hager*, JuS 1989, 382, 383 f.).

89   (2) Sieben leerstehende Gebäude einer ehemaligen Kaserne (Soldatenwohn-
heim, Holzschuppen, Werkstatt, Feuerwehrhaus, Zentralheizungsanlage), die
sich in ca. 350 m Entfernung zum eigentlichen Kasernenkomplex befinden,
stellen keinen Ortsteil dar, weil sie kein solches städtebauliches Gewicht haben, dass ein Ortsteil begründet wird. Zudem fehlt es an der erforderlichen
Infrastruktur (*OVG NRW*, Beschl. v. 19.7.2007 – 7 A 134/07, juris).

90   **cc) Bebauungszusammenhang.** Von einem Bebauungszusammenhang kann nach der ständigen Rechtsprechung des *BVerwG* dann gesprochen werden, wenn eine tatsächlich aufeinanderfolgende Bebauung trotz vorhandener Baulücken nach der Verkehrsauffassung den
Eindruck von **Geschlossenheit und Zusammengehörigkeit** vermittelt (vgl. *BVerwG*, ZfBR 1991, 126; DVBl 1993, 111; UPR 1994,
148). Ein solcher Eindruck von Geschlossenheit und Zusammengehörigkeit ist jedenfalls dann gegeben, wenn eine Bebauung Haus an
Haus vorliegt. Einzelne Baulücken stehen einem Bebauungszusammenhang allerdings nicht entgegen. Das zur Bebauung vorgesehene
Grundstück – maßgeblich ist insoweit der unbebaute Zustand –
muss nach der Verkehrsauffassung als Teil des im Zusammenhang bebauten Ortsteils erscheinen. Es muss also innerhalb des Ortsteils liegen und darf den Bebauungszusammenhang nicht durchbrechen. Die
Entscheidung, ob das zu bebauende Grundstück in einem Ortsteil
liegt, ist angesichts des im Einzelfall gegebenen konkreten Sachverhalts zu treffen (*BVerwG*, NVwZ 1997, 899). Dementsprechend lässt
sich der Abstand, ab dem eine Baulücke so groß ist, dass der Eindruck der Geschlossenheit nicht mehr gegeben ist, nicht für alle
denkbaren Fälle einheitlich festlegen. Bei einer Lücke von über
200 m wird das Grundstück jedoch in der Regel dem Außenbereich
zuzurechnen sein (*VGH BW*, DÖV 2004, 759). Tatsächlich vorhandene, aber ungenehmigte Bauten dürfen nur dann außer Betracht
bleiben und wie eine Baulücke behandelt werden, wenn bereits eine
Abrissverfügung angekündigt oder erteilt wurde (BVerwGE 31, 22).

91   Wo die Grenze eines im Zusammenhang bebauten Ortsteils und
damit die **Grenze zwischen Außen- und Innenbereich** verläuft, lässt
sich nur aufgrund einer „echten Wertung und Bewertung" (*BVerwG*,
NVwZ 1991, 879 f. m. w. N.) der optisch wahrnehmbaren tatsächlichen Verhältnisse beurteilen. Dabei spielen insbes. die vorhandenen
baulichen Anlagen eine Rolle, denn der Bebauungszusammenhang
endet grundsätzlich mit der letzten **maßstabbildenden Bebauung**.
Bei der Beantwortung der Frage, ob der von § 34 Abs. 1 Satz 1
BauGB geforderte Bebauungszusammenhang vorliegt, können auch

topographische Besonderheiten bedeutsam sein, so dass unmittelbar aneinandergrenzende bebaute Grundstücke durchaus unterschiedlichen Baugebieten angehören können (vgl. *BVerwG*, BauR 1999, 32). Auch ein einziges Grundstück kann teilweise in einem Bebauungszusammenhang stehen und teilweise bereits im Außenbereich liegen. Grund hierfür ist, dass nicht die Grundstücksgrenze, sondern die tatsächliche Bebauung die maßgebliche Beurteilungsgrundlage darstellt (*Jäde*, in Jäde/Dirnberger/Weiß, BauGB, § 34 Rn. 17).

Beipiele: (1) Maßstabbildend ist nur eine Bebauung, die optisch wahrnehm- **92** bar ist und ein gewisses Gewicht hat. Eine Vogelvoliere, die sich im Garten eines Einfamilienhauses befindet, ist auch, wenn sie von erheblicher Größe ist, nicht dem Bebauungszusammenhang zuzurechnen, weil sie nicht dem Aufenthalt von Menschen dient und zudem regelmäßig von Außenstehenden nicht wahrgenommen wird.

(2) Gleiches gilt für einen Unterstand an einer Bushaltestelle. Er ist zwar **93** von allen wahrnehmbar und dient auch dem Aufenthalt von Menschen, er ist aber auf Grund seiner geringen Größe regelmäßig nicht geeignet, das Gebiet zu prägen.

(3) Ein befestigter Parkplatz kann zwar eine bauliche Anlage i. S. d. § 29 **94** Abs. 1 BauGB sein. Dennoch vermittelt er grundsätzlich keinen Bebauungszusammenhang. Grund hierfür ist, dass es einem befestigten Stellplatz an maßstabbildender Kraft mangelt, weil er sich dem Betrachter bei einer optischen Bewertung als unbebaut darstellt.

(4) Aus denselben Erwägungen können auch Sportplätze einen Bebauungs- **95** zusammenhang i. S. d. § 34 Abs. 1 BauGB zwar nicht herstellen (*BVerwG*, DVBl. 1993, 111), zerstören ihn aber auch nicht, solange der Eindruck einer geschlossenen Bebauung nicht verloren geht (BVerwGE 41, 227). Gleiches gilt für Flüsse, Gräben und Erholungsgebiete (näher *Krautzberger*, in: Battis/Krautzberger/Löhr, BauGB § 34 Rn. 2 m. w. N.).

(5) Auch ein unmittelbar benachbartes Gebäude kann, wenn die Bebauung **96** durch einen Steilhang voneinander getrennt ist, aufgrund der topografischen Gegebenheiten nicht den Eindruck der Geschlossenheit vermitteln. Der Bebaungszusammenhang endet dann vor der Erhebung, weshalb auch zwei aneinandergrenzende Grundstücke unterschiedlichen Baugebieten angehören können (*BVerwG*, NVwZ-RR 1999, 105).

(6) Bei einseitiger Bebauung einer Straße liegt eine widerlegliche Vermutung **97** für die Grenze des Bebauungszusammenhangs zum Außenbereich vor, bei beidseitiger Bebauung trennt die Straße nicht zwangsläufig den Bebauungszusammenhang. Ob die Straße in letzteren Fällen trennende oder verbindende Wirkung hat, ist anhand der konkreten Bebauung und Nutzung zu beurteilen (*Jäde*, in: Jäde/Dirnberger/Weiß, BauGB, § 34 Rn. 24, 69).

In Einzelfällen kann eine sich an die letzte maßstabbildende Bebau- **98** ung anschließende Freifläche am Bebauungszusammenhang deshalb teilnehmen, weil dieser durch eine besondere Situation begrenzt wird. Eine solche besondere Situation können insbes. **topographische Gegebenheiten** wie Geländehindernisse, Erhebungen, Einschnitte oder auch eine Straße begründen. Maßgeblich ist insoweit, ob die Begrenzung den Eindruck der Geschlossenheit bzw. Zugehörigkeit einer Fläche zum Bebauungszusammenhang vermittelt (näher *Krautzberger*, in: Battis/Krautzberger/Löhr, BauGB § 34 Rn. 3 m. w. N.).

99   **Beispiele:** (1) Die Bebauung des bereits erwähnten Weilers W (o. Rn. 88) wird von der Flussschleife umgrenzt. Dadurch wird der Eindruck vermittelt, dass die innerhalb dieses Bereichs liegenden Bauten einen Bebauungszusammenhang bilden (vgl. G. *Hager*, JuS 1989, 382, 384).

100   (2) Eine Baulücke nimmt regelmäßig dann nicht mehr am Bebauungszusammenhang teil, wenn sie auf Grund ihrer Größe ein eigenes fiktives Plangebiet darstellt (*OVG NRW*, Städte und Gemeinderat 2007, Nr. 3, 34).

101   (3) Der Bebauungszusammenhang kann entfallen, wenn ein historisches Stadtbild durch Bausünden der 60er und 70er Jahre unterbrochen ist (*OVG NRW*, NVwZ 1993, 87, 89).

102   **dd) Festlegung der Grenze zwischen Innen- und Außenbereich durch Satzung.** Weil nach diesen, vom Begriff des im Zusammenhang bebauten Ortsteils nach § 34 Abs. 1 BauGB ausgehenden Kriterien eine eindeutige und zweifelsfreie Abgrenzung oft nicht möglich ist, hat der Gesetzgeber den Gemeinden die Möglichkeit eingeräumt, durch Satzung eine klare Grenze zu ziehen.

103   Mit Hilfe einer **Klarstellungssatzung** nach § 34 Abs. 4 Satz 1 Nr. 1 BauGB kann die Gemeinde die Grenzen der im Zusammenhang bebauten Ortsteile festlegen. Zu beachten ist, dass diese Satzung rein deklaratorischen Charakter hat (*BVerwG*, NVwZ 1991, 61). Die Gemeinde zeichnet nur das nach, was eine Einschätzung der Situation anhand der aus § 34 Abs. 1 BauGB gewonnenen Kriterien erbracht hat.

104   Mit der **Entwicklungssatzung** nach § 34 Abs. 4 Satz 1 Nr. 2 BauGB können im Außenbereich liegende Grundstücke (insbes. solche, auf denen eine sog. Splittersiedlung entstanden ist) als im Zusammenhang bebaute Ortsteile festgelegt werden, wenn die Flächen im Flächennutzungsplan als Baufläche dargestellt sind. Diese Satzung hat im Gegensatz zur Klarstellungssatzung konstitutive Bedeutung.

105   Bis zum Inkrafttreten des BauROG am 1.1.1998 sah § 34 Abs. 4 Satz 1 Nr. 3 BauGB zudem die Möglichkeit einer sog. Abrundungssatzung vor, mit der die Gemeinde einzelne Außenbereichsgrundstücke zur Abrundung der Gebiete nach § 34 Abs. 4 Satz 1 Nr. 1

und 2 BauGB a. F. in den Innenbereich einbeziehen konnte. Die Satzung wurde durch das BauROG im Anschluss an die bereits in § 4 Abs. 2a BauGBMaßnG vorgesehene **Ergänzungssatzung** fortentwickelt. In seiner neuen Fassung ermöglicht nunmehr auch § 34 Abs. 4 Satz 1 Nr. 3 BauGB eine Ergänzungssatzung, die jedoch einen größeren Anwendungsbereich hat als ihr Vorläufer in § 4 Abs. 2a BauGB-MaßnG, nachdem die in dieser Vorschrift vorgesehene Beschränkung auf die Wohnnutzung aufgegeben worden ist. Einzelne Außenbereichsflächen können durch Satzung in die im Zusammenhang bebauten Ortsteile einbezogen werden, wenn die einbezogenen Flächen durch die bauliche Nutzung des angrenzenden Bereichs entsprechend geprägt sind. Eine besondere Abrundungssatzung kennt das Gesetz neben der Ergänzungssatzung nicht mehr.

b) Die Zulässigkeit von Vorhaben im Bereich des § 34 BauGB. 106
aa) Einfügen in die nähere Umgebung nach § 34 Abs. 1 BauGB.
Nach § 34 Abs. 1 BauGB ist ein Vorhaben innerhalb eines im Zusammenhang bebauten Ortsteils zulässig, wenn es sich in die Eigenart der näheren Umgebung einfügt, die Erschließung gesichert ist, Anforderungen an gesundes Wohnen und Arbeiten gewahrt bleiben und das Ortsbild nicht beeinträchtigt wird.

Zentrale Bedeutung hat die Frage, ob sich das Vorhaben in die nä- 107 here Umgebung einfügt. Das wird zweckmäßigerweise in mehreren Schritten geprüft:

In einem ersten Schritt wird die **„nähere Umgebung"** des Grund- 108 stücks, auf dem das Vorhaben errichtet werden soll, räumlich abgesteckt. Was zur näheren Umgebung i. S. d. § 34 Abs. 1 BauGB gehört, hängt davon ab, wie weit sich das geplante Vorhaben in städtebaulicher Hinsicht auf benachbarte Grundstücke auswirken kann und seinerseits durch sie beeinflusst wird.

Beispiel: Die nähere Umgebung eines Wohnhauses beschränkt sich regelmä- 109 ßig auf die unmittelbare Nachbarschaft, weil es sich nur auf diese auswirkt. Bei einem emissionsträchtigen Vorhaben hingegen kann die nähere Umgebung wegen der weiterreichenden Einflüsse auf die Umgebung ein größeres Gebiet umfassen.

In einem zweiten Schritt muss die **„Eigenart"** der näheren Umge- 110 bung bestimmt werden, d. h. der Rahmen, in den sich das geplante Vorhaben einfügen soll. Dabei kommt es auf die vorhandenen baulichen und sonstigen Anlagen an. Sofern die Umgebung einem der in der Baunutzungsverordnung bezeichneten Baugebiete (z. B. allgemei-

nes Wohngebiet, Dorfgebiet gem. §§ 4, 5 BauNVO) entspricht, gibt
die Typisierung der Baunutzungsverordnung den Rahmen vor.

111   Die von der BauNVO aufgestellten Kriterien werden zur Typisierung eines
Gebiets nicht nur im Rahmen von § 34 Abs. 2 BauGB herangezogen, wo das
Gesetz dies ausdrücklich vorsieht (u. Rn. 129 f.). Wenn ein Gebiet nicht ein-
deutig einem der in der BauNVO aufgeführten Gebiete entspricht (also z. B.
reines Wohngebiet oder Gewerbegebiet), sondern die Merkmale mehrerer Ge-
bietstypen aufweist, ist § 34 Abs. 2 BauGB unanwendbar. In einem solchen
Fall spricht man von einer planungsrechtlichen Gemengelage. Die Zulässigkeit
des Vorhabens beurteilt sich dann wieder nach § 34 Abs. 1 BauGB (näher
Krautzberger, in: Battis/Krautzberger/Löhr, BauGB, § 34 Rn. 15, 46 ff.). Die
Kriterien der BauNVO haben auch in diesem Fall Bedeutung. Sie prägen den
Rahmen, in den sich das Vorhaben einfügen muss.

112   **Beispiel:** Ein für 50 Personen zugelassener islamischer Gebetsraum ist in einem Gebiet, das in gleichem Maße Strukturen eines allgemeinen Wohngebiets
(§ 4 BauNVO) sowie eines Mischgebiets (§ 6 BauNVO) aufweist, zulässig. In
beiden Gebieten sind nach der BauNVO Anlagen für kirchliche Zwecke
grundsätzlich zulässig (§§ 4 Abs. 2 Nr. 3, 6 Abs. 2 Nr. 4 BauNVO; *BVerwG*,
NJW 1992, 2170, 2171).

113   In jedem Falle muss auf dieser Stufe der Prüfung ermittelt werden,
wodurch die Umgebung des Vorhabens geprägt wird. Dazu müssen
Art und Maß der vorhandenen Bebauung, aber auch Bauweise und
überbaubare Grundstücksflächen in der Umgebung berücksichtigt
werden. Das Einfügen nach dem Maß der baulichen Nutzung richtet
sich vorrangig nach der äußerlich wahrnehmbaren Erscheinung des
Gebäudes. Dies können bspw. die Fläche, die Geschosszahl und die
Höhe der anderen Gebäude sein (*Krautzberger*, in: Battis/Krautzber-
ger/Löhr, BauGB, § 34 Rn. 15). Ob sich ein Vorhaben hinsichtlich der
Grundstücksfläche, die überbaut werden soll, in die Eigenart der näheren Umgebung einfügt, entscheidet sich anhand der Größe seiner
Grundfläche und seiner räumlichen Lage innerhalb der vorhandenen
Bebauung. Die Begriffsbestimmungen in – dem für Bebauungspläne
geltenden, für alle baulichen Anlagen anwendbaren – § 23 BauNVO
können zur näheren Konkretisierung auch im Rahmen des § 34
Abs. 1 BauGB herangezogen werden (*BVerwG*, BRS 74 Nr. 95; SaarlOVG, Beschl. v. 7.5.2012, 2 A 206/11, BeckRS 2012, 50960).

114   **Beispiel:** Bei der Prüfung, ob sich eine 9 qm große Plakatanschlagtafel, die
eine bauliche Anlage darstellt, hinsichtlich des in § 34 Abs. 1 BauGB genannten Merkmals der „Grundstücksfläche, die überbaut werden soll", in die Eigenart der näheren Umgebung einfügt, kann auf § 23 Abs. 5 BauNVO zu-

rückgegriffen werden. Handelt es sich um eine Werbetafel mit fremder Werbung und dient diese somit nicht dem Nutzungszweck der in dem Baugebiet gelegenen Grundstücke oder dem Baugebiet selbst, liegt keine Nebenanlage i. S. d. § 23 Abs. 5 i. V. m. § 14 Abs. 1 BauNVO vor. Das Vorhaben fügt sich als Hauptanlage nicht in die nähere Umgebung ein und ist daher unzulässig (*SaarlOVG*, Beschl. v. 7.5.2012 – 2 A 206/11, BeckRS 2012, 50960).

Das Ergebnis der Prüfung muss nicht darauf hinauslaufen, dass für **115** die Eigenart der näheren Umgebung eine nach Art, Maß, Bauweise und zu überbauender Grundstücksfläche ganz bestimmte Bebauung als prägend anzusehen wäre. Prägende Wirkung hat auch eine Bebauung, die unterschiedlich ist, deren Rahmen in Bezug auf die Art der Nutzung z. B. vom Mischgebiet bis zum Industriegebiet und in Bezug auf das Maß der Nutzung von einem bis zu fünf Geschossen oder von 0,2 bis 1,0 Geschoßflächenzahl reicht (vgl. BVerwGE 75, 34, 42). Bei der Prüfung, was für die Eigenart der näheren Umgebung prägend ist, muss nicht jegliche vorhandene Bebauung berücksichtigt werden. Bei der Bestimmung der Eigenart der Umgebung muss außer Acht gelassen werden, was nicht wesentlich ist oder als Fremdköper erscheint. Dies bedeutet aber nicht, dass ein einzelnes Vorhaben im Bebauungszusammenhang immer unbeachtlich bleibt (*BVerwG*, ZfBR 2009, 693, 694).

Beispiel: Auch ein einzelner landwirtschaftlicher Betrieb kann die nähere **116** Umgebung prägen, selbst wenn im Übrigen nur Wohnbebauung vorhanden ist, wenn er langjährig und bereits vor der inzwischen angrenzenden Wohnbebauung existiert hat (*OVG Rh.-Pf.*, LKRZ 2012, 498).

Im dritten Schritt ist sodann zu prüfen, ob sich das Vorhaben in die **117** nähere Umgebung „einfügt". Hiervon ist auszugehen, wenn es sich in jeder Hinsicht innerhalb des aus seiner Umgebung hervorgehenden Rahmens hält und die nötige Rücksicht auf die unmittelbare Umgebung nimmt. Der von der Umgebung vorgegebene Rahmen wird dabei umso enger, je reiner – d. h. einheitlicher – die das Grundstück in bodenrechtlicher Hinsicht prägende Umgebung ist (*Krautzberger*, in: Battis/Krautzberger/Löhr, BauGB, § 34 Rn. 15). Ausnahmsweise kann es sich auch einfügen, wenn der Rahmen über- oder unterschritten wird. Das ist der Fall, wenn das Vorhaben nicht geeignet ist, bodenrechtliche Spannungen zu begründen oder vorhandene Spannungen zu erhöhen.

Beispiele: (1) Ein Vorhaben, mit dem der Dachfirstabschnitt eines Mittelrei- **118** henhauses zur Vergrößerung des Dachgeschosses um 1,60 m angehoben werden soll, ist mit seiner unmittelbaren Umgebung, einer bisher insoweit einheitlichen Reihenhauszeile, nicht verträglich und fügt sich deshalb nach dem Maßstab des § 34 Abs. 1 BauGB nicht ein.

119   (2) Soll ein Minarett mehr als doppelt so hoch gebaut werden wie die im maßgeblichen Bereich befindlichen weiteren Gebäude, kann nicht mehr davon ausgegangen werden, dass es sich in die nähere Umgebung einfügt (*VG Düsseldorf*, NWVBl. 2008, 157, 158).

120   (3) Ein ca. 800 qm großes Einzelhandelsvorhaben fügt sich in die nähere Umgebung eines Gebiets ein, welches sowohl Elemente eines Mischgebiets als auch eines Gewerbegebiets aufweist, da das Vorhaben in beiden Gebieten zulässig wäre (*OVG NRW*, DVBl. 2009, 1184).

121   (4) Ein Vorhaben fügt sich nicht in die Eigenart der näheren Umgebung ein, wenn es sich schädlichen Umwelteinwirkungen aussetzt, indem es zu nah an einen emittierenden Betrieb heranrückt. Das ist der Fall, wenn 250 m von einem Betrieb, der den erweiterten Pflichten der 12. BImSchV (Störfall-Verordnung)[26] unterfällt, ein Gartencenter errichtet werden soll (*HessVGH*, BauR 2009, 1260, 1262 f.).

122   Mit Urteil v. 15.9.2011 hat der *EuGH* (EuZW 2011, 873 m. Anm. *Hellriegel*) entschieden, dass das störfallrechtliche Abstandsgebot des Art. 12 Abs. 1 UAbs. 2 der **Seveso-II-Richtlinie 96/82/EG** nicht nur auf der Ebene des Planungsrechts, sondern auch im Baugenehmigungsverfahren anwendbar sei. In der Literatur sind daraufhin unterschiedliche Ansätze diskutiert worden, wie dem Diktum des *EuGH* Rechnung getragen werden kann (*Schmitt/Kreutz*, NVwZ 2012, 483, 484 f.; *Reidt*, UPR 2011, 448; *Uechtritz*, BauR 2012, 1039, 1045 ff., jeweils m. w. N.). Das *BVerwG* hat hierzu nun Stellung genommen (*BVerwG*, NVwZ 2013, 719 m. Anm. *Uechtritz*). Ob angemessene Abstände i. S. d. Seveso-II-Richtlinie eingehalten sind, ist danach innerhalb eines bauplanungsrechtlichen Zulassungsverfahrens nach § 34 BauGB beim Merkmal des Einfügens – nämlich beim Rücksichtnahmegebot – zu thematisieren. Die Prüfung, ob das neu hinzukommende Vorhaben die erforderliche Rücksicht gegenüber dem existierenden Störfallbetrieb wahrt, habe dabei zweistufig zu erfolgen: In einem ersten Schritt müsse der angemessene Abstand zwischen Störfallbetrieb und sensibler Nutzung bestimmt werden. Wenn dieser Abstand nicht eingehalten werde, sei in einem zweiten Schritt zu untersuchen, ob eine Abstandsunterschreitung vertretbar sei. § 34 BauGB müsse in diesem Sinne richtlinienkonform ausgelegt werden (*BVerwG*, NVwZ 2013, 719; ausführl. hierzu *Hellriegel/Farsbotter*, NVwZ 2013, 1117).

---

26 Abgedruckt in der Sammlung *Sartorius*, Verfassungs- und Verwaltungsgesetze. Ergänzungsband, Nr. 296/12.

Vom Erfordernis des Einfügens kann nach § 34 Abs. 3a BauGB **123** **abgewichen** werden. Das betrifft vor allem zulässigerweise errichtete Gewerbe- und Handwerksbetriebe und auch bauliche Anlagen zu Wohnzwecken, wenn die Abweichung der Erweiterung, Änderung, Nutzungsänderung oder Erneuerung der bereits bestehenden baulichen Anlage dient. Seit der BauGB-Novelle 2013 kann nun auch vom Erfordernis des Einfügens abgewichen werden bei der Nutzungsänderung eines Gewerbe- oder Handwerkbetriebs zu Wohnzwecken. Nicht anwendbar ist § 34 Abs. 3a Satz 1 BauGB auf Einzelhandelsbetriebe, die die verbrauchernahe Versorgung der Bevölkerung beeinträchtigen oder schädliche Auswirkungen auf zentrale Versorgungsbereiche in der Gemeinde oder in anderen Gemeinden haben können (§ 34 Abs. 3a Satz 2 BauGB). Eine Genehmigung nach § 34 Abs. 3a BauGB kommt bei Vorhaben in Betracht, die nach § 34 Abs. 1 BauGB unzulässig sind (weil sie sich nicht in die Eigenart der näheren Umgebung i. S. v. § 34 Abs. 1 BauGB einfügen), bei denen aber die Baumaßnahme einem Gewerbe- oder Handwerksbetrieb oder dem Wohnen dient.

Beispiel (nach *Krautzberger*, in: Battis/Krautzberger/Löhr, BauGB, § 34 124 Rn. 56): Durch einen Dachaufbau wird das Maß der baulichen Nutzung der in der näheren Umgebung vorhandenen Bebauung an sich überschritten. Das Vorhaben fügt sich somit nicht in die Eigenart der näheren Umgebung gem. § 34 Abs. 1 BauGB ein. Es kann aber dennoch nach § 34 Abs. 3a BauGB zugelassen werden – im Einzelfall aufgrund einer Ermessensentscheidung!

Einschränkende Vorgaben für Bauvorhaben im unbeplanten In- **125** nenbereich sieht dagegen § 34 Abs. 3 BauGB vor. Danach darf nicht zu erwarten sein, dass solche Vorhaben schädliche Auswirkungen auf **zentrale Versorgungsbereiche** in der Gemeinde oder in anderen Gemeinden haben. Das betrifft vor allem großflächige Einzelhandelsbetriebe (näher *BVerwG*, NVwZ 2010, 587 u. 590, vgl. aber auch BVerwGE 136, 10, 14 f., Rn. 11 f.: Großflächigkeit nicht zwingend). Der Gesetzgeber des EAG Bau sah deren Beurteilung nach den Kriterien in § 34 Abs. 1 und 2 BauGB sowie § 11 Abs. 3 BauNVO als unzureichend an und ergänzte deshalb die Vorgaben des § 34 Abs. 3 BauGB für Auswirkungen auf zentrale Versorgungsbereiche. Das sind räumlich abgrenzbare Bereiche einer Gemeinde, denen aufgrund vorhandener Einzelhandelsnutzungen eine Versorgungsfunktion über den unmittelbaren Nahbereich hinaus zukommt. Schädliche Auswirkungen darauf sind zu erwarten, wenn eine Standortgemeinde eine verbrauchernahe Versorgung nicht mehr gewährleisten kann (näher *Krautzberger*, in: Battis/Krautzberger/Löhr, BauGB, § 34 Rn. 54 f. m. w. N.).

126   **Beispiel:** Ein Factory-Outlet-Center, das aufgrund der Größe der Verkaufs-fläche in der Regel einen großflächigen Einzelhandelsbetrieb i. S. d. § 11 Abs. 3 BauNVO darstellt, ist im unbeplanten Innenbereich nach § 34 Abs. 2 BauGB nur genehmigungsfähig, wenn die nähere Umgebung einem Kerngebiet nach § 7 Abs. 1 BauNVO oder einem für den großflächigen Einzelhandel bestimmten faktischen Sondergebiet nach § 11 Abs. 3 BauNVO entspricht (vgl. zum faktischen Sondergebiet: *BVerwG*, NVwZ 1994, 285; *BbgOVG*, NJOZ 2008, 2517). In einem Gewerbe- oder Industriegebiet ist ein solches Vorhaben ab einer Verkaufsfläche von etwa 800 qm unzulässig (*BVerwG*, NVwZ 2006, 452). Entspricht die nähere Umgebung nicht einem Kerngebiet oder faktischen Sondergebiet, so kommt allein § 34 Abs. 1 BauGB zur Anwendung. Das Factory-Outlet-Center fügt sich in diesen Fällen aber nur in die nähere Umgebung ein, wenn zumindest ein zulässig errichteter ähnlicher Betrieb vorhanden ist. Dies muss zwar kein Outlet-Center sein, es muss sich aber um einen weiteren großflächigen Einzelhandelsbetrieb oder ein Einkaufszentrum handeln. Fügt sich das Vorhaben nach Art und Maß der baulichen Nutzung in die Eigenart der näheren Umgebung ein, so wird es entscheidend darauf ankommen, ob schädliche Auswirkung auf zentrale Versorgungsbereiche zu erwarten sind (§ 34 Abs. 3 BauGB).

127   Bisweilen wird das **Gebot der Rücksichtnahme** (u. § 10 Rn. 13 ff.) im Anschluss an die Frage des Einfügens gesondert angesprochen und problematisiert. Das *BVerwG* hat jedoch klargestellt, dass das Rücksichtnahmegebot keine allgemeine Härteklausel darstellt, die über den speziellen Vorschriften des gesamten öffentlichen Baurechts steht. Im Anwendungsbereich von § 34 Abs. 1 BauGB gehe das Gebot der Rücksichtnahme vielmehr in dem Kriterium des Einfügens auf (*BVerwG*, NVwZ 1999, 879, 880). Soweit sich das Vorhaben nach Art und Maß der baulichen Nutzung, nach seiner Bauweise und nach seiner überbauten Grundstücksfläche in die Eigenart der näheren Umgebung einfügt, ist also eine Verletzung des Rücksichtnahmegebots ausgeschlossen. Eine gesonderte Prüfung des Rücksichtnahmegebots ist in diesen Fällen also nicht mehr möglich.

128   Die übrigen Merkmale des § 34 Abs. 1 BauGB (Erschließung gesichert, Anforderungen an gesunde Wohn- und Arbeitsverhältnisse gewahrt, Ortsbild nicht beeinträchtigt) führen in der gutachterlichen Prüfung des Übungs- und Examensbetriebs regelmäßig nicht zu Problemen.

129   **bb) Zulässigkeit von Vorhaben nach § 34 Abs. 2 BauGB.** Im Hinblick auf die Anforderungen an die Art der baulichen Nutzung (nicht das Maß der baulichen Nutzung) werden die Kriterien des § 34 Abs. 1 BauGB durch § 34 Abs. 2 BauGB modifiziert, wenn die

Eigenart der näheren Umgebung einem der in der Baunutzungsverordnung typisierten Baugebiete entspricht. In diesem Fall beurteilt sich die Zulässigkeit des Vorhabens, was die Art der baulichen Nutzung anbelangt, allein nach der BauNVO. § 31 Abs. 1 und 2 BauGB werden ausdrücklich für anwendbar erklärt (§ 34 Abs. 2 Halbs. 2 BauGB). Bei der Inbezugnahme der BauNVO handelt es sich um eine dynamische Verweisung (BVerwGE 68, 341). Dementsprechend ist die jeweils aktuelle Fassung der BauNVO anzuwenden.

Beispiel: Entspricht die Umgebung einem reinen Wohngebiet i. S. v. § 3   **130**
BauNVO, ist eine Bäckerei nach §§ 34 Abs. 2 Halbs. 2, 31 Abs. 1 BauGB
i. V. m. § 3 Abs. 3 Nr. 1 BauNVO nur ausnahmsweise zulässig.

Prüfungsschema: Vorhaben im unbeplanten Innenbereich, § 34 BauGB	**131**

1. Vorhaben i. S. d. § 29 Abs. 1 BauGB
2. Im Zusammenhang bebauter Ortsteil
3. Einfügen in die Eigenart der näheren Umgebung
   a) bzgl. der Art der baulichen Nutzung
      Umgebung entspricht einem Baugebiet i. S. d. BauNVO: § 34
      Abs. 2 BauGB,
      ansonsten: § 34 Abs. 1 BauGB
   b) bzgl. des Maßes der baulichen Nutzung
   c) bzgl. der Bauweise
   d) bzgl. der überbaubaren Grundstücksfläche
4. Keine entgegenstehenden öffentlichen Belange, § 34 Abs. 1 Satz 2 und Abs. 3 BauGB
5. Erschließung gesichert
6. Ggf. gemeindliches Einvernehmen, § 36 BauGB

---

4. Vorhaben im Außenbereich

a) Der Begriff des Außenbereichs. Im Außenbereich liegt ein Vor-   **132**
haben, das weder im Geltungsbereich eines Bebauungsplans verwirklicht werden soll (so dass seine Zulässigkeit nach § 30 BauGB zu beurteilen wäre) noch im unbeplanten Innenbereich (für den § 34 BauGB maßgeblich ist). „Außenbereich" ist also **ein Rechtsbegriff**, der für die Zulässigkeit des Vorhabens auf § 35 BauGB verweist. Er knüpft nicht an die räumliche Lage des Grundstücks „außen", gewis-

sermaßen vor den Toren der Stadt an. Auch innerhalb der Stadt können sog. Außenbereichsinseln liegen, wenn für das fragliche Gebiet
kein Bebauungsplan besteht und es sich nicht um einen im Zusammenhang bebauten Ortsteil i. S. d. § 34 Abs. 1 BauGB handelt.

133   Die Gemeinde hat nach § 35 Abs. 6 BauGB die Möglichkeit, eine sog. **Außenbereichssatzung** zu erlassen. Eine solche Satzung lässt jedoch – anders als
eine Satzung nach § 34 Abs. 4 BauGB – die planungsrechtliche Zuordnung des
Satzungsgebiets zum Außenbereich unberührt. Mit ihr kann also nicht erreicht werden, dass bisherige Außenbereichsflächen dem potentiell bebauba-
ren Innenbereich zuzuordnen sind. Die Außenbereichssatzung bewirkt lediglich, dass nicht privilegierten Vorhaben i. S. d. § 35 Abs. 2 BauGB bestimmte
öffentliche Belange nicht entgegengehalten werden können.

134   **b) Privilegierte und sonstige Vorhaben.** § 35 BauGB geht von
dem Grundsatz aus, dass im Außenbereich nicht gebaut werden soll.
Das lässt sich ableiten aus dem Sinn der Vorschrift, der darin besteht,
die Belastung der Gemeinden mit immer neuen Erschließungs- und
Infrastrukturmaßnahmen zu begrenzen und eine Zersiedelung der
Landschaft zu vermeiden. Zudem kommt dem Außenbereich eine besondere Bedeutung für die naturgegebene Bodennutzung und als Erholungslandschaft für die Allgemeinheit zu. Bei der Prüfung der Genehmigungsfähigkeit eines Vorhabens im Außenbereich sind daher
die Zulassungsvoraussetzungen stets restriktiv zu handhaben.

135   Bei der Entscheidung über die Zulässigkeit eines Vorhabens im
Außenbereich ist vor allem eine vom Gesetz in § 35 BauGB vorgegebene Unterscheidung zu beachten: die Unterscheidung zwischen den
sog. privilegierten Vorhaben, die nach § 35 Abs. 1 BauGB dem Außenbereich zugewiesen und dort grundsätzlich zulässig sind, und
den sonstigen, nicht privilegierten Vorhaben, die nach § 35 Abs. 2
BauGB im Außenbereich grundsätzlich unzulässig sind. Das
BVerwG sprach in einer grundlegenden Entscheidung davon, dass
der Gesetzgeber in § 35 Abs. 1 BauGB in „planähnlicher Weise"
dem Außenbereich bestimmte Vorhaben zugewiesen hat, während
sonstige Vorhaben gerade nicht durch eine derartige Aussage unterstützt werden (BVerwGE 28, 148, 151).

c) Die Privilegierungstatbestände des § 35 Abs. 1 BauGB.

136   **aa) Land- und forstwirtschaftliche Betriebe.** Im Außenbereich
privilegiert ist nach § 35 Abs. 1 Nr. 1 BauGB ein Vorhaben, das einem
land- oder forstwirtschaftlichen Betrieb dient und nur einen unter-
ordneten Teil der Betriebsfläche einnimmt. Ob es sich um einen land-

wirtschaftlichen Betrieb handelt, beurteilt sich nach § 201 **BauGB**. Nach dieser Legaldefinition gehören zur Landwirtschaft insbes. der Ackerbau, die Wiesen- und Weidewirtschaft einschließlich der Tierhaltung, soweit das Futter überwiegend (nach der Rechtsprechung mind. zu 50 %) auf den zum Betrieb gehörenden landwirtschaftlichen Flächen erzeugt werden kann, ferner die gartenbauliche Erzeugung, der Erwerbsobstbau, der Weinbau sowie die berufsmäßige Imkerei und Binnenfischerei. Wesentliches Merkmal der Landwirtschaft ist grundsätzlich, mit Ausnahme von Imkerei und Fischerei, die Bodenertragsnutzung, d. h. der Boden muss planmäßig und eigenverantwortlich bewirtschaftet werden.

Es stellt sich die Frage, ob auch nichtlandwirtschaftliche Nebennutzungen von der Privilegierung des § 35 Abs. 1 Nr. 1 BauGB erfasst werden. Solche werden immer häufiger betrieben, da ein landwirtschaftlicher Betrieb oft nur aufrechterhalten werden kann, wenn eine weitere Erwerbsquelle hinzutritt. Je mehr die landwirtschaftsfremde Nutzung mit dem landwirtschaftlichen Betrieb im Zusammenhang steht, desto eher wird es sich um eine privilegierte Nutzung handeln. So werden neben der unmittelbaren Bodenertragsnutzung auch anschließende Produktions- und Veredelungsstufen erfasst (näher: *Jäde*, in: Jäde/Dirnberger/Weiß, BauGB, § 35 Rn. 16, 27 ff.). **137**

Beispiele: (1) Getreideanbau, Milchviehhaltung und Tierzucht, wenn die benötigten Futtermittel überwiegend selbst angebaut werden *können*. Nach der durch das EAG Bau maßgeblichen abstrakten Betrachtungsweise reicht es aus, wenn genügend landwirtschaftlich nutzbare Flächen zur überwiegenden Futtererzeugung vorhanden sind. Ob das Futter wirklich an die Tiere verfüttert wird, ist unerheblich (vgl. *Battis*, in: Battis/Krautzberger/Löhr, BauGB, § 201 Rn. 4; *Söfker*, in: Spannowsky/Uechtritz, BeckOK BauGB, § 201 Rn. 5, jeweils m. w. N.). Auch die Pensionstierhaltung stellt bei ausreichender eigener Futteranbaufläche landwirtschaftliche Betätigung dar. **138**

(2) Ein fortstwirtschaftlicher Betrieb i. S. d. § 35 Nr. 1 BauGB hat zum Gegenstand die planmäßige Waldbewirtschaftung in Form von Anbau, Pflege und Abschlag von Bäumen und Gehölzen. **139**

(3) Die Pferdeaufzucht mit eigener Bodenertragsnutzung kann auch dann zur Landwirtschaft gehören, wenn gleichzeitig eine reiterliche Ausbildung betrieben wird (*BVerwG*, NVwZ 1986, 201; *BVerwG*, BeckRS 1985, 31287143). Handelt es sich aber nur um einen Trainingsstall für Rennpferde, so liegt keine Landwirtschaft vor (*BVerwG*, BeckRS 1995, 31223319). **140**

(4) Noch zur Landwirtschaft einschließlich der folgenden Produktionsstufen gehört die Verarbeitung des selbst angebauten Obstes einschließlich des Schnapsbrennens ebenso wie die Weinerzeugung und die Mosterei (*Jäde*, in: Jäde/Dirnberger/Weiß, BauGB, § 35 Rn. 18). **141**

142   (5) Nicht erfasst ist ein gastronomischer Betrieb als Nebennutzung zur
Fischzucht, in dem neben den eigenen Fischen überwiegend fremderzeugte
Produkte angeboten werden. Es wäre mit dem Grundsatz, dass der Außenbereich von Bebauung freizuhalten ist, nicht vereinbar, wenn ein landwirtschaftlicher Betrieb um eine Gaststätte erweitert werden dürfte, nur weil dort *auch*
eigenerzeugte Produkte verkauft werden (*BVerwG*, BauR 1999, 33).

143   (6) Eine Fremdenbeherbergung i. S. v. „Ferien auf dem Bauernhof" ist gerade darauf ausgerichtet, dass die Nutzung im Rahmen eines landwirtschaftlichen Betriebs erfolgt, insbes. wenn die Feriengäste teilweise mit eigenen Pro-
dukten versorgt werden. Allerdings handelt es sich nur um eine von § 35
Abs. 1 Nr. 1 BauGB erfasste, von der privilegierten landwirtschaftlichen Tätigkeit also gleichsam „mitgezogene" Nebennutzung, wenn die Landwirtschaft
nach Umfang und Bedeutung den Gesamtbetrieb beherrscht. Dies ist nicht
mehr der Fall, wenn die Einnahmen aus der Ferienbeherbergung genauso
hoch sind wie die aus der Landwirtschaft (*BayVGH*, Beschl. v. 7.7.2005 – 26
ZB 04.2503, juris).

144   Die land- und forstwirtschaftliche Betätigung muss außerdem die
Qualität eines Betriebs haben. Nach der Rechtsprechung des
BVerwG darf der Außenbereich nur einer auf Dauer angelegten Betätigung geopfert werden (BVerwGE 26, 121; 41, 138, 143). Von einem
Betrieb i. S. d. § 35 Abs. 1 BauGB ist daher auszugehen, wenn hinreichende Aussichten dafür bestehen, dass er langfristig, möglichst über
mehrere Generationen, Bestand haben kann. Anhaltspunkte für die
Beurteilung der gebotenen Dauerhaftigkeit und Nachhaltigkeit eines
solchen Betriebs sind vor allem die Wirtschaftlichkeit des geplanten
Vorhabens, die persönliche und fachliche Eignung des Betreibers,
die Größe des Vorhabens, der langfristig gesicherte Zugriff auf die
notwendigen Flächen sowie das Bereitstehen eines Erben für die Be-
triebsübernahme. Keinen Betrieb in diesem Sinne stellt eine bloß
hobbymäßig betriebene Landwirtschaft dar, wie etwa die Haltung
von zwei Milchkühen. Doch kann ein sog. Nebenerwerbsbetrieb,
dem eine auf Dauer angelegte und wirtschaftlich lebensfähige Planung zugrunde liegt, privilegiert sein (*Krautzberger*, in: Battis/
Krautzberger/Löhr, BauGB, § 35 Rn. 16 m. w. N.).

145   Das Vorhaben muss dem landwirtschaftlichen Betrieb dienen. Es
muss dem Betrieb räumlich zuzuordnen und in seinem Erscheinungsbild durch den betrieblichen Verwendungszweck geprägt sein.
Ob es dem Betrieb auch **funktional zugeordnet** werden kann, hängt
maßgeblich von der Verkehrsauffassung ab. Entscheidend ist, ob ein
„vernünftiger Landwirt" unter Berücksichtigung des Gebots größt-
möglicher Schonung des Außenbereichs das Vorhaben mit etwa

gleichem Verwendungszweck und mit etwa gleicher Gestaltung und Ausstattung für einen entsprechenden Betrieb errichten würde und das Vorhaben durch die Zuordnung zu dem konkreten Betrieb auch äußerlich erkennbar geprägt wird (BVerwGE 41, 138).

Beispiele: Viehställe und Bewegungsanlagen dienen Tierzuchtbetrieben, Getreidelagerscheunen, Silos und Garagen für Traktoren dienen einem Getreideanbaubetrieb, eine Bewegungshalle kann einem Pensionspferdehaltungsbetrieb dienen. Einer Feldscheune aus Mauerwerk mangelt es hingegen regelmäßig an der Wirtschaftlichkeit, so dass sie einem landwirtschaftlichen Betrieb in der Regel nicht dient, eine Holzscheune dagegen schon (vgl. *Stollmann*, Öffentliches Baurecht, § 17 Rn. 16).   146

Schließlich darf das Vorhaben nur einen **untergeordneten Teil der** **Betriebsfläche** einnehmen. Der Schwerpunkt muss eindeutig auf den landwirtschaftlich genutzten Flächen liegen.   147

bb) Gartenbauliche Erzeugung. Nach § 35 Abs. 1 Nr. 2 BauGB ist sodann ein Vorhaben privilegiert, das einem Betrieb der gartenbaulichen Erzeugung dient. Betriebe der gartenbaulichen Erzeugung sind solche, die der Gewinnung pflanzlicher Erzeugnisse dienen.   148

Beispiele: Baumschulen, Obst- und Gemüseanbau, Schnittblumenzucht (vgl. *Söfker*, in: Spannowsky/Uechtritz, BeckOK BauGB, § 201 Rn. 6).   149

Grundsätzlich stellt die gartenbauliche Erzeugung gem. § 201 BauGB eine landwirtschaftliche Betätigung dar und ist damit eigentlich schon nach § 35 Abs. 1 Nr. 1 BauGB privilegiert. Allerdings greift diese Privilegierung nur, wenn die geplanten baulichen Anlagen einen untergeordneten Betriebsteil einnehmen. Diese Anforderung erfüllen moderne Gartenbaubetriebe nicht, da die Produktion hier überwiegend in Gewächshäusern stattfindet. Die Gewächshäuser nehmen regelmäßig den Großteil der betrieblichen Fläche ein, so dass eine Privilegierung nach Nr. 1 ausscheidet. Um diese Betriebe aber dennoch im Außenbereich ansiedeln zu können, werden sie in Nr. 2 gesondert privilegiert (seit dem BauROG 1998).   150

cc) Ortsgebundene Betriebe. Nach Nr. 3 der Privilegierungstatbestände in § 35 Abs. 1 BauGB ist ein Vorhaben im Außenbereich zulässig, das der öffentlichen Versorgung mit Elektrizität, Gas, Telekommunikationsdienstleistungen, Wärme und Wasser, der Abwasserwirtschaft oder einem ortsgebundenen gewerblichen Betrieb dient. Privilegiert sind hiernach nur solche Vorhaben, die der Allgemeinheit dienen. Das Merkmal der Ortsgebundenheit ist nach (umstr.) Recht-   151 sprechung des *BVerwG* über den Wortlaut hinaus für alle Vorhaben zu fordern, wenn sie die Privilegierung für sich geltend machen wollen (BVerwGE 96, 95, 98; näher *Krautzberger*, in: Battis/Krautzberger/Löhr, BauGB, § 35 Rn. 28 m. w. N.). Ortsgebunden ist ein Vorhaben, wenn es seinem Wesen nach ausschließlich an der bestimmten Stelle betrieben werden kann. Dabei genügt es nicht, wenn sich der Standort im Außenbereich aus Gründen der Rentabilität anbietet. Vielmehr muss das Vorhaben auf die geographische oder geologische Eigenart der Stelle angewiesen sein, weil es an einem anderen Ort seinen Zweck verfehlen würde. Daran fehlt es grundsätzlich, wenn der Standort zwar Lagevorteile bietet, aber das Vorhaben nicht damit steht oder fällt, ob es an dieser Stelle und nirgend woanders ausgeführt werden kann (*BVerwG*, NJW 1975, 550; BVerwGE 50, 346; BVerwGE 96, 95).

152 **Beispiele:** (1) Steinbrüche, Ziegeleien, Kraftwerke an Talsperren, Hochspannungsleitungen, Leitungen für Fernwärme oder Erdgas, Rundfunktürme (vgl. *Stollmann*, JuS 2003, 855, 857).

153 (2) Nicht privilegiert nach § 35 Abs. 1 Nr. 3 BauGB sind Photovoltaikanlagen. Diese sind ihrem Wesen nach nicht an den Außenbereich gebunden, sondern können auch im Innenbereich, bspw. auf Dächern oder an Fassaden, errichtet werden.

154 **Beispiel (nach *BVerwG*, NVwZ 2013, 1288):** Bauherr B plant eine Mobilfunksendeanlage im Außenbereich. Sie soll neben einem 30 m hohen Mast zwei Funkcontainer und einen 25 qm großen geschotterten Parkplatz umfassen.
Eine solche Anlage könnte gem. § 35 Abs. 1 Nr. 3 BauGB privilegiert sein, weil sie der Versorgung mit Telekommunikationsdienstleistungen dient. Einschränkend verlangt das *BVerwG* allerdings, dass Vorhaben, die der öffentlichen Versorgung dienen, zu dem vorgesehenen Standort eine der Ortsgebundenheit gewerblicher Betriebe vergleichbare (gegenüber diesen aber abgeschwächte) Beziehung haben (*BVerwG*, NVwZ 1995, 64). Ortsgebunden i. S. d. § 35 Abs. 1 Nr. 3 BauGB ist ein Gewerbe nur dann, wenn es nach seinem Gegenstand und seinem Wesen ausschließlich an der fraglichen Stelle betrieben werden kann. Erforderlich ist hierfür, dass der Betrieb auf die geographische oder die geologische Eigenart der Stelle angewiesen ist, weil er an einem anderen Ort seinen Zweck verfehlen würde. Entsprechendes soll, graduell abgeschwächt, für die in § 35 Abs. 1 Nr. 3 BauGB genannten Vorhaben gelten, die der öffentlichen Versorgung mit Telekommunikationsdienstleistungen dienen. Zu bedenken ist dabei, dass Mobilfunksendeanlagen Teil eines übergreifenden Mobilfunknetzes sind und nicht an beliebiger Stelle errichtet werden können. Sie sind an die zu versorgende Fläche und deren topographische Besonderheiten gebunden. Der Standort muss so gewählt werden, dass

andere Mobilfunkanlagen nicht gestört werden, aber auch keine Versorgungs-
lücken entstehen. Dabei sind die Masten aber regelmäßig nicht auf einen konkreten Standort angewiesen, sondern es kommen mehrere geeignete Standorte
in Betracht. Vor diesem Hintergrund ist das Merkmal der „Ortsgebundenheit" bei einer Mobilfunksendeanlage bereits dann erfüllt, wenn sie an einem
funktechnisch hierfür geeigneten Standort im Außenbereich errichtet werden
soll, um das Angebot an Telekommunikationsdienstleistungen zu verbessern,
etwa weil durch die Anlage eine bestehende Versorgungslücke geschlossen
werden soll. Es genügt mithin eine Raum- bzw. Gebietsgebundenheit, die
durch eine entsprechende Standortanalyse des Vorhabenträgers nachzuweisen
ist. Diese Maßstäbe lassen sich dann mit der größtmöglichen Schonung des
Außenbereichs vereinbaren, wenn zusätzlich eine Verhältnismäßigkeitsprü-
fung vorgenommen wird. Danach kann die „Ortsgebundenheit" nur dann bejaht werden, wenn neben der Raum- bzw. Gebietsgebundenheit des Vorhabens dem Bauherrn ein Ausweichen auf einen (nach der von ihm im
Genehmigungsverfahren vorzulegenden Standortanalyse) ebenfalls geeigneten
Standort im Innenbereich nicht zumutbar ist (*BVerwG*, NVwZ 2013, 1288,
1290 Rn. 14).

dd) Vorhaben mit besonderen Anforderungen an die Umge- 155
bung. Nach § 35 Abs. 1 Nr. 4 BauGB ist ein Vorhaben im Außenbereich zulässig (vorbehaltlich der weiteren Voraussetzungen: öffentliche Belange stehen nicht entgegen, Erschließung ist gesichert), wenn
es wegen seiner besonderen Anforderungen an die Umgebung, wegen
seiner nachteiligen Wirkung auf die Umgebung oder wegen seiner besonderen Zweckbestimmung nur im Außenbereich ausgeführt werden soll. Im Rahmen der Privilegierungstatbestände des § 35 Abs. 1
BauGB stellt Nr. 4 einen weit gefassten Auffangtatbestand dar, der
im Hinblick darauf, dass der Außenbereich grundsätzlich von einer
Bebauung freigehalten werden soll, eng ausgelegt werden muss. Das
vom Gesetzgeber mit § 35 BauGB verfolgte Ziel, den Außenbereich
von Bauvorhaben grundsätzlich frei zu halten, ist auch bei der Anwendung des Privilegierungstatbestands des § 35 Abs. 1 Nr. 4 BauGB
zu beachten. Dies bedeutet zunächst, dass nur solche Vorhaben erfasst werden, denen singulärer Charakter zukommt und die daher
keine Vorbildwirkung für andere Vorhaben besitzen (*OVG Rh.-Pf.*,
NVwZ-RR 2007, 304). Zudem werden solche Vorhaben erfasst, deren Realisierung sinnvollerweise nur im Außenbereich erfolgen
kann. Dies ist der Fall, wenn das Vorhaben auf Grund der konkreten
örtlichen Gegebenheiten im beplanten oder unbeplanten Innengebiet
unzulässig ist und auch nicht durch Erlass eines entsprechenden
Bebauungsplans legalisiert werden kann. Das Gesetz unterscheidet
hierbei zwischen Vorhaben, die besondere Anforderungen an ihre

Umgebung stellen (1), solchen Vorhaben, die sich nachteilig auf die Umgebung auswirken (2), und Vorhaben, die einer besonderen Zweckbestimmung vorbehalten sind (3).

156 Zur ersten Gruppe gehören solche Vorhaben, die eine Umgebung benötigen, wie sie nur im Außenbereich vorzufinden ist.

157 **Beispiele:** Aussichtstürme, Wetterstationen, Freilichttheater, Bootshäuser.

158 Die zweite Gruppe erfasst insbes. solche Vorhaben, die auf Grund ihrer Emissionen oder ihrer Gefährlichkeit im Innenbereich nicht zugelassen werden können.

159 **Beispiele:** Tierkörperbeseitigungsanstalten verursachen regelmäßig erhebliche Geruchsbelästigungen und dürfen daher im Innenbereich nicht errichtet werden. Dementsprechend sind sie gem. § 35 Abs. 1 Nr. 4 BauGB im Außenbereich zuzulassen. Wegen ihrer besonderen Gefährlichkeit sind auch Sprengstofffabriken und Sprengstofflager nach Nr. 4 privilegiert.

160 Im Sinne der dritten Gruppe einer besonderen Zweckbestimmung vorbehalten sind Vorhaben, die sich die besonderen Eigenschaften des Außenbereichs, insbes. dessen Erholungscharakter, zu Nutze machen. Allerdings ist die Zulassung von Vorhaben, die Erholungszwecken dienen, tendenziell zu verneinen, wenn mit ihnen individuelle Interessen verfolgt werden und sie nicht von der Allgemeinheit insgesamt genutzt werden können. Dem entspricht, dass der Außenbereich der Allgemeinheit als Erholungslandschaft zur Verfügung stehen soll.

161 **Beispiele:** Skihütten (vgl. hierzu *BayVGH*, NVwZ 2013, 311, sowie die Anm. von *Muckel*, JA 2013, 479), Wanderhütten, Grillhütten.

162 Religiöse oder weltanschauliche Gründe rechtfertigen für sich genommen keine Privilegierung gem. § 35 Abs. 1 Nr. 4 BauGB (*OVG Rh.-Pf.*, NVwZ-RR 2007, 304).

163 **Beispiel:** Bauherr B beantragt eine Baugenehmigung für eine Wallfahrtskapelle im Außenbereich. An der betreffenden Stelle sollen Marienerscheinungen stattgefunden haben, bei denen die Gottesmutter mehrfach den Bau einer Kapelle zu ihrem Andenken an diesem Ort gefordert habe. Die Erfüllung eines überirdischen Auftrags genügt jedoch nicht den Anforderungen, die an die Zweckbestimmung eines Vorhabens im Außenbereich zu stellen sind. Der Schutz Gläubiger vor dem Wetter stellt nur eine nützliche Nebenfolge des Vorhabens dar und rechtfertigt deshalb ebenfalls keine Privilegierung (*OVG Rh.-Pf.*, NVwZ-RR 2007, 304).

164 Nicht mehr erfasst von der Privilegierung des § 35 Abs. 1 Nr. 4 BauGB sind seit der BauGB-Novelle 2013 die Errichtung, Änderung

oder Erweiterung baulicher Anlagen zur Tierhaltung, die einer Pflicht zur Durchführung einer Umweltverträglichkeitsprüfung unterliegen. Die Anlagen waren nach § 35 Abs. 1 Nr. 4 BauGB a. F. als Vorhaben mit besonderen Anforderungen an die Umgebung im Außenbereich privilegiert. Das Gesetz zur Stärkung der Innenentwicklung in den Städten und Gemeinden und weiterer Fortentwicklung des Städtebaurechts hat insoweit eine wichtige Änderung vorgenommen. Nach der Überleitungsregelung gem. § 245a Abs. 4 BauGB gilt die Neuregelung (bereits) für alle Vorhaben, für die der Genehmigungsantrag nach dem 4.7.2012 bei der zuständigen Behörde gestellt wurde. Die Gesetzesänderung hat zur Folge, dass derartige Anlagen im Außenbereich nur noch nach der Aufstellung eines entsprechenden Bebauungsplans zulässig sind. Die Neuregelung erfasst nicht die Nutzungsänderung UVP-pflichtiger Anlagen (BT-Drs. 17/11468, S. 14). Privilegiert sind Vorhaben zur Tierhaltung im Außenbereich weiterhin nach § 35 Abs. 1 Nr. 1 BauGB, allerdings müssen sie dazu landwirtschaftlich betrieben werden. In der Literatur ist die Erwartung geäußert worden, dass sich das Bestreben der Tierhaltungsindustrie künftig am Merkmal der „Landwirtschaft" ausrichten und daher ein Trend zur landwirtschaftlichen Betriebsweise entstehen wird (vgl. *Battis/Mitschang*, NVwZ 2013, 961, 965).

ee) Vorhaben zur Erforschung, Entwicklung oder Nutzung der Wind- oder Wasserenergie. Im Zuge verschiedener gesetzlicher Vergünstigungen und dem Bestreben nach Öko-Strom gewinnt die Energiegewinnung durch Wind- und Wasserkraft zunehmend an Bedeutung. Vor Einführung der Privilegierung in § 35 Abs. 1 Nr. 5 BauGB hatte das *BVerwG* entschieden, dass Windenergieanlagen im Außenbereich nicht generell privilegiert sind (BVerwGE 96, 95). Als Reaktion auf diese Rechtsprechung hat der Gesetzgeber 1996 die generelle Privilegierung für Windenergieanlagen eingefügt. Die Regelung ist aber nicht abschließend. Windenergieanlagen können auch weiterhin nach den anderen Privilegierungstatbeständen zulässig sein, insbes. nach § 35 Abs. 1 Nr. 1 BauGB, wenn sie einem landwirtschaftlichen Betrieb dienen. **165**

Möglicherweise nicht hinreichend berücksichtigt wurden bei der Qualifizierung der Windenergieanlagen als privilegierte Vorhaben die erheblichen Emissionen, die bei dem Betrieb der Anlagen von den drehenden Rotorblättern ausgehen. Insbes. die monotonen Drehgeräusche sowie der sog. Disco-Effekt, also das durch die Rotorblätter verursachte Wechselspiel von Lichtreflexen und Schattenwurf, werden mitunter als äußerst störend empfunden. Insofern **166** steht die gesetzgeberische Wertung in § 35 Abs. 1 Nr. 5 BauGB unter **Kritik** (vgl. etwa *Mock*, NVwZ 1999, 937). Die Rechtsprechung ist der Kritik nicht gefolgt. Sie hat den Standpunkt eingenommen, im Außenbereich seien derartige Beeinträchtigungen hinzunehmen und verstießen nicht gegen das Gebot der Rücksichtnahme. Windenergieanlagen seien im Außenbereich nicht gebietsfremd. Wer im Außenbereich wohne, müsse mit Beeinträchtigungen durch eine solche Anlage rechnen. Im Ergebnis dürften sich die Probleme aber durch die Verwendung neuer Techniken deutlich verringern bzw. erledigen. Moderne Anlagen verursachen wesentlich geringere Lärmemissionen. Zudem werden die Lichteffekte durch die Verwendung moderner, nicht reflektierender Beschichtungsmaterialien nahezu ausgeschlossen.

167   Die Gemeinden können die Ansiedlung von Windenergieanlagen im Außenbereich in gewissem Umfang steuern, indem sie im Flächennutzungsplan sog. **Konzentrationszonen** ausweisen, d. h. der im Außenbereich privilegierten Nutzung an einer oder mehreren Stellen im Plangebiet positiv einen Standort zuweisen (zu den materiellen Anforderungen an einen Flächennutzungsplan, mit dem die Ausschlusswirkung des § 35 Abs. 3 Satz 3 BauGB herbeigeführt werden soll, s. *Sydow*, NVwZ 2010, 1534, 1535 f.). Eine Gemeinde, die von der Ermächtigung zur Konzentrationsflächenplanung Gebrauch macht, hat die öffentlichen Belange, die nach § 35 Abs. 3 Satz 1 BauGB erheblich sind und nicht zugleich zwingende, im Wege der Ausnahme oder Befreiung nicht überwindbare Verbotstatbestände nach anderen öffentlich-rechtlichen Vorschriften erfüllen, bei der Planung nach Maßgabe des § 1 Abs. 7 BauGB gegen das Interesse Bauwilliger abzuwägen, den Außenbereich für die Errichtung von Vorhaben i. S. d. § 35 Abs. 1 Nr. 2 bis 6 BauGB in Anspruch zu nehmen (*BVerwG*, NVwZ 2010, 1561). Rechtsfolge des § 35 Abs. 3 Satz 3 BauGB ist, dass Vorhaben, die nicht auf einer der ausgewiesenen Flächen, sondern an anderer Stelle im Gemeindegebiet verwirklicht werden sollen, im Regelfall unzulässig sind. Zu beachten ist allerdings, dass die Regelung in § 35 Abs. 3 Satz 3 BauGB nur Vorhaben nach § 35 Abs. 1 Nr. 2 bis 6 BauGB erfasst. Sofern die Windenergieanlage also einem landwirtschaftlichen Betrieb dient und nach § 35 Abs. 1 Nr. 1 privilegiert ist, kann sie auch außerhalb einer Konzentrationszone zulässig sein.

168   Zu beachten ist in diesem Zusammenhang der mit der BauGB-Novelle 2011 eingeführte § 249 BauGB. Die Norm soll das „Repowering" von alten Windkraftanlagen absichern. Durch den Einsatz neuer, leistungsstärkerer Windkraftanlagen kann mit weniger Anlagen die gleiche Strommenge wie zuvor produziert und die Beeinträchtigung des Landschaftsbilds verringert werden. Die neuen Anlagen erfordern jedoch einen größeren Abstand oder sind höher als die alten Windkraftanlagen, weshalb teilweise neue Standorte gewählt werden müssen. Aus § 249 Abs. 1 BauGB ergibt sich zum einen, dass die Ausweisung neuer Flächen für Windkraftanlagen nicht die Ausschlusswirkung des § 35 Abs. 3 Satz 3 BauGB von Windkraftanlagen an anderer Stelle im Außenbereich in Frage stellt, und zum anderen, dass diesen neuen, im Flächennutzungsplan ausgewiesenen Standorten nicht die Wirkung des § 35 Abs. 3 Satz 3 BauGB entgegengehalten werden kann. Nach § 249 Abs. 2 BauGB kann zudem bestimmt werden, dass in einem Bebauungsplan neu festgesetzte Windkraftanlagen nur zulässig sind, wenn andere im Bebauungsplan festgesetzte Windkraftanlagen stillgelegt und zurückgebaut werden (*Söfker*, in: Spannowsky/Uechtritz, BeckOK BauGB, § 249 Rn. 2 ff.; *Kopf*, LKRZ 2012, 261, 262).

ff) Vorhaben zur energetischen Nutzung von Biomasse. Privilegiert sind ferner nach näherer Maßgabe von § 35 Abs. 1 Nr. 6 BauGB Biomasseanlagen im Rahmen eines land- oder forstwirtschaftlichen Betriebs sowie eines Betriebs der gartenbaulichen Erzeugung. Erfasst ist insbesondere die Erzeugung und Verwertung von aus Biomasse erzeugtem Gas. Die Norm setzt voraus, dass die Anlage in einem räumlich-funktionalen Zusammenhang mit dem Betrieb steht, die Biomasse überwiegend aus dem Betrieb oder überwiegend aus ihm und aus nahe gelegenen Betrieben nach § 35 Abs. 1 Nr. 1, 2 und 4 BauGB stammt, je Hofstelle oder Betriebsort nur eine Anlage betrieben wird, die Feuerungswärmeleistung der Anlage 2,0 MW nicht überschreitet und, wenn es sich um Biomasseanlagen handelt, die ausschließlich Biogas erzeugen, die Höchstleistung nicht mehr als 2,3 Mio. Normkubikmeter Biogas pro Jahr beträgt.

gg) Vorhaben zur Erforschung, Entwicklung oder Nutzung der Kernenergie oder der Entsorgung radioaktiver Abfälle. § 35 Abs. 1 Nr. 7 BauGB privilegiert Vorhaben zur Erforschung, Entwicklung oder Nutzung der Kernenergie oder der Entsorgung radioaktiver Abfälle. Die Vorschrift dient lediglich der Klarstellung. Auch ohne sie wären die genannten Vorhaben im Außenbereich privilegiert, und zwar gem. § 35 Abs. 1 Nr. 3 oder 4 BauGB. Ausgenommen ist jedoch die Neuerrichtung von Vorhaben zur Spaltung von Kernbrennstoffen zur gewerblichen Erzeugung von Elektrizität. Dies geht mit dem Ausstieg aus der Nutzung der Kernenergie, § 7 Abs. 1a Satz 1 AtG,

169

170

einher (*Battis/Krautzberger/Mitschang/Reidt/Stüer*, NVwZ 2011, 897, 902).

171   **Beispiele:** Kernkraftwerke, Forschungsreaktoren, Prototyp- und Wiederaufbereitungsanlagen, Zwischen- und Endlager für radioaktive Abfälle.

172   **hh) Vorhaben zur Nutzung solarer Strahlungsenergie in, an und auf Dach- und Außenwandflächen.** § 35 Abs. 1 Nr. 8 BauGB erfasst Vorhaben, die der Nutzung solarer Strahlungsenergie in, an und auf Dach- und Außenwänden von Gebäuden dienen. Sie umfasst Photovoltaikanlagen zur Erzeugung von Strom und Solarthermie (Anlagen zur Wärmeversorgung). Nicht erforderlich ist, dass die erzeugte Energie innerhalb der Anlage selbst verbraucht wird. Es steht der Privilegierung eines Vorhabens also nicht entgegen, wenn die erzeugte Energie vollständig oder teilweise in ein öffentliches Netz eingespeist wird. Voraussetzung ist allerdings, dass die Anlage dem Gebäude baulich untergeordnet ist. Dabei kommt es auf das Verhältnis der Größe der Anlage zur Größe des Gebäudes an. Ragt die Anlage weit über die Dach- oder Außenwandflächen hinaus, so spricht dies gegen eine Unterordnung. Auch dann kann das Vorhaben aber nach § 35 Abs. 2 BauGB bauplanungsrechtlich zulässig sein (*Söfker*, in: BeckOK BauGB, § 35 Rn. 46b ff.; *Battis/Krautzberger/Mitschang/ Reidt/Stuer*, NVwZ 2011, 897, 902).

173   **Beispiele:** Erfasst werden sog. Aufdachanlagen und gebäudeintegrierte Anlagen, nicht aber Freiflächen-Anlagen. Auch freistehende Solaranlagen können im Einzelfall als Nebenanlagen den Vorhaben nach § 35 Abs. 1 Nr. 1 bis 4 BauGB zugeordnet werden. In der Regel sind die sog. Freiflächen-Photovoltaikanlagen jedoch im Außenbereich weiterhin nicht privilegiert, so dass ihre Zulässigkeit an § 35 Abs. 2 BauGB zu messen ist. Als sonstige Vorhaben i. S. dieser Norm sind sie regelmäßig unzulässig, weil die mit ihnen verbundene Freiflächeninanspruchnahme sich nachteilig auf öffentliche Belange auswirkt (*Söfker*, in: Ernst/Zinkahn/Bielenberg/Krautzberger, BauGB, § 35 Rn. 59j).

174   **d) Sonstige Vorhaben.** Bei allen Vorhaben, die nicht nach Abs. 1 privilegiert sind, handelt es sich um „sonstige Vorhaben" i. S. v. **§ 35 Abs. 2 BauGB.** Entsprechend der Vorgabe, dass der Außenbereich grundsätzlich von Bebauung freizuhalten ist, sind die sonstigen Vorhaben im Außenbereich regelmäßig unzulässig. Das ergibt sich daraus, dass nach § 35 Abs. 2 BauGB für sonstige Vorhaben bereits dann die Genehmigung zu versagen ist, wenn öffentliche Belange „beeinträchtigt" werden. Die in § 35 Abs. 2 BauGB verwendete Formulierung „können zugelassen werden" ist zwar verfassungskonform

auszulegen. Im Lichte der Eigentumsgarantie des Art. 14 Abs. 1 GG begründet die Norm einen Rechtsanspruch auf Genehmigung des geplanten Vorhabens, wenn öffentliche Belange nicht beeinträchtigt werden (BVerwGE 18, 247). Eine solche Beeinträchtigung liegt aber fast immer vor.

e) Die öffentlichen Belange. Sowohl privilegierte als auch sonstige   175
Vorhaben können im Außenbereich unzulässig sein, wenn die gegen das Vorhaben sprechenden öffentlichen Belange ein größeres Gewicht haben als die privaten Interessen des Bauwilligen. Die öffentlichen Belange, um die es dabei geht, sind in § 35 Abs. 3 BauGB beispielhaft („insbesondere") aufgeführt. Obwohl die Vorschrift nach Wortlaut („beeinträchtigt") und Systematik an § 35 Abs. 2 BauGB anknüpft, gilt sie auch für § 35 Abs. 1 BauGB. Bei § 35 Abs. 1 und § 35 Abs. 2 BauGB sind dieselben öffentlichen Belange zu beachten. Ihnen kommt allerdings im Rahmen der **Abwägung** unterschiedliches Gewicht zu: Damit ein privilegiertes Vorhaben nach § 35 Abs. 1 BauGB unzulässig ist, müssen ihm öffentliche Belange **„entgegenstehen"**. Sonstige Vorhaben nach § 35 Abs. 2 BauGB sind dagegen schon dann unzulässig, wenn öffentliche Belange nur **„beeinträchtigt"** werden. Bei den privilegierten Vorhaben ist im Rahmen der Abwägung zu beachten, dass der Gesetzgeber diese Vorhaben in § 35 Abs. 1 BauGB dem Außenbereich zugewiesen hat und sie demgemäß grundsätzlich zulässig sind. Das Interesse des Bauwilligen an der Verwirklichung des Vorhabens wird sich deshalb regelmäßig gegenüber den öffentlichen Belangen durchsetzen. Dagegen sind sonstige Vorhaben nach der Entscheidung des Gesetzgebers in § 35 Abs. 2 BauGB nur „im Einzelfall" zulässig. Die zu ihren Gunsten sprechenden privaten Belange des Bauwilligen haben daher in der Abwägung mit öffentlichen Belangen regelmäßig das geringere Gewicht.
Die öffentlichen Belange im Einzelnen:

aa) Widerspruch zu den Darstellungen im Flächennutzungs-   176
plan. Bei dem sich aus den Darstellungen eines Flächennutzungsplans ergebenden öffentlichen Belang muss zwischen privilegierten und sonstigen Vorhaben unterschieden werden. Sonstige Vorhaben i. S. v. § 35 Abs. 2 BauGB beeinträchtigen den öffentlichen Belang gem. § 35 Abs. 3 Satz 1 Nr. 1 BauGB, wenn der dem Vorhaben widersprechende Planungswille der Gemeinde hinreichend klar erkennbar ist. Privilegierten Vorhaben stehen Darstellungen im Flächennutzungsplan nur entgegen, wenn sie hinreichend konkretisiert sind,

dem Plan also eine sachlich und räumlich eindeutige, der Zulässigkeit des Vorhabens entgegenstehende standortbezogene Aussage zu entnehmen ist (näher *Krautzberger*, in: Battis/Krautzberger/Löhr, BauGB, § 35 Rn. 50). Dabei muss der Flächennutzungsplan eine Darstellung für das Vorhabengrundstück aufweisen. Eine Darstellung für das Nachbargrundstück reicht nicht.

177   **Beispiel:** (1) Sieht der Flächennutzungsplan für die Vorhabenflächen Wohnnutzung vor, sind grundsätzlich solche Vorhaben wegen entgegenstehender öffentlicher Belange unzulässig, die mit einer Wohnbebauung nicht vereinbar sind, etwa stark emittierende Betriebe.

178   (2) Es stellt keinen entgegenstehenden öffentlichen Belang dar, wenn der Flächennutzungsplan für ein neben einem geplanten Schweinemastbetrieb liegendes Grundstück Wohnbebauung festsetzt, für das Vorhabengrundstück selbst aber keine Festsetzung trifft (*VG München*, Urt. v. 27.2.2008 – M 9 K 07.5089, juris).

179   **bb) Widerspruch gegen Darstellungen eines Landschaftsplans oder sonstigen Plans.** Auch ein Widerspruch des Vorhabens zu einem sonstigen Plan, etwa einem Landschaftsplan oder einem Plan des Wasser- oder Abfallrechts, kann einen öffentlichen Belang begründen (§ 35 Abs. 3 Satz 1 Nr. 2 BauGB).

180   **Beispiel:** Setzt ein Landschaftsplan ein Grundstück als Landschaftsschutzgebiet – mit der Folge eines Verbots baulicher Anlagen gem. §§ 21, 34 LG NRW – fest, so kann dort grundsätzlich keine nach § 35 Abs. 1 Nr. 1 BauGB privilegierte landwirtschaftliche Hofstelle gebaut werden.

181   **cc) Schädliche Umwelteinwirkungen.** Der Begriff der schädlichen Umwelteinwirkung in § 35 Abs. 3 Satz 1 Nr. 3 BauGB ergibt sich nach der Rechtsprechung aus § 3 Abs. 1 BImSchG (BVerwGE 52, 122, 126). Es handelt sich demnach um Immissionen, die nach Art, Ausmaß und Dauer geeignet sind, Gefahren, erhebliche Nachteile oder erhebliche Belästigungen für die Allgemeinheit oder die Nachbarschaft herbeizuführen. Die Zumutbarkeitsgrenze ist aufgrund einer umfassenden Würdigung aller Umstände des Einzelfalls zu bestimmen. Dabei ist auch und insbes. die Schutzwürdigkeit des jeweiligen Baugebiets zu berücksichtigen. Anhaltspunkte zur Beurteilung der Unzumutbarkeit von Immissionen folgen aus den technischen Regelwerken des Immissionsschutzrechts (TA-Luft, TA-Lärm, VDI-Richtlinien). Sie können aber nur unter Berücksichtigung der konkreten Umstände des Einzelfalls angewendet werden. Dem Wortlaut nach („kann") genügt bereits die bloße Möglichkeit, dass von dem Vorhaben schädliche Umwelteinwirkungen ausgehen oder es

selbst schädlichen Einwirkungen anderer Anlagen ausgesetzt sein
wird (*Jäde*, in: Jäde/Dirnberger/Weiß, BauGB, § 35 Rn. 186 f.).

Beispiel: Auch wenn ein Schweinemastbetrieb grundsätzlich nach § 35   **182**
Abs. 1 Nr. 1 oder 4 BauGB im Außenbereich privilegiert ist, kann er nach
§ 35 Abs. 3 Satz 1 Nr. 3 BauGB unzulässig sein, wenn die Distanz zum nächs-
ten Wohngebiet so gering ist, dass es dort zu für Wohngebiete inakzeptablen
Geruchs- und Lärmimmissionen kommen würde (*OVG SH*, NordÖR 2009,
362).

dd) Unwirtschaftliche Aufwendungen. Der öffentliche Belang in   **183**
§ 35 Abs. 3 Satz 1 Nr. 4 BauGB erfasst Infrastruktureinrichtungen, die
von der Gemeinde im Rahmen der Daseinsvorsorge auf Grund des
Vorhabens einzurichten wären. Abzugrenzen ist dieser Belang vom
Erfordernis der gesicherten Erschließung in § 35 Abs. 1 BauGB.
Während sich das Kriterium der gesicherten Erschließung nur auf solche Anlagen bezieht, die unmittelbar dem Anschluss des Vorhabens
an das öffentliche Verkehrsnetz dienen, meint § 35 Abs. 3 Satz 1
Nr. 4 BauGB vor allem Anlagen, die darüber hinaus erforderlich
sind. Die Gemeinde hat ein legitimes Interesse daran, ihre Aufwendungen für Straßen und andere Verkehrseinrichtungen, für Anlagen
der Versorgung oder Entsorgung, für die Sicherheit oder Gesundheit
usw. in Übereinstimmung mit der beabsichtigten städtebaulichen Entwicklung und ihrer wirtschaftlichen Leistungsfähigkeit zu halten. Sie
kann daher ihre Erschließungsaufgaben im weitesten Sinne auf die
planungsrechtlich vorgesehenen Baugebiete beschränken. Die Notwendigkeit solcher Maßnahmen steht einem Vorhaben dann entgegen,
wenn die Kosten im Verhältnis zum Gemeindehaushalt sowie dem
angestrebten Nutzen unangemessen sind. Der Bauwillige kann sich
aber verpflichten, die anfallenden Kosten zu übernehmen. Tut er
dies, muss das zu seinen Gunsten berücksichtigt werden (*BVerwG*,
NVwZ 1986, 38). Demgegenüber ist ein Verzicht des Bauantragstel-
lers auf Erschließungs- und Versorgungsanlagen unbeachtlich.

ee) Natur- und Landschaftsschutz, Bodenschutz, Denkmal-   **184**
schutz. Öffentliche Belange sind ferner nach § 35 Abs. 3 Satz 1 Nr. 5
BauGB Belange des Naturschutzes und der Landschaftspflege, des
Bodenschutzes, des Denkmalschutzes und die natürliche Eigenart
der Landschaft sowie ihr Erholungswert, aber auch das Orts- und
Landschaftsbild. Maßgeblich für die Frage, ob ein solcher Belang
i. S. der Vorschrift beeinträchtigt wird, ist die Sicht eines für ästhetische Eindrücke offenen Betrachters. § 35 Abs. 3 Satz 1 Nr. 5 BauGB

fordert nicht, dass die Landschaft völlig unberührt erhalten bleibt. Sie muss jedoch ihre Eigenart im Wesentlichen auch in Bezug auf das Landschaftsbild behalten. Der Begriff der Verunstaltung ist teilweise identisch mit dem der Landesbauordnungen (z. B. in § 12 BauO NRW[27]). Der bauplanungsrechtliche Verunstaltungsbegriff berücksichtigt aber zusätzlich die Belange des Bodenrechts.

185   **Beispiele:** (1) Einer Mobilfunkanlage kann eine verunstaltende Wirkung nur in Ausnahmefällen entgegengehalten werden, weil die Verunstaltung der Privilegierung aus § 35 Abs. 1 Nr. 3 BauGB immanent ist (*BayVGH*, BauR 2002, 439).

186   (2) Die Einfriedung eines im Außenbereich gelegenen Areals durch Leitplanken und Straßenbegrenzungspfosten stellt eine Verunstaltung dar, weil sie in der freien Acker- und Weidelandschaft untypisch ist. Sie ist einem solchen Standort wesensfremd und widerspricht der Nutzungsweise der landwirtschaftlichen Grundstücke. Der Durchschnittsbetrachter empfindet diese Art der Einfriedung als hässlich. Eine Häufung würde das Landschaftsbild negativ verändern (*VG München*, Urt. v. 9.11.2005 – M 9 K 05.3611, juris).

187   **ff) Agrarstruktur, Wasserwirtschaft, Hochwasserschutz.** Maßnahmen zur Verbesserung der Agrarstruktur i. S. v. § 35 Abs. 3 Satz 1 Nr. 6 BauGB sind insbes. Flurbereinigung, freiwilliger Landtausch sowie Vergrößerung, Aussiedlung und rationale Gestaltung land- und forstwirtschaftlicher Betriebe. Eine Gefährdung der Wasserwirtschaft wäre anzunehmen, wenn das Vorhaben negative Auswirkungen auf die Trinkwasserversorgung hat. Die Gefährdung der Wasserwirtschaft stellt unabhängig von den Vorschriften des Wasserrechts einen öffentlichen Belang dar. Auch die Sicherung des Hochwasserschutzes steht unabhängig neben den einschlägigen Vorschriften des Wasserrechts. Einem Vorhaben steht dieser Belang entgegen, wenn es negative Auswirkungen auf den Rückhalt von Hochwasser, den Abfluss des Hochwassers oder Vorbeugungsmaßnahmen gegen Hochwasser hat.

188   **gg) Splittersiedlung.** Zu den in Prüfungsarbeiten wichtigsten öffentlichen Belangen zählt die zu befürchtende Entstehung, Verfestigung oder Erweiterung einer Splittersiedlung (§ 35 Abs. 3 Satz 1 Nr. 7 BauGB). Eine Splittersiedlung ist gekennzeichnet durch in einem engeren räumlichen Bereich liegende Bauten, die in keiner organischen Beziehung zu dem im Zusammenhang bebauten Bereich ste-

---

27 Art. 8 BayBO; § 11 LBO BW; § 9 HBO; § 12 HBauO; § 10 BauO SH; § 10 NBO; § 8 BbgBO; § 9 SächsBO; § 9 BauO LSA; § 12 ThürBO; § 5 LBauO Rh.-Pf.; § 9 BremLBO; § 4 LBO SL; § 9 LBauO MV; § 9 BauO Bln.

hen oder sich nicht in die planerisch festgelegte städtebauliche Ordnung einfügen. Dabei muss es sich nicht um Wohngebäude handeln; auch andere bauliche Anlagen, die dem – auch nur gelegentlichen – Aufenthalt von Menschen dienen, können eine Splittersiedlung bilden. Entscheidend ist, ob es sich um bauliche Anlagen handelt, die geeignet sind, den Vorgang der **Zersiedelung** des Außenbereichs einzuleiten.

Eine Splittersiedlung kann auch dann entstehen bzw. sich verfestigen, wenn ein Vorhaben zu einer zulässigen Bebauung hinzutritt, es sei denn, das Vorhaben löst keine bodenrechtlichen Spannungen aus, fügt sich organisch in eine bestehende Baulücke ein, ordnet sich der vorhandenen Bebauung hinreichend unter und hat keine „Vorbildwirkung", die zu weiteren Anträgen auf Genehmigung von Wohngebäuden im Außenbereich führen kann. Das Vorhaben darf sich insbes. nicht von einem Bebauungszusammenhang in seiner Umgebung absetzen. In Fällen, in denen eine Nachfolgebebauung nicht ausgeschlossen werden kann, erfordern es die öffentlichen Belange, bereits den ersten Ansätzen von (Wohn-)Bebauung entgegenzutreten. Dabei ist es unerheblich, ob bereits Bauanträge gestellt worden sind. Das trägt dem Grundsatz Rechnung, dass der Außenbereich von Baulichkeiten möglichst freigehalten werden soll.   189

Beispiel: Die Nutzungsänderung einer zwischen einem Bauernhaus und einem Einfamilienhaus im Außenbereich gelegenen Getreidescheune in ein Wohnhaus lässt die Verfestigung einer Splittersiedlung befürchten und ist daher unzulässig (*BVerwG*, NVwZ 2001, 1282).   190

hh) Funktionsfähigkeit von Funkstellen und Radaranlagen. Funkstellen und Radaranlagen i. S. v. § 35 Abs. 3 Satz 1 Nr. 8 BauGB sind Sende- und Empfangsanlagen, zwischen denen eine elektronisch funktionierende Informationsverbindung stattfinden kann. Radaranlagen sind solche, die der Flugsicherung sowie speziellen militärischen und wissenschaftlichen Zwecken dienen (näher *Söfker*, in: Spannowsky/Uechtritz, BeckOK BauGB, § 35 Rn. 104).   191

Prüfungsschema: Zulässigkeit eines Vorhabens im Außenbereich, § 35 BauGB	192
1. Vorhaben i. S. d. § 29 Abs. 1 BauGB 2. Kein Gebiet nach § 30 oder § 34 BauGB	

3. Privilegiertes Vorhaben nach § 35 Abs. 1 BauGB
   → **Wenn Vorhaben im Sinne der Nr. 1 bis 8**
4. Keine entgegenstehenden öffentlichen Belange
5. Erschließung ist gesichert
6. Verpflichtungserklärung nach § 35 Abs. 5 Satz 2 BauGB für Vorhaben nach § 35 Abs. 1 Nr. 1 bis 6 BauGB
7. Ggf. gemeindliches Einvernehmen, § 36 BauGB
   → **Wenn sonstiges Vorhaben nach § 35 Abs. 2 BauGB**
8. Öffentliche Belange nicht beeinträchtigt
9. Erschließung gesichert
10. Ggf. gemeindliches Einvernehmen, § 36 BauGB

193   **f) Bestandsschutz für begünstigte Vorhaben nach § 35 Abs. 4 BauGB. aa) Kein genereller Bestandsschutz aus Art. 14 Abs. 1 GG.** Nach traditionellem (heute aber weitgehend überholtem) Verständnis ergab sich für bestehende bauliche Anlagen ein rechtlicher Schutz, sog. Bestandsschutz, aus der Eigentumsgarantie des Art. 14 Abs. 1 GG. Es wurde differenziert zwischen passivem und aktivem Bestandsschutz. In dieser Systematik gewährte der **passive Bestandsschutz** ein Abwehrrecht gegen Abrissverfügungen und Nutzungsuntersagungen, und zwar selbst dann, wenn die bauliche Anlage infolge einer Änderung der baurechtlichen Bestimmungen inzwischen nicht mehr genehmigungsfähig war und sich insofern aus späterer Sicht als materiell rechtswidrig darstellte. Voraussetzung für einen solchen passiven Bestandsschutz war nach früher h. M., dass die bauliche Anlage zum Zeitpunkt der Errichtung rechtswirksam genehmigt, d. h. formell baurechtmäßig war, oder – ohne rechtswirksam genehmigt zu sein – zur Zeit der Errichtung oder jedenfalls nach der Errichtung über einen längeren Zeitraum den Vorschriften des materiellen Baurechts entsprochen hat, d. h. materiell baurechtmäßig war. Die bauliche Anlage musste also zu irgendeinem Zeitpunkt genehmigt worden oder jedenfalls genehmigungsfähig gewesen sein.

194   **Beispiel:** X hat im Jahr 1960 ohne Baugenehmigung ein Gebäude errichtet, in dem seither ununterbrochen sein Steinmetzbetrieb untergebracht ist. Ein Bebauungsplan ist für das Gebiet nicht vorhanden. Die umliegende Bebauung bestand nur aus Wohngebäuden. Im Jahr 1970 erließ die Gemeinde formell und materiell rechtmäßig einen Bebauungsplan, in dem das Gebiet als Mischgebiet gem. § 6 BauNVO festgesetzt wurde. Im Jahr 2005 erlässt die Stadt einen neuen Bebauungsplan und überplant das betreffende Gebiet. Sie setzt nunmehr ein allgemeines Wohngebiet nach § 4 BauNVO fest. Obwohl das Gebäude des X nun gegen die Festsetzungen des Bebauungsplans verstößt, konnte die Gemeinde gegen X keine Abrissverfügung erlassen, weil sein Gebäude zumindest zwischen 1970 und 2005 genehmigungsfähig war.

Bei dem Gedanken des passiven Bestandsschutzes geht es, wie das Beispiel **195** zeigt, um die Rechtmäßigkeit bauordnungsrechtlicher Verfügungen, insbes. Abrissverfügungen. In diesem rechtlichen Kontext hat – mit Blick auf die grundsätzlich erforderliche sog. materielle Illegalität des Baus – der Grundgedanke des passiven Bestandsschutzes nach wie vor eine gewisse Bedeutung; er ist aber richtigerweise nicht unmittelbar aus Art. 14 Abs. 1 GG abzuleiten, sondern aus der erteilten Baugenehmigung und ihrer Tatbestandswirkung (vgl. u. § 9 Rn. 31 f.).

Beim sog. **aktiven Bestandsschutz** ging es hingegen nicht um die **196** bloße Erhaltung des *status quo*, sondern um die Frage, inwieweit baurechtlich relevante Veränderungen am geschützten Bestand, die den mittlerweile geltenden Bauvorschriften widersprechen und daher eigentlich unzulässig wären, von der Bauaufsicht zu genehmigen oder zumindest zu dulden waren. Danach waren bauliche Anlagen zur Erweiterung bestehender Bauten oder auch zu ihrer Wiederherstellung zulässig, wenn die Beibehaltung und funktionsgerechte Nutzung des Vorhandenen sie erforderten. Grundlage dessen war im Wesentlichen Art. 14 Abs. 1 GG (näher *Koch/Hendler*, Baurecht, Raumordnungs- und Landesplanungsrecht, § 25 Rn. 110 ff.).

Inzwischen hat das *BVerwG* seine Rechtsprechung zu diesen **197** Grundsätzen **aufgegeben** (BVerwGE 84, 322; 88, 191; 85, 289; 106, 228). Dem liegt die zutreffende Einsicht zugrunde, dass nach Art. 14 Abs. 1 Satz 2 GG der nähere Inhalt des Eigentums durch die Gesetzgebung bestimmt wird. Der Gesetzgeber hat damit auch die Befugnis, von „Bestandsschutz" abzusehen. Solange die aus Art. 14 Abs. 1 GG folgende Eigentumsinstitutsgarantie und die Bestandsgarantie für rechtmäßig erworbene Eigentumspositionen beachtet werden, sind gesetzliche Vorschriften zur näheren Ausformung des Eigentums auf der Grundlage von Art. 14 Abs. 1 Satz 2 GG verfassungsgemäß. Ob und ggf. inwieweit für eine bauliche Anlage Bestandsschutz besteht, richtet sich dann nach ihnen, den einfach-gesetzlichen Regelungen, und nicht unmittelbar nach Art. 14 Abs. 1 GG (näher *Koch/ Hendler*, Baurecht, Raumordnungs- und Landesplanungsrecht, § 25 Rn. 117).

bb) Die begünstigten Vorhaben nach § 35 Abs. 4 BauGB. Eine **198** solche einfach-gesetzliche Inhaltsbestimmung des Eigentums stellt

§ 35 Abs. 4 BauGB dar. Danach sind unter den dort genannten Voraussetzungen Maßnahmen zulässig, die über das hinausgehen, was der passive Bestandsschutz im traditionellen Verständnis (o. Rn. 193 ff.) gewährt. Hierzu gehören Nutzungsänderungen, die auf Grund des Strukturwandels in der Landwirtschaft erforderlich geworden sind, die Modernisierung oder Neuerrichtung von Gebäuden, die verfallen sind, wenn sie über einen längeren Zeitraum vom Bauherrn selbst genutzt wurden, die Neuerrichtung von Gebäuden, die durch Naturkatastrophen zerstört wurden, die Änderung oder Nutzungsänderung von baulichen Anlagen, die aus kultureller Sicht besonders erhaltenswert sind, sowie in geringem Umfang Erweiterungen der bestehenden Anlage. Seit der Gesetzesreform 2013 kann in begründeten Einzelfällen auch die Neuerrichtung eines Gebäudes zulässig sein, dem eine andere Nutzung zugewiesen werden soll, wenn das ursprüngliche Gebäude vom äußeren Erscheinungsbild zur Wahrung der Kulturlandschaft erhaltenswert ist, § 35 Abs. 4 Satz 2 BauGB.

199　　Der Gesetzgeber hat durch die Regelung in § 35 Abs. 4 BauGB abschließend festgelegt, unter welchen Voraussetzungen aktiver Bestandsschutz besteht. Es gibt keine Anhaltspunkte dafür, dass die differenzierten Regelungen in § 35 Abs. 4 BauGB wegen Verstoßes gegen Art. 14 Abs. 1 GG verfassungswidrig sind (vgl. *Koch/Hendler*, Baurecht, Raumordnungs- und Landesplanungsrecht, § 25 Rn. 118).

200　　Für die in § 35 Abs. 4 BauGB genannten Vorhaben besteht – im Vergleich zu anderen sonstigen Vorhaben i. S. v. § 35 Abs. 2 BauGB – eine Begünstigung (auch „Teilprivilegierung") in der Weise, dass ihnen bestimmte öffentliche Belange nicht entgegen gehalten werden können. Dazu zählen etwa die wichtigen öffentlichen Belange einer dem Vorhaben entgegenstehenden Darstellung im Flächennutzungsplan sowie eine zu befürchtende Splittersiedlung (§ 35 Abs. 4 Satz 1 BauGB). Die Formulierung, wonach die benannten Belange einem Vorhaben nicht entgegengehalten werden können, spricht nach Ansicht des *BVerwG* dafür, dass diese Gesichtspunkte unabhängig von ihrem Gewicht schlechthin unbeachtlich sein sollen (*BVerwG*, NVwZ 2011, 884).

201　　Eine ähnliche Wirkung kann die Gemeinde durch eine sog. **Außenbereichssatzung** nach § 35 Abs. 6 Satz 1 BauGB herbeiführen, indem sie für bestimmte Gebiete im Außenbereich mit einer Wohnbebauung von einigem Gewicht in der Satzung bestimmt, dass Wohnzwecken dienenden Vorhaben i. S. v. § 35 Abs. 2 BauGB die in § 35 Abs. 6 Satz 1 BauGB näher bezeichneten öffentlichen Belange (u. a. wiederum die Darstellungen des Flächennutzungsplans und die zu befürchtende Splittersiedlung) nicht entgegengehalten werden können. Die Regelung in § 35 Abs. 6 BauGB gibt der Gemeinde also die Befugnis, einen rechtlichen Mechanismus wie aus § 35 Abs. 4 BauGB ortsrechtlich herbeizuführen. Nach Maßgabe des § 35 Abs. 6 Satz 2 BauGB kann diese Regelung auch kleineren Handwerks- und Gewerbebetrieben zugute kommen.

5. Das gemeindliche Einvernehmen

Nach § 36 Abs. 1 Satz 1 BauGB darf die Baugenehmigungsbehörde **202** über die Zulässigkeit von Vorhaben nach §§ 31, 33 bis 35 BauGB, also solcher Vorhaben, die nicht im Geltungsbereich eines (qualifizierten) Bebauungsplans realisiert werden sollen bzw. von ihm abweichen, nur im Einvernehmen mit der Gemeinde entscheiden. Aufgrund entsprechender Verweisungen auf die Vorschriften über die Baugenehmigung sind die Vorgaben des § 36 BauGB auch bei dem Erlass eines Bauvorbescheids (z. B. § 71 BauO NRW) und einer Teilgenehmigung (z. B. § 76 BauO NRW) zu beachten. Diese Regelung ist vor dem Hintergrund der durch Art. 28 Abs. 2 Satz 1 GG verbürgten **Planungshoheit der Gemeinden** (o. § 4 Rn. 1 ff.) zu sehen. Aus der Planungshoheit ergibt sich für die Gemeinden das Recht zur Beteiligung an Vorhaben, die ihre Planung berühren oder sich auf den örtlichen Bereich auswirken können. Im Anwendungsbereich des § 30 BauGB hat die Gemeinde ihre Planungshoheit in dem zu Grunde liegenden Bebauungsplan, dessen Festsetzungen bei der Beurteilung des Vorhabens zwingend zu berücksichtigen sind, bereits hinreichend ausgeübt. Aus diesem Grund ist eine erneute Mitwirkung in diesen Fällen entbehrlich. In allen anderen Fällen der §§ 31, 33 bis 35 BauGB ist diese Voraussetzung nicht erfüllt, so dass der Gemeinde über das Einvernehmenserfordernis die Möglichkeit gegeben wird, ihre planerischen Vorstellungen in das Verfahren zur Genehmigung eines Bauvorhabens einzubringen. Vor diesem Hintergrund ist davon auszugehen, dass eine Einvernehmenserteilung dann nicht erforderlich ist, wenn die Gemeinde zugleich Baugenehmigungsbehörde ist (*Dippel*, NVwZ 2011, 769, 770; krit. ggü. dieser Sichtweise *Schoch*, NVwZ 2012, 777, 779 f.). In diesen Fällen ist die Gemeinde unmittelbar an dem Vorhaben beteiligt und kann selbst dafür Sorge tragen, dass ein unzulässiges Vorhaben nicht genehmigt wird (BVerwGE 45, 207, 212 ff.; 121, 324; *Finkelnburg/Ortloff/Kment*, Öffentliches Baurecht, Bd. I, S. 403). Ein Einvernehmen nach § 36 BauGB ist also dann Voraussetzung, wenn der Landkreis die Baugenehmigungsbehörde ist. Das ist in der Regel nur in kleinen Gemeinden der Fall (z. B. § 60 Abs. 1 Nr. 3 lit. b BauO NRW; § 52 Abs. 1 Satz 1 Nr. 1 lit. b HessBO). Das Einvernehmen der Gemeinde nach § 36 BauGB muss allerdings auch dann eingeholt werden, wenn eine Baugenehmigung für das Vorhaben nicht erforderlich ist (z. B. nach §§ 65 ff. BauO NRW[28]) oder nach Maßgabe des Landesrechts fingiert wird, § 36 Abs. 1 Satz 3 BauGB. Dadurch hat die Gemeinde die Möglichkeit, dort plansichernde Maßnahmen nach §§ 14, 15 BauGB zu ergreifen, wo sie ihre Planungshoheit noch nicht abschließend betätigt hat. Das Einvernehmen darf aber nur aus den sich aus §§ 31, 33, 34 und 35 BauGB ergebenden Gründen versagt werden (§ 36 Abs. 2 Satz 1 BauGB).

203   Das Gesetz sieht in §§ 37, 38 BauGB Ausnahmen vom Einvernehmenserfordernis des § 36 Abs. 1 Satz 1 BauGB vor. Während § 37 BauGB bestimmte bauliche Maßnahmen vom Einvernehmenserfordernis ausnimmt, bezieht sich § 38 BauGB auf bestimmte Fachplanungen. § 37 BauGB ermöglicht für Vorhaben des Bundes oder eines Landes mit besonderer öffentlicher Zweckbestimmung eine Abweichung von den städtebaulichen Zulässigkeitsbestimmungen und damit auch von § 36 BauGB. Eine solche besondere öffentliche Zweckbestimmung ist vor allem bei technischen Anlagen der Daseinsvorsorge und bei den in § 37 Abs. 2 BauGB hervorgehobenen Anlagen für die Landesverteidigung, für die Bundespolizei sowie für den zivilen Bevölkerungsschutz zu bejahen (*Hofmeister*, in: Spannowsky/Uechtritz, BeckOK BauGB, § 37 Rn. 8). Solche Vorhaben, deren Verwirklichung im Allgemeininteresse liegt, sollen auch gegen den Widerstand der Gemeinde verwirklicht werden können (vgl. *Krüper*, ZJS 2010, 582, 583). Eine Abweichung vom Einvernehmenserfordernis ist allerdings nur zulässig, wenn sie im Interesse der besonderen öffentlichen Zwecke erforderlich ist. Gem. § 38 BauGB ist § 36 BauGB ferner auf Planfeststellungsverfahren und sonstige Verfahren mit den Rechtswirkungen der Planfeststellung für Vorhaben von überörtlicher Bedeutung unanwendbar. Zu den damit in Bezug genommenen Vorhaben zählen vor allem Flughäfen (§ 8 Abs. 1 LuftVG) sowie Betriebsanlagen einer Eisenbahn (§ 18 AEG). Keine Anwendung findet § 36 BauGB zudem, wenn für die Errichtung

---

28 Art. 57 f. BayBO; §§ 50 ff. i. V. m. Anhang LBO BW; §§ 55 ff. HBO; § 60 f. HBauO; §§ 63, 68 f. BauO SH; §§ 60 ff. NBO; § 55 BbgBO; §§ 61 f. SächsBO; §§ 60 ff. BauO LSA; §§ 63 f. ThürBO; § 62, 67 LBauO Rh.-Pf.; §§ 61 f. BremLBO; §§ 61 ff. LBO SL; §§ 61 f. LBauO MV; §§ 62 f. BauO Bln.

oder den Betrieb einer öffentlich zugänglichen Abfallbeseitigungsanlage ein Verfahren nach dem BImSchG durchgeführt wird. Der überörtliche Bezugsrahmen solcher Anlagen sowie das in ihnen verkörperte Allgemeininteresse lassen das gemeindliche Einvernehmen nicht als angemessenes und geeignetes Mittel erscheinen, um planungsrechtliche Kollisionslagen auszuräumen. Ausweislich des insoweit eindeutigen Gesetzeswortlauts tritt die Rechtsfolge des § 38 BauGB nur ein, wenn die Gemeinde im Rahmen des jeweiligen Zulassungsverfahrens beteiligt worden ist. Das setzt voraus, dass die Gemeinde rechtzeitig vor Erlass des Planfeststellungsbeschlusses (bzw. der anderen von § 38 BauGB erfassten Zulassungsakte) durch Vorlage von Plänen etc. ausführl. informiert wird. Auf diese Weise muss gewährleistet werden, dass sie ihre Betroffenheit durch das Vorhaben zu erkennen, einzuschätzen und zu artikulieren vermag (*Kraft*, in: Spannowsky/Uechtritz, BeckOK BauGB, § 38 Rn. 20).

Beispiele: (1) Das Einvernehmen darf nicht versagt werden, weil das geplante Vorhaben keine ausreichenden Rettungswege vorhält oder die Abstandflächen nicht eingehalten werden.   204

(2) Versagt werden kann das Einvernehmen hingegen dann, wenn die Erschließung nicht gesichert ist (*BVerwG*, NVwZ 1985, 566).   205

(3) Versagt die Gemeinde ihr Einvernehmen, weil sie bei der Beurteilung, ob sich ein Vorhaben gem. § 34 Abs. 1 Satz 1 BauGB einfügt, fälschlicherweise davon ausgeht, dass ein Gebäude nicht zur Umgebung i. S. d. § 34 BauGB gehört, ist die Versagung des Einvernehmens rechtswidrig und kann ersetzt werden.   206

(4) Unzulässig ist es, wenn eine Gemeinde sich im Gegenzug für die Einvernehmenserteilung vom Bauherrn Leistungen versprechen lässt, obwohl sie das Einvernehmen in rechtmäßiger Weise nicht versagen kann (*VGH BW*, BauR 2009, 611). Anders ist dies allerdings zu beurteilen, wenn die Versagung rechtmäßig ist. Dann kann die Gemeinde mit dem Bauherrn Vereinbarungen treffen, mit denen die Versagungsgründe beseitigt werden.   207

Weil das Erfordernis des gemeindlichen Einvernehmens dem Schutz der in Art. 28 Abs. 2 GG garantierten Planungshoheit dient, geht die h. M. davon aus, dass eine **Baugenehmigung ohne** das **Einvernehmen nicht** erteilt werden darf. Die Baugenehmigungsbehörde ist insoweit an die Entscheidung der Gemeinde gebunden, unabhängig von der Frage, ob die Versagung des Einvernehmens rechtmäßig ist. Das gilt auch für die Widerspruchsbehörde. Dementsprechend ist eine Baugenehmigung, die ohne das erforderliche gemeindliche Einvernehmen erteilt worden ist, allein wegen des fehlenden Einvernehmens aufzuheben – ganz gleich, ob das Einvernehmen rechtmäßig   208 oder rechtswidrig versagt worden ist (*BVerwG*, NVwZ 2008, 1347; *Schoch*, NVwZ 2012, 777, 780 f.: „Vetoposition"; *Dippel*, NVwZ 2011, 769, 770). Das *BVerwG* weist zur Begründung dieser Sichtweise ergänzend darauf hin, dass der Gesetzgeber die Mitwirkung der Gemeinde nach § 36 BauGB nicht als ein bloßes Anhörungsrecht, sondern als „echte Mitentscheidungskompetenz" ausgestaltet habe. Will sich die Gemeinde gegen eine trotz fehlenden Einvernehmens erteilte Baugenehmigung wehren, muss sie, genau wie jeder andere von der Baugenehmigung betroffene Dritte, vor dem Verwaltungsgericht eine **Anfechtungsklage** gegen die Baugenehmigung erheben (ggf. mit vorherigem Widerspruchsverfahren).

209   An ein einmal erteiltes Einvernehmen ist die Gemeinde gebunden. Ebenso kann sie sich gegen ein nach zweimonatiger Untätigkeit gem. § 36 Abs. 2 Satz 2 BauGB fingiertes Einvernehmen nachträglich nicht mehr wehren (*OVG NRW*, NWVBl. 2008, 228). Sie hat daher nur dann die Möglichkeit, Rechtsschutz in Anspruch zu nehmen, wenn ihr nicht ausreichend Möglichkeit gegeben wurde, das Vorhaben zu überprüfen. Dasselbe gilt, wenn die Baugenehmigung erteilt wird, obwohl die Gemeinde das Einvernehmen ausdrücklich verweigert hat.

210   Ein erteiltes Einvernehmen entfaltet keine Rechtsbindung dahingehend, dass die Baugenehmigung nun zu erteilen ist. Diese Entscheidung wird von der Baugenehmigungsbehörde unter Berücksichtigung weiterer Fragen entschieden.

211   **Beispiel:** Einem Vorhaben im Außenbereich kann trotz Vorliegens des gemeindlichen Einvernehmens die Genehmigung versagt werden, wenn es sich mangels ausreichender eigener Futtergrundlage nicht um einen landwirtschaftlichen Betrieb handelt und daher die Privilegierung des § 35 Abs. 1 Nr. 1 BauGB zu verneinen ist.

212   Beabsichtigt die Baugenehmigungsbehörde, die Baugenehmigung zu versagen, so braucht sie das gemeindliche Einvernehmen nicht einzuholen. Andererseits kann das Einvernehmen ggf. erneut einzuholen sein, wenn das Vorhaben mit wesentlichen Abweichungen von der Planung durchgeführt werden soll. Ob eine Abweichung wesentlich ist und ein erneutes Einvernehmen erfordert, beurteilt sich nach dem Einzelfall.

213   Die Erteilung einer Baugenehmigung nach Einholung des gemeindlichen Einvernehmens ist ein Musterbeispiel einer im allgemeinen Verwaltungsrecht entwickelten Kategorie des Verwaltungsakts, nämlich des sog. **mehrstufigen Verwaltungsakts**. Die für die richtige

Form des Rechtsschutzes examensrelevante Frage danach, ob die Erteilung des Einvernehmens durch die Gemeinde Verwaltungsakt ist, muss verneint werden. Es handelt sich lediglich um eine verwaltungsinterne Erklärung der Gemeinde gegenüber der Baugenehmigungsbehörde. Zwar beinhaltet die Einvernehmenserteilung eine Regelung i. S. v. § 35 Satz 1 VwVfG. Grund hierfür ist, dass das Einvernehmen in den von § 36 Abs. 1 Satz 1 BauGB genannten Situationen eine notwendige Voraussetzung für die Erteilung der Baugenehmigung ist. Das Einvernehmen ist aber nicht auf unmittelbare Rechtswirkung nach außen gerichtet. Die Prüfung der Genehmigungsvoraussetzungen durch die Baugenehmigungsbehörde schließt auch diejenigen Normen ein, die gem. § 36 Abs. 1 Satz 1 BauGB von der Gemeinde bei der Entscheidung über die Einvernehmenserteilung zu prüfen sind. Insoweit besteht also eine **kongruente Prüfungskompetenz**. Nach außen gegenüber dem Bauwilligen tritt letztlich nur die Baugenehmigungsbehörde in Erscheinung. Wenn die Gemeinde ihr Einvernehmen verweigert, muss der Bauwillige deshalb gegen die Baugenehmigungsbehörde klagen, nicht zusätzlich gegen die Gemeinde, da das Urteil nach §§ 65 Abs. 2, 63 Nr. 3, 121 VwGO auch sie – als notwendig Beigeladene – bindet.

Im Gegensatz zur früheren Rechtslage, wonach auch ein **rechts-** 214 **widrig versagtes Einvernehmen** nur durch eine richterliche Entscheidung oder ein kommunalaufsichtliches Verfahren ersetzt werden konnte, können diese Fälle nach der aktuellen Fassung des § 36 Abs. 2 BauGB leichter gelöst werden:

Zum einen führt die bloße Nichterteilung des Einvernehmens nicht 215 automatisch zu einer Pflicht der Baugenehmigungsbehörde, die beantragte Baugenehmigung zu versagen, da die bloße Untätigkeit gem. § 36 Abs. 2 Satz 2 BauGB nach zwei Monaten zur **Fiktion des Einvernehmens** führt. Will die Gemeinde also die Erteilung der Baugenehmigung verhindern, so muss sie tätig werden und das Einvernehmen ausdrücklich versagen. Maßgeblich für den Beginn der Frist ist grundsätzlich die vollständige Vorlage aller zur Beurteilung eines Vorhabens notwendigen Unterlagen. Auch die Vorlage unvollständiger Unterlagen kann aber die Frist in Lauf setzen, wenn die Gemeinde das Fehlen von Unterlagen nicht rügt (vgl. *OVG NRW*, BauR 2008, 228).

Zum anderen besteht gem. § 36 Abs. 2 Satz 3 BauGB die Möglich- 216 keit, das rechtswidrig versagte Einvernehmen durch die nach Landesrecht zuständige Behörde **zu ersetzen**. Vor der Ersetzung ist die Gemeinde allerdings anzuhören. In Nordrhein-Westfalen ist gem. § 2

Abs. 3 BauGB DVO für die Ersetzung des Einvernehmens die zuständige Bauaufsichtsbehörde zuständig. Wird in einem anderen Genehmigungsverfahren über die Zulässigkeit des Vorhabens entschieden, so tritt die für dieses Verfahren zuständige Behörde an die Stelle der Bauaufsichtsbehörde.

217   Umstritten ist, ob die Ersetzung des Einvernehmens eine **Ermessensentscheidung** ist. Teilweise wird im Hinblick auf den Wortlaut des § 36 Abs. 2 Satz 3 BauGB („kann ersetzen") davon ausgegangen, dass die Norm der für die Ersetzung des Einvernehmens zuständigen Behörde Ermessen einräumt (vgl. *OVG Nds.*, NVwZ-RR 2009, 866; *VG Frankfurt*, NVwZ-RR 2001, 371, 373; *Krautzberger*, in: Battis/Krautzberger/Löhr, BauGB, § 36 Rn. 13 m. w. N.). Demgegenüber wollen andere die Verwendung des Wortes „kann" lediglich als Zuweisung einer Kompetenz zur Ersetzung des Einvernehmens verstehen. Bei der Wahrnehmung dieser Kompetenz stehe der Behörde aber kein Ermessen zu. Die Annahme, dass § 36 Abs. 2 Satz 3 BauGB eine gebundene Entscheidung vorsehe, sei auch im Hinblick auf Art. 14 Abs. 1 GG geboten. Denn wenn das Vorhaben im Einklang mit den materiell-rechtlichen Vorschriften stehe, habe der Bauwillige einen Anspruch auf Erteilung der Baugenehmigung (*BGH*, NVwZ 2011, 249, 450 m. w. N.; *HessVGH*, LKRZ 2011, 17; *Dippel*, NVwZ 2011, 769, 773 f.). Dem ist beizupflichten. Offen bleibt allerdings, ob im Hinblick auf § 36 Abs. 2 Satz 3 BauGB von einer Ermessensreduzierung auf Null auszugehen ist oder die Norm von vornherein kein Ermessen einräumt. Für die praktische Rechtsanwendung dürfte diese Frage allerdings ohne Belang sein. Seitdem das Bürokratieabbaugesetz I NRW am 31.12.2012 außer Kraft getreten ist, wird auch in Nordrhein-Westfalen die Rechtsfolge nach § 36 Abs. 2 Satz 3 BauGB bestimmt. Zuvor sah § 2 Nr. 4 lit. a Abs. 1 BürokAbbG I NRW ausdrücklich vor, dass die zuständige Bauaufsichtsbehörde im Fall der rechtswidrigen Versagung des Einvernehmens das fehlende Einvernehmen zu ersetzen „hat".

218   Die **Ersetzung** entfaltet gegenüber der Gemeinde Regelungswirkung und ist daher als **Verwaltungsakt** zu qualifizieren. Danach bestimmt sich, wie die Gemeinde gegen eine Ersetzung des Einvernehmens gerichtlich vorzugehen hat. Als Verwaltungsakt müsste die Ersetzung des Einvernehmens seitens der Gemeinde eigentlich mittels **Anfechtungsklage** vor Gericht angegriffen werden können. Das hätte aber zur Folge, dass die Gemeinde regelmäßig zwei Klageverfahren zu führen hat: zum einen gegen die Ersetzungsentscheidung und zum anderen, um deren Bestandskraft zu verhindern, gegen die Baugenehmigung. Um dieses doppelte Vorgehen zu verhindern, erscheint es vorzugswürdig, eine Klage gegen die Einvernehmensersetzung gem. § 44a VwGO für unzulässig zu halten und die Gemeinde stattdessen ausschließlich auf ein Vorgehen **gegen die Baugenehmigung** zu verweisen (vgl. *Hellermann*, in: Dietlein/Burgi/Hellermann, Öffentliches Recht in NRW, § 4 Rn. 209 m. Nachw. auch zur Gegenansicht).

Wenn die Gemeinde ihr Einvernehmen rechtswidrig verweigert, **219** bestehen nach der neueren Rechtsprechung des *BGH* keine Amtshaftungsansprüche des Bauherrn gegen die Gemeinde aus § 839 BGB i. V. m. Art. 34 GG. Der *BGH* hat in der rechtswidrigen Verweigerung des gemeindlichen Einvernehmens bislang grundsätzlich eine Amtspflichtverletzung gegenüber dem Bauherrn gesehen. Eine solche Sichtweise steht jedoch im Widerspruch zur verwaltungsgerichtlichen Rechtsprechung, der zufolge dem Bauherrn kein subjektiv-öffentliches Recht auf Erteilung des Einvernehmens nach § 36 Abs. 1 BauGB zusteht (hierzu *Schwabe*, DVBl. 1997, 1322, 1323). Es ist daher begrüßenswert, dass der *BGH* die von ihm vertretene Position in jüngeren Entscheidungen eingeschränkt hat (NVwZ 2011, 249; NVwZ 2013, 167; siehe hierzu auch *Muckel*, JA 2013, 319). Der Drittbezug der Amtspflicht ist danach in Fällen, in denen das fehlende Einvernehmen nach § 36 Abs. 2 Satz 3 BauGB i. V. m. landesrechtlichen Bestimmungen ersetzt werden kann, abzulehnen. Der maßgebliche Grund für die Annahme einer drittgerichteten Amtspflicht lag für den *BGH* in der Bindungswirkung, die von der Einvernehmensversagung für die Baugenehmigungsbehörde ausgeht. Fehlt es hieran, weil das fehlende Einvernehmen ersetzt werden kann, so ist für die Ablehnung der Baugenehmigung haftungsrechtlich allein die Bauaufsichtsbehörde verantwortlich.

Eine drittgerichtete Amtspflicht der Gemeinde ist auch dann nicht **220** anzunehmen, wenn die Gemeinde die Erteilung des Einvernehmens mit Hinweis auf einen Bebauungsplan verweigert, der unwirksam ist. Unerheblich ist insoweit, ob die Unwirksamkeit des Bebauungsplans bereits gerichtlich festgestellt wurde. Die Baugenehmigungsbehörde kann zwar den rechtswidrigen Bebauungsplan nicht verwerfen. Hinsichtlich der Unwirksamkeit des Bebauungsplans hat sie aber eine Prüfungskompetenz. Erkennt die Baugenehmigungsbehörde die Unwirksamkeit des Plans, so muss sie die Gemeinde und die Kommunalaufsicht von ihren Bedenken unterrichten. Soweit die Frist des § 47 Abs. 2 VwGO noch nicht abgelaufen ist, kommt auch ein eigener Normenkontrollantrag der Baugenehmigungsbehörde gegen den von ihr als unwirksam erkannten Bebauungsplan in Betracht. Auf diesen Wegen kann die Baugenehmigungsbehörde die Beseitigung des Bebauungsplans erreichen und so die Voraussetzungen sowohl für die Erteilung der Baugenehmigung als auch – sofern dann noch erforderlich – für die Ersetzung des gemeindlichen Einvernehmens schaffen. Sieht sie hiervon ab, so verletzt sie eine drittschützende Amtspflicht, die eine Haftung aus § 839 BGB i. V. m. Art. 34 GG auslöst (*BGH*, NVwZ 2013, 167).

221   Ferner ist eine Amtspflichtverletzung zu bejahen, wenn die Gemeinde gegen die Baugenehmigung, die durch die Bauaufsichtsbehörde nach Ersetzung des rechtswidrig verweigerten Einvernehmens erteilt wurde, mit einem unbegründeten verwaltungsgerichtlichen Rechtsbehelf vorgeht und dadurch eine Verzögerung eintritt (*Wöstmann*, in: Staudinger, BGB, Neubearb. 2012, § 839 Rn. 607).

6. Baumaßnahmen von Bund und Ländern

222   Die Vorschriften der §§ 29 ff. BauGB gelten grundsätzlich auch für Vorhaben des Bundes und der Länder. § 37 BauGB enthält jedoch eine Reihe von Sonderregelungen, die darauf hinauslaufen, dass Vorhaben dieser Körperschaften, sofern sie für einen besonderen öffentlichen Zweck bestimmt sind, unter erleichterten Voraussetzungen zugelassen werden können. Hintergrund dieser Privilegierung ist, dass bestimmte öffentliche Vorhaben so atypisch sind, dass es Schwierigkeiten bereiten würde, wenn die §§ 29 ff. BauGB einschränkungslos auf sie angewandt würden.

223   **Beispiele:** Fernsehtürme, Justizvollzugsanstalten, psychiatrische Krankenhäuser (vgl. *Dürr/Middeke*, Baurecht NRW, Rn. 147).

224   Für solche Vorhaben stellt § 37 BauGB die Möglichkeit bereit, dass die höhere Verwaltungsbehörde (das ist in NRW gem. § 1 BauGB DVO die Bezirksregierung) von den Anforderungen der §§ 30 bis 36 BauGB abweicht. Die Regelung steht also inhaltlich in einem Zusammenhang mit § 31 BauGB, geht aber darüber hinaus (näher *Erbguth*, Öffentliches Baurecht, § 8 Rn. 148 m. w. N.).

225   Vorhaben **des Bundes oder eines Landes** sind solche, bei denen der Bund oder ein Land Bauherr ist. § 37 BauGB bezieht sich also auf Vorhaben, die der Bund oder das Land (einschließlich unselbstständiger Sondervermögen sowie nichtrechtsfähiger Anstalten und Stiftungen) tragen. Die Norm erstreckt sich dagegen nicht auf Vorhaben von rechtsfähigen öffentlich-rechtlichen Körperschaften, Anstalten oder Stiftungen. Erfasst sind danach bspw. Vorhaben der Bundeswehr, des Bundesgrenzschutzes und der Bundeswasserstraßenverwaltung, nicht aber Vorhaben der Deutschen Bahn AG und der Nachfolgeunternehmen der Deutschen Bundespost (wohingegen die frühere

Deutsche Bundesbahn und die Deutsche Bundespost als Sondervermögen des Bundes von § 37 BauGB erfasst waren; näher zum Ganzen *Hofmeister*, in: Spannowsky/Uechtritz, BeckOK BauGB, § 37 Rn. 5 m. w. N.).

7. Die Vorgaben der Bauleitplanung bei der Fachplanung

Die gemeindliche Bauleitplanung wird herkömmlicherweise in einem Gegensatz zur Fachplanung nach den besonderen Gesetzen, etwa dem Bundesfernstraßengesetz (§§ 16 ff. FStrG), dem Personenbeförderungsgesetz (§§ 28 ff. PBefG, betr. Straßenbahnen) und dem Kreislaufwirtschaftsgesetz (§§ 35 ff. KrWG), gesehen. An diese – heute in mancherlei Hinsicht problematisch gewordene – Unterscheidung knüpft § 38 BauGB an. Die Vorschrift stellt sämtliche Vorhaben von überörtlicher Bedeutung, für die nach Fachplanungsrecht ein Planfeststellungsverfahren (§§ 72 ff. VwVfG) oder ein in seinen Rechtswirkungen diesem gleichgestelltes Plangenehmigungsverfahren durchzuführen ist, von den Regelungen der §§ 29 ff. BauGB und damit auch von der Bindung an den Bebauungsplan frei. Das gilt allerdings nur, wenn sichergestellt ist, dass die Gemeinde an dem Verfahren beteiligt ist (sog. privilegierte Fachplanungen). Die Zulässigkeit dieser Vorhaben beurteilt sich dann allein nach dem einschlägigen Fachplanungsrecht. **226**

Eine Besonderheit besteht im Bereich der Planung von Fernstraßen nach dem FStrG. Dort eröffnet § 17b Abs. 2 FStrG die Möglichkeit, die Planfeststellung durch Festsetzungen im Bebauungsplan zu ersetzen. Das bedeutet, dass eine straßenrechtliche Planfeststellung dort entbehrlich ist, wo ein Bebauungsplan existiert. Sind Regelungen notwendig, die nicht im Wege der Festsetzungen im Bebauungsplan getroffen werden können, oder soll von den Festsetzungen des Bebauungsplans abgewichen werden, kann eine ergänzende Planfeststellung erfolgen (§ 17b Abs. 2 Satz 2 FStrG; näher zum Ganzen *Bönker*, in: Hoppe/Bönker/Grotefels, Öffentliches Baurecht, § 8 Rn. 285 ff.; *Erbguth*, Öffentliches Baurecht, § 8 Rn. 150 ff., jeweils m. w. N.). **227**

Literatur: Allgemeines und zum Anwendungsbereich der §§ 30 ff. BauGB: *Battis*, Öffentliches Baurecht, 5. Aufl. 2006, S. 136 f.; *Brohm*, Öffentliches Baurecht, 3. Aufl. 2002, § 18 Rn. 2; *Dolderer*, Die Zulässigkeit von Bauvorhaben, Jura 2004, 752; *Erbguth*, Öffentliches Baurecht, 5. Aufl. 2009, § 8 Rn. 1 ff.; *G. Hager*, Grundfälle zur Zulässigkeit von Bauvorhaben, JuS 1989, 382 u. 460; *Hellermann*, in: Dietlein/Burgi/Hellermann, Öffentliches Recht in NRW, 5. Aufl. 2014, § 4 Rn. 119 ff.; *Koch/Hendler*, Baurecht, Raumordnungs- und Landesplanungsrecht, 5. Aufl. 2009, § 25 Rn. 1 ff.; *Stollmann*, Öffentliches Baurecht, 9. Aufl. 2013, §§ 13–17; *Stüer*, Handbuch des Bau- und Fachplanungsrechts, 4. Aufl. 2009, Rn. 2455 ff.; *Tettiner/Erbguth/Mann*, Bes. VerwR, 11. Aufl. 2012, Rn. 1092 ff.; *Krämer*, in: Spannowsky/Uechtritz, BeckOK BauGB, § 29; *Löhr*, in: Battis/Krautzberger/Löhr, BauGB, 12. Aufl. 2013, Vorb §§ 29–38, 29; *Rieger*, in: Schrödter, BauGB, 7. Aufl. 2006, § 29.

Zum Begriff der baulichen Anlage: *BVerwG*, BauR 1975, 108; Eine Einführung in das Recht der Zulässigkeit von Bauvorhaben bietet *Beaucamp*, Öffentliches Baurecht in der Nussschale, JA 2005, 471, 475; *Dürr*, Die Klausur im Baurecht, JuS 2007, 328.

Zum Baugenehmigungsanspruch bei Vorliegen der Voraussetzungen nach §§ 30 ff. BauGB, *Frenz*, Der Baugenehmigungsanspruch, JuS 2009, 902.

Zu einzelnen Anlagen: *Wehr*, Mobilfunk und Bauplanungsrecht, BayVBl. 2006, 453; zur Genehmigungspflicht von Mobilfunkanlagen, *Jüde*, KommunalPraxis BY 2010, 17; zur Zulässigkeit einer großflächigen Plakattafel *VGH BW*, BRS 50 Nr. 142 (S. 335); *Dzialla*, Die Behandlung von Werbeanlagen im Baurecht, NZBau 2009, 436; zu Kleinstbauvorhaben als bauliche Anlagen, *BVerwG*, NVwZ 2001, 1046.

Zur planungsrechtlichen Relevanz: BVerwGE 44, 59, 60; *BVerwG*, BauR 1975, 108; NVwZ 2001, 1046, 1047; *OVG Rh.-Pf.*, DÖV 2000, 1058 f.; *VGH BW*, BRS 50 Nr. 142 (S. 335).

Zur Entwicklung in den Ländern, von der Notwendigkeit einer Baugenehmigung abzusehen: *Korioth*, Der Abschied von der Baugenehmigung nach § 67 BauO NW 1995, DÖV 1996, 665; *Ortloff*, Abschied von der Baugenehmigung – Beginn beschleunigten Bauens?, NVwZ 1995, 112, 113 ff.; *Jüde*, Verfahrensfragen der neuen Landesbauordnungen, UPR 1995, 81; *B.H. Schulte*, Baurechtswidrige Baugenehmigungsfreistellung von Wohngebäuden durch Landesbauordnungen?, BauR 1995, 174; *Battis/Krautzberger/Löhr*, Die Neuregelungen des Baugesetzbuchs zum 1.1.1998, NVwZ 1997, 1145, 1159.

Zu § 30 BauGB: *Battis*, Öffentliches Baurecht, 5. Aufl. 2006, S. 140 ff.; *Erbguth*, Öffentliches Baurecht, 5. Aufl. 2009, § 8 Rn. 9 ff.; *Hellermann*, in: Dietlein/Burgi/Hellermann, Öffentliches Recht in NRW, 5. Aufl. 2014, § 4 Rn. 133 ff.; *Koch/Hendler*, Baurecht, Raumordnungs- und Landesplanungsrecht, 5. Aufl. 2009, § 25 Rn. 20 ff.; *Manssen*, in: Becker/Heckmann/Kempen/Manssen, Öffentliches Recht in Bayern, 5. Aufl. 2011, 4. Teil Rn. 70 ff.; *Oldiges*, in: Steiner, Bes. VerwR, 8. Aufl. 2006, Teil III Rn. 194 ff.; *Stollmann*, Öffentliches Baurecht, 9. Aufl. 2013, § 14; *Tettinger/Erbguth/Mann*, Bes. VerwR, 11. Aufl. 2012, Rn. 1098 ff.; *Löhr*, in: Battis/Krautzberger/Löhr, BauGB, 12. Aufl. 2013, § 30 Rn. 1 ff.; *Tophoven*, in: Spannowsky/Uechtritz, BeckOK BauGB, § 30.

Zum Erschließungsbegriff der §§ 30 ff. BauGB vgl. *BVerwG*, DVBl. 1996, 1051.

Zur bauplanungsrechtlichen Zulässigkeit von Mobilfunkanlagen: *HessVGH*, NVwZ 2000, 694.

Zur Zulässigkeit einer an einen Sportplatz heranrückenden Wohnbebauung: BVerwGE 109, 314.

Zur Interessenabwägung nach § 15 BauNVO: *OVG NRW,* NVwZ 1993, 1003 f.

Zum Kriterium der Gebiets(un)verträglichkeit – auch in Abgrenzung zu den Anforderungen aus § 15 BauNVO: *Erbguth,* Öffentliches Baurecht, 5. Aufl. 2009, § 8 Rn. 12a m. w. N.

Zu § 33 BauGB: *Hellermann,* in: Dietlein/Burgi/Hellermann, Öffentliches Recht in NRW, 5. Aufl. 2014, § 4 Rn. 186 ff.; *Terwiesche,* Die Wirkung städtebaulicher Konzepte auf die Zulässigkeit von Bauvorhaben, NVwZ 2010, 553.

Zu § 31 BauGB: *BVerwG,* NVwZ 1999, 1110; *HessVGH,* DÖV 2001, 253, 254; *Battis,* Öffentliches Baurecht, 5. Aufl. 2006, S. 142 ff.; *Erbguth,* Öffentliches Baurecht, 5. Aufl. 2009, § 8 Rn. 19 ff.; *Hellermann,* in: Dietlein/Burgi/Hellermann, Öffentliches Recht in NRW, 5. Aufl. 2014, § 4 Rn. 141 ff.; *Koch/Hendler,* Baurecht, Raumordnungs- und Landesplanungsrecht, 5. Aufl. 2009, § 25 Rn. 36 ff.; *Manssen,* in: Becker/Heckmann/Kempen/Manssen, Öffentliches Recht in Bayern, 5. Aufl. 2011, 4. Teil Rn. 78 ff.; *Oldiges,* in: Steiner, Bes. VerwR, 8. Aufl. 2001, Teil III Rn. 204 ff.; *Stollmann,* Öffentliches Baurecht, 9. Aufl. 2013, § 14 Rn. 26 ff.; *Tettinger/Erbguth/Mann,* Bes. VerwR, 11. Aufl. 2012, Rn. 1108 ff.; *Löhr,* in: Battis/Krautzberger/Löhr, BauGB, 12. Aufl. 2013, § 31; *Siegmund,* in: Spannowsky/Uechtritz, BeckOK BauGB, § 31. Zum Merkmal der Atypik in § 31 BauGB *Battis/Krautzberger/Löhr,* Die Neuregelungen des Baugesetzbuchs zum 1.1.1998, NVwZ 1997, 1145, 1160; *Dolderer,* Das Baugesetzbuch 1998, NVwZ 1998, 567, 568; *Mager,* Die Neufassung des Befreiungstatbestandes gemäß § 31 Abs. 2 BauGB 1998, DVBl. 1999, 205; *Schmidt-Eichstaedt,* Die Befreiung nach § 31 Abs. 2 BauGB und andere „Abweichungen", NVwZ 1998, 571; *Steinbach,* Terrorgefahr fürs Welterbe, Jura 2010, 67.

Zu § 34 BauGB: *Battis,* Öffentliches Baurecht, 5. Aufl. 2006, S. 145 ff.; *Erbguth,* Öffentliches Baurecht, 5. Aufl. 2009, § 8 Rn. 31 ff.; *Hellermann,* in: Dietlein/Burgi/Hellermann, Öffentliches Recht in NRW, 5. Aufl. 2014, § 4 Rn. 147 ff.; *Koch/Hendler,* Baurecht, Raumordnungs- und Landesplanungsrecht, 5. Aufl. 2009, § 25 Rn. 50 ff.; *Manssen,* in: Becker/Heckmann/Kempen/ Manssen, Öffentliches Recht in Bayern, 5. Aufl. 2011, 4. Teil Rn. 94 ff.; *Oldiges,* in: Steiner, Bes. VerwR, 8. Aufl. 2006, Teil III Rn. 212 ff.; *Stollmann,* Öffentliches Baurecht, 9. Aufl. 2013, § 16; *Tettinger/Erbguth/Mann,* Bes. VerwR, 11. Aufl. 2012, Rn. 1118 ff.; *Krautzberger,* in: Battis/Krautzberger/ Löhr, BauGB, 12. Aufl. 2013, § 34; *Spannowsky,* in: Spannowsky/Uechtritz, BeckOK BauGB, § 34 Rn. 1 ff.; *Scheidler,* Bauen im unbeplanten Innenbereich – Zur Anwendung des § 34 Abs. 1 und 2 BauGB in der Praxis, BauR 2009, 597.

Zur Abgrenzung des Innenbereichs vom Außenbereich: *Gatz,* jurisPR-BVerwG 25/2008 Anm. 4. Zur Grenze zwischen Innen- und Außenbereich BVerwGE 28, 268, 272; 31, 20, 21; *BVerwG,* NVwZ-RR 1989, 4, 5; *BVerwG,* BauR 1988, 315; *BVerwG,* NVwZ 1991, 879, 880; *BVerwG,* NVwZ 1994, 686; *BVerwG,* BRS 58 Nr. 80 (S. 232 f.); *VGH BW,* VBlBW 1993, 379; *OVG NRW,* NVwZ 1993, 87, 89.

Zum Begriff des Ortsteils: BVerwGE 31, 20, 26; *BVerwG*, NVwZ 1999, 527; *BVerwG*, NVwZ-RR 1998, 156, 157; *BayVGH*, BayVBl. 1998, 466, 467; *OVG Nds.*, NVwZ-RR 1996, 132, 133.

Zum Begriff des Bebauungszusammenhangs: BVerwGE 31, 20, 21 f.; *VGH BW*, VBlBW 1993, 430.

Zur Frage, wann ein Grundstück als Teil eines im Zusammenhang bebauten Ortsteils angesehen werden kann: BVerwGE 28, 268, 273; 31, 20, 21 f.; 75, 34, 37 f.; *BVerwG*, BRS 58 Nr. 80 (S. 232); *BVerwG*, NVwZ 1991, 879; *VGH BW*, NVwZ-RR 2000, 481.

Zur maßstabbildenden Bebauung: *BVerwG*, DVBl. 1993, 111; *BVerwG*, NVwZ 2001, 70.

Zum Begriff der Bebauung i. S. v. § 34 BauGB: *BVerwG*, DVBl. 1993, 111; *BVerwG*, NVwZ 2001, 70; *VGH BW*, VBlBW 1993, 430.

Zur Klarstellungssatzung: *VGH BW*, NVwZ-RR 1994, 432; *BayVGH*, NVwZ-RR 1994, 431, 432; *Jeand'Heur*, Gibt es Satzungen mit nur „deklaratorischem" Gehalt? – Zugleich ein Beitrag zur Auslegung von § 34 Abs. 4 Nr. 1 BauGB, NVwZ 1995, 1174, 1177.

Zum Kriterium des Einfügens: BVerwGE 75, 34, 42; *BVerwG*, NVwZ 1994, 1006; BRS 47 Nr. 63 (S. 175); *VGH BW*, NVwZ-RR 1992, 341; *OVG Hamburg*, NVwZ 2002, 494; *Hellriegel/Farsbotter*, Abstand ist nicht alles!, NVwZ 2013, 1117.

Zum Einfügen nach dem Maß der baulichen Nutzung: *VGH BW*, VBlBW 2001, 60.

Zum Gebot der Rücksichtnahme: *BVerwG*, DVBl. 1993, 652 f.; *BVerwG*, NVwZ 1999, 879.

Zum Merkmal der Beeinträchtigung des Ortsbilds: *BVerwG*, DÖV 2000, 1008.

Zur Zulässigkeit von Einzelhandelsvorhaben: *Kopf*, Die Zulässigkeit von Einzelhandelsvorhaben unter besonderer Berücksichtigung des unbeplanten Innenbereichs, LKRZ 2009, 11.

Zu § 35 BauGB: *Battis*, Öffentliches Baurecht, 5. Aufl. 2006, S. 150 ff.; *Erbguth*, Öffentliches Baurecht, 5. Aufl. 2009, § 8 Rn. 58 ff.; *Hellermann*, in: Dietlein/Burgi/Hellermann, Öffentliches Recht in NRW, 5. Aufl. 2014, § 4 Rn. 162 ff.; *Koch/Hendler*, Baurecht, Raumordnungs- und Landesplanungsrecht, 5. Aufl. 2009, § 25 Rn. 74 ff.; *Manssen*, in: Becker/Heckmann/Kempen/Manssen*, Öffentliches Recht in Bayern, 5. Aufl. 2011, 4. Teil Rn. 114 ff.; *Oldiges*, in: Steiner, Bes. VerwR, 8. Aufl. 2006, Teil III Rn. 222 ff.; *Stollmann*, Öffentliches Baurecht, 9. Aufl. 2013, § 17; *ders.*, Bauplanungsrechtliche Zulässigkeit von Vorhaben nach § 35 BauGB, JuS 2003, 855; *Tettinger/Erbguth/Mann*, Bes. VerwR, 11. Aufl. 2012, Rn. 1140 ff.; *Krautzberger*, in: Battis/Krautzberger/Löhr, BauGB, 12. Aufl. 2013, § 35 Rn. 1 ff.; *Söfker*, in: Spannowsky/Uechtritz, BeckOK BauGB, § 35.

Zum Anwendungsbereich von Außenbereichssatzungen: *BayVGH*, NVwZ-RR 2000, 482; *OVG NRW*, NVwZ 2001, 1071.

Zum Sinn und Zweck des § 35 BauGB: BVerwGE 28, 148, 151 f.; 68, 311, 314 f.; *BVerwG*, NJW 1989, 242, 243; *BVerwG*, NVwZ 1991, 161; *Hoppe*, DVBl. 1991, 1277 ff.

Zum Begriff des Dienens: *BayVGH*, NVwZ 2000, 571, 572; *OVG NRW*, NWVBl. 2001, 38, 39.

Zu Windenergieanlagen: BVerwGE 117, 287; *BVerwG*, NVwZ 2003, 733; *OVG Nds.*, NVwZ 2001, 452; *OVG MV*, NVwZ 2001, 454; *VGH BW*, NVwZ 2000, 1063; *OVG Nds.*, DVBl. 2002, 717; *OVG NRW*, NVwZ 1997, 924; *OVG NRW*, NVwZ 2003, 756; *OVG NRW*, NWVBl 2004, 262; *OVG Nds.*, NuR 1999, 289; *Ogiermann*, Bauplanungsrechtliche Hindernisse der Errichtung von Windkraftanlagen, NVwZ 1993, 964; *Sydow*, Neues zur planungsrechtlichen Steuerung von Windenergiestandorten, NVwZ 2010, 1534; *Veelken*, Die Zulässigkeit der Windkraftanlage im Baurecht, BauR 1993, 149; *v. Mutius*, Rechtliche Voraussetzungen und Grenzen der Erteilung von Baugenehmigungen für Windkraftanlagen, DVBl. 1992, 1469; *Stüer/Vildomes*, Planungsrechtliche Zulässigkeit von Windenergieanlagen, BauR 1998, 427; zu den Problemen mit Emissionen von Windenergieanlagen: *OVG NRW*, NVwZ 1999, 1360; zur Kritik an der Privilegierung von Windenergieanlagen: *Mock*, Windkraft im Widerstreit, NVwZ 1999, 937; *Tigges/Berghaus/Niedersberg*, Windenergie und „Windiges", NVwZ 1999, 1317; zum Nachbarschutz gegen Windenergieanlagen, *Berendes*, Nachbarschutz gegen Windenergieanlagen, ZfBR 1997, 21; *Lühle*, Nachbarschutz gegen Windenergieanlagen, NVwZ 1998, 897; zu Konzentrationszonen: *OVG NRW*, BauR 2002, 886; *Schidlowski*, Standortsteuerung von Windenergieanlagen durch Flächennutzungspläne, NVwZ 2001, 388.

Zu den Voraussetzungen eines Ersatzbaus: *OVG Nds.*, NVwZ 1999, 1362. Zu dem Kriterium „in zulässiger Weise errichtet" i. S. d. § 35 Abs. 4 Satz 1 Nr. 3 BauGB, BVerwGE 107, 264.

Zur Splittersiedlung: BVerwGE 27, 137, 139; *BVerwG*, DÖV 1977, 830 f.; *BVerwG*, Buchholz 406.11 § 35 BauGB Nr. 123 (S. 18); *BVerwG*, NVwZ 1985, 747, 748; *BVerwG*, ZfBR 1994, 151; *BVerwG*, BauR 1976, 344, 345; *OVG MV*, DÖV 1997, 553, 554; *OVG NRW*, NWVBl. 1997, 13, 14.

Zum Bestandsschutz: BVerwGE 72, 362; 50, 49; 46, 126; 49, 365; 26,111; 47, 126; 58, 300 (zur alten Dogmatik); BVerwGE 84, 322; 88, 191; 85, 289; 106, 228 (zur neuen Dogmatik). Zum Strukturwandel in der Landwirtschaft: *Konrad*, Das sog. „zweite Standbein" der Landwirtschaft auf bauplanungsrechtlicher Sicht, BayVBl. 1998, 233 ff. Das gesamte Problemfeld wird sehr anschaulich dargestellt bei *Koch/Hendler*, Baurecht, Raumordnungs- und Landesplanungsrecht, 5. Aufl. 2009, § 25 Rn. 110 ff.

Zum gemeindlichen Einvernehmen: BVerwGE 22, 342, 348; *BVerwG*, NVwZ 1986, 556 f.; 2005, 213; *BGH*, NVwZ 2011, 249; *HessVGH*, LKRZ 2011, 17; *HessVGH*, NVwZ 2001, 823; *Battis*, Öffentliches Baurecht, 5. Aufl. 2006, S. 137 ff.; *Dippel*, Das gemeindliche Einvernehmen gem. § 36 BauGB in der jüngeren Rechtsprechung – alle Fragen schon geklärt?, NVwZ 2011, 769; *Dürr/Middeke*, Baurecht NRW, 4. Aufl. 2013, Rn. 164 ff.; *Erbguth*, Öffentliches Baurecht, 5. Aufl. 2009, § 8 Rn. 18, 54 ff.; *Hellermann*, in: Dietlein/

Burgi/Hellermann, Öffentliches Recht in NRW, 5. Aufl. 2014, § 4 Rn. 197 ff.; *Koch/Hendler*, Baurecht, Raumordnungs- und Landesplanungsrecht, 5. Aufl. 2009, § 23 Rn. 10 ff.; *Schoch*, Schutz der gemeindlichen Planungshoheit durch das Einvernehmen nach § 36 BauGB, NVwZ 2012, 777; *Stollmann*, Öffentliches Baurecht, 9. Aufl. 2013, § 14 Rn. 33 ff., § 15 Rn. 18, § 16 Rn. 48, § 17 Rn. 74; *Tettinger/Erbguth/Mann*, Bes. VerwR, 11. Aufl. 2012, Rn. 1107, 1129 ff., 1178; *Dippel*, Das gemeindliche Einvernehmen in der jüngeren Rechtsprechung, NVwZ 2011, 769; *ders.*, Alte und neue Anwendungsprobleme der §§ 36, 38 BauGB, NVwZ 1999, 921; *Enders/Pommer*, § 36 Abs. 2 Satz 3 BauGB verfassungswidrig?, SächsVBl. 1999, 173, 174.

Zum mehrstufigen Verwaltungsakt: *U. Stelkens*, in: Stelkens/Bonk/Sachs, VwVfG, 8. Aufl. 2014, § 35 Rn. 170; *Maurer*, Allgemeines Verwaltungsrecht, 18. Aufl. 2011, § 9 Rn. 28.

Zur Amtshaftung der Gemeinde: wegen Versagung des gem. § 36 BauGB erforderlichen Einvernehmens, *BGH*, NVwZ 2013, 167; *BGH*, NVwZ 2011, 249; *Söfker*, in: Ernst/Zinkahn/Bielenberg/Krautzberger, BeckOK BauGB, § 36 Rn. 48 ff.; *Zeiler*, Amtshaftung der Gemeinde wegen Versagung des gemäß § 36 BauGB erforderlichen Einvernehmens, KommJur 2009, 288.

Zu Baumaßnahmen von Bund und Ländern: *Krautzberger*, in: Battis/Krautzberger/Löhr, 12. Aufl. 2013, § 37 Rn. 2.

Zu den Vorgaben der Bauleitplanung bei der Fachplanung: *Löhr*, in: Battis/Krautzberger/Löhr, BauGB, 12. Aufl. 2013, § 38 Rn. 1; zur Beteiligung der Gemeinden, *Battis/Krautzberger/Löhr*, Die Neuregelungen des Baugesetzbuchs zum 1.1.1998, NVwZ 1997, 1145, 1162; *Stüer*, Städtebaurecht 1998, DVBl. 1997, 1201, 1209 f.; *Thiel*, Plangenehmigung und Planfeststellung, VR 2001, 295; *Lasotta*, Die Beteiligung der Gemeinden bei der Fachplanung, DVBl. 1998, 255, 258.

3. Teil. Bauordnungsrecht

§ 8. Bauordnungsrecht als Landesrecht

Der zweite große Bereich des öffentlichen Baurechts ist das Bauord- **1** nungsrecht. Es hat nicht wie das Bauplanungsrecht die Nutzung einer meist größeren Fläche nach bestimmten, in den zuständigen Gremien und Behörden formulierten planerischen Vorstellungen zum Gegenstand, sondern die Abwehr von Gefahren, die von der Errichtung und dem Unterhalt baulicher Anlagen ausgehen. Bauordnungsrecht ist, wie der Name schon anzeigt, **Gefahrenabwehrrecht**. Als solches fällt es nach Art. 70 GG in die Gesetzgebungskompetenz der Länder. Zu erwähnen ist in diesem Zusammenhang aber auch die Baustellenverordnung des Bundes, die die Arbeitssicherheit und den Arbeitsschutz auf Baustellen regelt und damit Bereiche, für die der Bund die Gesetzgebungskompetenz hat (vgl. Art. 74 Abs. 1 Nr. 12 GG).

Die Bundesländer haben das Bauordnungsrecht in weiten Berei- **2** chen sachlich gleich geregelt. Der Grund dafür liegt darin, dass sie sich beim Erlass ihrer Bauordnungen in den 60er Jahren weitgehend an einer **Musterbauordnung** (MBO) orientierten, die 1959 von einer mit Vertretern der Fachministerien von Bund und Ländern besetzten Kommission ausgearbeitet worden war. Diese Musterbauordnung wurde mehrfach geändert. In neuerer Zeit weisen die Landesbauordnungen allerdings nicht unerhebliche Unterschiede vor allem im Verfahrensrecht auf. Das betrifft insbes. das bis noch vor wenigen Jahren in weiten Bereichen völlig selbstverständliche Erfordernis der Baugenehmigung. Es ist in den einzelnen Landesbauordnungen auf verschiedene Weise zurückgedrängt worden. Dennoch lassen sich nach wie vor die wichtigsten Vorschriften erfassen, wenn die Landesbauordnungen in einer Synopse gegenübergestellt werden.

Literatur: Allgemeines zum Bauordnungsrecht: *Dolderer*, Die Zulässigkeit von Bauvorhaben, Jura 2004, 752, 758.
Zur Gesetzgebungskompetenz: BVerfGE 3, 407, 424 f.; 34, 139, 144; 77, 288, 298 f.; *Stettner*, in: Dreier, GG, 2. Aufl. 2006, Art. 74 Rn. 83 ff.; *Degenhart*, in: Sachs, GG, 6. Aufl. 2011, Art. 74 Rn. 71 ff.; *Pieroth*, in: Jarass/Pieroth, GG, 12. Aufl. 2012, Art. 74 Rn. 44 ff.; *Oeter*, in v. Mangoldt/Klein/Starck, GG, Bd. 2, 6. Aufl. 2010, Art. 74 Rn. 125 ff., 189.

Zur Entwicklung des Bauordnungsrechts: *Erbguth/Stollmann*, Entwicklung im Bauordnungsrecht, JZ 2007, 868; *Ortloff*, Die Entwicklung des Bauordnungsrechts, NVwZ 2000, 750; *ders.*, Die Entwicklung des Bauordnungsrechts, NVwZ 2001, 997.

Zum Bauordnungsrecht in NRW: *Gubelt*, Das neue Bauordnungsrecht in Nordrhein-Westfalen, NVwZ 2000, 1013; *Mampel*, Der Übergang zum neuen Bauordnungsrecht, NWVBl. 2000, 81; ausführl. *Krebs/Böckenförde/Temme*, Landesbauordnung Nordrhein-Westfalen. BauO NW 1995 und BauO NW 2000 im Vergleich, 2000.

Zur Musterbauordnung: *Hoppe*, in: Hoppe/Bönker/Grotefels, Öffentliches Baurecht, 4. Aufl. 2010, § 1 Rn. 42 m. w. N.; *Jäde*, Rechtseinheit im Bauordnungsrecht?, NVwZ 2001, 982.

Eine **Synopse zu den Landesbauordnungen** findet sich bei *Brohm*, Öffentliches Baurecht, 3. Aufl. 2002, Anhang S. 686 ff.; *Muckel/Stemmler*, Fälle zum öffentlichen Baurecht, 7. Aufl. 2013, S. 141 f.

Zum unterschiedlichen Verfahrensrecht der Länder: *Grotefels*, in: Hoppe/Bönker/Grotefels, Öffentliches Baurecht, 4. Aufl. 2010, § 16 Rn. 1 ff.; *Brohm*, Öffentliches Baurecht, 3. Aufl. 2002, § 4 Rn. 1; § 28 Rn. 6; *Degenhart*, Genehmigungsfreies Bauen und Rechtsschutz des Nachbarn, NJW 1996, 1433; *Korioth*, Der Abschied von der Baugenehmigung nach § 67 BauO NW 1995, DÖV 1996, 665; *Ortloff*, Abschied von der Baugenehmigung – Beginn beschleunigten Bauens?, NVwZ 1995, 112.

Zum Verhältnis Bauordnungsrecht und Bauplanungsrecht: *Tillmanns*, Die Abgrenzung des Bauplanungsrechts vom Bauordnungsrecht, AöR 132 (2007), S. 582; *Jäde*, Schnittpunkte Bauordnungsrecht und Planungsrecht am Beispiel von Werbeanlagen, ZfBR 2010, 34; *Haaß*, Bauplanungsrechtliche Regelungen im Gewande bauordnungsrechtlicher Vorschriften, NVwZ 2008, 252.

Zum Neuerlass der Bauordnung in Schleswig-Holstein: *Niere*, Neuerlass der Landesbauordnung für das Land Schleswig-Holstein, NordÖR 2009, 273.

Zur Baurechtsnovelle 2008 in Baden-Württemberg: *Büchner*, Anmerkungen zur Novelle 2008 der Landesbauordnung Baden-Württemberg, VBlBW 2009, 168.

Aktuelle Fragen zum Bayerischen Baurecht: *Jäde*, Aktuelle Fragen des bayerischen Bauordnungsrechts, BayVBl 2009, 709.

Aktuelle Entwicklungen im Bauordnungsrecht 2008/2009: *Jäde*, Aktuelle Entwicklungen im Bauordnungsrecht 2009/2010, ZfBR 2009, 428.

§ 9. Die Gegenstände des Bauordnungsrechts im Überblick

I. Begriffliche Klarstellungen

Der Anwendungsbereich des Bauordnungsrechts ist in § 1 BauO   1
NRW[29] definiert. Danach gilt die Bauordnung für bauliche Anlagen
und Bauprodukte. Diese beiden zentralen Begriffe des Bauordnungsrechts werden im Folgenden näher bestimmt. Nach der Legaldefinition in § 2 Abs. 1 Satz 1 BauO NRW, die sich wortgleich oder
zumindest sinngemäß auch in den Bauordnungen der anderen Bundesländer findet[30], sind **bauliche Anlagen** mit dem Erdboden verbundene, aus Bauprodukten hergestellte Anlagen. Der Begriff der
Bauprodukte wird erläutert in §§ 2 Abs. 9, 20 ff. BauO NRW[31] und
im Bauproduktengesetz des Bundes (BauPG) v. 5.12.2012 (BGBl. I
S. 2449).

Da im Hinblick auf die Frage, wann ein Gegenstand mit dem Erd-   2
boden verbunden ist, immer wieder Unklarheiten auftreten, legt § 2
Abs. 1 Satz 2 BauO NRW[32] fest, dass eine Verbindung mit dem Erdboden auch dann besteht, wenn die Anlage durch eigene Schwere auf
dem Erdboden ruht oder auf ortsfesten Bahnen (z. B. Schienen) begrenzt beweglich ist oder wenn die Anlage nach ihrem Verwendungszweck dazu bestimmt ist, überwiegend ortsfest benutzt zu werden.

---

29 Art. 1 Abs. 1 Satz 1 BayBO; § 1 Abs. 1 Satz 1 LBO BW; § 1 Abs. 1 Satz 1 HBO; § 1
    Abs. 1 Satz 1 HBauO; § 1 Abs. 1 Satz 1 BauO SH; § 1 Abs. 1 Satz 1 BbgBO; § 1
    Abs. 1 Satz 1 SächsBO; § 1 Abs. 1 Satz 1 ThürBO; § 1 Abs. 1 Satz 1 BauO LSA; § 1
    Abs. 1 Satz 1 LBauO Rh.-Pf.; § 1 Abs. 1 Satz 1 BremLBO; § 1 Abs. 1 Satz 1 LBO SL;
    § 1 Abs. 1 Satz 1 LBauO MV; § 1 Abs. 1 Satz 1 BauO Bln.
30 Vgl. Art. 2 Abs. 1 BayBO; § 2 Abs. 1 LBO BW; § 2 Abs. 1 HBO; § 2 Abs. 1 LBauO
    MV; § 2 Abs. 1 LBauO Rh.-Pf.; § 2 Abs. 1 BauO SH; § 2 Abs. 1 BauO Bln.; § 2 Abs. 1
    HBauO; § 2 Abs. 1 NBO; § 2 Abs. 1 BbgBO; § 2 Abs. 1 SächsBO; § 2 Abs. 1
    ThürBO; § 2 Abs. 1 BauO LSA; § 2 Abs. 1 BremLBO; § 2 Abs. 1 LBO SL.
31 Art. 2 Abs. 11, Art. 15 ff. BayBO; §§ 2 Abs. 10, 17 ff. LBO BW; §§ 2 Abs. 12, 16 ff.
    HessBO; §§ 2 Abs. 10, 20 ff. HBauO; §§ 2 Abs. 10, 18 ff. BauO SH; §§ 2 Abs. 14,
    17 ff. NBO; §§ 2 Abs. 9, 14 ff. BbgBO; §§ 2 Abs. 9, 17 ff. SächsBO; § 2 Abs. 10, 17 ff.
    BauO LSA; §§ 2 Abs. 9, 18 ff. LBauO Rh.-Pf.; §§ 2 Abs. 14, 20 ff. BremLBO; §§ 2
    Abs. 12, 18 ff. LBO SL; § 2 Abs. 9, 17 ff. LBauO MV; §§ 2 Abs. 9, 17 ff. BauO Bln.
32 § 2 Abs. 1 Satz 2 LBO BW; § 2 Abs. 1 Nr. 1 HBauO; § 2 Abs. 1 Satz 2 HBO; § 2
    Abs. 1 Satz 2 Halbs. 2 BauO Bln.; § 2 Abs. 1 Satz 2 SächsBO; § 2 Abs. 1 Satz 3
    BauO LSA; § 2 Abs. 1 Satz 1 Halbs. 2 BauO SH; § 2 Abs. 1 Satz 1 Halbs. 2
    BremLBO; § 2 Abs. 1 Satz 2 BbgBO; § 2 Abs. 1 Satz 2 LBO SL; § 2 Abs. 1 Satz 2
    ThürBO; § 2 Abs. 1 Satz 1 Halbs. 2 LBauO MV; § 2 Abs. 1 Satz 2 LBauO Rh.-Pf.

3   **Beispiele:** (1) Technische Anlagen, die im Zusammenhang mit der Produktion eines Betriebs begrenzt beweglich sein müssen, wie etwa Fertigungshallen, Fahrgerüste und Hochregallager (*Thiel/Rößler/Schumacher*, Baurecht in NRW, § 2 Rn. 22).
(2) In Betracht kommen aber auch Autowaschanlagen (*SaarlOVG*, BauR 1998, 320).

4   Dabei ist zu beachten, dass das Merkmal des Ruhens auf dem Erdboden durch eigene Schwere einschränkend auszulegen ist, weil infolge der Schwerkraft letztlich alle Gegenstände als auf dem Boden ruhend angesehen werden können. Es scheiden deshalb grundsätzlich alle Gegenstände aus, die ohne technische Hilfsmittel (wie Kräne oder Traktoren) jederzeit wegbewegt werden können. Ein „Ruhen" i. S. d. § 2 Abs. 1 Satz 2 BauO NRW kann auch dann gegeben sein, wenn zwar wegen der Leichtigkeit des Materials technische Hilfsmittel zur Bewegung nicht erforderlich sind, die Fortbewegungsmöglichkeit aber erst durch andere Maßnahmen erreicht wird, wie etwa die Zerlegung der Anlage in ihre Einzelteile (*Boeddinghaus/Hahn/Schulte*, BauO NRW, § 2 Rn. 9).

5   **Beispiele:** (1) Dies ist z. B. bei hölzernen Podestplatten der Fall, die nur aus einer Balkenunterlage und darauf liegenden Brettern bestehen. Solche Platten ruhen nicht durch ihre eigene Schwere auf dem Erdboden. Es kann sich dabei aber um eine Anlage handeln, die gem. § 2 Abs. 1 Satz 2 BauO NRW[33] nach ihrem Verwendungszweck dazu bestimmt ist, überwiegend ortsfest genutzt zu werden. Das setzt voraus, dass die Platten zwar für sich genommen jederzeit ortsveränderlich bzw. ihrer Natur nach räumlich unbegrenzt beweglich, aber von ihrem Verwender für eine überwiegend ortsfeste Nutzung vorgesehen sind, z. B. als Unterlage für Zelte, die für eine längere Dauer aufgestellt werden (*BVerwG*, BRS 28 Nr. 89). Als weitere Beispiele sind hier Wohnwagen, Verkaufswagen oder andere fahrbare Anlagen zu nennen.

6   (2) Eine im Freien aufgestellte, aus vorgefertigten Teilen zusammengesetzte, auf- und abbaubare Abstellanlage für PKW mit mehrstöckigen Abstellplattformen und einer mechanischen Hubplattform stellt eine bauliche Anlage nach der Bauordnung mit überwiegend ortsfester Benutzung jedenfalls dann dar, wenn sie als Schauobjekt für Kunden des Herstellers dienen soll (*VGH BW*, BauR 2010, 662 – Ls.).

7   (3) Ein Imbisswagen, der dauerhaft auf dem Parkplatz eines Bau- und Heimwerkermarkts platziert werden soll, ist eine bauliche Anlage i. S. d. § 2

---

33 Art. 2 Abs. 1 Satz 3 BayBO; § 2 Abs. 1 Satz 2 LBO BW; § 2 Abs. 1 Satz 2 HBO; § 2 Abs. 1 Nr. 3 HBauO; § 2 Abs. 1 Satz 1 Halbs. 2 BauO SH; § 2 Abs. 1 Satz 2 Nr. 5 NBO; § 2 Abs. 1 Satz 2 BbgBO; § 2 Abs. 1 Satz 2 SächsBO; § 2 Abs. 1 Satz 3 BauO LSA; § 2 Abs. 1 Satz 2 ThürBO; § 2 Abs. 1 Satz 1 Halbs. 2 LBauO Rh.-Pf.; § 2 Abs. 1 Satz 2 BremLBO; § 2 Abs. 1 Satz 2 LBO SL; § 2 Abs. 1 Satz 1 Halbs. 2 LBauO MV; § 2 Abs. 1 Satz 2 Halbs. 2 BauO Bln.

Abs. 1 Satz 1 BauO NRW und zudem ein Gebäude i. S. d. § 2 Abs. 2 BauO NRW[34], wenn er zum Betreten durch Menschen bestimmt ist (*OVG NRW*, BauR 2009, 1123).

Ausdrücklich als bauliche Anlage bezeichnet das Gesetz sodann **8** u. a. Campingplätze, Sport- und Spielflächen, Stellplätze[35] und Gerüste (§ 2 Abs. 1 Satz 3 BauO NRW[36]).

An dieser Stelle sei nochmals darauf hingewiesen, dass der Begriff **9** der baulichen Anlage i. S. d. Bauordnungsrechts inhaltlich nicht identisch ist mit dem gleichlautenden Begriff in § 29 Abs. 1 BauGB. Wegen der auf das Bodenrecht begrenzten Gesetzgebungskompetenz des Bundes muss eine bauliche Anlage i. S. d. § 29 Abs. 1 BauGB planungsrechtlich relevant sein. Hiervon ist nur auszugehen, wenn die in Rede stehende bauliche Anlage die in § 1 Abs. 6 BauGB genannten Belange in einer Weise berührt oder berühren kann, die geeignet ist, das Bedürfnis nach einer ihre Zulässigkeit regelnden verbindlichen Bauleitplanung hervorzurufen (o. § 7 Rn. 25 ff.).

Beispiel: Ein Modellfluggelände ohne jegliche bauliche Verfestigung stellt **10** eine Sport- und Spielfläche gem. § 2 Abs. 1 Satz 3 Nr. 4 BauO NRW dar und ist demzufolge eine bauliche Anlage nach Bauordnungsrecht. Gleichzeitig handelt es sich bei ihm aber nicht um eine bauliche Anlage nach Bauplanungsrecht (§ 29 Abs. 1 BauGB), weil ohne jegliche bauliche Betätigung – also bei schlichter Nutzung eines Geländes – städtebauliche Belange nicht berührt sind (*VG Münster*, Urt. v. 15.10.2008 – 10 K 987/07, juris).

II. Allgemeine Anforderungen an bauliche Anlagen

Bauliche Anlagen sind so zu errichten, anzuordnen, zu ändern und **11** instand zu halten, dass die öffentliche Sicherheit, insbes. Leben, Gesundheit und die natürlichen Lebensgrundlagen, nicht gefährdet

---

34 Art. 2 Abs. 2 BayBO; § 2 Abs. 2 LBO BW; § 2 Abs. 2 HBauO; § 2 Abs. 2 HBO; § 2 Abs. 2 BauO Bln.; § 2 Abs. 2 SächsBO; § 2 Abs. 2 BauO LSA; § 2 Abs. 2 NBO; § 2 Abs. 2 BauO SH; § 2 Abs. 2 BremLBO; § 2 Abs. 2 LBO SL; § 2 Abs. 2 ThürBO; § 2 Abs. 2 LBauO MV; § 2 Abs. 2 LBauO Rh.-Pf.

35 Begriffsbestimmung dazu in § 2 Abs. 8 BauO NRW; Art. 2 Abs. 8 BayBO; § 2 Abs. 8 LBO BW; § 2 Abs. 7 LBauO MV; § 2 Abs. 8 LBauO Rh.-Pf.; § 2 Abs. 8 BauO SH; § 2 Abs. 10 HBO; § 2 Abs. 7 BbgBO; § 2 Abs. 7 SächsBO; § 2 Abs. 7 BauO LSA; § 2 Abs. 5 ThürBO; § 2 Abs. 13 BremLBO; § 2 Abs. 9 LBO SL; § 2 Abs. 7 BauO Bln. In Hamburg und Niedersachsen fehlt eine Begriffsbestimmung.

36 Vgl. § 2 Abs. 1 Satz 2 HBauO; § 2 Abs. 1 Satz 3 HBO; § 2 Abs. 1 Satz 3 BauO Bln.; § 2 Abs. 1 Satz 3 SächsBO; § 2 Abs. 1 Satz 3 BauO LSA; § 2 Abs. 1 Satz 2 NBO; § 2 Abs. 1 Satz 2 BauO SH; § 2 Abs. 1 Satz 3 BbgBO; § 2 Abs. 1 Satz 3 LBO SL; § 2 Abs. 1 Satz 3 LBauO Rh.-Pf.; § 2 Abs. 1 Satz 2 LBauO MV; § 2 Abs. 1 Satz 3 ThürBO; § 2 Abs. 1 Satz 3 LBO BW; § 2 Abs. 1 Satz 2 BremLBO.

wird. Dies verlangt bspw. § 3 Abs. 1 BauO NRW[37]. Das Bauordnungsrecht möchte also nicht nur Gefahren abwehren, die von der
fertiggestellten baulichen Anlage ausgehen. Es hat vielmehr auch solche Gefahren vor Augen, die bei der Errichtung und Änderung einer
baulichen Anlage auftreten können. Eine besonders deutliche Spe-
zialvorschrift ist insoweit § 56 BauO NRW[38]. Danach sind bei der Errichtung, Änderung, Instandhaltung, Nutzungsänderung oder dem
Abbruch baulicher Anlagen der Bauherr und die anderen am Bau Beteiligten (zu ihnen §§ 56 ff. BauO NRW[39]) dafür **verantwortlich**, dass
die öffentlich-rechtlichen Vorschriften eingehalten werden. Durch
solche speziellen Regelungen über die Verantwortlichkeit werden die
Bestimmungen des allgemeinen Polizei- und Ordnungsrechts über
Verhaltens- und Zustandsverantwortlichkeit (z. B. §§ 17, 18 OBG
NRW) verdrängt (§§ 1 Abs. 2 Satz 1, 12 Abs. 2 OBG NRW). Die
Vorschriften des Bauordnungsrechts über die Verantwortlichkeit der
am Bau Beteiligten regeln ziemlich detailliert, welche Pflichten den
Bauherrn, den Entwurfsverfasser, den Unternehmer und den Baulei-
ter treffen (§§ 57 ff. BauO NRW). Zu beachten ist aber, dass sie nur
das Geschehen bis zur Fertigstellung des Bauvorhabens erfassen.
Für die Zeit danach gelten die allgemeinen Regeln des Ordnungs-
und Polizeirechts (z. B. §§ 17, 18 OBG NRW; näher *Peine*, Öffentliches Baurecht, Rn. 1027 ff.; *Grotefels*, in: Hoppe/Bönker/Grotefels,
Öffentliches Baurecht, § 16 Rn. 101). Auch die Grundsätze über die
Verantwortlichkeit von Anscheinsstörern lassen sich auf das Bauordnungsrecht übertragen (*SaarlOVG*, Beschl. v. 2.7.2012 – 2 A 446/11,
BeckRS 2012, 53487).

12   **Beispiel:** Jahre nach der Fertigstellung des Baus reißt der Mieter M eines
Einfamilienhauses in Aachen ohne Wissen des Vermieters und Eigentümers
eine tragende Wand ein, um ein größeres Wohnzimmer zu haben. M ist dafür
ordnungsrechtlich verantwortlich nach § 17 Abs. 1 OBG NRW als Verhaltens-

---

37 Art. 3 Abs. 1 Satz 1 BayBO; § 3 Abs. 1 LBO BW; § 3 Abs. 1 Satz 1 HBauO; § 3 Abs. 1
   HBO; § 3 Abs. 1 BauO Bln.; § 3 Abs. 1 SächsBO; § 3 Abs. 1 BauO LSA; § 3 Abs. 1
   Satz 1, 2 NBO; § 3 Abs. 1, 2 BauO SH; § 3 Abs. 1 BremLBO; § 3 Abs. 1 BbgBO;
   § 3 Abs. 1 LBO SL; § 3 Abs. 1 Satz 1 LBauO Rh.-Pf.; § 3 Abs. 1 LBauO MV; § 3
   Abs. 1 ThürBO.
38 Art. 49 BayBO; § 41 LBO BW; § 47 HBO; § 53 HBauO; § 53 BauO SH; § 52 Abs. 1
   NBO; § 46 BbgBO; § 52 SächsBO; § 51 BauO LSA; § 54 ThürBO; § 54 LBauO Rh.-
   Pf.; § 52 BremLBO; § 52 LBO SL; § 52 LBauO MV; § 53 BauO Bln.
39 Art. 49 ff. BayBO; §§ 41 ff. LBO BW; §§ 47 ff. HBO; §§ 53 ff. HBauO; §§ 53 ff. BauO
   SH; §§ 52 ff. NBO; §§ 46 ff. BbgBO; §§ 52 ff. SächsBO; §§ 51 ff. BauO LSA; §§ 54 ff.
   ThürBO; §§ 54 ff. LBauO Rh.-Pf.; §§ 52 ff. BremLBO; §§ 52 ff. LBO SL; §§ 52 ff.
   LBauO MV; §§ 53 ff. BauO Bln.

störer sowie nach § 18 Abs. 2 OBG NRW als Zustandsstörer, weil er Inhaber der tatsächlichen Gewalt ist.

Zu beachten ist, dass die generalklauselartigen Vorschriften über **13** allgemeine Anforderungen an bauliche Anlagen, ihre Errichtung und anderes (z. B. in § 3 BauO NRW) der Behörde **keine Befugnis zum Einschreiten** geben. Es handelt sich um Aufgaben-, nicht um Befugnisnormen. Die Befugnis zum Einschreiten ergibt sich aus eigenständigen Ermächtigungsgrundlagen, in Nordrhein-Westfalen z. B. § 61 Abs. 1 Satz 2 BauO NRW[40].

III. Einzelne Regelungsgegenstände

1. Die Ausführung des Baus

Die Bauordnungen der Länder stellen Anforderungen an die Aus- **14** führung eines Baus auf (§§ 12 ff. BauO NRW[41]). Hervorzuheben sind insoweit die Vorschriften über die Sicherheit an Baustellen (§ 14 BauO NRW[42]) und die Standsicherheit von baulichen Anlagen (§ 15 BauO NRW[43]) sowie die Vorschriften über den Brandschutz, Wärmeschutz, Schallschutz und den Schutz gegen Feuchtigkeit (§§ 16 ff. BauO NRW[44]). Die Bauordnungen enthalten darüber hinaus Vorschriften über Wände, Decken und Dächer (§§ 29 ff. BauO NRW[45]),

---

40 Art. 54 Abs. 2 Satz 2 BayBO; § 47 Abs. 1 Satz 2 LBO BW; § 53 Abs. 2 Satz 2 HBO; § 58 Abs. 1 Satz 2 HBauO; § 59 Abs. 1 Satz 2 BauO SH; § 58 Abs. 1 Satz 1 NBO; § 52 Abs. 2 Satz 2 BbgBO; § 58 Abs. 2 Satz 2 SächsBO; § 57 Abs. 2 Satz 2 BauO LSA; § 60 Abs. 2 Satz 2 ThürBO; § 59 Abs. 1 Satz 1 Halbs. 2 LBauO Rh.-Pf.; § 58 Abs. 1 Satz 2 BremLBO; § 57 Abs. 2 Satz 2 LBO SL; § 58 Abs. 1 Satz 2 LBauO MV; § 58 Abs. 1 Satz 2 BauO Bln.
41 Art. 9 ff. BayBO; §§ 11 ff. LBO BW; §§ 9 ff. HBO; §§ 14 ff. HBauO; §§ 12 ff. BauO SH; §§ 10 ff. NBO; §§ 10 ff. BbgBO; §§ 11 ff. SächsBO; §§ 11 ff. BauO LSA; §§ 14 ff. ThürBO; §§ 13 ff. LBauO Rh.-Pf.; §§ 11 ff. BremLBO; §§ 13 ff. LBO SL; §§ 11 ff. LBauO MV; §§ 11 ff. BauO Bln.
42 Art. 9 BayBO; § 12 LBO BW; § 10 HBO; § 14 HBauO; § 12 BauO SH; § 11 NBO; § 10 BbgBO; § 11 SächsBO; § 11 BauO LSA; § 14 ThürBO; § 53 LBauO Rh.-Pf.; § 11 BremLBO; § 11 LBO SL; § 11 LBauO MV; § 11 BauO Bln.
43 Art. 10 BayBO; § 13 LBO BW; § 11 HBO; § 15 HBauO; § 13 BauO SH; § 12 NBO; § 11 BbgBO; § 12 SächsBO; § 12 BauO LSA; § 15 ThürBO; § 13 LBauO Rh.-Pf.; § 12 BremLBO; § 13 LBO SL; § 12 LBauO MV; § 12 BauO Bln.
44 Art. 11 ff. BayBO; §§ 14 ff. LBO BW; §§ 12 ff. HBO; §§ 16 ff. HBauO; §§ 14 ff. BauO SH; §§ 13 ff. NBO; §§ 12 ff. BbgBO; §§ 13 ff. SächsBO; §§ 13 ff. BauO LSA; §§ 16 ff. ThürBO; §§ 14 ff. LBauO Rh.-Pf.; §§ 13 ff. BremLBO; §§ 14 ff. LBO SL; §§ 13 ff. LBauO MV; §§ 13 ff. BauO Bln.
45 Art. 24 ff. BayBO; §§ 26 ff. LBO BW; §§ 25 ff. HBO; §§ 24 ff. HBauO; §§ 28 ff. BauO SH; §§ 27 ff. NBO; §§ 23 ff. BbgBO; §§ 26 ff. SächsBO; §§ 26 ff. BauO LSA; §§ 26 ff. ThürBO; §§ 27 ff. LBauO Rh.-Pf.; §§ 26 ff. BremLBO; §§ 27 ff. LBO SL; §§ 26 ff. LBauO MV; §§ 26 ff. BauO Bln.

über Treppen, Aufzüge und Fenster (§§ 36 ff. BauO NRW[46]) und über besondere Anlagen wie Stellplätze und Garagen (§§ 51 ff. BauO NRW[47]).

2. Die zuständigen Behörden und ihre Befugnisse

15   Die Bauordnungen regeln auch die Frage, welche Behörden für die Einhaltung der einzelnen bauordnungsrechtlichen Vorschriften zuständig sind und welche Befugnisse sie haben.

16   **a) Allgemeines.** Welche Behörden als **Bauaufsichtsbehörden** zuständig sind, um die Verwaltungsaufgaben nach der Bauordnung wahrzunehmen, ist gesetzlich im Einzelnen geregelt. In den Flächenstaaten ist regelmäßig ein dreistufiger Behördenaufbau eingerichtet, der z. B. in Nordrhein-Westfalen das zuständige Ministerium als oberste Bauaufsichtsbehörde, die Bezirksregierungen bzw. die Landräte als obere Bauaufsichtsbehörden und die kommunalen Behörden (d. h. die Oberbürgermeister der kreisfreien Städte, die Bürgermeister der Großen sowie Mittleren kreisangehörigen Städte i. S. v. § 4 GO NRW i. V. m. §§ 1 f. StadtKlassV bzw. die Landräte für die übrigen kreisangehörigen Gemeinden) als untere Bauaufsichtsbehörden vorsieht (§ 60 Abs. 1 BauO NRW). Bei ihnen handelt es sich um **Sonderordnungsbehörden** (in manchen Ländern: Sonderpolizeibehörden), wie etwa in § 60 Abs. 1 a. E. sowie Abs. 2 BauO NRW gleich zweimal klargestellt wird. Damit bezieht sich das Gesetz auf die Systematik des Ordnungsrechts zu den Pflichtaufgaben zur Erfüllung nach Weisung (§§ 12, 9 OBG NRW). Ergänzend zu den Bestimmungen über den Behördenaufbau sehen die Bauordnungen regelmäßig eine eigenständige Vorschrift über deren sachliche Zuständigkeit vor (etwa § 62 BauO NRW).

17   Nach § 61 Abs. 1 Satz 1 BauO NRW[48] haben die Bauaufsichtsbehörden die **Aufgabe,** darüber zu wachen, dass die Vorschriften des

---

46 Art. 31 ff. BayBO; §§ 28 ff. LBO BW; §§ 30 ff. HBO; §§ 31 ff. HBauO; §§ 34 ff. BauO SH; §§ 34 ff. NBO; §§ 29 ff. BbgBO; §§ 33 ff. SächsBO; §§ 32 ff. BauO LSA; §§ 31a ff. ThürBO; §§ 33 ff. LBauO Rh.-Pf.; §§ 33 ff. BremLBO; §§ 33 ff. LBO SL; §§ 33 ff. LBauO MV; §§ 33 ff. BauO Bln.
47 Art. 47 f. BayBO; §§ 34 ff. LBO BW; §§ 44 ff. HBO; § 48 HBauO; § 50 BauO SH; §§ 46 ff. NBO; §§ 43 ff. BbgBO; § 49 SächsBO; § 48 BauO LSA; § 49 ThürBO; §§ 47 ff. LBauO Rh.-Pf.; §§ 49 ff. BremLBO; § 47 LBO SL; §§ 49 ff. LBauO MV; §§ 50 ff. BauO Bln.
48 Art. 54 Abs. 2 Satz 1 BayBO; § 47 Abs. 1 Satz 1 LBO BW; § 53 Abs. 2 Satz 1 HBO; § 58 Abs. 1 Satz 1 HBauO; § 59 Abs. 1 Satz 1 BauO SH; § 58 Abs. 1 Satz 1 NBO; § 52 Abs. 2 Satz 1 BbgBO; § 58 Abs. 2 Satz 1 SächsBO; § 57 Abs. 2 Satz 1 BauO LSA; § 60

Bauordnungsrechts eingehalten werden. Im Rahmen der Bauüberwachung, die im Gegensatz zu der präventiven Kontrolle im Baugenehmigungsverfahren repressiv ist, dürfen die Bauaufsichtsbehörden Wohnungen und Baustellen betreten und Einsicht in die Bauunterlagen nehmen (§ 61 Abs. 6 BauO NRW).

Beispiel: Die Verletzung der baurechtlichen Genehmigungspflicht reicht in **18** aller Regel aus, um das Betreten einer Wohnung zum Zwecke der Bauzustandsbesichtigung zu rechtfertigen (*OVG Rh.-Pf.*, BauR 2006, 971).

Die Befugnis zum Betreten von Grundstücken nach § 209 BauGB be- **19** schränkt sich demgegenüber auf die nach dem BauGB zu treffenden Maßnahmen, etwa die Zurückstellung eines Baugesuchs nach § 15 BauGB. § 209 Abs. 1 BauGB erlaubt Beauftragten der zuständigen Behörde gegenüber den Grundstückseigentümern und Besitzern, nach vorheriger Bekanntgabe bestimmte Vorarbeiten (Vermessungen, Boden- und Grundwasseruntersuchungen) auf dem Grundstück durchzuführen. Umgekehrt verpflichtet die Norm die Grundstückseigentümer und Besitzer, die besagten Vorarbeiten zu dulden. Die Betroffenen sind gem. § 209 Abs. 2 BauGB für die hierdurch zu entstehenden Vermögensnachteile zu entschädigen. Die Vorschrift des § 209 BauGB kommt in der Praxis nur selten zur Anwendung (*Grotefels*, in: Hoppe/Bönker/Grotefels, Öffentliches Baurecht, § 16 Rn. 83).

Darüber hinaus haben die Bauaufsichtsbehörden die Befugnis, **20** Bauordnungsverfügungen zu erlassen. Eine entsprechende Ermächtigung ergibt sich aus § 61 Abs. 1 Satz 2 BauO NRW[49]. Danach treffen die Bauaufsichtsbehörden nach pflichtgemäßem Ermessen die erforderlichen Maßnahmen um sicherzustellen, dass bei dem Abbruch, der Nutzung, der Nutzungsänderung und der Instandhaltung baulicher Anlagen die öffentlich-rechtlichen Vorschriften beachtet und umgesetzt werden. Bei der Regelung in § 61 Abs. 1 Satz 2 BauO NRW handelt es sich um die zentrale **Ermächtigungsgrundlage** des Bauordnungsrechts.

Beispiele: (1) Ist eine Garage mit einer Dachlänge von 8,99 m genehmigt, **21** wird sie jedoch tatsächlich mit einer Dachlänge von 10,78 m errichtet und wird der Nachbar dadurch in der Benutzung seines Grundstücks unzumutbar

---

Abs. 2 Satz 1 ThürBO; § 59 Abs. 1 Satz 1 Halbs. 1 LBauO Rh.-Pf.; § 58 Abs. 2 Satz 1 BremLBO; § 57 Abs. 2 Satz 1 LBO SL; § 58 Abs. 1 Satz 1 LBauO MV; § 58 Abs. 1 Satz 2 BauO Bln.
49 Art. 54 Abs. 2 Satz 2 BayBO; § 47 Abs. 1 Satz 2 LBO BW; § 53 Abs. 2 Satz 2 HBO; § 58 Abs. 1 Satz 1 HBauO; § 59 Abs. 1 Satz 2 BauO SH; § 58 Abs. 1 Satz 1 NBO; § 52 Abs. 2 Satz 2 BbgBO; § 58 Abs. 2 Satz 2 SächsBO; § 57 Abs. 2 Satz 2 BauO LSA; § 60 Abs. 2 Satz 2 ThürBO; § 59 Abs. 1 Satz 1 Halbs. 2 LBauO Rh.-Pf.; § 58 Abs. 2 Satz 2 BremLBO; § 57 Abs. 2 Satz 2 LBO SL; § 58 Abs. 1 Satz 2 LBauO MV; § 58 Abs. 1 Satz 2 BauO Bln.

beeinträchtigt, so kann die zuständige Behörde den Abbruch der Garage anordnen (*OVG NRW*, BRS 73 Nr. 124).

22 (2) Wird eine als Carport zum Unterstellen von Kraftfahrzeugen genehmigte Anlage tatsächlich als Werkraum genutzt, kann die Behörde diese Nutzung unter Androhung eines Zwangsgelds bei Zuwiderhandlung untersagen (*VG Minden*, Beschl. v. 3.3.2008 – 9 L 73/08, juris). Ermessensfehlerhaft wäre aber hier z. B., eine Abrissverfügung zu erlassen, da die Nutzungsuntersagung gleich geeignet ist, einen rechtmäßigen Zustand herzustellen, und sich im Vergleich für den Adressaten als weniger belastend darstellt.

23 (3) Händigt ein Lebensmitteleinzelhändler Lieferanten Schlüssel zur Warenanlieferungsschleuse seines Betriebs aus und kommt es dadurch entgegen einer Auflage der den Betrieb erfassenden Baugenehmigung zu nächtlichen Warenanlieferungen, kann es ermessensgerecht sein, dem Lebensmitteleinzelhändler als Zweckveranlasser durch zwangsgeldbewehrte Bauordnungsverfügung die nächtlichen Warenanlieferungen zu untersagen (*OVG NRW*, NVwZ-RR 2008, 12).

24 Von der Ermächtigung in § 61 Abs. 1 Satz 2 BauO NRW sind auch **vorbeugende Maßnahmen** erfasst.

25 **Beispiel:** Unterhält eine Werbeagentur insgesamt drei Fahrzeuge mit darauf montierten 3 m × 2 m großen Werbetafeln, die sie trotz mehrfach ergangener Beseitigungsanordnungen immer wieder ohne erforderliche Baugenehmigung im Stadtgebiet abstellt, darf die Behörde ihr präventiv, zwangsgeldbewehrt verbieten, diese Handlung weiterhin vorzunehmen. Sie muss nicht jedes Mal warten, bis eines der Fahrzeuge irgendwo abgestellt wurde, um bauordnungsrechtlich einschreiten zu können (*HessVGH*, DÖV 2002, 958 f.).

26 Der in Nordrhein-Westfalen seit Langem geführte Streit um die Frage, ob § 61 Abs. 1 Satz 2 BauO NRW (bzw. die entsprechenden Vorschriften in älteren Fassungen der Landesbauordnung, insbes. § 58 BauO NRW a. F.) selbst der Bauaufsichtsbehörde die Befugnis zum Einschreiten gibt oder ob die Ermächtigungsgrundlage in § 61 BauO NRW i. V. m. § 14 OBG NRW[50] (der allgemeinen ordnungsrechtlichen Generalklausel) oder gar nur in § 14 OBG NRW zu sehen ist, dürfte heute überholt sein. Nach dem klaren Wortlaut des § 61 Abs. 1 Satz 2 BauO NRW verleiht diese Norm der Bauaufsichtsbehörde die Befugnis zum Einschreiten. Sie ist die allgemeine Ermächtigungsgrundlage für Maßnahmen im Rahmen der Bauüberwachung.

---

50 Art. 7 Abs. 2 Bay LStVG; § 1 Abs. 1 Satz 1 i. V. m. § 3 PolG BW; § 11 HSOG; § 11 Nds.SOG; § 13 SOG LSA; § 3 Abs. 1 HSOG; § 174 LVwG SH; § 13 Abs. 1 OBG Bbg; § 3 Abs. 1 SächsPolG; § 5 ThürOBG; § 9 Abs. 1 POG Rh.-Pf.; § 10 BremPolG; § 8 Abs. 1 SPolG; § 13 SOG M-V; § 17 ASOG Bln.

b) Insbesondere: Die Abrissverfügung. Der wichtigste Anwen- 27
dungsfall der Eingriffsermächtigung in § 61 Abs. 1 Satz 2 BauO
NRW ist der Erlass einer sog. Abrissverfügung (Beseitigungsanordnung). Daneben stehen Stilllegungsverfügung und die Nutzungsuntersagung. Alle drei Ordnungsverfügungen stützen sich auf § 61
Abs. 1 Satz 2 BauO NRW als Generalermächtigung (*OVG NRW*,
NVwZ 1998, 159). In den anderen Bundesländern bestehen Spezial-
vorschriften für besonders wichtige Verfügungen, wie etwa die Abrissverfügung.[51] Dort, wo eine ausdrückliche Regelung fehlt, ergibt
sich die Ermächtigung aus der Generalklausel.

Zu unterscheiden ist die Abrissverfügung vom planungsrechtlichen **Ab-** 28
bruchgebot gem. § 179 BauGB. Das planungsrechtliche Abbruchgebot stellt
eine städtebauliche Maßnahme dar, für die nicht die Bauaufsichtsbehörde,
sondern die Gemeinde zuständig ist. Wenn im Geltungsbereich eines Bebauungsplans – ein einfacher Bebauungsplan genügt insoweit – eine bauliche Anlage den Festsetzungen des Bebauungsplans nicht entspricht, kann nach § 179
Abs. 1 Satz 1 Nr. 1 BauGB die völlige oder teilweise Beseitigung der baulichen
Anlage angeordnet werden. § 179 Abs. 1 BauGB hat durch die BauGB-Novelle 2013 eine wichtige Erweiterung erfahren. So kann die Gemeinde nun
Rückbau- und Abbruchgebot nunmehr auch außerhalb des Geltungsbereichs
eines Bebauungsplans aussprechen, um angemessen auf die Problematik von
sog. Schrottimmobilien im unbeplanten Innenbereich reagieren zu können
(Einzelheiten zu den gesetzlichen Handlungsmöglichkeiten bei Schrottimmobilien: *Schröer/Kullick*, NZBau 2011, 222 und NZBau 2012, 98). Die Ermächtigungsgrundlage hierfür ist § 179 Abs. 1 Satz 1 Nr. 2 BauGB. Danach kommt
ein Rückbaugebot in Betracht, wenn bauliche Anlagen Missstände oder Mängel i. S. v. § 177 Abs. 2 und 3 Satz 1 BauGB aufweisen, denen nicht mit einem
Modernisierungs- oder Instandsetzungsgebot beizukommen ist.

Umstritten ist allerdings, unter welchen Voraussetzungen die Bau- 29
aufsichtsbehörde die Beseitigung einer baulichen Anlage verlangen
kann. Nach h. M. darf eine Abrissverfügung grundsätzlich nur dann
ergehen, wenn der zu beseitigende Bau formell *und* materiell illegal
ist. Voraussetzung für die Abrissverfügung ist also zum einen, dass
eine nach dem Bauordnungsrecht erforderliche Baugenehmigung
nicht eingeholt wurde, zurückgenommen wurde, nichtig ist oder die
Ausführung des Baus wesentlich von der erteilten Baugenehmigung
abweicht (**formelle Illegalität**), und zum anderen, dass das Bauwerk
mit den Vorschriften des materiellen Baurechts, vor allem des Baupla-

---

51 Art. 76 ff. BayBO; §§ 64 ff. LBO BW; §§ 70 ff. HBO; §§ 75 f. HBauO; § 59 BauO SH;
   § 89 NBO; §§ 78 ff. SächsBO; §§ 77 ff. BauO LSA; §§ 75a ff. ThürBO; §§ 80 ff.
   LBauO Rh.-Pf.; §§ 80 ff. LBO SL; §§ 78 ff. LBauO MV; §§ 77 ff. BauO Bln.

nungs- oder Bauordnungsrechts, nicht im Einklang steht (**materielle Illegalität**). Eine Abrissverfügung, die allein mit formeller Illegalität oder allein mit materieller Illegalität begründet wird, ist danach rechtswidrig.

30 **Beispiel:** Wird im Außenbereich ein Wohnhaus ohne Baugenehmigung errichtet, so ist es auf Grund der fehlenden Baugenehmigung formell illegal, da ein solches Vorhaben nicht genehmigungsfrei gestellt ist. Zudem sind Wohnhäuser im Außenbereich gem. § 35 BauGB nicht privilegiert, so dass das Wohnhaus auch materiell illegal ist. Die Behörde könnte daher grundsätzlich eine Abrissverfügung erlassen, soweit nicht Besonderheiten des Einzelfalls sie ausschließen.

31 Zur **materiellen Illegalität** gehört nach verbreiteter Auffassung, dass das Vorhaben zu keiner Zeit im Einklang mit dem geltenden Baurecht gestanden hat, da das Vorhaben Bestandsschutz genieße, wenn es einmal materiell rechtmäßig war. Nach den o. § 7 Rn. 193 ff. dargestellten Grundsätzen zum **Bestandsschutz** in der (zutreffenden) jüngeren Rechtsprechung des *BVerwG* kann es aber nicht darauf ankommen, dass das Vorhaben zeitweilig nur den Vorgaben des materiellen Baurechts genügt hat (ohne genehmigt gewesen zu sein) und sich daraus eine in ihrem Bestand durch Art. 14 Abs. 1 GG geschützte Eigentumsposition ergeben haben könnte. Denn für Bestandsschutz ist auf der Grundlage von Art. 14 Abs. 1 Satz 2 GG auf das einfache Recht abzustellen. Wenn das einfache Baurecht Bestandsschutz für das Vorhaben nicht materiell vorsieht, kann er sich nur aus dem Vorhandensein einer Baugenehmigung ergeben. Ihre Tatbestandswirkung führt dann auf der Grundlage der landesrechtlichen Bestimmungen über ihren Erlass (etwa §§ 63 ff., 75 BauO NRW) dazu, dass das Vorhaben Bestandsschutz genießt, bis sie gem. § 48 VwVfG – ggf. gegen Entschädigung nach § 48 Abs. 3 VwVfG – zurückgenommen worden ist (vgl. *Erbguth*, Öffentliches Baurecht, § 13 Rn. 56: Legalisierungswirkung; *Grotefels*, in: Hoppe/Bönker/Grotefels, Öffentliches Baurecht, § 16 Rn. 90).

32 Wer dagegen bereits Bestandsschutz annimmt, wenn das Vorhaben nur zeitweilig – auch ohne je genehmigt gewesen zu sein – dem materiellen Baurecht entsprochen hat, steht vor der Frage, wie lange die Dauer der materiellen Rechtmäßigkeit des Vorhabens gewesen sein muss. Dazu wird überwiegend in Anlehnung an § 75 Satz 2 VwGO ein Zeitraum von drei Monaten verlangt (vgl. die Nachw. b. *Grotefels*, in: Hoppe/Bönker/Grotefels, Öffentliches Baurecht, § 16 Rn. 90).

Im Gegensatz zur h. M., die sowohl formelle als auch materielle Il- **33**
legalität fordert, gehen einige Stimmen in der Literatur davon aus,
dass eine Abrissverfügung allein auf Grund formeller Illegalität erlassen werden kann. Begründet wird diese Ansicht damit, dass ansonsten
derjenige, der ohne Baugenehmigung baut, gegenüber demjenigen,
der nach Erteilung der Baugenehmigung baut, bevorzugt wird (vgl.
etwa *Koch/Hendler*, Baurecht, Raumordnungs- und Landesplanungsrecht, § 26 Rn. 25). Dagegen spricht aber regelmäßig das Verhältnis-
mäßigkeitsprinzip. Wenn der Bau materiell rechtmäßig ist, könnte
der Bauherr unmittelbar nach Abbruch der baulichen Anlage einen
Genehmigungsantrag stellen, wobei er einen Anspruch auf Erteilung
der Genehmigung hätte. Die Behörde müsste dann den Neubau der
soeben entfernten Anlage genehmigen. In diesem Fall erscheint es un-
verhältnismäßig, allein auf Grund der fehlenden Baugenehmigung
den Abbruch zu verlangen. Dem „Schwarzbauer" aufzugeben, eine
Baugenehmigung zu beantragen, und bis zur Entscheidung darüber
eine Stilllegungsverfügung zu erlassen, ist hier das mildere, gleich geeignete Mittel, um einen baurechtmäßigen Zustand herzustellen. Nur
ausnahmsweise, wenn durch die Beseitigungsandrohung kein irrepa-
rabler Schaden, insbes. durch Eingriff in die Bausubstanz, droht,
reicht formelle Illegalität (vgl. *Grotefels*, in: Hoppe/Bönker/Grotefels,
Öffentliches Baurecht, § 16 Rn. 89 Fn. 8 m. w. N.).

Beispiel: Das wurde angenommen für Werbetafeln, die sich von der Haus- **34**
wand abschrauben lassen, und für Fertiggaragen, die ohne Weiteres mit dem
Tieflader wieder abtransportiert werden können (*OVG NRW*, NWVBl. 1997,
106; vgl. auch *OVG NRW*, NuR 2006, 319, eine „Kühlzelle" betreffend).

Umgekehrt wird in der Literatur auch die Auffassung vertreten, **35**
dass es für die Rechtmäßigkeit einer bauordnungsrechtlichen Abrissverfügung allein darauf ankomme, ob der zu beseitigende Bau materiell illegal sei; die formelle Illegalität sei nicht entscheidend (*Mampel*,
BauR 1996, 13, 19 f.; *ders.*, BauR 2000, 1001 f.; vgl. auch *M. Fischer*,
NVwZ 2004, 1057, 1060 f.). Zur Begründung wird darauf verwiesen,
dass sich eine formell illegal errichtete bauliche Anlage nach der Fertigstellung in nichts von einer formell legal erstellten unterscheide,
wenn der Bau materiell legal sei. Das folge aus dem Regelungsgehalt
der Baugenehmigung. Die Baugenehmigung treffe im feststellenden
Teil eine positive Aussage über die Vereinbarkeit des Vorhabens mit
öffentlich-rechtlichen Vorschriften und gestatte im verfügenden Teil,
dass mit der Bauausführung begonnen werden dürfe. Der verfügende

Teil verliere seine Rechtswirkung, sobald das Bauwerk fertiggestellt sei. Für die formelle Illegalität könne deshalb allenfalls der feststellende Teil maßgeblich sein. Wenn sich die Baugenehmigung aber darauf beschränke, im Vorhinein festzustellen, was bei der Realisierung des Bauvorhabens in materiell rechtlich zulässiger Weise herauszukommen habe, und ein Schwarzbau die materiell rechtlichen Anforderungen in gleicher Weise erfülle, ohne dass dies vorher explizit festgestellt wurde, dann sei die Baugenehmigung für den weiteren Bestand des Bauwerks nicht mehr von Bedeutung. Die formelle Illegalität habe sich mit der Fertigstellung der baulichen Anlage erledigt.

36   Für diese Auffassung spricht, dass bei den Anforderungen an die Rechtmäßigkeit einer Abrissverfügung die geringer werdende Bedeutung der Baugenehmigung seit der Novellierung der BauO NRW im Jahr 1995 und in den neuen Bauordnungen der meisten anderen Bundesländer nicht außer Acht gelassen werden darf. Mit Einführung des sog. Genehmigungsfreistellungsverfahrens, des Anzeigeverfahrens bzw. der Fiktion der Erteilung der Baugenehmigung hat der Gesetzgeber zum Ausdruck gebracht, dass es für die Errichtung eines Bauwerks letztlich entscheidend auf die Einhaltung der materiellen Vorschriften ankommt. Keine oder jedenfalls nur eine geringe Rolle sollten die verfahrenstechnischen Aspekte spielen, d. h. die Frage, ob die materielle Legalität im Vorhinein formell (durch die Baugenehmigung) oder während des Bauens oder gar danach festgestellt wird. Das präventive, formelle Verfahren zur Feststellung der Legalität ist infolge der gesetzlichen Änderungen in weiten Bereichen gegenstandslos geworden. Besteht kein Genehmigungserfordernis (mehr), kann es auch für den Erlass einer Abrissverfügung nicht darauf ankommen, dass der Bau nicht genehmigt wurde. Da insofern eine formelle Illegalität ausscheidet, muss die materielle Illegalität genügen.

37   Das gilt aber nur, soweit eine Baugenehmigung für das fragliche Vorhaben nicht erforderlich war. Im Übrigen bleibt es dabei, dass eine rechtswirksame Baugenehmigung die Bauaufsichtsbehörde an die in ihr getroffene Feststellung bindet, dass das genehmigte Vorhaben den öffentlich-rechtlichen Vorschriften entspricht, also materiell legal ist. Das gilt auch dann, wenn der Bau bereits fertiggestellt ist. Die Bindungswirkung führt dazu, dass die Bauaufsichtsbehörde die materielle Legalität des Vorhabens nicht abweichend von der Baugenehmigung beurteilen kann, auch wenn diese – nach richtiger Auffassung – rechtswidrig ist. Wenn die Behörde in einem solchen Fall eine Abrissverfügung erlassen möchte, muss sie zuvor die Baugenehmi-

gung nach § 48 VwVfG zurücknehmen und damit den Zustand formeller Illegalität herbeiführen. Die wirksame Baugenehmigung steht also einer Abrissverfügung entgegen. Außerdem würde anderenfalls das Rechtsinstitut der Baugenehmigung weitgehend ausgehöhlt. Der Bauherr könnte selbst die materielle Rechtmäßigkeit seines Vorhabens prüfen und auf die Einholung einer Baugenehmigung gänzlich verzichten, da die Nichteinholung für ihn keine negativen Folgen mehr hätte. Diese Folge kann aber gerade vor dem Hintergrund der Einführung von genehmigungsfreien Vorhaben bzw. von Vorhaben mit vereinfachtem Genehmigungsverfahren nicht gewollt sein. Gerade auf Grund der Einführung dieser Verfahrensarten muss davon ausgegangen werden, dass bei den Vorhaben, die von diesen Verfahrensvereinfachungen nicht erfasst sind, eine Überprüfung durch die Baugenehmigungsbehörde gesetzlich erwünscht ist. Ansonsten hätte man diese Vorhaben in den Anwendungsbereich der vereinfachten Verfahrensregelungen einbeziehen können.

Eine Abrissverfügung kann daher allein mit der materiellen Illega- **38** lität der baulichen Anlage begründet werden, wenn es sich um ein genehmigungsfreies bzw. -freigestelltes Vorhaben handelt. Dasselbe gilt für ein im vereinfachten Genehmigungsverfahren zu prüfendes Vorhaben. Denn aufgrund des beschränkten Prüfungsumfangs im vereinfachten Genehmigungsverfahren besitzt die Baugenehmigung nur eine entsprechend begrenzte Feststellungswirkung. Die formelle Legalität bezieht sich nur auf die zu prüfenden öffentlich-rechtlichen Vorschriften (*OVG Berlin-Brandenburg*, NVwZ-RR 2010, 794). Eine Abrissverfügung wegen der Verletzung von Normen außerhalb des Prüfprogramms, insbes. des Bauordnungsrechts, ist durch die Regelungswirkung der Baugenehmigung nicht ausgeschlossen.

Zusammenfassend müssen für die Rechtmäßigkeit einer Abriss- **39** verfügung folgende Voraussetzungen erfüllt sein: Es darf keine Baugenehmigung vorliegen, die das Vorhaben legalisiert, und das Vorhaben muss den Vorschriften des materiellen Baurechts widersprechen (vgl. *Manssen*, in: Becker/Heckmann/Kempen/Manssen, Öffentliches Recht in Bayern, Teil 4 Rn. 438).

Auch für den Erlass einer **Stilllegungsverfügung**, mit der die Ver- **40** waltung eine Einstellung der Bauarbeiten verlangt, und einer **Nutzungsuntersagung** wird verbreitet die bloß formelle Illegalität als ausreichend angesehen. Das wird damit begründet, dass die bloße Übereinstimmung mit dem materiellen Baurecht ausschließlich zum Erhalt der geschaffenen Bausubstanz berechtige. Zum Baubeginn und zur Nutzungsaufnahme dagegen sei der Bauherr vor Erhalt der Baugenehmigung nicht berechtigt. Durch die Stilllegungsverfügung bzw. das Nutzungsverbot werde der Bauherr also lediglich in die Schranken zurückverwiesen, die sich für sein Eigentum aus dem einfachen Gesetzesrecht ergeben. Zudem werden im Unterschied zur Abrissverfügung bei diesen Maßnahmen regelmäßig keine endgültigen Tatsachen geschaffen. Darüber hinaus wird geltend gemacht, dass die Stilllegungsverfügung und die Nutzungsuntersagung nicht zuletzt dazu dienten, die Autorität der Bauaufsichtsbehörde zu wahren. Diese Autorität würde jedoch untergraben, wenn ein Bauherr, der nicht über eine Baugenehmigung verfügt, ohne spürbare Folgen eine bauliche Anlage errichten und nutzen dürfte.

41   Überzeugen kann diese Ansicht aber nur, wenn die Stilllegungsverfügung oder die Nutzungsuntersagung keinen endgültigen Charakter hat. Sofern bspw. eine Nutzung dauerhaft untersagt wird und eine andere Nutzung der baulichen Anlage nicht möglich ist, kann es sein, dass die Nutzungsuntersagung hinsichtlich ihrer Eingriffsintensität einer Abrissverfügung gleichkommt. In diesen Fällen wird man auch für die Nutzungsuntersagung sowohl die formelle als auch die materielle Illegalität fordern müssen. Auch nach der h. M., die die formelle Illegalität genügen lässt, wird die materielle Illegalität des Vorhabens im Rahmen des Ermessens bzw. der Verhältnismäßigkeit berücksichtigt, weshalb der Streit regelmäßig nur für den Aufbau der Prüfung erheblich ist (*Pieper*, Öffentliches Baurecht, Rn. 315; *Brenner*, Öffentliches Baurecht, Rn. 777).

42   Der Abbruch einer baurechtswidrigen Anlage steht im pflichtgemäßen **Ermessen** der Bauaufsichtsbehörde und muss den allgemeinen Anforderungen an Ordnungsverfügungen entsprechen, auch soweit sie sich nicht aus dem Bauordnungsrecht, sondern aus dem allgemeinen Polizei- und Ordnungsrecht ergeben (zur Verantwortlichkeit bereits o. Rn. 11). Nach vielfach vertretener Ansicht handelt es sich bei der Entscheidung über den Erlass der Abrissverfügung um einen Fall des sog. gelenkten oder **intendierten Ermessens**. Beim intendierten Ermessen hat der Gesetzgeber die von der Verwaltung zu treffende Entscheidung bereits vorgegeben. Das den Bauaufsichtsbehörden beim Erlass von Abrissverfügungen eingeräumte Ermessen ist von der Besonderheit geprägt, dass das öffentliche Interesse grundsätzlich das Einschreiten gegen baurechtswidrige Zustände gebietet. Daher macht die Behörde im Regelfall von ihrem Ermessen in einer dem Zweck des Gesetzes entsprechenden Weise Gebrauch, wenn sie den

Abriss einer rechtswidrig errichteten Anlage verfügt, weil nur so ein rechtmäßiger Zustand wiederhergestellt werden kann. Dem Ermessen ist in diesen Fällen somit die Tendenz eigen, die der Natur der Sache nach gebotene Pflicht zum Einschreiten zu verwirklichen. Vor diesem Hintergrund darf die Verwaltung nur in Ausnahmesituationen – bei Vorliegen eines atypischen Sachverhalts – von dem an sich gebotenen Erlass einer Abrissverfügung absehen.

Bei der Ausübung des ihr zustehenden Ermessens muss die Be-   43
hörde die Besonderheiten des Einzelfalls und bei einer Mehrzahl baurechtswidriger Anlagen vor allem den Gleichheitssatz aus Art. 3 Abs. 1 GG beachten. Sie muss also grundsätzlich gegen alle Anlagen oder jedenfalls planmäßig vorgehen. Unterlässt sie dies, so kann der Betroffene auf eine willkürliche Entscheidung der Behörde verweisen. Die Behörde muss, wenn sie in vergleichbaren anderen Fällen nicht eingeschritten ist, einen sachlichen Grund für die Ungleichbehandlung vorweisen können. Fehlt es an einem solchen, weil ein stimmiges Konzept nicht erkennbar ist, so ist die Ermessensentscheidung willkürlich und damit ermessensfehlerhaft. Diese Rechtsprechung bildet eine speziell im Baurecht anerkannte **Ausnahme vom Grundsatz „keine Gleichheit im Unrecht".** Eine verfassungsrechtlich unzulässige Ungleichbehandlung ist allerdings nicht schon dann zu bejahen, wenn die Behörde nicht „auf einen Schlag", sondern Schritt für Schritt vorgeht (vgl. BVerwGE 42, 30). Ist ein Einzelfall bspw. besonders dringlich oder soll ein Einschreiten gegen weitere Bauten vom Ausgang eines „Musterfalls" abhängig gemacht werden, kann hierin ein willkürfreier sachlicher Grund liegen (BVerwG, Beschl. v. 26.3.2003 – 4 B 19/03, juris, Rn. 7 ff.). Die Bauaufsichtsbehörde kann sich im Rahmen der Ermessensausübung dazu entschließen, einen baurechtswidrigen Zustand (befristet) zu dulden. Hierbei ist aus Sicht der Behörde jedoch Vorsicht geboten. Eine sog. **qualifizierte Duldung** kann nämlich den späteren Erlass einer Abrissverfügung hindern. Sie setzt ggf. ein über die bloße Untätigkeit hinausgehendes Verhalten der Behörde voraus, aufgrund dessen der Betroffene zu der Annahme berechtigt ist, dass die Behörde auch in Zukunft nicht gegen das Bauvorhaben einschreiten wird. Es geht letztlich um Aspekte des Vertrauensschutzes. Eine solche Duldung rechtsdogmatisch korrekt – etwa als Verwirkung hoheitlicher Befugnisse – einzuordnen, ist nicht leicht und wird in der Literatur auch verbreitet als nicht möglich bezeichnet (vgl. etwa *Erbguth*, Öffentliches Baurecht, § 13 Rn. 61; *Hellermann*, in: Dietlein/Burgi/Heller-

mann, Öffentliches Recht in NRW, § 4 Rn. 298, jeweils m. w. N.). In der Rechtsprechung wird sie aber dennoch zumindest nicht ausgeschlossen (vgl. etwa *BVerfG*, NVwZ 2005, 203 f.).

44 **Beispiel:** Befinden sich in einem abgegrenzten Bereich um die fragliche Anlage herum mehrere, vermutlich illegale bauliche Anlagen (Schwarzbauten), so verstößt die Bauaufsichtsbehörde gegen Art. 3 Abs. 1 GG, wenn sie gegen diese nicht nach einem Gesamtkonzept vorgeht. Ein Einschreiten gegen einzelne Anlagen ohne ein auf sachlichen Erwägungen beruhendes Konzept ist willkürlich und ermessensfehlerhaft (*ThürOVG*, BeckRS 2010, 50369).

45   Die Behörde kann nach allgemeinen ordnungsrechtlichen Grundsätzen den Verhaltens- oder Zustandsstörer auswählen; dessen Rechtsnachfolger im Eigentum an dem Grundstück ist an die Abrissverfügung gebunden. In den meisten Bundesländern ist dies ausdrücklich geregelt. Dort, wo eine solche Regelung nicht besteht, ergibt sich dies aus den allgemeinen Grundsätzen über die Rechtsnachfolge im öffentlichen Recht (vgl. *Muckel*, Fälle zum Besonderen Verwaltungsrecht, Fall 19 a ff. m. w. N.). Zugunsten des Nachbarn kann das Entschließungsermessen auf Null reduziert sein; dies ist insbes. die materiell-rechtliche Voraussetzung für den Rechtsschutz gegenüber genehmigungsfreigestellten Vorhaben.

46   Aus ihrem dinglichen bzw. grundstücksbezogenen Charakter folgt, dass die Abrissverfügung auch gegenüber dem Rechtsnachfolger des Bauherrn wirksam ist. Dementsprechend sollen auch Mieter und sonstige Nutzungsberechtigte durch eine gegenüber dem Vermieter erlassene Abrissverfügung verpflichtet sein, soweit das Nutzungsverhältnis erst nach Erlass der Abrissverfügung begründet wurde. Besteht das Nutzungsverhältnis dagegen bereits im Zeitpunkt des Erlasses der Abrissverfügung, so muss den Nutzungsberechtigten gegenüber eine **Duldungsverfügung** ergehen, bevor die Behörde im Wege der Verwaltungsvollstreckung vorgehen kann (hierzu *Dürr*, JuS 2007, 431 m. w. N.).

47   Strittig ist, auf welche Ermächtigungsgrundlage der Erlass einer Duldungsverfügung gestützt werden kann. Teile der Rechtsprechung und Literatur stehen auf dem Standpunkt, dass bei Erlass einer Duldungsverfügung, die sich auf den Abriss der baulichen Anlage bezieht, die Befugnisnorm über die Abrissverfügung heranzuziehen ist (z. B. Art. 76 Satz 1 BayBO). Zur Begründung wird angeführt, dass die Duldung in diesem Fall ein „Minus" zum Abriss sei (*BayVGH*, KommPrax 2007, 267). Andere wollen die Duldungsverfügung dagegen auf die bauordnungsrechtliche Generalklausel (z. B. Art. 54 Abs. 2 Satz 2 BayBO) stützen (*BVerwG*, DÖV 1994, 868; so nun auch *BayVGH*, Beschl. v. 12.3.2012 – 1 CS 12.282, juris). Die besseren Argumente sprechen für einen Rückgriff auf die bauordnungsrechtliche Generalklausel. Ein Erst-recht-Schluss (*argumentum a maiore ad minus*) zu den Vorschriften über die Abrissverfügung erscheint nicht angezeigt, weil mit der bauordnungsrechtlichen Generalklausel bereits eine taugliche Ermächtigungs-grundlage vorliegt.

Bei einer Duldungsverfügung gegenüber einem lediglich obligatorisch Be-   **48**
rechtigten ergibt sich aus der Funktion der gesetzlich nicht ausdrücklich gere-gelten Duldungsverfügung zudem eine Beschränkung des Prüfungsumfangs. So ist es dem Adressaten der Duldungsverfügung nach zutreffender Ansicht verwehrt, sich gegenüber der Duldungsverfügung auf die (angebliche) Rechts-widrigkeit der an den Eigentümer gerichteten Beseitigungsanordnung zu be-rufen (*BayVGH*, Beschl. v. 12.3.2012 – 1 CS 12.282, juris, Rn. 16).

Der Zweck der Duldungsverfügung liegt – wie dargelegt – darin, einen von   **49**
einer Beseitigungsanordnung nicht Betroffenen, aber am Grundstück Berech-tigten von der zu vollstreckenden Verfügung in Kenntnis zu setzen und zu-gleich Vollstreckungshindernisse aus dem Weg zu räumen (*OVG Nds.*, NJW 2011, 2228 f.). Vor diesem Hintergrund ist eine Duldungsverfügung gegenüber einem von mehreren Rechtsnachfolgern entbehrlich, wenn dem Voreigentü-mer gegenüber eine bestandskräftige Beseitigungsanordnung erlassen worden ist. Mit einer solchen Fallgestaltung sah sich das *OVG Nds.* konfrontiert. Das Gericht hielt zu Recht fest: Erwirbt ein Ehepaar ein Grundstück, für dessen Gebäude eine bestandskräftige Beseitigungsanordnung vorliegt, muss der Ehefrau gegenüber keine Duldungsverfügung erlassen werden, wenn die Be-seitigungsanordnung dem Ehemann gegenüber durchgesetzt werden soll (*OVG Nds.*, NJW 2011, 2228). Das ist konsequent, weil aus der (übergegan-genen) Beseitigungsanordnung auch direkt gegen die Ehefrau vorgegangen werden könnte; dann muss sie erst recht dazu verpflichtet sein, die Beseitigung der baulichen Anlage durch ihren Ehemann bzw. die Behörde zu dulden.

Der Grundsatz der **Verhältnismäßigkeit** verlangt, dass eine Verfü-   **50**
gung zur Beseitigung eines formell und materiell rechtswidrigen Bau-werks nur dann ergeht, wenn rechtmäßige Zustände nicht auf andere Weise, etwa durch die Erteilung einer Baugenehmigung, ggf. mit Ne-benbestimmungen, durch die Erteilung einer Ausnahme oder Befrei-ung, durch Nutzungsuntersagung oder durch Teilabbruch hergestellt werden können. Hierbei spielen die wirtschaftlichen Interessen des Bauherrn regelmäßig keine Rolle, weil derjenige, der ohne die erfor-derliche Baugenehmigung baut, nicht schutzwürdig ist.

Beispiel: X besitzt ein ungenehmigtes und nicht genehmigungsfähiges Wo-   **51**
chenendhaus im Außenbereich. Das Haus wird, wie viele andere gleicher Art, auf Grund einer verwaltungsinternen „Amnestie-Verfügung" der Bezirksre-gierung geduldet. Die Duldung bezieht sich allerdings nur auf den vorhande-nen Bestand und etwa erforderliche Erhaltungsmaßnahmen. X hat an den vor-handenen Holzpfeilern der Terrasse seines Hauses Vorrichtungen angebracht, die es erlauben, zwischen den Pfeilern mobile Kunststofffenster einzuhängen. Die Gemeinde erlässt daraufhin eine Abrissverfügung mit der Begründung, es

handele sich bei den Vorrichtungen um eine Erweiterung des Bestands. Hierdurch werde die bauliche Anlage insgesamt illegal, weil dadurch das gesamte Gebäude seinen Bestandsschutz verliere. Das *BVerfG* hat diese Maßnahme im Ergebnis als unangemessene Belastung des X eingestuft, weil eine Beseitigungsanordnung bezüglich der Vorrichtungen ausreichend gewesen wäre, um einen baurechtmäßigen Zustand herzustellen (*BVerfG*, NVwZ 2005, 203 f.).

52   Die bauordnungsrechtlichen Verfügungen können von der Behörde mit Mitteln des **Verwaltungszwangs** durchgesetzt werden. Das setzt voraus, dass sie bestandskräftig oder aufgrund einer Anordnung nach § 80 Abs. 2 Satz 1 Nr. 4 VwGO sofort vollziehbar sind (vgl. etwa § 55 Abs. 1 VwVG NRW). Die Vollstreckung einer für sofort vollziehbar erklärten Stilllegungsverfügung oder Nutzungsuntersagung ist unproblematisch möglich, wenn die Behörde ein besonderes Vollzugsinteresse geltend machen kann. Bei einer nicht bestandskräftigen Abrissverfügung ist die Vollstreckung dagegen nur in Ausnahmefällen zulässig, da ansonsten nicht wieder rückgängig zu machende Tatsachen geschaffen würden. Ein solcher Ausnahmefall liegt z. B. vor, wenn die baulichen Anlagen ohne wesentlichen Substanzverlust beseitigt werden können oder wenn von der illegalen Anlage eine erhebliche Nachahmungswirkung (sog. negative Vorbildwirkung) ausgeht.

53   **Beispielsfall (nach *VG Aachen*, Beschl. v. 3.7.2013 – 5 L 193/13; *OVG NRW*, Beschl. v. 11.10.2013 – 7 B 858/13):** Der Eigentümer E eines im Außenbereich gelegenen Grundstücks gestattet Aktivisten, auf seinem Grundstück ein Protestcamp zu errichten, welches den am Protest Beteiligten als Ausgangsbasis für die Planung der Protestaktionen gegen die Ausdehnung des Tagebaus Hambach sowie als Obdach dienen soll. Das Protestcamp besteht aus mehreren Zelten, Wohnwagen und Pkw mit Vorzelt und einer Holzhütte. Die zuständige Bauaufsichtsbehörde verfügt mit Bescheid gegenüber E – unter Anordnung der sofortigen Vollziehung – die Beseitigung des Camps. Hiergegen erhebt E Anfechtungsklage. Zudem begehrt er im Wege des vorläufigen Rechtsschutzes, die aufschiebende Wirkung seiner Klage wiederherzustellen. Wird der Antrag Erfolg haben?

54   Ein Antrag nach § 80 Abs. 5 Satz 1 Alt. 2 VwGO ist begründet, wenn die auf die Abrissverfügung bezogene Vollziehungsanordnung formell rechtswidrig ist oder das Interesse des E an der aufschiebenden Wirkung der Anfechtungsklage das Interesse der Bauaufsichtsbehörde an der sofortigen Vollziehung der Beseitigungsanordnung überwiegt. Von einem Überwiegen des vom Antragsteller geltend gemachten Suspensivinteresses ist auszugehen, wenn der in Rede stehende Verwaltungsakt sich bei summarischer Prüfung als offensichtlich rechtswidrig erweist. Im Folgenden erweist sich allein die Rechtmäßigkeit der Abrissverfügung als problematisch.

Als Ermächtigungsgrundlage für die Abrissverfügung kommt § 61 Abs. 1   **55**
Satz 2 BauO NRW in Betracht. Im Hinblick auf die formelle Rechtmäßigkeit
der Abrissverfügung bestehen keine Bedenken. Fraglich ist jedoch, ob die Abrissverfügung materiell rechtmäßig ist. Der Erlass einer Abrissverfügung setzt
voraus, dass das Vorhaben im Falle seiner Genehmigungsbedürftigkeit den
verfahrensrechtlichen Anforderungen der BauO NRW nicht genügt, also insbes. ohne die erforderliche (vgl. dazu §§ 63 ff. BauO NRW) Baugenehmigung
errichtet worden ist (formelle Illegalität). Ferner muss das Vorhaben den inhaltlichen Vorgaben des öffentlichen Baurechts widersprechen (also materiell
illegal sein). Das Protestcamp könnte formell illegal sein, weil die hierfür erforderliche Baugenehmigung nicht vorliegt. Nach § 63 Abs. 1 Satz 1 BauO
NRW bedarf die Errichtung, Änderung und Nutzung baulicher Anlagen der
Genehmigung, soweit nichts anderes bestimmt ist. Unter den Begriff der baulichen Anlage fallen gem. § 2 Abs. 1 Satz 1 BauO NRW mit dem Erdboden
verbundene, aus Bauprodukten hergestellte Anlagen. Eine Verbindung mit
dem Erdboden besteht auch dann, wenn die Anlage durch eigene Schwere
auf dem Boden ruht oder auf ortsfesten Bahnen beweglich ist oder die Anlage
nach ihrem Verwendungszweck dazu bestimmt ist, überwiegend ortsfest benutzt zu werden (§ 2 Abs. 1 Satz 2 BauO NRW). Hiervon ist bei dem fraglichen Protestcamp auszugehen. Die Zelte sind durch Heringe oder Ähnliches
mit dem Erdboden verankert. Bei den Wohnwagen und Pkw steht nicht mehr
die Funktion des Transportmittels im Vordergrund, sondern sie werden überwiegend ortsfest benutzt. Grundsätzlich kommt für Zelte, Wohnwagen und
Pkw mit Vorzelt zwar eine Einordnung als fliegende Bauten i. S. d. § 79
BauO NRW in Betracht, denn sie sind geeignet und bestimmt, an verschiedenen Orten wiederholt aufgestellt und zerlegt zu werden. Das scheidet jedoch
dann aus, wenn die Anlagen dauernd oder längerfristig auf einem Platz aufgestellt werden. Unproblematisch handelt es sich auch bei der aufgestellten
Holzhütte um eine bauliche Anlage, deren Errichtung genehmigungsbedürftig
ist. Die erforderliche Baugenehmigung für das Camp liegt nicht vor. Daher ist
das Protestcamp formell illegal errichtet worden.

Die Abrissverfügung ist allerdings nur dann rechtmäßig ergangen, wenn die   **56**
bauliche Anlage auch materiell illegal ist. Da das Grundstück, auf dem das
Protestcamp errichtet wurde, im Außenbereich liegt, bestimmt sich die bauplanungsrechtliche Zulässigkeit nach § 35 BauGB. Einzig in Betracht kommt
im Rahmen des Abs. 1 eine Privilegierung nach Nr. 4. Danach sind Vorhaben
privilegiert, die wegen ihrer nachteiligen Wirkung auf die Umgebung oder wegen ihrer Zweckbestimmung im Außenbereich ausgeführt werden sollen. Das
Protestcamp soll vorrangig dazu dienen, den Protest gegen den Ausbau des
Tagebaus zu organisieren und den Beteiligten ein Obdach zu bieten. Dabei
sind keine Gründe ersichtlich, warum dies nicht auf einem Grundstück im Innenbereich möglich sein soll. Da der Auffangtatbestand der Nr. 4 grundsätzlich eng auslegt werden muss, genügt das Protestcamp nicht diesen Anforderungen. Die Zulässigkeit des Vorhabens richtet sich demzufolge nach § 35
Abs. 2 BauGB. Dementsprechend stellt sich die Frage, ob das Protestcamp öffentliche Belange i. S. d. § 35 Abs. 3 BauGB beeinträchtigt. Die öffentlichen

Belange, die der Gesetzgeber in § 35 Abs. 3 Satz 1 BauGB aufzählt, haben nur beispielhaften Charakter („insbesondere"). Zu den nicht benannten öffentlichen Belangen gehört auch das Erfordernis einer förmlichen Planung. Ein derartiges Erfordernis förmlicher Planung ist regelmäßig dann zu bejahen, wenn die durch das Vorhaben berührten öffentlichen und privaten Belange einen in erster Linie planerischen Ausgleich erfordern, der seinerseits Gegenstand einer abwägenden Entscheidung zu sein hat. Eine in diesem Sinne „abwägende" Entscheidung ist nach der Gesetzeslage weder der Genehmigungsbehörde noch der Gemeinde im Rahmen des § 36 Abs. 1 BauGB zugestanden. Sie ist nach Maßgabe der §§ 1 ff. BauGB allein in einem Bauleitplanverfahren zu treffen. Es muss also geklärt werden, ob die Errichtung des Vorhabens ohne eine verbindliche Bauleitplanung öffentliche Belange beeinträchtigt. Das richtet sich hauptsächlich nach dem Umfang des Vorhabens. Dabei werden die einzelnen baulichen Anlagen aufgrund ihres engen räumlichen Zusammenhangs als einheitliche Anlage betrachtet. Ein inmitten landwirtschaftlich genutzter Felder liegendes Camp erfordert eine einheitliche Planung aufgrund der gesteigerten Anforderungen an die in der näheren Umgebung befindlichen Straßen und Wege und an die Erschließungsanlagen. Da ein entsprechender Bebauungsplan nicht besteht, ist das Protestcamp materiell illegal. Als Eigentümer des Grundstücks ist E auch bauordnungspflichtig. Damit sind die Tatbestandsvoraussetzungen für den Erlass einer Abrissverfügung erfüllt.

57 Die Abrissverfügung müsste ermessensfehlerfrei ergangen sein. Zwar käme auch die Inanspruchnahme der Campbewohner als Verhaltensverantwortliche anstelle des Eigentümers in Betracht. Ein generelles Rangverhältnis zwischen der Inanspruchnahme von Zustands- oder Verhaltensverantwortlichen gibt es aber nicht. Da der Eigentümer nicht nur das Grundstück zur Verfügung stellt, sondern darüber hinaus die Protestcampbewohner aktiv unterstützt und die Bewohner des Camps ständig wechseln und daher nur schwer zu ermitteln sind, ist die Inanspruchnahme des E im Hinblick auf eine effektive Gefahrenabwehr ermessensfehlerfrei. Zu denken ist allerdings an eine Ermessensüberschreitung infolge der Verletzung von Grundrechten. Die Abrissverfügung könnte in das Grundrecht aus Art. 8 Abs. 1 GG eingreifen. Hiergegen lässt sich allerdings anführen, dass unmittelbarer Zweck des Camps nicht die gemeinsame Meinungsäußerung und -bildung ist. Das Camp schafft lediglich die Voraussetzungen dafür, dass über einen längeren Zeitraum Versammlungen stattfinden können. Auf der anderen Seite ist zu bedenken, dass das Camp vorrangig als Basislager zur Organisation des Protests und der Schaffung einer Infrastruktur für die Versammlung dient. Hinzu kommt, dass die Versammlungsfreiheit den gesamten Vorgang des Sichversammelns schützt. Auch An- und Abreise fallen grundsätzlich in den Schutzbereich des Grundrechts. Die besseren Argumente sprechen vor diesem Hintergrund dafür, dass das Protestcamp von dem Grundrecht aus Art. 8 Abs. 1 GG geschützt ist. Dieser Gesichtspunkt ist von der Bauaufsichtsbehörde nicht hinreichend berücksichtigt worden. Die Abrissverfügung ist folglich materiell rechtswidrig. Das hat entscheidende Bedeutung im Rahmen der vom Gericht vorzunehmenden Interessenabwägung. Zwar ist die Beseitigung des Protestcamps ohne größeren Sub-

stanzverlust und wirtschaftliche Aufwendungen möglich, da alle Anlagen ohne wesentlichen Aufwand abgebaut und vom Grundstück entfernt werden können. Zudem sind weitere ungenehmigte bauliche Anlagen auf dem Grundstück des E zu erwarten. Es geht also eine negative Vorbildwirkung von dem Camp aus. Die Verwaltung kann aber kein berechtigtes Interesse am sofortigen Vollzug eines offensichtlich rechtswidrigen Verwaltungsakts haben. Dementsprechend ist davon auszugehen, dass das Suspensivinteresse des Antragstellers das Vollziehungsinteresse der Verwaltung überwiegt. Der Antrag des E auf Wiederherstellung der aufschiebenden Wirkung wird deshalb Erfolg haben.

Prüfungsschema: Bauordnungsrechtliche Verfügungen   58

1. Ermächtigungsgrundlage
   Spezialermächtigung; im Übrigen Generalermächtigung
2. Formelle Rechtmäßigkeit
3. Materielle Rechtmäßigkeit
   a) Tatbestandsvoraussetzungen
      aa) Maßnahmespezifische Voraussetzungen
         → Abrissverfügung
         (1) Formelle Illegalität
         (2) Materielle Illegalität
         → Nutzungsuntersagung
            nach h. M. allein formelle Illegalität
         → Stilllegungsverfügung
            formelle Illegalität
      bb) Bauordnungsrechtliche Verantwortlichkeit des Adressaten
   b) Rechtsfolge: Ermessen und Verhältnismäßigkeit

---

3. Die Baugenehmigung

Weiterhin regelt das Bauordnungsrecht die Erteilung der Bauge-   59
nehmigung und dabei insbes. die Frage, wann sie erforderlich ist.
Nach § 75 Abs. 1 Satz 1 BauO NRW[52] ist die Baugenehmigung zu erteilen, wenn dem Vorhaben öffentlich-rechtliche Vorschriften nicht

---

52 Art. 68 Abs. 1 Satz 1 BayBO; § 58 Abs. 1 Satz 1 LBO BW; § 64 Abs. 1 Satz 1 HBO; § 72 Abs. 1 Satz 1 HBauO; § 73 Abs. 1 Satz 1 BauO SH; § 75 Abs. 1 Satz 1 NBO; § 67 Abs. 1 Satz 1 BbgBO; § 72 Abs. 1 Satz 1 SächsBO; § 71 Abs. 1 Satz 1 BauO LSA; § 70 Abs. 1 Satz 1 ThürBO; § 70 Abs. 1 Satz 1 LBauO Rh.-Pf.; § 72 Abs. 1 Satz 1 BremLBO; § 73 Abs. 1 Satz 1 LBO SL; § 72 Abs. 1 Satz 1 LBauO MV; § 71 Abs. 1 Satz 1 BauO Bln.

entgegenstehen. Sie wird unbeschadet privater Rechte Dritter erteilt. Genehmigungsbehörde ist die untere Bauaufsichtsbehörde. § 75 Abs. 1 Satz 1 BauO NRW gibt dem bauwilligen Bürger ein **subjektiv-öffentliches Recht** auf Erteilung der Baugenehmigung. Die Baugenehmigung ist ein begünstigender Verwaltungsakt. Dementsprechend muss sie den in § 37 VwVfG niedergelegten Bestimmtheitsanforderungen genügen (hierzu *OVG NRW*, BauR 2013, 1640). Der Bauwillige kann sein Recht aus § 75 Abs. 1 Satz 1 BauO NRW im Wege der Verpflichtungsklage nach § 42 Abs. 1 Alt. 2 VwGO geltend machen, wenn ihm die beantragte Baugenehmigung versagt wird. Zu den öffentlich-rechtlichen Vorschriften, die nach § 75 Abs. 1 Satz 1 BauO NRW eingehalten werden müssen, zählen nach herkömmlichem Verständnis vor allem die Bestimmungen des Bauplanungs- und des Bauordnungsrechts, aber auch andere öffentlich-rechtliche Normen, z. B. solche des Denkmalschutzrechts, des Naturschutzrechts, des Wasserrechts, des Abfallrechts, des Straßenrechts und des Immissionsschutzrechts.

60 **a) Das Verhältnis der Baugenehmigung zu anderen Genehmigungen.** Problematisch ist das Verhältnis der Baugenehmigung zum weiteren Fachrecht dann, wenn das entsprechende Fachrecht eine eigene Genehmigung vorschreibt. Früher wurde überwiegend die sog. **Schlusspunkttheorie** für maßgeblich gehalten. Danach sollte die Baugenehmigung den Abschluss des Verfahrens bilden und durfte deshalb erst erteilt werden, wenn alle fachgesetzlichen Genehmigungen, Bewilligungen, Erlaubnisse oder Zustimmungen vorlagen (dazu *Brohm*, Öffentliches Baurecht, § 28 Rn. 13 m. w. N.). Die Schlusspunkttheorie ist jedoch in jüngerer Vergangenheit mehrfach in Frage gestellt worden. Nach der – zutreffenden – Rechtsprechung des *BVerwG* kann es keine generelle bundeseinheitliche Lösung dieser Frage geben, weil es in die Kompetenz des jeweiligen Landesgesetzgebers falle festzulegen, was genau Entscheidungsgegenstand im Baugenehmigungsverfahren ist (BVerwGE 99, 351). In der Tat bestehen in den Bundesländern zum Teil sehr unterschiedliche Regelungen mit entsprechend divergierender Rechtsprechung der jeweiligen Verwaltungsgerichte.

61 **Beispiel:** Nach § 58 Abs. 1 Satz 1 LBO BW ist die Prüfung der Vereinbarkeit eines Vorhabens mit öffentlich-rechtlichen Vorschriften auf solche Bestimmungen beschränkt, die in die Zuständigkeit der Bauaufsichtsbehörde fallen. § 64 HessBO legt fest, dass die Baugenehmigung zu erteilen ist, wenn dem

Vorhaben keine öffentlich-rechtlichen Vorschriften entgegenstehen, die im Baugenehmigungsverfahren zu prüfen sind. § 75 Abs. 1 Satz 1 BauO NRW sieht demgegenüber keinerlei Einschränkung vor und spricht von der Vereinbarkeit des Vorhabens mit öffentlich-rechtlichen Vorschriften.

Für das Verhältnis des Baugenehmigungsverfahrens zum sonstigen **62** Fachrecht und für den Prüfungsumfang der Bauaufsichtsbehörden kommt es daher auf das jeweilige Landesrecht an. Allgemeingültige Aussagen sind dementsprechend nur bedingt möglich. Anzutreffen sind neben der überkommenen sog. Schlusspunkttheorie und einer sog. **modifizierten Schlusspunkttheorie**, nach der die Baugenehmigung unter der aufschiebenden Bedingung erteilt wird, dass ausstehende weitere Genehmigungen noch ausgesprochen werden (vgl. *Brohm*, Öffentliches Baurecht, § 28 Rn. 13 m. w. N.), im Wesentlichen die folgenden verfahrensrechtlichen Konstruktionen: Bei dem sog. **Konzentrationsmodell** hat die Baugenehmigung in dem Sinne Konzentrationswirkung, dass sie die für das Vorhaben (nach Fachrecht) weiteren Genehmigungen einschließt (dazu *Erbguth*, Öffentliches Baurecht, § 3 Rn. 92, mit Blick auf Brandenburg, Hamburg, Mecklenburg-Vorpommern und Bayern). Im Gegensatz dazu steht das sog. **Separationsmodell**, bei dem die Baugenehmigung ohne Rücksicht auf sonstige Genehmigungserfordernisse erteilt wird.

Beipiele: (1) Für die Einrichtung einer Gaststätte im Wege der Nutzungsän- **63** derung ist eine Baugenehmigung und eine Gaststättenerlaubnis nach § 2 GaststättenG erforderlich. Wo das landesrechtlich nicht modifiziert ist, gilt im Hinblick auf Baugenehmigung und Gaststättenerlaubnis das Separationsmodell.

(2) Konzentrationswirkung hat gem. § 13 BImSchG die immissionsschutz- **64** rechtliche Genehmigung nach §§ 4 ff. BImSchG. Das hat unmittelbare Konsequenzen für die Notwendigkeit einer Baugenehmigung. Sie ist nämlich, da die immissionsschutzrechtliche Genehmigung nach § 13 BImSchG andere öffentlich-rechtliche Genehmigungen einschließt, rechtlich nicht geboten, wenn denn ein Vorhaben genehmigungsbedürftig nach § 4 BImSchG ist (welche Vorhaben genehmigungsbedürftig sind, lässt sich § 4 Abs. 1 Satz 3 BImSchG i. V. m. der 4. BImSchV entnehmen [abgedruckt in der Sammlung *Sartorius*, Verfassungs- und Verwaltungsgesetze der Bundesrepublik Deutschland, Nr. 296a]). Für die Falllösung hat das u. a. zur Folge, dass die Vorschriften der jeweiligen Landesbauordnung über die Baugenehmigung (z. B. §§ 63 ff. BauO NRW, §§ 49 ff. LBO BW) durch §§ 4 ff. BImSchG verdrängt werden (vgl. etwa *Ibler*, Öffentliches Baurecht, Fall 6 Rn. 54).

Wenn auch allgemeingültige Aussagen zur Vorzugswürdigkeit des **65** einen oder anderen Modells kaum getroffen werden können (vgl. o.

Rn. 60), so lässt sich doch festhalten, dass die Baugenehmigung Konzentrationswirkung nur entfaltet, wenn sie im Gesetz ausdrücklich vorgesehen ist. Solange weder die Konzentrationswirkung in der Bauordnung des jeweiligen Landes angeordnet wird noch die Baugenehmigung aus anderen Gründen als „Schlusspunkt" eines komplexen, über das Baurecht hinausweisenden Genehmigungsverfahrens anzusehen ist, bleibt es bei dem Separationsmodell. Die Baugenehmigung ersetzt dann die nach sonstigem Fachrecht erforderlichen Genehmigungen nicht (vgl. *Stollmann*, Öffentliches Baurecht, § 18 Rn. 2 m. w. N.).

66   **Einige Länder** haben das Separationsmodell eingeführt und die Prüfungskompetenz der Baugenehmigungsbehörden ausdrücklich auf das Baurecht beschränkt.[53] Allerdings besteht hier regelmäßig die Möglichkeit, die Baugenehmigung unter der aufschiebenden Bedingung zu erteilen, dass alle weiteren erforderlichen Genehmigungen vorliegen. Die Baugenehmigungsbehörde dürfte regelmäßig gezwungen sein, von dieser Möglichkeit Gebrauch zu machen, da es aus bundesrechtlicher Sicht unzulässig ist, die Baugenehmigung ohne Absicherung der anderen bundesrechtlichen Genehmigungs- oder Erlaubnisvorbehalte zu erteilen, weil dann die materiell-rechtliche Funktion der anderen Genehmigungs- oder Erlaubnisvorbehalts unterlaufen würde. **Brandenburg** und **Hamburg** haben einen neuen Weg beschritten und haben die Baugenehmigung ausdrücklich mit einer vorhabenbezogenen Konzentrationswirkung ausgestattet[54]. Danach schließt die Baugenehmigung alle weiteren, erforderlichen Genehmigungen mit ein. Im Übrigen gibt es in **Baden-Württemberg** zusätzlich zur Baugenehmigung das Institut des Baufreigabescheins[55]. Dabei enthält die Baugenehmigung nur den feststellenden Teil. Sie kann bereits erteilt werden, bevor weitere Genehmigungen vorliegen, da sie nur die Vereinbarkeit mit dem Baurecht feststellt und gerade keine baufreigebende Wirkung hat. Diese kommt erst dem Baufreigabeschein zu, vor dessen Erteilung dann alle Genehmigungen vorliegen müssen. Das Land folgt dem Separationsmodell. Zu dem Rechtszustand in den einzelnen Ländern vgl. die differenzierenden Darstellungen bei *Grotefels*, in: Hoppe/Bönker/Grotefels, Öffentliches Baurecht, § 16 Rn. 49; *Koch/Hendler*, Baurecht, Raumordnungs- und Landesplanungsrecht, § 23 Rn. 20 ff., jeweils m. w. N.

67   In **Nordrhein-Westfalen** ist die Rechtslage derzeit wenig klar. Hinreichend klare Regelungen zum Prüfungsumfang der Baugenehmigungsbehörde bestehen nicht. Allerdings schränkt § 75 Abs. 1 Satz 1 BauO NRW die Prüfungskompetenz der Bauaufsichtsbehörde nicht ein, sondern macht die Erteilung der Baugenehmigung davon abhän-

---

53 Art. 68 Abs. 1 BayBO; § 58 Abs. 1 LBO BW; § 64 Abs. 1 HBO; § 72 Abs. 1 SächsBO; § 71 Abs. 1 BauO LSA; § 70 Abs. 1 ThürBO; § 73 Abs. 1 LBO SL; § 72 Abs. 1 LBauO MV; § 71 Abs. 1 BauO Bln.
54 § 67 Abs. 1 Satz 2 BbgBO; §§ 72 Abs. 2 Satz 1, 62 HBauO.
55 § 59 Abs. 1 LBO BW.

gig, dass „öffentlich-rechtliche Vorschriften nicht entgegenstehen". Darin ist gemeinhin die Grundlage dafür gesehen worden, dass in Nordrhein-Westfalen die Schlusspunkttheorie maßgeblich sei (vgl. *Boeddinghaus/Hahn/Schulte*, BauO NRW, § 75 Rn. 38). Gleichwohl hat der 7. Senat des *OVG* in Münster im Jahr 2001 ausdrücklich die Schlusspunkttheorie aufgegeben (*OVG NRW*, NVwZ-RR 2002, 564). Zur Begründung verwies das Gericht im Wesentlichen auf § 75 Abs. 3 Satz 2 BauO NRW, wonach die Verpflichtung zur Einholung anderer Genehmigungen von der Baugenehmigung unberührt bleibt. Das Gericht zog daraus den Schluss, dass die Baugenehmigung unabhängig von der Erteilung der übrigen Genehmigungen ausgesprochen werde und daher von der Schlusspunkttheorie Abstand zu nehmen sei. Dem hat der 10. Senat des nordrhein-westfälischen *OVG* jedoch im Folgenden widersprochen und an der Schlusspunkttheorie festgehalten (*OVG NRW*, DÖV 2004, 302). Zur Begründung verweist der 10. Senat auf § 72 Abs. 1 Satz 1 Nr. 2 BauO NRW. Danach hat die Baugenehmigungsbehörde binnen einer Woche nach Antragstellung zu prüfen, ob Genehmigungen oder Erlaubnisse anderer Behörden einzuholen sind. Daraus ergibt sich für den 10. Senat, dass Baugenehmigung und weitere Genehmigungen nicht unabhängig nebeneinander stehen. Vielmehr müsse auch § 75 Abs. 3 Satz 2 BauO NRW (den der 7. Senat zur Begründung der Abweichung von der Schlusspunkttheorie maßgeblich herangezogen hatte) unter Berücksichtigung von § 72 Abs. 1 Satz 1 Nr. 2 BauO NRW ausgelegt werden. So ergebe sich, dass § 75 Abs. 3 Satz 2 BauO NRW lediglich die Prüfungskompetenz der Baugenehmigungsbehörde klarstellen solle. Dort, wo eine andere Fachbehörde über eine besondere Genehmigung zu entscheiden habe, könne diese Entscheidung nicht von der Baugenehmigungsbehörde ersetzt werden. Wohl aber müsse die Baugenehmigungsbehörde mit der Erteilung der Baugenehmigung warten, bis die Fachgenehmigungen vorliegen. Auch verweist der 10. Senat des *OVG* auf § 72 Abs. 3 BauO NRW, wonach die Baugenehmigungsbehörde eine gemeinsame Besprechung mit den anderen Dienststellen einberufen soll, wenn das der Sache dienlich ist. Der Senat sieht die Baugenehmigungsbehörde insofern im Zentrum eines „Sternverfahrens" (*OVG NRW*, DÖV 2004, 302, 304), das verhindere, dass der Bauantrag von einer Stelle zur anderen weitergereicht werde. Die Bauaufsichtsbehörde koordiniert danach die verschiedenen Genehmigungsverfahren, so dass diese Spielart der Schlusspunkttheorie – das *OVG* spricht hier ausdrücklich von einer modifizierten Schlusspunkt-

theorie (*OVG NRW*, ebd., 304; vgl. o. Rn. 62) – als „**Koordinations-
modell**" gelten kann (*OVG NRW*, ebd., S. 303 f.; *Hellermann*, in:
Dietlein/Burgi/Hellermann, Öffentliches Recht in NRW, § 4 Rn. 271).

68   Diese jüngere Rechtsprechung des 10. Senats überzeugt. Für sie
spricht zunächst der Wortlaut des § 75 Abs. 1 Satz 1 BauO NRW,
wonach die Baugenehmigung zu erteilen ist, wenn öffentlich-rechtliche Vorschriften nicht entgegenstehen. Danach besteht in NRW, entgegen den Regelungen in anderen Bundesländern, keine Einschränkung auf bauplanungs- und bauordnungsrechtliche Vorschriften.
Für die Zuordnung zur Schlusspunkttheorie spricht zudem, dass der
Baugenehmigung baufreigebende Wirkung zukommt. Diese Funktion würde unterlaufen, wenn der Bauherr tatsächlich erst weitere
Genehmigungen abwarten müsste. Auch spricht die vom 10. Senat
herangezogene Vorschrift des § 72 Abs. 1 Satz 1 Nr. 2 BauO NRW
für seine Auffassung, da diese Vorschrift bei Anwendung des Separa-
tionsmodells sinnlos wäre. Ergänzend kann noch auf § 68 Abs. 1
Satz 4 Nr. 4 BauO NRW verwiesen werden, mit dem der Landesgesetzgeber auch die Übereinstimmung des Vorhabens mit den öffentlich-rechtlichen Vorschriften gefordert hat (vgl. *Boeddinghaus/Hahn/
Schulte*, BauO NRW, § 75 Rn. 38, § 68 Rn. 40). Nach allem ist die
Baugenehmigung in Nordrhein-Westfalen – i. S. d. der sog. Schlusspunkttheorie – erst zu erteilen, wenn alle weiteren erforderlichen Genehmigungen vorliegen.

69   **b) Genehmigungsbedürftigkeit. aa) Grundsatz der Genehmi-
gungspflichtigkeit.** Grundsätzlich bedarf nach § 63 Abs. 1 Satz 1
BauO NRW[56] jede Errichtung, Änderung, Nutzungsänderung und
der Abbruch baulicher Anlagen der Baugenehmigung. Nachdem das
Bürokratieabbaugesetz I in Nordrhein-Westfalen außer Kraft getreten ist, muss dort nun auch für eine Nutzungsänderung wieder eine
Baugenehmigung beantragt werden. Die zuvor geltende Anzeigepflicht ist mit Wirkung zum 1.1.2013 entfallen.

70   **bb) Reduzierte Genehmigungsbedürftigkeit.** Neben einer Reihe
von traditionell **genehmigungsfreien Vorhaben** (vgl. z. B. § 65

---

56 Art. 55 Abs. 1 BayBO; § 49 Abs. 1 LBO BW; § 54 Abs. 1 HBO; § 59 Abs. 1 HBauO;
   § 62 Abs. 1 BauO SH; § 59 Abs. 1 NBO; § 54 BbgBO; § 59 Abs. 1 SächsBO; § 58
   Abs. 1 BauO LSA; § 62 Abs. 1 ThürBO; § 61 LBauO Rh.-Pf.; § 65 Abs. 1 BremLBO;
   § 60 Abs. 1 LBO SL; § 59 Abs. 1 LBauO MV; § 60 Abs. 1 BauO Bln.

BauO NRW[57]: Gartenlauben, Gewächshäuser, nicht überdachte Stellplätze u. a.; § 79 BauO NRW: fliegende Bauten, die einer sog. Aus-
führungsgenehmigung bedürfen) verzichten die Bauordnungen vieler
Bundesländer seit einigen Jahren auch bei Vorhaben, die nicht nur
untergeordnete Gebäude oder Nebenanlagen betreffen, auf das Erfordernis einer Baugenehmigung oder wenden nur noch ein **verein-
fachtes Genehmigungsverfahren** an, bei dem der Prüfungsumfang
der Baugenehmigungsbehörde reduziert ist (§ 68 Abs. 1 Satz 4 BauO
NRW).[58] Das vereinfachte Genehmigungsverfahren gilt nicht für die
Errichtung und Änderung der in § 68 Abs. 1 Satz 3 BauO NRW[59] genannten Vorhaben. Einige Bundesländer kennen im Rahmen des vereinfachten Genehmigungsverfahrens eine **Genehmigungsfiktion.**
Danach gilt die Genehmigung als erteilt, wenn die Behörde nicht innerhalb einer bestimmten Frist reagiert.[60]

Die Entwicklung, auf ein reguläres Genehmigungsverfahren ganz oder teil-   71
weise zu verzichten, steht im Zeichen der Verwaltungsvereinfachung und -be-
schleunigung. Im Übrigen kann man sie dem großen Bereich der Privatisie-
rung verwaltungsbehördlicher Tätigkeit zuordnen (näher mit Hinweisen zu
allen Bundesländern *Koch/Hendler*, Baurecht, Raumordnungs- und Landesplanungsrecht, § 23 Rn. 43 ff., 46 ff.).

Das vereinfachte Genehmigungsverfahren unterscheidet sich vom   72
regulären Verfahren durch seinen eingeschränkten Prüfungsumfang
(§ 68 Abs. 1 Satz 4 BauO NRW). Im vereinfachten Genehmigungsverfahren sind die materiell-rechtlichen Vorgaben der jeweiligen
Landesbauordnung nur in eingeschränktem Umfang durch die Baugenehmigungsbehörde zu prüfen. Dagegen wirkt sich die Beschränkung des Prüfungsmaßstabs nicht auf die bauplanungsrechtlichen
Voraussetzungen aus, da der Landesgesetzgeber über diese bundesrechtliche Materie nicht ohne Weiteres disponieren darf.

---

57 Art. 57 BayBO; § 50 i. V. m. Anhang LBO BW; § 55 i. V. m. Anlage 2 HBO; § 60
   i. V. m. Anlage 2 HBauO; § 63 BauO SH; § 60 i. V. m. Anhang NBO; § 55 BbgBO;
   § 61 SächsBO; § 60 BauO LSA; § 63 ThürBO; § 62 LBauO Rh.-Pf.; § 61 LBO SL;
   § 61 LBauO MV; § 62 BauO Bln.
58 Art. 59 BayBO; § 52 LBO BW; § 57 HBO; § 61 HBauO; § 69 BauO SH; § 63 NBO;
   § 57f. BbgBO; § 63 SächsBO; § 62 BauO LSA; § 63a ThürBO; § 67 LBauO Rh.-Pf.;
   § 66 BremLBO; § 63 LBO SL; § 62 LBauO MV; § 63 BauO Bln.
59 Art. 59 BayBO; § 52 LBO BW; § 57 HBO; § 61 HBauO; § 69 BauO SH; § 75a NBO;
   § 57 BbgBO; § 63 SächsBO; § 62 BauO LSA; § 63b ThürBO; § 66 LBauO Rh.-Pf.;
   § 67 BremLBO; § 64 LBO SL; § 63 LBauO MV; § 64 BauO Bln.
60 § 57 Abs. 2 Satz 3 HBO; § 61 Abs. 3 Satz 4 HBauO; § 69 Abs. 9 BauO SH; § 63b
   Abs. 2 Satz 2 ThürBO; § 66 Abs. 4 Satz 5 LBauO Rh.-Pf.; § 64 Abs. 3 Satz 5 LBO
   SL; § 63 Abs. 2 Satz 2 LBauO MV.

73 Die Frage nach dem Prüfungsumfang im vereinfachten Genehmigungsverfahren ist bislang nicht abschließend geklärt. Der *BayVGH* hat diesbezüglich festgestellt (BayVBl. 2006, 537): „Im vereinfachten Genehmigungsverfahren darf die Baugenehmigung grundsätzlich nicht wegen der Verletzung solcher Vorschriften versagt werden, die nicht vom Prüfungsmaßstab umfasst sind. Die Einhaltung dieser Vorschriften muss von der Behörde grundsätzlich durch ein eigenes Verfahren durchgesetzt werden" (in diesem Sinne auch *OVG Rh.-Pf.*, Beschl. v. 2.7.2013 – 1 B 10480/13, BeckRS 2013, 54545, der die Baugenehmigungsbehörde jedoch für befugt hält, die beschränkte Feststellungswirkung der im vereinfachten Genehmigungsverfahren ergehenden Baugenehmigung zu erweitern). Teile der Rechtsprechung und Literatur wollen einem Bauantrag jedoch das Sachbescheidungsinteresse absprechen, wenn die Verletzung der sonstigen – d. h. außerhalb des jeweiligen bauaufsichtlichen Prüfprogramms liegenden – Vorschriften so schwerwiegend ist, dass die Baubehörde gegen das (genehmigte) Bauvorhaben sofort bauordnungsrechtlich einschreiten müsste. Zur Begründung wird angeführt, dass die Bauaufsichtsbehörden nicht „sehenden Auges" das Entstehen rechtswidriger Bauvorhaben zulassen dürften. Der Bauherr habe überdies kein schutzwürdiges Interesse an der Genehmigung eines Vorhabens, das er aus rechtlichen oder tatsächlichen Gründen nicht verwirklichen könne (statt vieler *HessVGH*, BeckRS 2010, 55589 m. w. N.). In Hessen folgt die Befugnis der Bauaufsichtsbehörde, auch außerhalb des Prüfprogramms des vereinfachten Baugenehmigungsverfahrens liegende öffentlich-rechtliche Vorschriften zur Beurteilung der Genehmigungsfähigkeit des Bauvorhabens heranzuziehen, aus der Verwendung des Begriffs „darf" in § 64 Abs. 1 Halbs. 2 HessBO. Festzuhalten ist dabei allerdings, dass es der Behörde nicht völlig frei steht, auch im vereinfachten Genehmigungsverfahren die Verletzung jeglichen Bauordnungsrechts zu prüfen und eine Versagung der Baugenehmigung hierauf zu stützen. Will die Baubehörde eine Baugenehmigung gem. § 64 Abs. 1 Halbs. 2 HessBO aufgrund eines festgestellten Verstoßes gegen sonstige öffentlich-rechtliche Vorschriften versagen, hat sie hierbei alle für und gegen die Versagung sprechenden Gesichtspunkte zu ermitteln und einzustellen und insbes. auch zu überprüfen, ob sich die Versagung als verhältnismäßig und erforderlich darstellt. Dabei hat sie auch zu erwägen, ob den Interessen des Bauherrn, der Nachbarschaft oder den öffentlichen Interessen anderweitig, z. B. durch den Erlass von Auflagen und Bedingungen, in verhältnismäßiger Weise genügt werden kann (*HessVGH*, Beschl. v. 24.5.2012 – 3 A 1532/11, juris, Rn. 9).

74 Vom vereinfachten Genehmigungsverfahren zu unterscheiden ist das **Genehmigungsfreistellungsverfahren** sowie das bloße **Anzeigeverfahren**. Solche Verfahren sind inzwischen in den Ländern in unterschiedlichen Spielarten vorgesehen. Sie betreffen – u. a. zum Zwecke der Verwaltungsvereinfachung – gesetzlich näher bestimmte Wohnbauvorhaben. Die Herausnahme von Wohngebäuden aus der Genehmigungspflicht ist als „eine kleine baurechtliche Revolution"

(*Korioth*, DÖV 1996, 665, 666) bezeichnet worden, die durchaus – auch mit Blick auf die Effektivität der Gefahrenabwehr durch die Bauaufsichtsbehörden – problematisch ist.

Die Verfahren sind, wie bereits angedeutet, in den Ländern unter- 75 schiedlich ausgestaltet. In einigen Bundesländern ist ein Anzeigeverfahren (in Baden-Württemberg „Kenntnisgabeverfahren" genannt) vorgesehen, bei dem die Bauunterlagen bei der Behörde eingereicht werden. Eine Baugenehmigung wird nicht erteilt. Gesetzlich ist aber vorgeschrieben, dass das Vorhaben den öffentlich-rechtlichen Vorschriften entsprechen muss (etwa in § 51 Abs. 4 LBO BW). In den meisten Ländern wird aber nicht ein bloßes Anzeigeverfahren praktiziert, sondern das Genehmigungsfreistellungsverfahren (Überblick zu den Ländern bei *Grotefels*, in: Hoppe/Bönker/Grotefels, Öffentliches Baurecht, § 16 Rn. 25 ff.; *Koch/Hendler*, Baurecht, Raumordnungs- und Landesplanungsrecht, § 23 Rn. 56 ff.). Beispielhaft sei hier verwiesen auf § 67 BauO NRW[61]. Danach bedürfen die Änderung oder Errichtung von Wohngebäuden mittlerer oder geringer Höhe (§ 2 Abs. 3 BauO NRW) keiner Baugenehmigung, wenn das Vorhaben im Geltungsbereich eines Bebauungsplans i. S. d. § 30 Abs. 1 BauGB oder § 30 Abs. 2 BauGB liegt, wenn es den Festsetzungen des Bebauungsplans nicht widerspricht, die Erschließung gesichert ist und die Gemeinde nicht innerhalb eines Monats nach Eingang der Bauvorlagen erklärt, dass das Genehmigungsverfahren durchgeführt werden soll. Spätestens einen Monat nach Eingang der Unterlagen bei der Gemeinde darf mit dem Bauvorhaben begonnen werden, wenn die Gemeinde nicht auf der Durchführung des Genehmigungsverfahrens besteht (§ 67 Abs. 1 Satz 1 Nr. 3 i. V. m. Abs. 2 Satz 2 BauO NRW) oder gem. § 15 BauGB die Zurückstellung des Baugesuchs verlangt.

Kritisch wird man dem Genehmigungsfreistellungsverfahren entgegenhal- 76 ten können, dass es zu einer weniger intensiven Kontrolle des Vorhabens durch die Behörden führt, dass mit einer Zunahme rechtswidriger Baumaßnahmen zu rechnen ist und dass der Bauherr mit dem Wegfall des Verwaltungsakts „Baugenehmigung" Rechtssicherheit und damit Bestandssicherheit für sein Vorhaben verliert (näher *Koch/Hendler*, Raumordnungs- und Landesplanungsrecht, § 23 Rn. 57). Auf diesen Kritikpunkt haben aber einige Bundesländer bereits reagiert und die Möglichkeit vorgesehen, dass der Bauherr

---

61 Art. 58 BayBO; § 56 HBO; § 68 BauO SH; § 62 NBO; § 62 SächsBO; § 61 BauO LSA; § 63a ThürBO; § 67 LBauO Rh.-Pf.; § 62 BremLBO; § 63 LBO SL; § 62 LBauO MV; § 63 BauO Bln.

die Durchführung eines regulären Baugenehmigungsverfahrens beantragen kann (z. B. § 67 Abs. 1 Satz 3 BauO NRW).

77   **c) Nebenbestimmungen zu Baugenehmigungen.** Häufig werden Baugenehmigungen mit Nebenbestimmungen versehen. Entsprechende Regelungen finden sich teilweise in den Bauordnungen der Länder. Wo diese fehlen, ist auf die allgemeinen Vorschriften über Nebenbestimmungen in § 36 (Landes-)VwVfG zurückzugreifen. Da auf die Erteilung einer Baugenehmigung ein gebundener Anspruch besteht, richtet der Erlass einer Nebenbestimmung sich grundsätzlich nach § 36 Abs. 1 VwVfG. Danach darf ein Verwaltungsakt nur dann mit einer Nebenbestimmung versehen werden, wenn sie durch Rechtsvorschrift zugelassen ist oder wenn sie sicherstellen soll, dass die gesetzlichen Voraussetzungen des Verwaltungsakts erfüllt werden. Fehlt es an entsprechenden Rechtsvorschriften, so sind Nebenbestimmungen zur Baugenehmigung folglich nur zulässig, um bestehende Genehmigungshindernisse auszuräumen. Ferner kann im Falle von Ermessensentscheidungen – etwa im Hinblick auf die Erteilung von Ausnahmen und Befreiungen gem. § 31 BauGB – die Genehmigung mit einer Nebenbestimmung nach § 36 Abs. 2 VwVfG versehen werden (*Finkelnburg/Ortloff/Otto*, Öffentliches Baurecht, Bd. II, S. 138 f.). § 36 Abs. 2 VwVfG enthält Legaldefinitionen für die unterschiedlichen Arten von Nebenbestimmungen. Die Abgrenzung der Nebenbestimmungen ist dennoch teils schwierig (näher dazu *Maurer*, Allgemeines Verwaltungsrecht, § 12). Probleme bereitet insbes. die Abgrenzung der (aufschiebenden) Bedingung (§ 36 Abs. 2 Nr. 2 VwVfG) von der Auflage (§ 36 Abs. 2 Nr. 4 VwVfG). Ob es sich bei einer Nebenbestimmung um eine Auflage oder um eine Bedingung handelt, ist vom Empfängerhorizont aus zu bestimmen; ausgehend von dem objektiven Erklärungswert der Nebenbestimmung kommt es darauf an, wie der Bürger diese unter Berücksichtigung der äußeren Form nach Treu und Glauben bei objektiver Auslegung verstehen durfte (*Hornmann*, HBO, § 64 Rn. 107). Die von der Baugenehmigungsbehörde gewählte Bezeichnung ist dabei allenfalls ein Hinweis. Zur Orientierung kann eine berühmte Formulierung von *Carl Friedrich von Savigny* herangezogen werden (System des heutigen Römischen Rechts, Bd. III, 1840, S. 231): „Die Bedingung suspendiert […], zwingt aber nicht, der Modus [d. h. die Auflage] zwingt, suspendiert aber nicht". Bei der Abgrenzung ist zu bedenken, dass die Auflage unter Verhältnismäßigkeitsgesichtspunkten für den Betroffenen in der Regel weniger belastend sein dürfte als eine

Bedingung (vgl. *Löhr*, in: Battis/Krautzberger/Löhr, BauGB, § 31 Rn. 20). Der Grund hierfür ist, dass die Auflage das Wirksamwerden der im Verwaltungsakt ausgesprochenen Begünstigung nicht verhindert. Dementsprechend soll in Zweifelsfällen von einer Auflage auszugehen sein.

Beispiele: Eine Baugenehmigung für eine Diskothek kann mit der Auflage **78** versehen werden, dass eine bestimmte Anzahl an Besuchern nicht überschritten werden darf oder dass bestimmte Öffnungszeiten eingehalten werden müssen (*Hornmann*, HBO, § 64 Rn. 105). Eine aufschiebende Bedingung liegt vor, wenn die Genehmigung erteilt wird unter der Voraussetzung, dass die Erschließung durch Abschluss eines Erschließungsvertrags sichergestellt wird (*OVG NRW*, BRS 35 Nr. 150). Zudem kann z. B. die Gewährung einer Ausnahme nach § 31 Abs. 1 BauGB davon abhängig gemacht werden (aufschiebende Bedingung), dass der Bauherr zuvor entsprechend mehr Stellplätze schafft (vgl. *Löhr*, in: Battis/Krautzberger/Löhr, BauGB, § 31 Rn. 20).

Von der Nebenbestimmung zu unterscheiden ist die sog. **modifi- 79 zierende Auflage**. Es handelt sich bei ihr um die Ablehnung der beantragten unter Erteilung einer so nicht beantragten Genehmigung. Die modifizierende Auflage tritt also nicht als eigenständige Regelung neben die Baugenehmigung, sondern legt selbst Inhalt und Umfang der Genehmigung fest. Die Baugenehmigung wird – mit anderen Worten – mit einem anderen als dem beantragten Inhalt erlassen. Der Bauwillige erhält ein *aliud* zu seinem Antrag. Problematisch ist dabei, dass die Baugenehmigung ein sog. mitwirkungsbedürftiger Verwaltungsakt ist, also nur auf Antrag gewährt wird. Eine Genehmigung, die nicht beantragt war, ist formell rechtswidrig. Der für die Erteilung einer Baugenehmigung erforderliche Antrag kann allerdings nachgeholt werden, vgl. § 45 Abs. 1 Nr. 1 VwVfG. Da die modifizierende Auflage unmittelbar den Inhalt und die Reichweite der Hauptregelung betrifft, handelt es sich bei ihr entgegen ihrer Bezeichnung nicht um eine Auflage i. S. d. § 36 Abs. 2 Nr. 4 VwVfG, d. h. sie ist keine Nebenbestimmung. Vor diesem Hintergrund erscheint es vorzugswürdig, nicht von einer modifizierenden Auflage, sondern von einer **abweichenden Genehmigung** zu sprechen (*Stollmann*, Öffentliches Baurecht, § 18 Rn. 32).

Beispiele: (1) Genehmigt wird anstelle des beantragten Bürohauses ein **80** Wohnhaus (*Kopp/Ramsauer*, VwVfG, § 36 Rn. 5).
(2) Die Bauaufsichtsbehörde erteilt eine Baugenehmigung für ein Zweifamilienhaus mit drei Vollgeschossen anstelle der beantragten Baugenehmigung für ein Zweifamilienhaus mit vier Vollgeschossen.

(3) Der Bauwillige B beantragt eine Baugenehmigung für ein Gebäude mit Satteldach, die Baugenehmigungsbehörde bewilligt aber ein Gebäude mit Flachdach. Da B eine ganz bestimmte bauliche Anlage in der Form bauen wollte, die sich aus dem Bauantrag ergibt, ist in der Sache die Erteilung der beantragten Baugenehmigung abgelehnt und ein anderes Vorhaben genehmigt worden (*Stollmann*, Öffentliches Baurecht, § 18 Rn. 32).

4. Bauvorbescheid und Teilbaugenehmigung

81   Mit einem Antrag auf Erlass eines Bauvorbescheids (§ 71 BauO NRW[62]) kann der Bauwillige einzelne problematische Fragen zur Zulässigkeit des Vorhabens (z. B. zu den einzuhaltenden Abstandflächen, § 6 BauO NRW[63]) klären lassen. Der praktisch bedeutsamste Anwendungsfall des Vorbescheids ist die sog. **Bebauungsgenehmigung**, mit der über die bauplanungsrechtliche Zulässigkeit des Vorhabens vorab entschieden wird (vgl. hierzu den Klausurfall von *Droege*, JuS 2007, 250).

82   **Beispiel:** A kann mit einem Antrag auf Erteilung einer Bebauungsgenehmigung vorab feststellen lassen, ob sein Vorhaben die Anforderungen des § 35 Abs. 1 Nr. 1 BauGB erfüllt und folglich als landwirtschaftlicher Betrieb privilegiert ist.

83   Problematisch ist in vielen Fällen das Verhältnis von Bauvorbescheid und Baugenehmigung. Unter den im Vorbescheid geregelten Gesichtspunkten, im Falle einer Bebauungsgenehmigung also aus planungsrechtlichen Gründen, kann die Baugenehmigung (wenn nicht landesrechtlich etwas anderes geregelt ist) nicht mehr versagt werden. Das folgt aus der Rechtsnatur des Vorbescheids als vorweggenommener Ausschnitt aus dem feststellenden Teil der Baugenehmigung. Der Vorbescheid vermittelt dem Bauherrn im Umfang der von ihm entschiedenen Fragen eine ähnlich gesicherte Position wie die nachfolgende Baugenehmigung. Die Behörde kann sich von den Wirkungen des Vorbescheids nur nach den Grundsätzen über Rücknahme und Widerruf begünstigender Verwaltungsakte (§§ 48, 49 VwVfG) lösen.

84   Eine Besonderheit im Zusammenhang mit dem Vorbescheid besteht beim **Rechtsschutz des Nachbarn:** Wenn die Baugenehmigungsbehörde bereits

62 Art. 71 BayBO; § 57 LBO BW; § 63 HBauO; § 66 BauO SH; § 73 NBO; § 59 BbgBO; § 75 SächsBO; § 74 BauO LSA; § 73 ThürBO; § 72 LBauO Rh.-Pf.; § 75 BremLBO; § 76 LBO SL; § 75 LBauO MV; § 74 BauO Bln.
63 Art. 6 BayBO; §§ 5 f. LBO BW; § 6 HBO; § 6 HBauO; § 6 BauO SH; § 7 NBO; § 6 BbgBO; § 6 SächsBO; § 6 BauO LSA; § 6 ThürBO; § 8 LBauO Rh.-Pf.; § 6 BremLBO; §§ 7 f. LBO SL; § 6 LBauO MV; §§ 6 f. BauO Bln.

die Baugenehmigung erteilt, obwohl der Vorbescheid noch nicht bestandskräftig ist, dann soll sich nach der Rechtsprechung des *BVerwG* eine gegen die Baugenehmigung gerichtete Anfechtungsklage des Nachbarn grundsätzlich auch auf diejenigen Fragen erstrecken, die in dem Vorbescheid beschieden wurden (BVerwGE 68, 241). Die Baugenehmigung nehme den Inhalt des Vorbescheids in sich auf. Sie müsse insoweit im Verhältnis zum Vorbescheid als Zweitbescheid angesehen werden, in dem über die betreffenden Rechtsfragen noch einmal entschieden werde.

Vom Bauvorbescheid zu unterscheiden ist die **Teilbaugenehmi-** 85 **gung** (§ 76 BauO NW[64]). Während der Bauvorbescheid einzelne, abtrennbare Rechtsfragen betrifft, erstreckt sich die Teilbaugenehmigung auf einzelne, abgrenzbare Teile des Bauvorhabens. Mit ihr wird die Durchführung einzelner Bauarbeiten oder Bauabschnitte oder die Errichtung einzelner Bauteile vollumfänglich und abschließend gestattet.

Praktische Auswirkungen auf den Bauvorbescheid hat das u. a. in 86 Nordrhein-Westfalen zur Anwendung gelangende Genehmigungsfreistellungsverfahren (o. Rn. 74 ff.). Danach müssen Bauvorhaben unter gewissen Umständen nur zur Anzeige gebracht werden, bedürfen aber keiner Baugenehmigung. Die Erteilung eines Bauvorbescheids wird dann in der Regel nicht in Betracht kommen, weil die mit ihm beabsichtigte (fristgebundene) Prüfung der gestellten genehmigungsspezifischen Fragen bei genehmigungsfreien Vorhaben nicht vorgenommen werden kann.

5. Die Baulast

Unter einer Baulast versteht das Gesetz eine öffentlich-rechtliche 87 Verpflichtung des Grundstückseigentümers zu einem sein Grundstück betreffenden Tun, Dulden oder Unterlassen, die sich nicht schon aus öffentlich-rechtlichen Vorschriften ergibt, § 83 Abs. 1 Satz 1 BauO NRW[65]. Die Baulast wird durch schriftliche Erklärung gegenüber der Bauaufsichtsbehörde übernommen (§ 83 Abs. 1 Satz 1

---

64 Art. 70 BayBO; § 61 LBO BW; § 67 HBO; § 74 BauO SH; § 76 NBO; § 74 SächsBO; § 73 BauO LSA; § 71 ThürBO; § 73 LBauO Rh.-Pf.; § 74 BremLBO; § 75 LBO SL; § 74 LBauO MV; § 73 BauO Bln.
65 § 71 LBO BW; § 75 HBO; § 79 HBauO; § 80 BauO SH; § 81 NBO; § 83 SächsBO; § 82 BauO LSA; § 80 ThürBO; § 86 LBauO Rh.-Pf.; § 82 BremLBO; § 83 LBO SL; § 83 LBauO MV; § 82 BauO Bln. In Bayern und Brandenburg kennt die Bauordnung eine Baulast nicht. In diesen Ländern wird sie durch die Eintragung einer zivilrechtlichen Grunddienstbarkeit zu Gunsten der Gemeinde ersetzt.

und Abs. 2 BauO NRW[66]) und muss in das Baulastenverzeichnis eingetragen werden (§ 83 Abs. 1 Satz 3 und Abs. 4 BauO NRW[67]). Geführt wird das Baulastenverzeichnis in Baden-Württemberg von der Gemeinde, in Bremen von der Bauordnungsbehörde, in allen übrigen Bundesländern von der Bauaufsichtsbehörde (*Wilsch*, in: Hügel, BeckOK GBO, § 54 Rn. 23). Um ihren Charakter und ihre Funktion zu veranschaulichen, wird die Baulast oft als öffentlich-rechtliche Grunddienstbarkeit bezeichnet. Mit ihrer Hilfe können Hindernisse umgangen werden, die eigentlich zur Baurechtswidrigkeit und damit zur Ablehnung des Genehmigungsantrags führen müssten.

88   **Beispiele:** (1) Den in der Praxis wohl wichtigsten Anwendungsfall bieten die Abstandflächen (§ 6 BauO NRW; u. Rn. 90). Wenn der Bauherr nicht in der Lage ist, die vorgeschriebenen Abstandflächen auf seinem Grundstück einzuhalten (weil das Grundstück angesichts des Hauses, das er bauen möchte, zu schmal ist), dann kann er den Nachbarn bitten, auf seinem Grundstück die Abstandflächen zu übernehmen. Ist z. B. zwischen Gebäude und Grundstücksgrenze eine Abstandfläche von 3 m erforderlich, kann der Bauherr aber nur 2 m einhalten, so kann der Nachbar den fehlenden Meter übernehmen. Er muss dann selbst insgesamt 4 m Abstand zwischen seinem Gebäude und der Grundstücksgrenze einhalten (3 m eigene Abstandfläche und 1 m für den Nachbarn). Damit eine entsprechende Verpflichtung des Nachbarn öffentlich-rechtlich wirksam wird, muss sie als Baulast gegenüber der Bauaufsichtsbehörde erklärt und in das Baulastenverzeichnis eingetragen werden.

89   (2) Nach § 30 Abs. 1 BauGB ist ein Vorhaben u. a. nur zulässig, wenn die Erschließung gesichert ist. Hierzu gehört, dass das Grundstück eine befahrbare öffentlich-rechtlich gesicherte Zufahrt zu einer befahrbaren öffentlichen Verkehrsfläche hat (vgl. § 4 Abs. 1 Nr. 1 BauO NRW). Bei Hinterliegergrundstücken erweist sich das häufig als Problem, da sie keinen unmittelbaren Anschluss an öffentliche Verkehrsflächen haben. Sie erfüllen somit nicht die Voraussetzungen des § 30 BauGB, so dass eine Baugenehmigung eigentlich nicht erteilt werden kann. In diesen Fällen kann der Bauherr die Zufahrt durch eine Baulast auf dem Vordergrundstück öffentlich-rechtlich sichern und dadurch die Genehmigungsfähigkeit herstellen.

---

66 § 71 Abs. 1 Satz 1, Abs. 2 LBO BW; § 75 Abs. 1 Satz 1, Abs. 2 HBO; § 79 Abs. 1 Satz 1, Abs. 2 HBauO; § 80 Abs. 1 Satz 1, Abs. 2 BauO SH; § 81 Abs. 1 Satz 1, Abs. 2 NBO; § 83 Abs. 1 Satz 1, Abs. 2 SächsBO; § 82 Abs. 1 Satz 1, Abs. 2 BauO LSA; § 80 Abs. 1 Satz 1, Abs. 2 ThürBO; § 86 Abs. 1 Satz 1, Abs. 2 LBauO Rh.-Pf.; § 82 Abs. 1 Satz 1, Abs. 2 BremLBO; § 83 Abs. 1 Satz 1, Abs. 2 LBO SL; § 83 Abs. 1 Satz 1, Abs. 2 LBauO MV; § 82 Abs. 1 Satz 1, Abs. 2 BauO Bln.
67 § 72 Abs. 1 LBO BW; § 75 Abs. 1 Satz 2 HBO; § 79 Abs. 1 Satz 2 HBauO; § 80 Abs. 1 Satz 2 BauO SH; § 81 Abs. 1 Satz 2 NBO; § 83 Abs. 1 Satz 2 SächsBO; § 82 Abs. 1 Satz 2 BauO LSA; § 80 Abs. 1 Satz 2 ThürBO; § 86 Abs. 1 Satz 2 LBauO Rh.-Pf.; § 82 Abs. 1 Satz 2 BremLBO; § 83 Abs. 1 Satz 2 LBO SL; § 83 Abs. 1 Satz 2 LBauO MV; § 82 Abs. 1 Satz 3 BauO Bln.

6. Abstandflächen

Vor Außenwänden von Gebäuden sind nach § 6 BauO NRW[68] Ab-   90
standflächen von oberirdischer Bebauung freizuhalten. Die Abstandflächen dienen dazu, dem Nachbargrundstück und seiner Bebauung
eine hinreichende Besonnung, Belichtung und Belüftung zu belassen.
Darüber hinaus sollen sie einen effektiven Brandschutz gewährleisten
und den Wohnfrieden fördern, indem z. B. Geräusche, die auf das
Nachbargrundstück einwirken, vermindert werden. Die Tiefe der
Abstandflächen bemisst sich grundsätzlich nach der Wandhöhe, der
– in Abhängigkeit von der Dachneigung – bestimmte Anteile an der
Höhe des Dachs hinzuzurechnen sind. Es gibt jedoch zahlreiche Sonderregelungen. Hierzu zählt das sog. Schmalseitenprivileg des § 6
Abs. 6 BauO NRW[69], das es dem Bauherrn gestattet, bei einer Au-
ßenwand des Gebäudes auf einer Länge von bis zu 16 m nur die
Hälfte der sonst erforderlichen Abstandfläche von Bebauung freizuhalten, mindestens jedoch 3 m. Das Abstandflächenrecht kann insgesamt trotz mancher Vereinfachung in den letzten Jahren als eine der
kompliziertesten Materien des Bauordnungsrechts gelten (vgl. *Ortloff*, NVwZ 2000, 750, 751).

IV. Das Verunstaltungsverbot

Über den Bereich der Gefahrenabwehr hinaus weist das bauord-   91
nungsrechtliche Verunstaltungsverbot in § 12 BauO NRW[70]. Die
Vorschrift gewährleistet einen bauwerksbezogenen (§ 12 Abs. 1
BauO NRW[71]) sowie einen umgebungsbezogenen (§ 12 Abs. 2
BauO NRW[72]) Verunstaltungsschutz. Ob das Verunstaltungsverbot

---

68 Art. 6 BayBO; §§ 5 f. LBO BW; § 6 HBO; § 6 HBauO; § 6 BauO SH; §§ 5, 7 NBO;
§ 6 BbgBO; § 6 SächsBO; § 6 BauO LSA; § 6 ThürBO; § 8 LBauO Rh.-Pf.; § 6
BremLBO; § 7 LBO SL; § 6 LBauO MV; § 6 BauO Bln.
69 Vgl. auch Art. 6 Abs. 6 BayBO; § 6 Abs. 8 HBauO; § 6 Abs. 8 HBauO; § 7a NBO;
§ 6 Abs. 6 BbgBO. In vielen Bundesländern ist das „Schmalseitenprivileg" mittlerweile gestrichen worden.
70 Art. 8 BayBO; § 11 LBO BW; § 9 HBO; § 12 HBauO; § 10 BauO SH; § 10 NBO; § 8
BbgBO; § 9 SächsBO; § 9 BauO LSA; § 12 ThürBO; § 5 LBauO Rh.-Pf.; § 9
BremLBO; § 4 LBO SL; § 9 LBauO MV; § 9 BauO Bln.
71 Art. 8 Satz 1 BayBO; § 11 Abs. 2 LBO BW; § 9 HBO; § 12 Abs. 1 HBauO;
§ 10 Satz 1 BauO SH; § 8 Abs. 1 BbgBO; § 9 Satz 1 SächsBO; § 9 Abs. 1
Satz 1 BauO LSA; § 12 Satz 1 ThürBO; § 5 Abs. 1 LBauO Rh.-Pf.; § 9 Satz 1
BremLBO; § 4 Satz 1 LBO SL; § 9 Satz 1 LBauO MV; § 9 Abs. 1 BauO Bln.
72 Art. 8 Satz 2 BayBO; § 11 Abs. 1 LBO BW; § 9 HBO; § 12 Abs. 2 HBauO;
§ 10 Satz 2 BauO SH; § 10 NBO; § 8 Abs. 2 BbgBO; § 9 Satz 2 SächsBO; § 9 Satz 2
BauO LSA; § 12 Satz 2 ThürBO; § 5 Abs. 2 LBauO Rh.-Pf.; § 9 Satz 2 BremLBO; § 4
Satz 2 LBO SL; § 9 Satz 2 LBauO MV; § 9 Abs. 2 BauO Bln.

auf gestalterische Fehlgriffe zu beschränken ist, die die Schwelle zur
Sicherheitsgefahr überschreiten, ist in der verwaltungsgerichtlichen
Rechtsprechung noch nicht abschließend geklärt. Das *BVerwG* hat
festgestellt, dass es mit Bundesrecht vereinbar ist, wenn Landesrecht
den Verunstaltungsvorschriften neben der Abwehrfunktion eine solche der positiven Gestaltungspflege zukommen lässt (*BVerwG*, DÖV
1998, 77, 78). Danach soll eine Verunstaltung bereits vorliegen, wenn
eine bauliche Anlage mit besonders erhaltenswerter äußerer Gestalt
nach Auffassung eines in durchschnittlichem Maße für ästhetische
Eindrücke aufgeschlossenen Betrachters durch hinzutretende bauliche Anlagen derart störend beeinträchtigt wird, dass sie Unlustge-
fühle, krasse Gegensätzlichkeiten und Widersprüche im Erscheinungsbild bebauter Gebiete hervorruft, die es abzuwehren gilt.
Diesem Verständnis ist entgegenzuhalten, dass die nach ästhetischem
Empfinden ermittelten Störungen keineswegs eine Sicherheitsgefahr
begründen können. Solche Störungen haben mit dem Sicherheitsrecht
nichts gemein. Mit der Beibehaltung der bisherigen unklaren Rechtsprechung, die durch die gesetzestechnisch unsaubere Regelung hervorgerufen wird, bleibt es zudem der subjektiven Wertung der Gerichte und Verwaltungsbeamten überlassen festzustellen, ob eine
bauliche Anlage die nähere Umgebung so sehr störend beeinträchtigt,
dass sie sie dadurch „verunstaltet". Dann jedoch bleibt der Verunstaltungsbegriff weiterhin seiner originären bauordnungsrechtlichen, si-
cherheitsspezifischen Bedeutung entzogen.

92   **Beispiel:** Eine Verunstaltung mit gefahrenabwehrrechtlichem Hintergrund
wäre der Fassadenanstrich eines Hauses mit Hakenkreuzen oder mit stark reflektierender Farbe, die vorbeifahrende Autofahrer blendet und dadurch Un-
fälle verursachen kann.

93   Das Gleiche gilt für die in den Bauordnungen vorgesehenen örtlichen Bauvorschriften. So können die Gemeinden etwa gem. § 86
Abs. 1 Nr. 1 BauO NRW Vorschriften in gemeindlichen Satzungen
über die äußere Gestaltung baulicher Anlagen vorsehen. Aus diesem
Ortsrecht ergeben sich für den Bauherrn mitunter einschneidende
Einschränkungen bei der Gestaltung seiner baulichen Anlage. So
sind etwa gemeindliche Regelungen zulässig, denen zufolge die Au-
ßenwände von Doppelhäusern und Hausgruppen in Bezug auf
Gestaltung, Oberflächenstruktur und Farbgebung „aufeinander ab-
zustimmen" sind. Ferner kann vorgeschrieben werden, dass Ausfüh-
rungen nur in Mauerwerk verputzt oder in Holz natur oder gestri-

chen oder in Eisengittern zulässig sind. Das Ortsrecht kann sogar so weit gehen, dass ein Haus nicht in dezenter hellblauer Farbe gestrichen werden darf.

Die Verunstaltung einer baulichen Anlage oder eines Gebäudes berührt, von Extremfällen abgesehen, nur selten den Bereich der Gefahrenabwehr, wie auch die Beispiele aus der verwaltungsgerichtlichen Praxis zeigen. Die Vorschriften über die sog. Verunstaltung von Bauwerken im Bauordnungsrecht sollten daher insgesamt überdacht werden. Dennoch ist an dieser Stelle zu konstatieren, dass § 12 BauO NRW und die entsprechenden Regelungen der anderen Bundesländer trotz aller Bedenken hinsichtlich der Systemwidrigkeit der Vorschrift nicht verfassungswidrig sind. Das gilt auch für die Regelungen über örtliche Bauvorschriften, die mitunter schon von Gesetzes wegen nicht dem Bereich der Gefahrenabwehr zugerechnet werden (z.B. nach § 60 Abs. 2 Satz 2 BauO NRW). 94

Im Einzelfall kann es auch notwendig sein, die Frage, ob ein Bauwerk als „verunstaltend" anzusehen ist, mit Blick auf die grundrechtliche Kunstfreiheit aus Art. 5 Abs. 3 GG zu beantworten („Baukunst"). Dann müssen ggf. die widerstreitenden Interessen (das durch Art. 28 Abs. 2 GG ebenfalls verfassungsrechtlich verankerte gemeindliche Selbstgestaltungsrecht einerseits und die Kunstfreiheit andererseits) mit dem Ziel der praktischen Konkordanz abwägend gegenüber gestellt werden (zur Kunstfreiheit: *Brenner*, Öffentliches Baurecht, S. 183 f. m. w. N.). 95

Prüfungsschema: Anspruch auf Erteilung einer Baugenehmigung	96

1. Anspruchsgrundlage
2. Formelle Voraussetzungen
   a) Formgerechter Antrag
   b) Zuständige Behörde
3. Materielle Voraussetzungen
   a) Genehmigungsbedürftigkeit
      aa) Grundsatz der Genehmigungspflichtigkeit
      bb) Genehmigungsfreies Vorhaben
      cc) Genehmigungsfreistellung
   b) Genehmigungsfähigkeit

aa) Festlegung des Prüfungsumfangs
    vereinfachtes oder normales Genehmigungsverfahren
bb) Kein Entgegenstehen (der zu prüfenden) öffentlich-
    rechtlichen Vorschriften
    → Bauplanungsrecht
    → Bauordnungsrecht
    → sonstige öffentlich-rechtliche Vorschriften

V. Rechtschutz des Bauherrn

1. Verpflichtungsklage auf Erlass einer Baugenehmigung

97   Wird die beantragte Baugenehmigung von der Genehmigungsbehörde abgelehnt, so hat der Bauwillige – wenn in dem jeweiligen
Bundesland das Widerspruchsverfahren nicht unstatthaft ist, § 68
Abs. 1 Satz 2 VwGO – die Möglichkeit, Widerspruch nach § 68
Abs. 2 VwGO und Verpflichtungsklage nach § 42 Abs. 1 Alt. 2
VwGO zu erheben (hierzu *Böhm*, JA 2013, 481, 485). Wird der Antrag auf Erlass einer Baugenehmigung nicht beschieden, so kommt
unter den Voraussetzungen des § 75 VwGO eine sog. Untätigkeits-
klage in Betracht. In vielen Fällen ist mit einer Verpflichtungsklage
den Interessen des Bauwilligen jedoch nicht umfassend gedient. Der
Grund hierfür liegt darin, dass er bis zum Erlass der Baugenehmigung nicht mit der Ausführung seines Vorhabens beginnen darf. Vor
diesem Hintergrund wird oftmals auch an einen Antrag auf Erlass einer einstweiligen Anordnung gem. § 123 Abs. 1 VwGO zu denken
sein. Ob die vorläufige Erteilung einer Baugenehmigung im Verfahren des vorläufigen Rechtsschutzes angeordnet werden kann und unter welchen Voraussetzungen, ist bisher nicht abschließend geklärt.
Teilweise wird die Ansicht vertreten, eine einstweilige Anordnung
mit diesem Ziel müsse bereits daran scheitern, dass mit der Verwirklichung eines vorläufig genehmigten Vorhabens die Hauptsache unzu-
lässigerweise vorweggenommen werde, solange die Baurechtmäßig-
keit im Klageverfahren noch umstritten sei (vgl. *HessVGH*, BRS 27
Nr. 150; *BayVGH*, BRS 30 Nr. 130; *König*, BayVBl 1989, 35 f.). Auf
der anderen Seite wird zu bedenken gegeben, dass dem Antragsteller
aus der Verweisung auf das Hauptsacheverfahren keine unzumutbaren und irreparablen Nachteile entstehen sollen, weil gegebenenfalls

Entschädigungsansprüche im Raum stehen (vgl. *OVG Nds.*, BRS 35 Nr. 174; *OVG Berlin*, BRS 49 Nr. 162). Richtigerweise ist davon aus-zugehen, dass die vorläufige Erteilung der Baugenehmigung zumin-dest in der Regel nicht zulässig sein wird (*R. Schmidt*, Öffentliches Baurecht, Rn. 424 ff.).

2. Feststellungsklage bezüglich der baurechtlichen Zulässigkeit eines genehmigungsfreien Vorhabens

In seltenen Fällen kann der Bauherr auch eine Feststellungsklage **98** gem. § 43 Abs. 1 VwGO über die baurechtliche Zulässigkeit eines ge-nehmigungsfreien Vorhabens erheben. Eine Anfechtungs- oder Ver-pflichtungsklage scheidet in diesen Fällen aus, denn es gibt weder ei-nen ablehnenden Bescheid noch besteht ein Anspruch auf den Erlass einer Baugenehmigung. Voraussetzung ist jedoch ein entsprechendes Feststellungsinteresse des Bauherrn. Ein berechtigtes Interesse an der gerichtlichen Feststellung der Zulässigkeit dürfte indessen in der Re-gel nicht gegeben sein. Ausnahmsweise kann es vorliegen, wenn die Bauaufsichtsbehörde bereits ein Vorgehen in Form einer Abrissverfü-gung gegen das Vorhaben angekündigt hat (*VG Saarland*, LKRZ 2013, 26). In einer solchen Situation begehrt der Kläger zwar vorbeu-genden Rechtsschutz. Dieser ist nach der Rechtsprechung nur dann zulässig, wenn der Betroffene nicht in zumutbarer Weise auf den von der Verwaltungsgerichtsordnung als grundsätzlich angemessen und ausreichend angesehenen nachträglichen Rechtsschutz verwiesen werden kann. Deshalb ist ein entsprechend qualifiziertes, gerade auf die Inanspruchnahme vorbeugenden Rechtsschutzes gerichtetes Rechtsschutzinteresse zu fordern. Das qualifizierte Feststellungsinte-resse kann sich daraus ergeben, dass der Kläger die Anlage wieder be-seitigen müsste, wenn ihre Baurechtswidrigkeit in einem späteren Ge-richtsverfahren festgestellt wird. Das ist ihm unter wirtschaftlichen Gesichtspunkten nicht zumutbar.

3. Rechtsschutz gegen eine vom Bauantrag abweichende Geneh-migung

Erhält der Bauwillige nicht die ursprünglich beantragte, sondern **99** eine davon abweichende Baugenehmigung, so stellt sich die Frage, wie er sein ursprüngliches Antragsbegehren erreichen kann. Handelt es sich bei den abweichenden Teilen um Inhaltsbestimmungen (ab-weichende Genehmigungen, modifizierende Auflagen), steht ihm ein

Widerspruch nach § 68 Abs. 2 VwGO oder die Verpflichtungsklage nach § 42 Abs. 1 Alt. 2 VwGO – gerichtet auf Erlass einer neuen (der ursprünglich beantragten) Baugenehmigung – zur Verfügung. Grund dafür ist, dass die Inhaltsbestimmung (modifizierende Auflage) als Teil der von der Baugenehmigung getroffenen Regelung nicht von dieser zu trennen ist (*Ipsen*, Allgemeines Verwaltungsrecht, Rn. 597 ff.).

100   Weniger eindeutig ist die Frage zu beantworten, welche Klage der Bauwillige erheben muss, wenn die Baugenehmigung mit einer Nebenbestimmung erteilt wird. Einerseits könnte eine Verpflichtungsklage auf Erlass der Baugenehmigung ohne Nebenbestimmung statthaft sein, andererseits könnte die Nebenbestimmung aber auch isoliert angefochten werden, so dass die Baugenehmigung ohne den unerwünschten „Zusatz" bestehen bleibt. Teile der Literatur bejahen die Statthaftigkeit der Anfechtungsklage nur für die Auflage. Bei den übrigen Nebenbestimmungen sei stets nur die Verpflichtungsklage auf Erlass eines nebenbestimmungsfreien Verwaltungsakts zulässig (statt vieler *Kopp/Ramsauer*, VwVfG, § 36 Rn. 60 ff.). Das *BVerwG* geht dagegen in seiner neueren Rechtsprechung davon aus, dass es nicht auf die Art der Nebenbestimmung ankomme, sondern dass bei allen Arten von Nebenbestimmungen eine isolierte Anfechtung möglich ist (prozessuale Teilbarkeit). Eine Anfechtungsklage, die gegen eine Nebenbestimmung gerichtet ist, sei aber nur dann begründet, wenn der begünstigende Verwaltungsakt ohne die Nebenbestimmung sinnvoller- und rechtmäßigerweise bestehen bleiben könne (materielle Teilbarkeit, vgl. BVerwGE 60, 269; 81, 185; 112, 221).

4. Gerichtliches Vorgehen gegen Bauaufsichtsverfügungen

101   Geht die Bauaufsichtsbehörde gegen ein Vorhaben mit einer Baueinstellungs-, Nutzungsuntersagungs- oder Abrissverfügung vor, so kann der Bauherr Widerspruch nach § 68 Abs. 1 VwGO oder Anfechtungsklage nach § 42 Abs. 1 Alt. 1 VwGO gegen den belastenden Verwaltungsakt erheben. Ordnet die Bauaufsichtsbehörde die sofortige Vollziehung der Maßnahme an, besteht für den Bauherrn zudem die Möglichkeit, einen Antrag nach § 80 Abs. 5 Satz 1 Alt. 2 VwGO zu stellen, gerichtet auf die Wiederherstellung der aufschiebenden Wirkung (*R. Schmidt*, Öffentliches Baurecht, Rn. 506; *Muckel/Ogorek*, JA 2011, 281, 286).

Literatur: Zu den begrifflichen Klarstellungen:
Zur Frage, wann ein Gegenstand mit dem Erdboden verbunden ist: *BVerwG*, BRS 28 Nr. 89 (S. 213); *Koch/Hendler*, Baurecht, Raumordnungs- und Landesplanungsrecht, 5. Aufl. 2009, § 24 Rn. 3 ff.; *Tettinger/Erbguth/ Mann*, Bes. VerwR, 11. Aufl. 2012, Rn. 1221; *Hellermann*, in: Dietlein/Burgi/ Hellermann, Öffentliches Recht in NRW, 5. Aufl. 2014, § 4 Rn. 235; *Erbguth*, Öffentliches Baurecht, 5. Aufl. 2009, § 12 Rn. 1 ff.
Zum Merkmal des Ruhens auf dem Erdboden durch eigene Schwere, *Heintz*, in: Gädtke/Böckenförde/Temme/Heintz, BauO NRW, 12. Aufl. 2011, § 2 Rn. 44, 49.
Zur Abgrenzung des bauplanungsrechtlichen und des bauordnungsrechtlichen Begriffs der baulichen Anlage: *VGH BW*, BRS 50 Nr. 142 (S. 335); *Tettinger/Erbguth/Mann*, Bes. VerwR, 11. Aufl. 2012, Rn. 1223; *Koch/Hendler*, Baurecht, Raumordnungs- und Landesplanungsrecht, 5. Aufl. 2009, § 25 Rn. 10 ff.; *Hellermann*, in: Dietlein/Burgi/Hellermann, Öffentliches Recht in NRW, 5. Aufl. 2014, § 4 Rn. 127 ff.; *Erbguth*, Öffentliches Baurecht, 5. Aufl. 2009, § 12 Rn. 1.
Zu den allgemeinen Anforderungen an bauliche Anlagen: *Hellermann*, in: Dietlein/Burgi/Hellermann, Öffentliches Recht in NRW, 5. Aufl. 2014, § 4 Rn. 236 ff.; *Koch/Hendler*, Baurecht, Raumordnungs- und Landesplanungsrecht, 5. Aufl. 2009, § 24 Rn. 7 ff.; *Tettinger/Erbguth/Mann*, Bes. VerwR, 11. Aufl. 2012, Rn. 1229 ff.
Zur Ausführung des Baus: *Koch/Hendler*, Baurecht, Raumordnungs- und Landesplanungsrecht, 5. Aufl. 2009, § 24 Rn. 17; *Tettinger/Erbguth/Mann*, Bes. VerwR, 11. Aufl. 2012, Rn. 1232 ff.; *Hellermann*, in: Dietlein/Burgi/Hellermann, Öffentliches Recht in NRW, 5. Aufl. 2014, § 4 Rn. 241 ff.
Zu den zuständigen Behörden und ihren Befugnissen:
Zur Unterscheidung von Aufgaben- und Befugnisnorm: *Brohm*, Öffentliches Baurecht, 3. Aufl. 2002, § 4 Rn. 17, *Tettinger/Erbguth/Mann*, Bes. VerwR, 11. Aufl. 2012, Rn. 422 ff.; *Knemeyer*, Polizei- und Ordnungsrecht, 11. Aufl. 2007, Rn. 148 ff.; *Gusy*, Polizeirecht, 8. Aufl. 2011, § 1 Rn. 11 ff.
Zu den Befugnissen der Bauaufsichtsbehörde: *Boeddinghaus/Hahn/Schulte*, BauO NRW, 2. Aufl. 2000, § 61 Rn. 1 ff.
Zur Frage, ob sich die Eingriffsbefugnis der Baubehörde unmittelbar aus § 61 BauO NRW oder aus § 14 OBG i. V. m. § 61 BauO NRW/anderweitigen Eingriffsermächtigungen ergibt: *OVG NRW*, NWVBl. 1997, 11, 12 f.; *OVG NRW*, NVwZ-RR, 2000, 205; *Finkelnburg/Ortloff/Otto*, Öffentliches Baurecht, Bd. II, 6. Aufl. 2011, S. 182 f.; *Grotefels*, in: Hoppe/Bönker/Grotefels, Öffentliches Baurecht, 4. Aufl. 2010, § 16 Rn. 79; *Boeddinghaus/Hahn/ Schulte*, BauO NRW, Loseblatt, § 61 Rn. 12.
Zu den Voraussetzungen einer Abrissverfügung: BVerwGE 5, 351, 353; *OVG NRW*, NWVBl. 1997, 469; *Guckelberger*, Abbruch verfallender baulicher Anlagen, NVwZ 2010, 743; *Brohm*, Öffentliches Baurecht, 3. Aufl. 2002, § 29 Rn. 6 ff.; *Peine*, Öffentliches Baurecht, 4. Aufl. 2003, Rn. 1124; *Ortloff*, Die Entwicklung des Bauordnungsrechts, NVwZ 2000, 750, 757; *Erbguth*, Öffentliches Baurecht, 5. Aufl. 2009, § 13 Rn. 52; *Stollmann*, Öffentliches Baurecht,

9. Aufl. 2013, § 19 Rn. 22 ff.; *Hellermann*, in: Dietlein/Burgi/Hellermann, Öffentliches Recht in NRW, 5. Aufl. 2014, § 4 Rn. 294 ff.; krit. zur h. M., wonach formelle und materielle Illegalität zum Erlass einer Abrissverfügung notwendig ist: *Fischer*, Formelle und materielle Illegalität?, NVwZ 2004, 1057.

Zum Begriff der materiellen Illegalität: *Finkelnburg/Ortloff/Otto*, Öffentliches Baurecht, Bd. II, 6. Aufl. 2011, S. 172 ff.; *Gädtke*, in: Gädtke/Böckenförde/Temme/Heintz, BauO NRW, 12. Aufl. 2011, § 61 Rn. 54; *Mampel*, Formelle und materielle Illegalität? BauR 1996, 13, 19 f.; *ders.*, Bauordnungsverfügungen, BauR 2000, 996, 1001 f.

Zum Doppelcharakter der Baugenehmigung: *OVG NRW*, NWVBl. 1993, 52, 53; *Ortloff*, Inhalt und Bindungswirkungen der Baugenehmigung, NJW 1987, 1665, 1667 f.

Zur Bindungswirkung der Baugenehmigung: *Finkelnburg/Ortloff/Otto*, Öffentliches Baurecht, Bd. II, 6. Aufl. 2011, S. 134 ff.

Zur ausnahmsweisen Zulässigkeit einer Abrissverfügung bei nur formeller Illegalität: *OVG MV*, NordÖR 2000, 126; *HessVGH*, BauR 1992, 66; *VGH BW*, VBlBW 1995, 432; *Boeddinghaus/Hahn/Schulte*, BauO NRW, Loseblatt, § 61 Rn. 4 bis 6; *Mampel*, Bauordnungsverfügungen, BauR 2000, 996, 1004.

Zu den Voraussetzungen von Stillegungsverfügung und Nutzungsuntersagung: *OVG MV*, NordÖR 2000, 429; *HessVGH*, ZfBR 1999, 47; *Grotefels*, in: Hoppe/Bönker/Grotefels, Öffentliches Baurecht, 4. Aufl. 2010, § 16 Rn. 87, 94; *Erbguth*, Öffentliches Baurecht, 5. Aufl. 2009, § 13 Rn. 59; *Mampel*, Bauordnungsverfügungen, BauR 2000, 996, 998; *Brohm*, Öffentliches Baurecht, 3. Aufl. 2002, § 29 Rn. 16; *Heintz*, in: Gädtke/Böckenförde/Temme/Heintz, BauO NRW, 12. Aufl. 2011, § 61 Rn. 56 ff., 62 ff.

Zur Ermessensausübung vor Erlass einer Abrissverfügung: *BVerwG*, BauR 1999, 734; *Grotefels*, in: Hoppe/Bönker/Grotefels, Öffentliches Baurecht, 4. Aufl. 2010, § 16 Rn. 95 ff.; *Brohm*, Öffentliches Baurecht, 3. Aufl. 2002, § 29 Rn. 10 f.; *Finkelnburg/Ortloff/Otto*, Öffentliches Baurecht, Bd. II, 6. Aufl. 2011, S. 183 ff.; *Manssen*, in: Becker/Heckmann/Kempen/Manssen, Öffentliches Recht in Bayern, 5. Aufl. 2011, Teil 4 Rn. 444 ff.

Zur Ermessenreduzierung auf Null zu Gunsten des Nachbarn: *Ortloff*, Die Entwicklung des Bauordnungsrechts, NVwZ 2000, 750, 757.

Zur Duldung eines baurechtswidrigen Zustands: *BayVGH*, BayVBl. 1999, 590, 592.

Zur Rechtsnachfolge bei baurechtlichen Ordnungsverfügungen: *OVG Nds.*, BauR 2000, 1030; *OVG Bremen*, NordÖR 1999, 373; *Nolte/Niestedt*, Grundfälle zur Rechtsnachfolge im Öffentlichen Recht, JuS 2000, 1172; *Dietlein*, Nachfolge im öffentlichen Recht, 1999, S. 224 ff.; *Muckel*, Fälle zum Besonderen Verwaltungsrecht, 5. Aufl. 2013, Fall 19, S. 198.

Zur Verhältnismäßigkeit einer Abrissverfügung: *BVerfG*, NVwZ 2005, 203 f.; *Grotefels, in:* Hoppe/Bönker/Grotefels, Öffentliches Baurecht, 4. Aufl. 2010, § 16 Rn. 91 ff.; *Finkelnburg/Ortloff/Otto*, Öffentliches Baurecht, Bd. II, 6. Aufl. 2011, S. 183 f.

Zum Bestandsschutz: *BVerfG*, NVwZ 2001, 424; *BVerwG*, NJW 1967, 1099; *BVerwG*, NJW 1986, 2126; *OVG Nds.*, NJW 1980, 252; *Finkelnburg/*

Ortloff/Otto, Öffentliches Baurecht, Bd. II, 6. Aufl. 2011, S. 174 ff.; *Manssen*, in: Becker/Heckmann/Kempen/Manssen, Öffentliches Recht in Bayern, 5. Aufl. 2011, Teil 4 Rn. 447 ff.; *Brohm*, Öffentliches Baurecht, 3. Aufl. 2002, § 22 Rn. 2,11 ff.; *Dürr*, Hat Art. 14 GG für das öffentliche Baurecht noch Bedeutung? VBlBW 2000, 457, 459; *Hoppe/Krane*, in: Bauer/Breuer/Degenhart/Oldiges, 100 Jahre Allgemeines Baugesetz Sachsen, S. 389, 406 f.; *Boeddinghaus/Hahn/Schulte*, BauO NRW, Loseblatt, § 75 Rn. 5.

Zur zwangsweisen Durchsetzung von bauordnungsrechtlichen Verfügungen: *OVG NRW*, NWVBl. 1996, 134; *Ortloff*, Die Entwicklung des Bauordnungsrechts, NVwZ 2000, 750, 757; *ders.*, Die Entwicklung des Bauordnungsrechts, NVwZ 2001, 997, 1004.

Zum planungsrechtlichen Abbruchgebot: *Heintz*, in: Gädtke/Böckenförde/Temme/Heintz, BauO NRW, 12. Aufl. 2011, § 61 Rn. 67a.

Zur Baugenehmigung:
Zur Berücksichtigung des Naturschutzrechts bei der Baugenehmigungserteilung: *BVerwG*, DÖV 2001, 512.

Überblick über die im Baugenehmigungsverfahren zu berücksichtigenden Vorschriften, *Heintz*, in: Gädtke/Böckenförde/Temme/Heintz, BauO NRW, 12. Aufl. 2011, § 75 Rn. 92 ff.

Zur Schlusspunkttheorie: *OVG NRW*, NVwZ-RR 2002, 564; *OVG NRW*, DÖV 2004, 302; *Koch/Hendler*, Baurecht, Raumordnungs- und Landesplanungsrecht, 5. Aufl. 2009, § 23 Rn. 18 ff.; *Hellermann*, in: Dietlein/Burgi/Hellermann, Öffentliches Recht in NRW, 5. Aufl. 2014, § 4 Rn. 271; *Stollmann*, Öffentliches Baurecht, 9. Aufl. 2013, § 18 Rn. 3 ff.; *Tettinger/Erbguth/Mann*, Bes. VerwR, 11. Aufl. 2012, Rn. 916 ff., 1265 ff.; *Heintz*, in: Gädtke/Böckenförde/Temme/Heintz, BauO NRW, 12. Aufl. 2011, § 75 Rn. 81 ff.

Zu den traditionell genehmigungsfreien Vorhaben: *Brohm*, Öffentliches Baurecht, 3. Aufl. 2002, § 28 Rn. 4 f.

Zum Abweichen vom Erfordernis einer Baugenehmigung: *Degenhart*, Genehmigungsfreies Bauen und Rechtsschutz des Nachbarn, NJW 1996, 1433 mit Nachw. zu den verschiedenen landesrechtlichen Bestimmungen; *Ortloff*, Abschied von der Baugenehmigung – Beginn beschleunigten Bauens?, NVwZ 1995, 112 f.; *ders.*, Die Entwicklung des Bauordnungsrechts, NVwZ 2000, 750, 752; *Brohm*, Öffentliches Baurecht, 3. Aufl. 2002, § 28 Rn. 6; *Korioth*, Der Abschied von der Baugenehmigung nach § 67 BauO NW 1995, DÖV 1996, 665, 671 ff.

Zu § 67 BauO NRW: *Stollmann*, Der Entwurf einer neuen Bauordnung für das Land Nordrhein-Westfalen, NWVBl. 1995, 41, 42 ff.; zur Kritik an der Monatsregelung für die Erklärung der Gemeinde, ein Baugenehmigungsverfahren durchführen zu wollen: *Mampel*, Entwurf eines Gesetzes zur Änderung der BauO NW 1995, NWVBl. 1998, 309, 310.

Zu Bauvorbescheid und Teilbaugenehmigung:
Zum Anspruch auf Erlass eines Bauvorbescheides: *Brohm*, Öffentliches Baurecht, 3. Aufl. 2002, § 28 Rn. 29; *Pünder*, Der rechtswidrige Bauvorbescheid und seine Folgen, JuS 2000, 682 ff.

Zur Rechtsnatur des Vorbescheides als Ausschnitt aus dem feststellenden Teil der Baugenehmigung: *BVerwG*, NJW 1969, 73; *BVerwG*, NJW 1984, 1474; *OVG NRW*, NVwZ 1997, 1006.

Zur Bindungswirkung des Bauvorbescheids: *OVG NRW*, NVwZ 1997, 1006.

Zur Amtshaftung bei rechtswidrigem Vorbescheid: *Stüer*, Amtshaftung bei rechtswidrigem Bauvorbescheid, BauR 2000, 1431 ff.; *Manssen*, in: Becker/ Heckmann/Kempen/Manssen, Öffentliches Recht in Bayern, 5. Aufl. 2011, Teil 4 Rn. 420.

Zum Rechtschutz des Nachbarn gegen eine vor Bestandskraft des Bauvorbescheides erteilte Baugenehmigung: *BVerwG*, NVwZ 1989, 863 im Anschluss an BVerwGE 68, 241; *Dürr*, Aktuelle Rechtsfragen des öffentlichen Baurechts, DÖV 1997, 845, 853; krit. dazu *W.-R. Schenke*, in: Achterberg/ Püttner/Würtenberger, Bes. VerwR, 2. Aufl. 2000, § 9 Rn. 168 ff.

Allgemein zum Zweitbescheid: *Maurer*, Allgemeines Verwaltungsrecht, 18. Aufl. 2011, § 11 Rn. 56; *Peine*, Allgemeines Verwaltungsrecht, 9. Aufl. 2003, Rn. 990, 1000 ff.

Zum Bauvorbescheid bei genehmigungsfreien Vorhaben: *SaarlOVG*, DÖV 1983, 821.

Zur Baulast:

Allgemeines: *Brohm*, Öffentliches Baurecht, 3. Aufl. 2002, § 4 Rn. 16; *Koch/ Hendler*, Baurecht, Raumordnungs- und Landesplanungsrecht, 5. Aufl. 2009, § 24 Rn. 42 ff.; *Tettinger/Erbguth/Mann*, Bes. VerwR, 11. Aufl. 2012, Rn. 1225 ff.; *Hellermann*, in: Dietlein/Burgi/Hellermann, Öffentliches Recht in NRW, 5. Aufl. 2014, § 4 Rn. 261; *Stollmann*, Öffentliches Baurecht, 9. Aufl. 2013, § 18 Rn. 33 ff.; *Erbguth*, Öffentliches Baurecht, 5. Aufl. 2009, § 12 Rn. 5.

Zur juristischen Konstruktion der Baulast und zu den verschiedenen Rechtsbeziehungen: *Kluth/Neuhäuser*, Der Anspruch auf Baulasteintragung, NVwZ 1996, 738, 739 ff.

Zur alternativen Bestellung einer Grunddienstbarkeit in den Bundesländern, in denen die BauO eine Baulast nicht vorsieht: *Brohm*, Öffentliches Baurecht, 3. Aufl. 2002, § 4 Rn. 16.

Zur Anfechtung einer Baulast wegen Willensmängeln, *OVG Nds.*, NVwZ 1999, 1013.

Zur Baulast im Abstandflächenrecht: *Brohm*, Öffentliches Baurecht, 3. Aufl. 2002, § 4 Rn. 16; *Grotefels*, in: Hoppe/Bönker/Grotefels, Öffentliches Baurecht, 4. Aufl. 2010, § 16 Rn. 105; *OVG NRW*, NJW 1993, 1284 sowie die Besprechung dieses Falls von *Dietlein*, Die Last mit der Baulast, JuS 1994, 381; *Kluth/Neuhäuser*, Der Anspruch auf Baulasteintragung, NVwZ 1996, 738, 739 f.

Zu den inhaltlichen Anforderungen an eine Baulast: *SaarlOVG*, NJW 1999, 1348.

Zu den Problemen, die eine Baulast im Einzelfall aufwerfen kann: *Dietlein*, Die Last mit der Baulast, JuS 1994, 381.

Zu Abstandflächen:
Zum Zweck der Abstandflächen: *OVG Berlin*, DVBl. 1993, 120, 122; *Boeddinghaus/Hahn/Schulte*, BauO NRW, Loseblatt, § 6 Rn. 1 ff.
Fallbearbeitungen zum Abstandflächenrecht finden sich bei *Muckel/Stemmler*, Fälle zum öffentlichen Baurecht, 7. Aufl. 2013, S. 36 ff.; Rn. 108; S. 127 ff., Rn. 54; *Erbguth*, Öffentliches Baurecht, 5. Aufl. 2009, § 12 Rn. 17 ff.; *Stollmann*, Öffentliches Baurecht, 9. Aufl. 2013, § 2 Rn. 14, § 21 Rn. 26, 30; *Hellermann*, in: Dietlein/Burgi/Hellermann, Öffentliches Recht in NRW, 5. Aufl. 2014, § 4 Rn. 249 f.; *Tettinger/Erbguth/Mann*, BesVerwR, 11. Aufl. 2012, Rn. 1234 ff.; *Koch/Hendler*, Baurecht, Raumordnungs- und Landesplanungsrecht, 5. Aufl. 2009, § 24 Rn. 12 ff.

Zum Verunstaltungsverbot: *Kamp*, Die Rechtsproblematik des Verunstaltungsschutzes im Rahmen des § 12 BauO NRW, Diss. Köln 2005; *Heintz*, in: Gädtke/Böckenförde/Temme/Heintz, BauO NRW, 12. Aufl. 2011, § 12 Rn. 7 f.
Zur Frage, ob das Verunstaltungsverbot auf rein gestalterische Fehlgriffe anzuwenden ist: *BVerfG*, NVwZ 1985, 819, 820; *BVerfG*, NJW 1980, 2572; *BVerwG*, DVBl. 1995, 1008, 1009; *OVG NRW*, NVwZ 1993, 89, 90; *BayVGH*, NVwZ 1993, 90; *BayVGH*, BayVBl. 2001, 211; *Jäde*, Gemeindliches Einvernehmen im Bauordnungsrecht, JuS 1998, 503, 504; *Heintz*, in: Gädtke/Böckenförde/Temme/Heintz, BauO NRW, 12. Aufl. 2011, § 12 Rn. 9 ff., 17.
Beispielsfälle zum Verunstaltungsverbot: *OVG NRW*, BauR 1988, 575, 576; *BayVGH*, BayVBl. 1996, 278; *VG Meiningen*, LKV 1996, 139.

4. Teil. Der Nachbarschutz im öffentlichen Baurecht

§ 10. Der Nachbarschutz im materiellen Baurecht

I. Allgemeines

1   Ausgangspunkt der Überlegungen zum Nachbarschutz im öffentlichen Baurecht ist die grundlegende Unterscheidung zwischen objektivem Recht und subjektiven Rechten des Einzelnen. Sie hat ihren gesetzlichen Niederschlag besonders deutlich in § 113 Abs. 1 Satz 1 VwGO gefunden. Danach wird im Anfechtungsprozess ein Verwaltungsakt nur dann aufgehoben, wenn er (objektiv) rechtswidrig ist *und* den Kläger in seinen (subjektiven) Rechten verletzt. Der Einzelne hat grundsätzlich keinen Anspruch darauf, dass das objektive Recht eingehalten wird. Es gibt für ihn **keinen allgemeinen Gesetzesvollziehungsanspruch.** Deshalb vermag er gegen Entscheidungen der für den Vollzug des öffentlichen Baurechts zuständigen Behörden nur dann mit Aussicht auf Erfolg vorzugehen, wenn er geltend machen kann, in seinen eigenen (subjektiven) Rechten verletzt zu sein. Dieser Anforderung muss er, prozessual gesprochen, bereits im Hinblick auf die Klagebefugnis nach § 42 Abs. 2 VwGO bzw. die Widerspruchs- oder Antragsbefugnis analog § 42 Abs. 2 VwGO genügen (näher *Muckel/Stemmler*, Fälle zum öffentlichen Baurecht, S. 101 ff. m. w. N.).

1. Nachbarschützende Normen

2   Ob dem Nachbarn ein subjektiv-öffentliches Recht zusteht, auf das er sich gegenüber der Behörde berufen kann, bestimmt sich nach dem materiellen Recht. Der Nachbar muss sich auf eine ihn schützende, also drittschützende Norm berufen können. Es genügt nicht, wenn er die Verletzung einer Norm rügt, die nur einen objektiv-rechtlichen Gehalt aufweist. Bei der Suche nach nachbarschützenden Vorschriften des materiellen Baurechts ist nach der folgenden Reihenfolge vorzugehen: Zunächst muss das einfache Recht in all seinen einschlägi-

gen Bestimmungen daraufhin untersucht werden, ob es eine **generell bzw. unmittelbar nachbarschützende Norm** für den in Rede stehenden Fall bereithält. Diese erfordert grundsätzlich nicht, dass der Nachbar tatsächlich beeinträchtigt wird, sondern schützt ihn unabhängig von den Umständen des Einzelfalls (vgl. *Löhr*, in: Battis/ Krautzberger/Löhr, BauGB, § 31 Rn. 56 m. w. N.). Wenn Nachbarschutz sich nicht unmittelbar aus einer Vorschrift des einfachen Rechts ableiten lässt, muss geprüft werden, ob sog. **partiell bzw. mittelbar nachbarschützende Normen** des einfachen Rechts anwendbar sind (vgl. zu der begrifflichen Unterscheidung *Jäde*, JuS 1999, 961; *Mampel*, Rn. 236 ff. m. w. N.). In ihnen kommt das **Gebot der Rücksichtnahme** zum Ausdruck, das dem Nachbarn aufgrund von Besonderheiten des Falls rechtlichen Schutz bieten kann. Es ist verletzt, wenn eine Abwägung der widerstreitenden Nachbarinteressen ergibt, dass der Nachbar unzumutbar beeinträchtigt wird.

Ob eine Vorschrift nachbarschützend ist, wird durch Auslegung ermittelt (ein anschauliches Beispiel bietet *BVerwG*, NVwZ 1995, 1200, dazu *Dietlein*, JuS 1996, 593). Grundlage dafür ist die sog. **Schutznormtheorie.** Danach kommt es darauf an, ob die betreffende Norm neben ihrer objektiv-rechtlichen Zielsetzung zugunsten öffentlicher Interessen zumindest auch dem Schutz des Einzelnen zu dienen bestimmt ist und ihm die Rechtsmacht einräumt, diese Schutzwirkung gegenüber der Behörde durchzusetzen (vgl. *Battis*, Öffentliches Baurecht, S. 246 f.; *Seibel*, BauR 2007, 1831, 1833 f., jeweils m. w. N.). Außerdem muss der Betroffene in den so zu bestimmenden persönlichen und sachlichen Schutzbereich der Norm fallen. Wenn das der Fall ist, gibt die Norm ihm ein subjektiv-öffentliches Recht. Ein Indiz für den drittschützenden Charakter ist es, wenn in der in Rede stehenden Norm ausdrücklich von den nachbarlichen Interessen die Rede ist (z. B. §§ 31 Abs. 2, 34 Abs. 3a Satz 1 Nr. 3 BauGB). Umgekehrt kann der Einzelne aus einer bestimmten Vorschrift kein subjektiv-öffentliches Recht herleiten, wenn die Norm ausschließlich im öffentlichen Interesse erlassen ist und demzufolge nur sog. Rechtsreflexe zugunsten des Einzelnen mit sich bringt (vgl. *Pietzner/Ronellenfitsch*, Das Assessorexamen im Öffentlichen Recht, § 14 Rn. 13 f. m. w. N.; *Stollmann*, VR 2005, 397, 399). In einem weiteren Prüfungsschritt ist die als Schutznorm identifizierte Vorschrift daraufhin zu untersuchen, wie weit ihr Schutz reicht, insbes. ob der Dritte zu dem Kreis derjenigen zählt, die von der Norm geschützt werden. Wichtige Anhaltspunkte für die bisweilen schwierige Auslegung bieten vor allem der

3

Wortlaut der Norm sowie ihr Sinn und Zweck. Daneben können gelegentlich auch die systematische Stellung, die Entstehungsgeschichte und der Wille des Gesetzgebers hilfreich sein.

2. Der Begriff des Nachbarn

4   Damit ein Dritter subjektive Rechte aus einer Schutznorm ableiten kann, muss er zu dem von der Vorschrift geschützten Personenkreis gehören. In der rechtsgutachterlichen Prüfung stellt sich die Frage regelmäßig im **Zusammenhang mit der Klagebefugnis** des Dritten (näher u. § 11 Rn. 5 ff.). Gleichwohl muss bereits hier – losgelöst von der Lösung eines konkreten Falls – deutlich gemacht werden, um welche Personen es im baurechtlichen Nachbarschutz eigentlich geht. Der Begriff des Nachbarn ist nicht allgemeingültig definiert, sondern muss jeweils nach den Umständen des Einzelfalls bestimmt werden. Dazu bedarf es einer räumlichen und einer normativen bzw. personellen Betrachtungsweise (*Schoch*, Jura 2004, 317, 318; *Stollmann*, Öffentliches Baurecht, § 20 Rn. 18 ff.).

5   **Räumlich** gesehen gilt als Nachbar nicht nur der unmittelbare Angrenzer, sondern jeder, den das Bauvorhaben in einer Position beeinträchtigt, die durch die Rechtsnorm geschützt wird. Er muss somit von dem Vorhaben betroffen sein und von dem Schutzzweck der Norm erfasst werden. Dem Nachbarbegriff i. S. d. baurechtlichen Nachbarschutzes liegt kein formelles, sondern ein materielles Verständnis zugrunde (*Brohm*, Öffentliches Baurecht, § 30 Rn. 9, § 31 Rn. 3; *Rieger*, in: Schrödter, BauGB, § 31 Rn. 45).

6   **Beispiele:** Werden bei der Errichtung eines Bauwerks die Vorschriften über die Abstandflächen nicht eingehalten, so beeinträchtigt dies in der Regel lediglich die angrenzenden Grundstücke. Wenn von einem Bauvorhaben Emissionen ausgehen, können davon auch Grundstücke betroffen sein, die sich in einiger Entfernung zu dem Baugrundstück befinden (vgl. *Stollmann*, Öffentliches Baurecht, § 20 Rn. 19; *Rieger*, in: Schrödter, BauGB, § 31 Rn. 45).

7   Im Rahmen der **personellen** Bestimmung des Nachbarbegriffs ist zu beachten, dass das öffentliche Baurecht nicht personenbezogen, sondern grundstücksbezogen angelegt ist (vgl. *BVerwG*, NJW 1989, 2766). Deshalb kommt als Nachbar grundsätzlich nur der am Nachbargrundstück dinglich Berechtigte in Betracht. Dies ist in erster Linie der Eigentümer.

8   **Beispiele:** Neben dem Eigentümer sind u. a. Nießbraucher, Erbbauberechtigte und Inhaber einer Grunddienstbarkeit dinglich berechtigt und fallen un-

ter den Nachbarbegriff (*BVerwG*, NJW 1994, 1233, 1234). Der Käufer eines Grundstücks, auf den bereits der Besitz übergegangen ist und zu dessen Gunsten eine Auflassungsvormerkung im Grundbuch eingetragen worden ist, kann als Inhaber unmittelbar grundstücksbezogener Rechte ebenfalls Nachbar sein (*BVerwG*, NJW 1983, 1626).

Umstritten ist, ob auch nur **obligatorisch Nutzungsberechtigte** 9 wie bspw. Mieter oder Pächter vom Nachbarbegriff erfasst werden. Zum Teil wird das mit der Begründung bejaht, dass ihre Interessen und die der Eigentümer gleichgewichtig seien bzw. dass obligatorisch Nutzungsberechtigte ebenfalls in den Schutzbereich des Art. 14 Abs. 1 GG fallen könnten und ihre Rechte denen des Eigentümers weitgehend gleichgestellt seien (*Erbguth*, Öffentliches Baurecht, § 15 Rn. 44; *R. Schmidt*, Öffentliches Baurecht, Rn. 437). Dem ist entgegenzuhalten, dass Mieter oder Pächter ihre bodenbezogenen Rechte von anderen Personen ableiten. Obwohl das *BVerfG* das Besitzrecht des Mieters als Eigentum i. S. v. Art. 14 Abs. 1 GG anerkennt (*BVerfG*, NJW 1993, 2035; 2000, 2658), handelt es sich dabei um ein abgeleitetes Recht (*BVerwG*, NJW 1994, 1233, 1234; *VG Gießen*, NVwZ-RR 1995, 367, 368). Der Mieter oder Pächter repräsentiert das Grundstück nicht. Wegen der Grundstücksbezogenheit des Baurechts ist er in der Praxis darauf verwiesen, seine Rechtspositionen gegenüber dem Eigentümer geltend zu machen (vgl. *BVerwG*, NVwZ 1983, 672; 1998, 956). Anderenfalls könnte es im Übrigen zu rechtlich schwer auflösbaren, widerstreitenden Interessen zwischen dem Mieter oder Pächter und dem Grundstückseigentümer im Verhältnis zum Nachbarn kommen (vgl. *Rieger*, in: Schrödter, BauGB, § 31 Rn. 47). Der baurechtliche Nachbarbegriff unterscheidet sich somit grundlegend von demjenigen des Immissionsschutzrechts. **Nachbar i. S. d. Immissionsschutzrechts** kann nämlich nicht nur der Eigentümer und unmittelbar (dinglich) am Grundstück Berechtigte sein, sondern auch der Mieter, Pächter oder der auf dem betroffenen Grundstück beschäftigte Arbeitnehmer (*Knappstein*, JA 2010, 797, 799).

In Anbetracht der Entscheidung des *BVerfG*, NJW 1993, 2035 zum Schutz 10 des Mieters durch Art. 14 Abs. 1 GG hat der bayerische Gesetzgeber in Art. 66 Abs. 3 Satz 3 BayBO die klarstellende Regelung aufgenommen, dass es Sache des Eigentümers ist, diejenigen Rechte des Mieters oder Pächters wahrzunehmen, die aus dessen Eigentumsgrundrecht folgen (instruktiv dazu *Gassner*, UPR 1995, 85, 86).

Etwas anderes kann allerdings gelten, wenn der obligatorisch Be- 11 rechtigte (Mieter oder Pächter) sich nicht auf grundstücksbezogene, sondern personenbezogene Rechte stützt, wenn also z. B. durch Immissionen seine Gesundheit i. S. v. Art. 2 Abs. 2 Satz 1 GG beeinträchtigt wird. Wenn dies das Ausmaß einer schweren und unerträglichen Beeinträchtigung annimmt, kann er selbst – also unabhängig von einem Vorgehen des Eigentümers gegen die Beeinträchtigung – Nachbarschutz geltend machen (vgl. *Hellermann*, in: Dietlein/Burgi/Hellermann, Öffentliches Recht in NRW, § 4 Rn. 312).

12   Dem einzelnen **Wohnungseigentümer** räumt das Baurecht keinen öffentlich-rechtlichen Abwehranspruch gegenüber den anderen Wohnungseigentümern ein. Das folgt aus dem Umstand, dass das Wohnungseigentum als Sondereigentum ein Anhängsel des gemeinschaftlichen Miteigentums am Grundstück ist (vgl. BGHZ 49, 250, 251). Alle Rechtsverhältnisse unter Miteigentümern – und damit auch sämtliche Abwehransprüche gegen Störungen auf dem Grundstück – richten sich allein nach dem Zivilrecht, insbes. nach dem vorrangigen § 15 Abs. 3 WEG (vgl. *BVerwG*, NVwZ 1998, 954, 955). Im Hinblick auf Nachbarrechte, die gegenüber außerhalb der Wohnungseigentümergemeinschaft stehenden Personen geltend gemacht werden sollen, ist zu unterscheiden. Grund hierfür ist, dass die dingliche Berechtigung sich beim Wohnungseigentum nach dem WEG aus zwei Elementen zusammensetzt: dem Gemeinschafts- und dem Sondereigentum. Der Wohnungseigentümer kann keine Verletzung des gemeinschaftlichen Eigentums geltend machen. Dies ist Sache der Eigentümergemeinschaft. Auf baurechtliche Nachbarrechte kann er sich aber berufen, soweit es um die konkrete Beeinträchtigung seines Sondereigentums geht (vgl. *BayVGH*, NVwZ 2004, 629, 630).

II. Das Gebot der Rücksichtnahme

13   Ergibt die Auslegung einer bauplanungsrechtlichen Vorschrift, dass sie nicht generell bzw. unmittelbar drittschützend wirkt, dann ist an einen Nachbarschutz aus dem Gebot der Rücksichtnahme zu denken. Das Gebot der Rücksichtnahme entfaltet im Grundsatz nur objektiv-rechtliche Wirkung. Es wirkt aber drittschützend, soweit in qualifizierter und zugleich individualisierter Weise auf schutzwürdige Interessen eines von der Allgemeinheit zu unterscheidenden Kreises Dritter Rücksicht zu nehmen ist (vgl. *BVerwG*, NJW 1978, 62; *Konrad*, JA 2006, 59). Ein Bauvorhaben muss die Nachbargrundstücke beachten und für diese zumutbar sein. Das Gebot der Rücksichtnahme führt zu einer **Abwägung**. Zu fragen ist dabei, ob die Interessen des zur Rücksichtnahme verpflichteten Bauherrn oder die des Rücksichtnahme fordernden Nachbarn den Vorrang haben (näher u. Rn. 19). Bei der Prüfung, ob ein Vorhaben zulässig ist, wägt die Bau-

behörde daher die unterschiedlichen Interessen gegeneinander ab und schafft möglichst einen verträglichen Ausgleich zwischen den verschiedenen Grundstücksnutzungen (vgl. BVerwGE 52, 122; *Erbguth*, Öffentliches Baurecht, § 15 Rn. 40; *Voßkuhle/Kaufhold*, JuS 2010, 497, 498).

Das Gebot der Rücksichtnahme wird heute nicht als allgemeines **14** Rechtsprinzip verstanden, das abstrakt und unabhängig von den Vorschriften des materiellen Baurechts Drittschutz vermittelt. In ihm wird vielmehr ein Instrument gesehen, mit dessen Hilfe Drittschutz **in Anknüpfung an einzelne Vorschriften des materiellen Rechts** (die für sich betrachtet nicht nachbarschützend wirken) gewährt werden kann (vgl. *BVerwG*, NVwZ 1999, 879, 880; BVerwGE 109, 314, 318; *Seibel*, BauR 2007, 1831, 1832 f.). Es knüpft also immer an bestimmte Vorschriften des Baurechts an, die dann aufgrund von Besonderheiten im Einzelfall – entsprechend der üblichen Terminologie – nicht generell bzw. unmittelbar, sondern nur **partiell bzw. mittelbar nachbarschützende Wirkung** entfalten (vgl. *Mampel*, Rn. 236 ff.; *Battis*, Öffentliches Baurecht, S. 248). Auf diese Weise werden im Ergebnis Bestimmungen, die aus sich heraus nicht drittschützend wirken, mit Hilfe des Gebots der Rücksichtnahme in subjektiv-rechtliche, also drittschützende Normen umgeformt (vgl. *Brohm*, Öffentliches Baurecht, § 18 Rn. 29 m. w. N.; *Otto*, ZfBR 2005, 21 f.).

Bei der Prüfung, ob dem Nachbarn im konkreten Fall ein subjektives Ab- **15** wehrrecht aus einer partiell bzw. mittelbar nachbarschützenden Norm zukommt, ist zunächst **im Rahmen der Klagebefugnis** in der Zulässigkeit zu ermitteln, ob die Möglichkeit besteht, dass das Gebot der Rücksichtnahme verletzt ist. Hierfür muss das Gebot der Rücksichtnahme gelten und der Nachbar qualifiziert und individualisiert betroffen sein. In der Begründetheit ist dann eine Abwägung der gegenläufigen Interessen vorzunehmen. Vgl. die Falllösung bei *Muckel/Stemmler*, Fälle zum öffentlichen Baurecht, S. 104 f., 106 f., dazu auch u. § 11 Rn. 10.

Im **Bauplanungsrecht** kommt das Gebot der Rücksichtnahme **16** z. B. in folgenden Vorschriften zum Ausdruck: Als eine besondere Ausprägung des Rücksichtnahmegebots stellt sich zunächst § 15 Abs. 1 BauNVO dar (*Otto*, ZfBR 2005, 21; zu den Fallgruppen *Dürr*, DÖV 2001, 625, 630 f.; vgl. auch *BVerwG*, BauR 2007, 1002). Danach kann ein nach dem Bebauungsplan zulässiges Vorhaben im Einzelfall unzulässig sein, wenn es der Eigenart des Baugebiets widerspricht bzw. unzumutbare Belästigungen oder Störungen von ihm ausgehen. Eine entsprechende Anwendung des § 15 Abs. 1

BauNVO kommt in Betracht, wenn ein sog. versteckter Dispens vorliegt (nach anderer Auffassung ist § 31 Abs. 2 BauGB analog anzuwenden). Er ist gegeben, wenn bei der Erteilung einer Baugenehmigung vom Bebauungsplan unter Nichteinhaltung von § 31 Abs. 1 bzw. Abs. 2 BauGB abgewichen wird und keine Kennzeichnung als Ausnahme oder Befreiung erfolgt (*Erbguth*, in: Tettinger/Erbguth/ Mann, Besonderes Verwaltungsrecht, Rn. 1310 m. w. N.). Daneben kommt das Gebot der Rücksichtnahme in § 31 Abs. 2 BauGB („Würdigung nachbarlicher Interessen"), in § 34 Abs. 1 BauGB („Einfügen in die nähere Umgebung") und in § 34 Abs. 3a BauGB („Würdigung nachbarlicher Interessen") zum Ausdruck. Es findet auch im Rahmen von § 35 Abs. 1 BauGB Anwendung, soweit es um die Beeinträchtigung der Privilegierung eines im Außenbereich befindlichen Betriebs durch andere privilegierte Vorhaben geht (vgl. *Mampel*, Nachbarschutz im öffentlichen Baurecht, Rn. 1052; *Söfker*, in: Ernst/Zinkahn/Bielenberg/Krautzberger, § 35 Rn. 185). Das Gebot der Rücksichtnahme ist zudem ein nicht ausdrücklich geregelter sonstiger öffentlicher Belang i. S. v. § 35 Abs. 3 BauGB und wird bei Immissionen gem. § 35 Abs. 3 Satz 1 Nr. 3 BauGB („schädliche Umwelteinwirkungen") geprüft (vgl. *Krautzberger*, in: Battis/Krautzberger/ Löhr, BauGB, § 35 Rn. 55).

17 **Beispiel:** Ein Mehrfamilienhaus kann sich in die nähere Umgebung auch dann einfügen, wenn es in einer Siedlung errichtet wird, in der ansonsten nur Einfamilienhäuser stehen. Das Baurecht unterscheidet insoweit nicht zwischen dem Wohnen in Ein- und Mehrfamilienhäusern. Hält das Bauvorhaben die vorgeschriebenen Abstände ein, ist das Rücksichtnahmegebot erst verletzt, wenn das Nachbargebäude erdrückt, eingemauert oder abgeriegelt wird (*VG Hannover*, Beschl. v. 27.3.2013 – 4 B 2329/13, n. v.).

18 Im **Bauordnungsrecht** kommt das Gebot der Rücksichtnahme vergleichsweise selten zur Anwendung, etwa im Rahmen des Verunstaltungsschutzes, soweit (kommunale) Vorschriften über Verunstaltungsverbote ausnahmsweise auch dem Schutz der Umgebung dienen (vgl. *Bönker*, in: Hoppe/Bönker/Grotefels, Öffentliches Baurecht, § 18 Rn. 65).

19 Das Gebot der Rücksichtnahme führt zu einer **Abwägung** der konfligierenden Interessen des Bauherrn einerseits und des Nachbarn andererseits. Dementsprechend ist der Inhalt des Rücksichtnahmegebots abhängig von den Umständen des Einzelfalls. Je schutzwürdiger und empfindlicher die Stellung des durch eine Norm des öffentlichen Baurechts, an die das Rücksichtnahmegebot anknüpft, Begünstigten

ist, umso mehr kann er Rücksichtnahme verlangen. Je verständlicher und unabweisbarer die Interessen des mit der Rücksichtnahme Belasteten sind, umso weniger braucht er Rücksicht zu nehmen. Es kommt also wesentlich auf eine Abwägung zwischen dem an, was dem Rücksichtnahmebegünstigten und dem Rücksichtnahmepflichtigen nach Lage der Dinge zuzumuten ist (BVerwGE 52, 122, 126; zu einzelnen Kriterien vgl. *Erbguth*, in: Tettinger/Erbguth/Mann, Besonderes Verwaltungsrecht, Rn. 1310; Beispiele bei *Spannowsky*, in: Spanowsky/Uechtritz, BeckOK BauGB, § 34 Rn. 43.1 ff.; *Stühler*, BauR 2009, 1076, 1083 ff.; *Troidl*, BauR 2008, 1829).

Beispiel: Entsprechend der ihm erteilten Baugenehmigung errichtet Bauherr **20** B eine 24 m hohe Werbeanlage mit Leuchtwerbeschildern, von der auch nachts Lichtemissionen ausgehen. Der Werbepylon befindet sich in einem Sondergebiet, in dem gewerbliche Nutzung zulässig ist und auch stattfindet. Nachbar N wohnt 150 m von der Anlage entfernt in dem angrenzenden allgemeinen Wohngebiet. Zwischen dem Werbepylon und dem Haus des N befindet sich eine Straße. N fühlt sich von der Anlage gestört. Zum einen ist er der Ansicht, dass ihre Größe eine erdrückende Wirkung habe. Zum anderen fühle er sich nachts durch das Licht in seinem Schlafzimmer beeinträchtigt. Er erhebt deshalb Klage gegen die dem B erteilte Baugenehmigung. Wird er damit Erfolg haben?

Zunächst ist im Rahmen der Zulässigkeit bei der Klagebefugnis zu prüfen, **21** ob die Möglichkeit besteht, dass N in einem subjektiv-öffentlichen Recht verletzt ist. Da die Werbeanlage nicht in dem Baugebiet errichtet wurde, in dem N wohnt, kann er sich nicht auf den sog. Gebietsgewährleistungsanspruch berufen, der bei Abweichungen von Festsetzungen des Bebauungsplans über die Art der baulichen Nutzung in Betracht kommt (dazu u. Rn. 28). Zu denken ist aber an eine Verletzung des § 15 Abs. 1 Satz 2 BauNVO, der eine besondere Ausprägung des Gebots der Rücksichtnahme darstellt. N ist individualisiert und qualifiziert betroffen. Er wird aufgrund der tatsächlichen Begebenheiten von der Anlage beeinträchtigt und diese Beeinträchtigung hat eine gewisse Schwere. Somit ist die Klagebefugnis zu bejahen.

Die Klage ist begründet, soweit die Baugenehmigung rechtswidrig und N **22** dadurch in seinen subjektiven Rechten verletzt ist, § 113 Abs. 1 Satz 1 VwGO. Es kommt also darauf an, ob die Genehmigung gegen eine nachbarschützende Norm verstößt. Möglicherweise ist § 15 Abs. 1 Satz 2 BauNVO verletzt. § 15 Abs. 1 Satz 2 BauNVO schützt auch vor unzumutbaren Belästigungen und Störungen, die aus einem anderen Baugebiet herrühren.

Schon aufgrund seiner Größe könnte der Werbepylon für N unzumutbar **23** sein. Zu beachten ist jedoch, dass § 15 Abs. 1 Satz 2 BauNVO seiner systematischen Stellung im Abschnitt über die Art der baulichen Nutzung (§§ 1 bis 15 BauNVO) entsprechend nur die Art, nicht das Maß der baulichen Nutzung betrifft. Im Einzelfall kann aber Quantität in Qualität umschlagen, so dass sich die Größe einer Anlage auf die Art der baulichen Nutzung auswirkt.

Das wird von der Rechtsprechung bei einer „erdrückenden" oder „erschlagenden" Wirkung des Vorhabens bejaht. Davon ist hier nicht auszugehen. N wohnt 150 m von der Anlage entfernt. Zwischen ihm und dem Werbepylon befinden sich noch weitere Gebäude und eine Straße.

24   Die Anlage könnte aber aufgrund der Lichtimmissionen bei N unzumutbar sein. Um dies zu prüfen, ist eine einzelfallbezogene Interessenabwägung vorzunehmen, wobei auch wertende Faktoren wie die Herkömmlichkeit oder die allgemeine Akzeptanz zu berücksichtigen sind. Einen generellen Anspruch auf Schutz gegen Lichtimmissionen aus gewerblich genutzten Gebieten gibt es in Wohngebieten nicht. Für B ist zu berücksichtigen, dass Art. 14 Abs. 1 GG für den Gewerbetreibenden den Kontakt nach außen und so auch seine Werbemöglichkeit schützt. Zudem führt das Licht aufgrund der Entfernung und der bereits vorhandenen Umgebungsbeleuchtung weder zu einer starken Raumaufhellung noch zu einer Blendung bei N. Außerdem ist es N zumutbar, sein Schlafzimmer durch Vorhänge abzudunkeln. Die Interessenabwägung ergibt danach, dass die Lichtimmissionen nicht unzumutbar sind.

25   Demzufolge verletzt die Baugenehmigung nicht das Gebot der Rücksichtnahme aus § 15 Abs. 1 Satz 2 BauNVO. Die Klage des N ist nicht begründet (vgl. *OVG NRW*, DVBl. 2008, 791; zur Problematik von Lichtimmissionen s. auch *Schröer*, NZBau 2008, 636).

III. Nachbarschutz aus Vorschriften des Bauplanungsrechts

26   Im Bereich des Bauplanungsrechts knüpft der Nachbarschutz an die Regelungen über die planungsrechtliche Zulässigkeit von Bauvorhaben an, §§ 29 ff. BauGB.

1. Festsetzungen in Bebauungsplänen

27   Die Vorschrift des § 30 Abs. 1 BauGB über die Zulässigkeit von Bauvorhaben im Geltungsbereich eines (qualifizierten) Bebauungsplans hat für sich gesehen keinen nachbarschützenden Charakter (vgl. *Löhr*, in: Battis/Krautzberger/Löhr, BauGB, § 30 Rn. 26). Wohl aber können die einzelnen Festsetzungen des Bebauungsplans Nachbarschutz entfalten (auch sie haben normativen Charakter, vgl. § 10 Abs. 1 BauGB). Das gilt allerdings nicht für alle Festsetzungen. Es bedarf einer Prüfung der jeweiligen Festsetzung im Einzelnen. Erste Anhaltspunkte liefert dabei die Unterscheidung von Festsetzungen über die Art der baulichen Nutzung und solchen über das Maß der baulichen Nutzung (§ 9 Abs. 1 Nr. 1 BauGB, §§ 1 ff. bzw. §§ 16 ff. BauNVO).

Festsetzungen in Bebauungsplänen über die **Art der baulichen** 28
Nutzung (§§ 2 bis 14 BauNVO) haben grundsätzlich unmittelbar
nachbarschützende Funktion zugunsten der Planbetroffenen, enthalten also generell drittschützende Normen (*BVerwG*, NVwZ 2000,
679 m. w. N.). Dadurch, dass die Vorgaben über die Art der Nutzung
des Gebiets allen Planbetroffenen auferlegt werden, werden diese zu
einer rechtlichen „Schicksalsgemeinschaft" zusammengeschlossen.
Deshalb kann jeder Eigentümer eines Grundstücks, der in dessen
Nutzung öffentlich-rechtlichen Beschränkungen unterworfen ist, die
Beachtung dieser Beschränkungen auch im Verhältnis zum Nachbarn
durchsetzen (BVerwGE 94, 151, 155, wo auf BVerwGE 82, 61, 75
verwiesen wird). Die Nachbarn, deren Grundstücke sich innerhalb
eines Bebauungsplangebiets befinden, haben einen sog. **Gebietsge-**
währleistungs- oder Gebietserhaltungsanspruch (vgl. *BVerwG*,
NVwZ 2008, 427; *Konrad*, JA 2006, 59; *Schröer*, NJW 2009, 484;
Koch/Hendler, Baurecht, Raumordnungs- und Landesplanungsrecht,
§ 27 Rn. 30 ff.).

Beispiel: Bauherr B hat ein Grundstück im Geltungsbereich eines qualifi- 29
zierten Bebauungsplans i. S. v. § 30 Abs. 1 BauGB erworben. Darauf möchte
er einen Gewerbebetrieb errichten. Der Bebauungsplan sieht vor, dass das betreffende Baugebiet ein reines Wohngebiet i. S. v. § 3 BauNVO ist. Nachbar N
wohnt in diesem Gebiet. Er fragt, ob er sich gegen das Bauvorhaben des B zur
Wehr setzen kann. § 30 Abs. 1 BauGB selbst vermittelt N kein Abwehrrecht.
Ein solches ergibt sich jedoch aus der Festsetzung als reines Wohngebiet, die
die Art der baulichen Nutzung betrifft. Nach § 3 BauNVO ist ein Gewerbebetrieb in einem reinen Wohngebiet unzulässig. Sowohl N als auch B sind den
Bestimmungen des § 3 BauNVO unterworfen und gehören derselben baurechtlichen „Schicksalsgemeinschaft" an. Da N die Vorschrift des Bebauungsplans beachten muss, kann er dies auch von B verlangen. Er hat somit einen
Gebietsgewährleistungsanspruch. Dieser besteht unabhängig davon, ob N
von dem Bauvorhaben des B tatsächlich beeinträchtigt wird.

Von dem Gebietsgewährleistungsanspruch ist der sog. **Gebietsprä-** 30
gungserhaltungsanspruch zu unterscheiden, der einen Anspruch auf
die Wahrung der gebietstypischen Prägung darstellt und dann besteht,
wenn ein Bauvorhaben der Zweckbestimmung des Baugebietstyps
zuwiderläuft (*BVerwG*, NVwZ 2008, 786; *Decker*, JA 2007, 55, 57).

Nachbarn, die sich gegen ein Vorhaben wenden, das außerhalb ihres Plan- 31
gebiets liegt, können sich grundsätzlich nicht auf den Gebietserhaltungsanspruch berufen. Ein **gebietsübergreifender Gebietserhaltungsanspruch** besteht nur dann, wenn die im Bebauungsplan enthaltenen Festsetzungen zur
Art der baulichen Nutzung nach dem Willen des Plangebers auch Plangebiets-

externen Drittschutz vermitteln sollen. Das ist in der Praxis ein Ausnahmefall (*BVerwG*, Beschl. v. 10.1.2013 – 4 B 48.12, BeckRS 2013, 46322, Rn. 5). Gegebenenfalls kann allerdings § 15 Abs. 1 Satz 2 BauNVO als Grundlage für plangebietsübergreifenden Nachbarschutz herangezogen werden (vgl. *BVerwG*, NVwZ 2008, 427; *OVG NRW*, DVBl. 2008, 791; *Dürr*, KommJur 2005, 201, 207).

32   Durch Festsetzungen zum **Maß der baulichen Nutzung** (vgl. §§ 16 ff. BauNVO) werden die Planbetroffenen nach Ansicht des *BVerwG* nicht zu einer „Schicksalsgemeinschaft" verbunden. Das Gericht begründet diese Einschätzung damit, dass durch eine Abweichung von den Festsetzungen über die Art der baulichen Nutzung stets die Gefahr einer Verfremdung des ganzen Gebiets hervorgerufen werde, nicht aber durch eine Abweichung von den Festsetzungen über das Maß der baulichen Nutzung. Abweichungen von diesen Festsetzungen ließen in der Regel den Gebietscharakter unberührt und hätten nur Auswirkungen auf das Baugrundstück und die unmittelbar anschließenden Nachbargrundstücke (*BVerwG*, NVwZ 1996, 170, 171). Es liegt auf der Hand, dass diese Überlegung jedenfalls nicht für jede Abweichung von den Festsetzungen über das Maß der baulichen Nutzung zutrifft. Es muss deshalb darauf abgestellt werden, ob die Abweichung im Einzelfall so gravierend ist, dass sich durch sie der Gebietscharakter ändern kann. Auch können Maßfestsetzungen ausnahmsweise dann Nachbarschutz entfalten, wenn die Festsetzung im Einzelfall gerade bezweckt, eine für die Umgebung verträgliche Nutzung zu gewährleisten (vgl. *Bönker*, in: Hoppe/Bönker/Grotefels, Öffentliches Baurecht, § 18 Rn. 47 m. w. N.; *Brohm*, Öffentliches Baurecht, § 19 Rn. 19 mit dem Beispiel eines Villenviertels, in dem zweigeschossige Bauweise zulässig ist). Gleichwohl bleibt es bei dem Grundsatz, dass Festsetzungen in Bebauungsplänen zum Maß der baulichen Nutzung nur der städtebaulichen Ordnung, nicht auch den Interessen der Grundstückseigentümer dienen und insofern keinen Nachbarschutz entfalten (vgl. *Dürr*, DÖV 2001, 625, 631 f.).

33   **Beispiel:** Im Bebauungsplan ist eine Grundflächenzahl von 0,4 vorgesehen. Dies bedeutet, dass grundsätzlich nur 40 % des Grundstücks von baulichen Anlagen überdeckt werden dürfen (§§ 16 Abs. 2, 19 BauNVO). Bauherr B erhält eine Baugenehmigung, obwohl er 50 % seines Grundstücks bebauen möchte. Nachbar N möchte die Baugenehmigung des B anfechten. N kann sich dazu nicht auf die Verletzung der Grundflächenzahl berufen, die eine Festsetzung über das Maß der baulichen Nutzung darstellt (§§ 16 ff. BauNVO). Da die Betroffenen keine Schicksalsgemeinschaft bilden, sind Maßfestsetzungen im Bebauungsplan kraft Bundesrechts grundsätzlich nicht nachbar-

schützend. Etwas anderes gilt nur, wenn der Plangeber beabsichtigt hat, öffentlich-rechtlichen Nachbarschutz durch die Festsetzungen zum Maß der baulichen Nutzung zu vermitteln (vgl. *OVG Nds.*, NVwZ-RR 2005, 17, 18).

Dagegen kommt den Festsetzungen zum Schutz vor schädlichen **34** Umwelteinwirkungen gem. § 9 Abs. 1 Nr. 23, 24 BauGB drittschützende Wirkung zu (*BVerwG*, NJW 1989, 467). Bei Festsetzungen über die **Bauweise** (§ 22 BauNVO) hat zwar die Festsetzung offener Bauweise nachbarschützenden Charakter, nicht aber die der geschlossenen Bauweise. Festsetzungen über die **überbaubare Grundstücksfläche** (§ 23 BauNVO) können nachbarschützende Wirkung haben, wenn sie nicht nur städtebaulichen Zielen dienen, sondern z. B. auch ähnlichen Zielen wie die Vorschriften über Abstandflächen in den Bauordnungen. Hier muss also im Einzelnen differenziert werden (vgl. *Bönker*, in: Hoppe/Bönker/Grotefels, Öffentliches Baurecht, § 18 Rn. 48 ff.). Daneben kann die Gemeinde grundsätzlich auch ausdrücklich nachbarschützende Festsetzungen im Bebauungsplan treffen.

Beispiele: Festsetzungen zur Gebäudehöhe und der Geschosszahl haben **35** nur dann nachbarschützende Wirkung, wenn der Bebauungsplan, einschließlich seiner Planbegründung, oder die örtlichen Verhältnisse eine konkrete Zweckbestimmung vorgeben, etwa eine freie Aussicht, den Schutz vor fremder Einsicht oder erdrückender Wirkung benachbarter Gebäude (*Dürr*, in: Brügelmann, BauGB, § 30 Rn. 58 m. w. N.).

2. Ausnahmen und Befreiungen

Der Nachbar kann auch gegen die nach § 31 Abs. 1 und 2 BauGB **36** erteilten Ausnahmen und Befreiungen Einwände erheben. Wenn durch eine Ausnahme oder Befreiung rechtswidrig von speziellen nachbarschützenden Festsetzungen des Bebauungsplans abgewichen wird, kann der Nachbar unmittelbar aus diesen Festsetzungen ein subjektiv-öffentliches Abwehrrecht haben. Ist die Ausnahme oder Befreiung dagegen rechtswidrig, ohne dass dadurch nachbarschützende Festsetzungen tangiert werden, scheidet eine Verletzung generell nachbarschützender Rechtspositionen (die unabhängig von den Besonderheiten des Einzelfalls bestehen) aus. In Betracht kommt jedoch ein durch das Rücksichtnahmegebot vermittelter (an die Umstände des Einzelfalls anknüpfender) partieller Nachbarschutz. Ein solcher kann sich bei Ausnahmen gem. § 31 Abs. 1 BauGB aus einer entsprechenden Anwendung des § 15 Abs. 1 BauNVO ergeben.

37 Demgegenüber ist § 31 Abs. 2 BauGB selbst als partiell nachbarschützende Vorschrift zu qualifizieren. Schon der Wortlaut des § 31
Abs. 2 BauGB a. E. legt das nahe. Nach der Rechtsprechung des
BVerwG hat der Nachbar zwar keinen umfassenden Anspruch auf
eine ermessensfehlerfreie Entscheidung der Behörde bei der Erteilung
einer Befreiung nach § 31 Abs. 2 BauGB, jedoch besteht ein Anspruch auf „Würdigung nachbarlicher Interessen". In dieser Formulierung des § 31 Abs. 2 BauGB kommt das Gebot der Rücksichtnahme zum Ausdruck. Bei der Würdigung der nachbarlichen
Interessen im Rahmen der Entscheidung nach § 31 Abs. 2 BauGB
muss deshalb stets das Gebot der Rücksichtnahme beachtet werden.
Insofern wird Nachbarschutz auch dann gewährt, wenn der Bauherr
von einer nicht nachbarschützenden Festsetzung abweicht (vgl. *Bönker*, in: Hoppe/Bönker/Grotefels, Öffentliches Baurecht, § 18 Rn. 54
m. w. N.; *Manssen*, in: Becker/Heckmann/Kempen/Manssen, Öffentliches Recht in Bayern, 4. Teil Rn. 529).

38 **Beispiel:** Obwohl im Bebauungsplan eine Grundflächenzahl von 0,4 ausgewiesen ist, möchte Bauherr B sein Grundstück zu 50 % bebauen (vgl. das vorherige Beispiel zu den Maßfestsetzungen). Die Baubehörde erteilt ihm die ge-
wünschte Baugenehmigung und befreit ihn nach § 31 Abs. 2 BauGB von der
vorgeschriebenen Grundflächenzahl. Da es sich bei der Grundflächenzahl um
eine Festsetzung über das Maß der baulichen Nutzung handelt (§§ 16 Abs. 2
Nr. 1, 19 BauNVO), ist sie nicht drittschützend. Nachbar N, der die Genehmigung des B anfechten will, hat deshalb kein unmittelbares Abwehrrecht aus
dieser Festsetzung. Allerdings vermittelt ihm § 31 Abs. 2 BauGB, der hier von
einer nicht nachbarschützenden Norm befreit, partiellen Nachbarschutz. Es
kommt das Gebot der Rücksichtnahme zur Anwendung. Dabei sind die Belange des N im Rahmen der gebotenen Interessenabwägung zu berücksichtigen.

3. Nachbarschutz im unbeplanten Innenbereich

39 Für den unbeplanten Innenbereich nach § 34 BauGB ist ebenfalls
zu differenzieren: **§ 34 Abs. 1 BauGB** entfaltet keinen generellen
Nachbarschutz. Die Norm dient der Gewährleistung einer ordnungs-
gemäßen städtebaulichen Entwicklung und damit den Interessen der
Allgemeinheit. Allerdings gewährt § 34 Abs. 1 BauGB **partiell** Nachbarschutz über das Tatbestandsmerkmal des „Einfügens", das Ausdruck des Gebots der Rücksichtnahme ist.

40 § 34 Abs. 3a BauGB, nach dem im Einzelfall von dem Erfordernis
des Einfügens nach Abs. 1 abgewichen werden kann, setzt wie § 31

Abs. 2 BauGB die „Würdigung nachbarlicher Interessen" voraus. Hierin ist ebenfalls das Gebot der Rücksichtnahme enthalten. Demgegenüber entfaltet § 34 Abs. 2 BauGB nach der Rechtspre- 41 chung des *BVerwG* eine **generell** nachbarschützende Wirkung, soweit sie mit einem entsprechenden Bebauungsplan verbunden wäre (BVerwGE 94, 151, 156; dazu *Schmidt-Preuß*, DVBl. 1994, 288 f., 291). Begründet wird das damit, dass der Gesetzgeber durch die Vorschrift beplante und faktische Baugebiete i. S. d. BauNVO hinsichtlich der Art der baulichen Nutzung gleichgestellt und damit in diesem Umfang auch einen identischen Nachbarschutz festgelegt hat. Deshalb kommt es für den Nachbarschutz darauf an, inwieweit das Gebiet seiner Eigenart nach mit einem beplanten Gebiet vergleichbar ist und ob nach den entsprechenden Planungen Nachbarschutz bestünde (vgl. *OVG Berlin*, BauR 2004, 801; *Bönker*, in: Hoppe/Bönker/Grotefels, Öffentliches Baurecht, § 18 Rn. 58; *Dolderer*, JuS 2000, 279, 282 ff.). Der Schutz kommt somit dem Nachbarschutz im Rahmen des § 30 Abs. 1 BauGB gleich. Auch insoweit besteht demnach ein Gebietserhaltungsanspruch des Nachbarn (*BVerwG*, ZfBR 2012, 378, 379).

Beispiel: Die Baubehörde erteilt dem Bauherrn B die Genehmigung, ein 42 Doppelhaus in einem unbeplanten Innenbereich i. S. v. § 34 BauGB zu errichten. Das Gebäude soll aus zwei Doppelhaushälften nebst Garagen bestehen. In dem großzügig bebauten Wohngebiet befinden sich sonst fast ausschließlich Einfamilienhäuser, die über eine etwas niedrigere Grundflächen- und Geschossflächenzahl als das Doppelhaus verfügen. Nachbar N erhebt Klage gegen die Baugenehmigung. Sie ist nur begründet, soweit die Baugenehmigung rechtswidrig und N dadurch in seinen Rechten verletzt wird (vgl. § 113 Abs. 1 Satz 1 VwGO).

Zunächst könnte die Genehmigung gegen § 34 Abs. 2 BauGB verstoßen, 43 wenn ein sog. faktisches Baugebiet vorliegt. Allerdings bezieht sich die Norm auf die Art der baulichen Nutzung, N beanstandet hingegen das Maß.

Daneben kommt eine Verletzung von § 34 Abs. 1 BauGB in Betracht. Diese 44 Vorschrift ist aber nicht generell drittschützend. Sie gewährt zwar partiellen Nachbarschutz, soweit sich das Bauvorhaben nicht in die Eigenart der näheren Umgebung einfügt und dadurch gegen das Gebot der Rücksichtnahme verstößt. Zu beachten ist aber, dass der Nachbarschutz im unbeplanten Innenbereich nicht weiter gehen kann als im Geltungsbereich eines Bebauungsplans (*HessVGH*, NVwZ-RR 2009, 99, 100). Dort hat das Maß der baulichen Nutzung, wie gesehen (o. Rn. 32), grundsätzlich keinen drittschützenden Charakter. Deshalb kann eine Verletzung des Gebots der Rücksichtnahme allein durch das Maß des Vorhabens nicht gegeben sein.

Bei Abweichungen von nicht nachbarschützenden Vorschriften eines Be- 45 bauungsplans über das Maß der baulichen Nutzung gewährt allerdings das drittschützende Rücksichtnahmegebot aufgrund von § 31 Abs. 2 BauGB Nachbarschutz. Dieser Gedanke ist bei einem Überschreiten des Maßes der baulichen Nutzung auch im Rahmen von § 34 Abs. 1 BauGB zu berücksichtigen. Da die Baubehörde dem B in Abweichung von den bis dahin genehmigten Bauwerken eine Baugenehmigung erteilt hatte, kann sich für N aus § 34 Abs. 1 BauGB i. V. m. dem Gebot der Rücksichtnahme Nachbarschutz ergeben. Daher ist zu prüfen, ob das Bauvorhaben die gebotene Rücksicht auf die bereits vorhandene Bebauung nimmt. Dabei ist vor allem die wahrnehmbare Erscheinung des Vorhabens maßgeblich. Das Vorhaben ist zwar größer als die anderen Gebäude und führt zu einer Verdichtung und Nutzungsintensivierung in dem großzügig bebauten Gebiet. Es hat aber keine erdrückende Wirkung und verursacht keine bodenrechtlich relevanten Spannungen. Das Vorhaben berücksichtigt die vorhandene Bebauung in gebotener Weise und beeinträchtigt N nicht unzumutbar. Obwohl es den aus der Umgebung ableitbaren Rahmen hinsichtlich des Maßes der baulichen Nutzung überschreitet, fügt es sich gem. § 34 Abs. 1 BauGB in die Umgebung ein. Somit ist § 34 Abs. 1 BauGB nicht verletzt. Die Anfechtungsklage des N ist deshalb unbegründet (vgl. *HessVGH*, NVwZ-RR 2009, 99).

4. Nachbarschutz im Außenbereich

46   § 35 BauGB bietet auf den ersten Blick keinen Anhaltspunkt für Nachbarschutz, denn Bauvorhaben im Außenbereich können nach § 35 Abs. 1 und 2 BauGB nur dann nicht genehmigt werden, wenn öffentliche Belange entgegenstehen bzw. beeinträchtigt werden. Die Belange der Nachbarn haben hier keine Erwähnung gefunden.

47   Gleichwohl wird § 35 BauGB jedenfalls insoweit nachbarschützende Wirkung beigemessen, als es um die **Beeinträchtigung einer Privilegierung** nach § 35 Abs. 1 BauGB geht. Das *BVerwG* begründet das mit der besonderen Schutzwürdigkeit der privilegierten Vorhaben. Die Träger solcher Vorhaben sollen sich dagegen zur Wehr setzen können, dass ihre vom Gesetzgeber mit dem Privilegierungstatbestand eingeräumte Rechtsstellung durch die Genehmigung eines damit nicht zu vereinbarenden Vorhabens in der Nachbarschaft in Frage gestellt wird. Soweit die Privilegierung dagegen nicht angetastet wird, besteht auch kein nachbarlicher Abwehranspruch (*BVerwG*, DVBl. 1969, 263). Es gibt keinen Anspruch auf Erhaltung des Außenbereichs (*BVerwG*, NVwZ 2000, 552, 553).

48   Für die Eigentümer von Betrieben, die nach § 35 Abs. 1 BauGB privilegiert sind, folgt der Nachbarschutz jedoch nicht unmittelbar aus § 35 Abs. 1 BauGB. Sie erhalten erst **mit Hilfe des Gebots der Rücksichtnahme** einen Anspruch darauf, dass durch andere *privilegierte* Betriebe die Nutzbarkeit der eigenen Privilegierung nicht in

Frage gestellt oder erheblich beeinträchtigt wird (vgl. *Mampel*, Nachbarschutz im öffentlichen Baurecht, Rn. 1052; *Söfker*, in: Ernst/Zinkahn/Bielenberg/Krautzberger, BauGB, § 35 Rn. 185 f.). § 35 Abs. 1 BauGB hat also keine generell, sondern nur eine partiell nachbarschützende Wirkung (*Manssen*, in: Becker/Heckmann/Kempen/Manssen, Öffentliches Recht in Bayern, 4. Teil Rn. 540; *Rieger*, in: Schrödter, BauGB, § 35 Rn. 177).

In gleicher Weise genießen die Eigentümer von Betrieben, die nach § 35 Abs. 1 BauGB zulässig sind, keinen nachbarrechtlichen Schutz unmittelbar aus § 35 Abs. 2 BauGB **gegen nicht privilegierte Vorhaben**, die auf der Grundlage dieser Vorschrift verwirklicht werden sollen. Das ist bedeutsam für die Konstellation, bei der ein Bauherr sein nicht privilegiertes Vorhaben (§ 35 Abs. 2 BauGB) neben ein bereits vorhandenes, privilegiert zulässiges Objekt (§ 35 Abs. 1 BauGB) platzieren möchte, etwa im Fall des „Heranrückens" einer Wohnbebauung an einen nicht geruchsneutralen Bauernhof, z. B. Schweinemastbetrieb (*BVerwG*, NVwZ 2000, 552 = JuS 2000, 1030 [*Selmer*]; *BayVGH*, Beschl. v. 9. 10.2012 – 1 ZB 12.1023, BeckRS 2012, 58527; *Diehr/Geßner*, NVwZ 2001, 985). In einem solchen Fall stellt sich für den Bauern die Frage, unter welchen Voraussetzungen er sich gegen den Bauherrn und dessen Vorhaben schützen kann. Ein den Nachbarn (hier: den Bauern) schützendes Abwehrrecht kann – vermittelt über § 35 Abs. 2 BauGB (Beeinträchtigung öffentlicher Belange) i. V. m. § 35 Abs. 3 BauGB – nach Maßgabe des Rücksichtnahmegebots bestehen (vgl. *BVerwG*, NVwZ 1994, 686; *Brohm*, Öffentliches Baurecht, § 21 Rn. 30, jeweils m. w. N.). Das **Rücksichtnahmegebot** wurde vom *BVerwG* zunächst als ein ungeschriebener öffentlicher Belang nach § 35 Abs. 3 BauGB angesehen (vgl. BVerwGE 52, 122, 125). Später hat sich das Gericht jedoch der Rechtsprechung einiger Oberverwaltungsgerichte angeschlossen, wonach das Rücksichtnahmegebot primär in § 35 Abs. 3 Satz 1 Nr. 3 BauGB (schädliche Umwelteinwirkungen) verankert ist (*BVerwG*, NVwZ 2000, 552, 553). Wenn es um schädliche Umwelteinwirkungen geht, ist die Vorschrift des § 35 Abs. 3 Satz 1 Nr. 3 BauGB einschlägig, in der das Gebot der Rücksichtnahme für einen speziellen Konfliktfall gesetzlich verankert ist. Daneben stellt das Gebot der Rücksichtnahme einen nicht ausdrücklich geregelten sonstigen öffentlichen Belang i. S. v. § 35 Abs. 3 BauGB dar (vgl. *Konrad*, JA 2006, 59, 60). Bei Immissionsbelastungen ist daher § 35 Abs. 3 Satz 1 Nr. 3 BauGB i. V. m. dem BImSchG anzuwenden, wobei das Immissionsschutzrecht auch die Grenze für

49

die Verletzung des Gebots der Rücksichtnahme vorgibt (*Krautzberger*, in: Battis/Krautzberger/Löhr, § 35 Rn. 55). Soweit die Vorschrift aber auf drittschützende Normen des Immissionsschutzrechts (vgl. § 3 Abs. 1 BImSchG) verweist, so dass sich Nachbarschutz unmittelbar aus diesen Normen ergibt, bedarf es eines Rückgriffs auf das Gebot der Rücksichtnahme nicht (*Erbguth*, in: Achterberg/Püttner/Würtenberger, § 8 Rn. 280; *Manssen*, in: Becker/Heckmann/Kempen/Manssen, Öffentliches Recht in Bayern, 4. Teil Rn. 536).

50   Probleme bestehen insbes. im Zusammenhang mit den nach § 35 Abs. 1 Nr. 5 BauGB privilegierten **Windenergieanlagen** (vgl. *BVerwG*, NVwZ 2007, 336; *OVG NRW*, NWVBl. 2007, 59; *Oerder*, BauR 2005, 643; *Regenfus*, Jura 2007, 279, 280 ff.).

51   **Beispiel:** Nachbar N ist Eigentümer eines Grundstücks im Außenbereich, auf dem er ein Wohnhaus errichtet hat. Die Baubehörde erteilt eine Baugenehmigung für eine Windkraftanlage mit einer Gesamthöhe von 90 m, die seitlich von dem Haus in einer Entfernung von etwa 500 m gebaut werden soll. Die Genehmigung enthält die Auflage, dass die Lärmwerte nicht gegen die entsprechenden gesetzlichen Bestimmungen verstoßen dürfen. Zwischen dem Wohnhaus und dem Ort, an dem die Anlage stehen soll, befindet sich ein kleiner Wald. N befürchtet, dass ihn der Lärm der Rotorenblätter stören wird und die Anlage v. a. durch die Drehbewegungen eine optisch bedrängende Wirkung haben könnte. Er erhebt Klage gegen die Baugenehmigung.

52   Die Klage des N ist nur begründet, soweit die angegriffene Baugenehmigung gegen nachbarschützende Vorschriften verstößt und N in seinen Rechten verletzt. Die Windenergieanlage soll im Außenbereich errichtet werden und stellt gem. § 35 Abs. 1 Nr. 5 BauGB ein privilegiertes Vorhaben dar. § 35 Abs. 1 BauGB vermittelt N keinen generellen Nachbarschutz. Allerdings entfaltet die Vorschrift partiellen Drittschutz, da dem Bauvorhaben keine öffentlichen Belange entgegenstehen dürfen und von ihnen auch das Gebot der Rücksichtnahme erfasst wird. Durch die Geräusche der Windenergieanlage könnte zunächst § 35 Abs. 3 Satz 1 Nr. 3 BauGB verletzt sein, wonach das Vorhaben keine schädlichen Umwelteinwirkungen hervorrufen darf. Die Genehmigung sieht jedoch vor, dass die gesetzlich festgelegten Werte beim Betreiben der Anlage eingehalten werden müssen. Außerdem befindet sich die Anlage 500 m von dem Grundstück entfernt, so dass die Lärmimmissionen gering sein dürften. Die Größe und die Drehbewegungen könnten aber das Gebot der Rücksichtnahme als ungeschriebenen öffentlichen Belang i. S. d. § 35 Abs. 3 BauGB verletzen, wenn sie eine optisch bedrängende Wirkung haben. Beträgt der Abstand zu der Anlage mehr als das Dreifache ihrer Gesamthöhe, wird überwiegend keine bedrängende Wirkung anzunehmen sein. Es sind allerdings stets die konkreten Umstände des Einzelfalls zu beachten. Die Windkraftanlage befindet sich weit von dem Wohnhaus des N entfernt. Zudem liegt sie nicht in der Hauptblickrichtung des Hauses, sondern seitlich da-

von, und es besteht Sichtschutz durch den dazwischenliegenden Wald. Die Anlage wirkt deshalb nicht erdrückend oder optisch bedrängend. Darüber hinaus ist zu berücksichtigen, dass die Windenergieanlage im Gegensatz zu dem Wohnhaus ein privilegiertes Vorhaben darstellt, das grundsätzlich nur im Außenbereich errichtet werden darf und eine rechtlich stärkere Stellung gegenüber dem nicht privilegierten Wohnhaus hat. Das Gebot der Rücksichtnahme als öffentlicher Belang i. S. v. § 35 Abs. 3 BauGB ist somit nicht verletzt. Demnach ist die Anfechtungsklage des N unbegründet (vgl. *BVerwG*, NVwZ 2007, 336; *OVG NRW*, NWVBl. 2007, 59).

Ähnlich lassen sich auch die Fälle lösen, in denen der **Eigentümer** **53** **eines sonstigen Vorhabens** i. S. d. § 35 Abs. 2 BauGB Nachbarschutz gegen ein ihn beeinträchtigendes, *nicht* privilegiertes Vorhaben begehrt. Ebenso wie § 35 Abs. 1 BauGB stellt auch § 35 Abs. 2 BauGB nicht – wie es für nachbarschützende Vorschriften kennzeichnend ist – eine Schutznorm zugunsten Dritter dar, die einen Ausgleich zwischen konfligierenden Nachbarinteressen vornehmen will. Da der Eigentümer somit unmittelbar aus § 35 Abs. 2 BauGB keinen Nachbarschutz ableiten kann, folgt der Nachbarschutz auch hier über die Bestimmung i. V. m. § 35 Abs. 3 (ggf. Satz 1 Nr. 3) BauGB aus den in Bezug genommenen Vorschriften des Immissionsschutzrechts bzw. – soweit diese nicht einschlägig sind – aus dem Gebot der Rücksichtnahme.

Das Gebot der Rücksichtnahme ist ein öffentlicher Belang i. S. d. § 35 **54** Abs. 2 BauGB (BVerwGE 52, 122, 125 f.; *BVerwG*, NVwZ 1983, 609, 610). Im Rahmen der notwendigen abwägenden Gegenüberstellung mit dem Bauvorhaben ist zu beachten, dass der beeinträchtigte Nachbar, dessen Bau im Außenbereich nur nach § 35 Abs. 2 BauGB zulässig ist, eine schwächere Stellung hat als der Eigentümer eines privilegierten Vorhabens nach § 35 Abs. 1 BauGB (vgl. *Brohm*, Öffentliches Baurecht, § 21 Rn. 32 m. w. N.).

IV. Nachbarschutz aus Vorschriften des Bauordnungsrechts

1. Vorbeugender Nachbarschutz

Im Bereich des Bauordnungsrechts besteht Nachbarschutz nach **55** den gleichen Grundsätzen, wie sie soeben für das Bauplanungsrecht dargestellt wurden. Das gilt jedenfalls uneingeschränkt für den hier so bezeichneten vorbeugenden Nachbarschutz, bei dem sich der Nachbar **gegen ein genehmigtes Vorhaben** wendet, **bevor es ausge-**

führt wird. Deshalb ist zunächst danach zu fragen, inwieweit Vorschriften des materiellen Bauordnungsrechts nachbarschützende Wirkung haben. Diese Frage lässt sich nach Maßgabe der Schutznormtheorie durch Auslegung beantworten (vgl. *Erbguth/Stollmann*, JZ 2007, 868, 877 m. w. N.; *Schoch*, Jura 2004, 317, 323). Überwiegend dienen die bauordnungsrechtlichen Vorschriften dem Schutz öffentlicher Interessen. Soweit sie jedoch auch Individualinteressen wie bspw. das Leben oder die Gesundheit schützen sollen, können sie drittschützend sein. Neben generellem Drittschutz kommt im Bauordnungsrecht in wenigen Fällen auch partieller Nachbarschutz i. V. m. dem Gebot der Rücksichtnahme in Betracht (vgl. *Bönker*, in: Hoppe/Bönker/Grotefels, Öffentliches Baurecht, § 18 Rn. 65; *Muckel*, JuS 2000, 132, 134 f.).

56   **Beispiele:** Das Verunstaltungsverbot des § 12 BauO NRW[73] steht nach ständiger Rechtsprechung grundsätzlich im öffentlichen Interesse und wirkt nicht generell drittschützend (vgl. *OVG Bremen*, NordÖR 2001, 354, 355; *Schröer*, NZBau 2008, 759, 760 f.). Ebenso wird den Vorschriften über die Stellplatzpflicht, etwa § 51 BauO NRW[74], grundsätzlich kein drittschützender Charakter beigemessen (*OVG NRW*, NWVBl. 1999, 141). Anders ist aber bereits dieser Gegenstand zu beurteilen, soweit um die richtige Anordnung von Stellplätzen nach § 51 Abs. 7 BauO NRW gestritten wird. Vor allem aber werden die Vorschriften über die Abstandflächen (§ 6 BauO NRW[75]) heute wegen ihres Zwecks, dem Nachbargrundstück eine ausreichende Belichtung, Belüftung und Besonnung zu belassen, einen effektiven Brandschutz zu gewährleisten und den Wohnfrieden zu fördern, überwiegend als nachbarschützend anerkannt (vgl. *VG Arnsberg*, NWVBl. 2000, 437; *Kuschnerus/Schöler/Stehr*, NWVBl. 2004, 253, 255 ff.; *Ortloff*, NVwZ 2006, 999, 1004 m. w. N.). Auch die bauordnungsrechtliche Generalklausel in § 3 BauO NRW[76] kann drittschützend sein, soweit sie subjektive Rechte des Nachbarn schützen soll (*Dürr*, KommJur 2005, 201, 211; weitere Beispiele bei *Bönker*, in: Hoppe/Bönker/Grotefels, Öffentliches Baurecht, § 18 Rn. 60 ff.; *R. Schmidt*, Öffentliches Baurecht, Rn. 477 ff.).

---

73 § 11 LBO BW; Art. 8 BayBO; § 9 BauO Bln.; § 8 BbgBO; § 9 BremLBO; § 12 HBauO; § 9 HBO; § 9 LBauO MV; § 10 NBO; § 5 LBO Rh.-Pf.; § 4 LBO SL; § 9 SächsBO; § 9 BauO LSA; § 10 BauO SH; § 12 ThürBO.
74 § 37 LBO BW; Art. 47 BayBO; § 50 BauO Bln.; § 43 BbgBO; § 49 BremLBO; § 48 HBauO; § 44 HBO; § 49 LBauO MV; §§ 46 ff. NBO; § 47 LBO Rh.-Pf.; § 47 LBO SL; § 49 SächsBO; § 48 BauO LSA; § 50 BauO SH; § 49 ThürBO.
75 §§ 5 ff. LBO BW; Art. 6 Abs. 1 BayBO; §§ 6 f. BauO Bln.; § 6 BbgBO; § 6 BremLBO; § 6 HBauO; §§ 6 f. HBO; § 6 LBauO MV; § 5 NBO; §§ 8 f. LBO Rh.-Pf.; §§ 7 f. LBO SL; § 6 SächsBO; § 6 BauO LSA; § 6 BauO SH; § 6 ThürBO.
76 § 3 LBO BW; Art. 3 BayBO; § 3 BauO Bln.; § 3 BbgBO; § 3 BremLBO; § 3 HBauO; § 3 HBO; § 3 LBauO MV; § 3 NBO; § 3 LBO Rh.-Pf.; § 3 LBO SL; § 3 SächsBO; § 3 BauO LSA; § 3 BauO SH; § 3 ThürBO.

Wenn etwa ein Nachbar durch einen Verstoß gegen das (nicht generell dritt-   57
schützende) Verunstaltungsverbot in § 12 BauO NRW in besonderer Weise
betroffen ist, kann sich aus § 12 BauO NRW i. V. m. dem Gebot der Rücksichtnahme in diesem Einzelfall ein (partieller) Drittschutz ergeben (*Bönker*,
in: Hoppe/Bönker/Grotefels, Öffentliches Baurecht, § 18 Rn. 65). Entsprechendes kann für einen Verstoß gegen die Stellplatzpflicht des § 51 BauO
NRW gelten, die – wie gesehen – nicht generell drittschützend ist. Das Fehlen
von Stellplätzen oder eine besonders ungünstige Anordnung kann im Einzelfall das Gebot der Rücksichtnahme verletzen (vgl. *Erbguth*, Öffentliches Baurecht, § 15 Rn. 53; *Bönker*, a. a. O., Rn. 68, jeweils m. w. N.).

Diese Lösung, die das Gebot der Rücksichtnahme nicht nur als bundes-   58
rechtlichen Rechtsgrundsatz ansieht, sondern es auch in Vorschriften des Landesrechts verankert, ist derzeit allerdings nicht allgemein anerkannt. Überwiegend wird angenommen, dass es sich bei dem Gebot der Rücksichtnahme um
einen im Bundesrecht zum Ausdruck kommenden Rechtsgedanken handelt.
Danach kann sich etwa bei einem Verstoß gegen die – nicht generell drittschützende – Regelung über die Stellplatzpflicht in § 51 BauO NRW partieller
Nachbarschutz nicht aus dieser Bestimmung, auch nicht in Verbindung mit
dem Rücksichtnahmegebot, ergeben, sondern allenfalls daraus, dass sich das
Vorhaben wegen des Verstoßes gegen die Stellplatzpflicht zugleich nicht in
die Eigenart der näheren Umgebung i. S. v. § 34 Abs. 1 BauGB einfügt und
das in *dieser* Vorschrift zum Ausdruck kommende Gebot der Rücksichtnahme
verletzt wird (vgl. etwa *R. Schmidt*, Öffentliches Baurecht, Rn. 484).

Zu beachten ist in diesem Zusammenhang, dass ein Verstoß gegen   59
das an bauplanungsrechtliche Vorschriften, z. B. § 34 Abs. 1 BauGB,
anknüpfende Gebot der Rücksichtnahme nicht ausgeschlossen ist,
wenn die betroffenen nachbarlichen Interessen bereits durch spezielle
Vorschriften des Bauordnungsrechts geschützt werden und das konkrete Vorhaben den Anforderungen dieser Vorschriften genügt (vgl.
BVerwG, NVwZ 2001, 813, 814 = JuS 2001, 1131 [*Selmer*]). Denn
Bauplanungsrecht und Bauordnungsrecht haben unterschiedliche
Zielsetzungen. Außerdem fehlt den Ländern die Gesetzgebungskompetenz für die Rücksichtnahme im Bauplanungsrecht. Deshalb wird
das Gebot der Rücksichtnahme, wie es etwa in § 34 Abs. 1 BauGB
zum Ausdruck kommt, insbes. nicht durch die landesrechtlichen Ab-
standflächenregelungen verdrängt (*Dürr*, DÖV 2001, 625, 628; *Erbguth*, Öffentliches Baurecht, § 15 Rn. 53; *R. Schmidt*, Öffentliches
Baurecht, Rn. 481; *Muckel*, JuS 2000, 132, 135).

2. Nachträglicher Nachbarschutz

Neben dem vorbeugenden, auch im Bauplanungsrecht geläufigen   60
Nachbarschutz steht im Bereich des Bauordnungsrechts der nach-

trägliche Nachbarschutz, bei dem das **repressive** Instrumentarium des Bauordnungsrechts im Dienste des Nachbarn aktiviert wird. Es geht also letztlich um die Frage, wann der Nachbar ein subjektiv-öffentliches Recht darauf hat, dass die Bauaufsichtsbehörde gegen den Bauherrn einschreitet, wenn dieser das Bauvorhaben bereits teilweise oder vollständig verwirklicht hat.

61   Es ist anerkannt, dass der Nachbar aus der Ermächtigungsgrundlage für den Erlass bauaufsichtsbehördlicher Verfügungen, etwa § 61 Abs. 1 Satz 2 BauO NRW[77], jedenfalls dann einen Anspruch auf Maßnahmen der Behörde gegen den Bauherrn ableiten kann, wenn nachbarschützende Vorschriften verletzt sind. Da diese Ermächtigungsgrundlage (nicht anders als die ordnungs- und polizeirechtliche Generalklausel) der Behörde **Ermessen** sowohl im Hinblick auf die Frage gibt, ob sie einschreitet, als auch im Hinblick auf die Frage, welcher Mittel sie sich bedient, wenn sie denn einschreitet, hat der Nachbar in der Praxis nur sehr selten einen Anspruch auf eine bestimmte behördliche Maßnahme, z. B. den Erlass einer Abriss- oder Rückbauverfügung. Ein solcher Anspruch setzt nämlich voraus, dass das behördliche Ermessen sowohl im Hinblick auf das „Ob" des Einschreitens als auch das „Wie" auf Null reduziert ist. Im Übrigen hat der Nachbar nur einen Anspruch darauf, dass die Behörde ihr Ermessen fehlerfrei betätigt (vgl. *Finkelnburg/Ortloff/Otto*, Öffentliches Baurecht, Bd. II, S. 260 m. w. N.).

62   Unter welchen Voraussetzungen eine zweifache **Ermessensreduzierung** bejaht wird, ist nach wie vor umstritten und vom Einzelfall abhängig (vgl. *Bock*, DVBl. 2006, 12, 13 ff.; *Finkelnburg/Ortloff/Otto*, Öffentliches Baurecht, Bd. II, S. 361 ff. m. w. N.). Überwiegend wird sie in Fällen angenommen, in denen wichtige Rechtsgüter des Nachbarn, wie Leben, körperliche Unversehrtheit und unter Umständen auch das Eigentum, in erheblichem Maße gefährdet sind und diese Gefahr nur durch ein behördliches Einschreiten beseitigt werden kann (vgl. *BVerwG*, NJW 1961, 793; *Bönker*, in: Hoppe/Bönker/Grotefels, Öffentliches Baurecht, § 18 Rn. 101). So geht das *BVerwG* davon aus, dass das Ermessen der Behörde nur bei hoher

---

77 Vgl. § 47 Abs. 1 Satz 2 LBO BW; Art. 54 Abs. 2 Satz 2 BayBO; § 58 Abs. 1 Satz 2 BauO Bln.; § 52 Abs. 2 Satz 2 BbgBO; § 58 Abs. 2 Satz 2 BremLBO; § 58 Abs. 1 Satz 2 HBauO; § 53 Abs. 2 Satz 2 HBO; § 58 Abs. 1 Satz 2 LBauO MV; § 58 Abs. 1 Satz 1 NBO; § 59 Abs. 1 Satz 1 LBO Rh.-Pf.; § 57 Abs. 2 Satz 2 LBO SL; § 58 Abs. 2 Satz 2 SächsBO; § 57 Abs. 2 Satz 2 BauO LSA; § 59 Abs. 1 Satz 2 BauO SH; § 60 Abs. 2 Satz 2 ThürBO.

Intensität der Störung oder Gefährdung so weit geschrumpft ist, dass nur ein Einschreiten ermessensfehlerfrei ist (vgl. *BVerwG*, BauR 1996, 841). Die Mehrzahl der Oberverwaltungsgerichte setzt die Kriterien weniger hoch an. Danach hat der Nachbar einen Anspruch auf Einschreiten durch die Aufsichtsbehörde in der Regel bereits dann, wenn ein Vorhaben gegen öffentlich-rechtliche nachbarschützende Vorschriften verstößt und hierdurch geschützte Belange des Nachbarn mehr als nur geringfügig berührt werden (*VGH BW*, BauR 1995, 219; vgl. *BayVGH*, NVwZ 1997, 923).

Teilweise wird auch die Auffassung vertreten, dass bei der Verletzung nachbarschützender Vorschriften in der Regel eine Ermessensreduzierung anzunehmen sei und die Bauaufsichtsbehörde nur in Ausnahmefällen nicht einschreiten müsse (*OVG NRW*, BauR 1994, 746, 749; *Schoch*, Jura 2005, 178, 184). **63**

Früher spielten beim repressiven Nachbarschutz nahezu ausschließlich solche Fälle eine Rolle, in denen der Bauherr ohne eine erforderliche Baugenehmigung gebaut hatte oder in denen eine erteilte Baugenehmigung nachträglich aufgehoben worden war. Insofern konnte für eine Ermessensreduzierung – und damit für einen Anspruch des Nachbarn auf Einschreiten der Behörde – darauf abgestellt werden, ob das Gebäude formell (wegen fehlender Baugenehmigung) und materiell (wegen Verstoßes gegen materielles Baurecht) illegal war (vgl. *Heintz*, in: Gädtke/Temme/Heintz/Czepuck, BauO NRW, § 61 Rn. 42 f., 48 ff. m. w. N.; *Ortloff*, NVwZ 2000, 750, 757). In jüngerer Zeit geht es bei der Frage, wann der Nachbar einen Anspruch auf Einschreiten der Behörde hat, dagegen zunehmend um **Fälle, in denen kraft Landesrechts eine Baugenehmigung entbehrlich ist.** Die meisten Bundesländer sind dazu übergegangen, im Interesse der Verwaltungsvereinfachung und Verfahrensbeschleunigung für bestimmte Bauvorhaben betreffend Wohngebäude auf eine Genehmigung zu verzichten. Stattdessen wurden das Anzeigeverfahren und das Genehmigungsfreistellungsverfahren entwickelt. Da der Nachbar bei diesen Verfahrensarten nicht gegen eine Baugenehmigung vorgehen kann, ist Nachbarschutz nur durch ein nachträgliches Einschreiten der Behörde möglich (vgl. *Bamberger*, NVwZ 2000, 983; *Löffelbein*, Genehmigungsfreies Bauen und Nachbarrechtsschutz, S. 179, 129 ff.). Unter welchen Voraussetzungen der Nachbar allerdings ein subjektiv-öffentliches Recht auf Einschreiten der Behörde gegen den Bauherrn hat, ist für das Anzeigeverfahren und das Genehmigungsfreistellungsverfahren z. Z. noch nicht abschließend **64** geklärt (zu dem Meinungsstand in der Rechtsprechung vgl. *Mehde/ Hansen*, NVwZ 2010, 14, 15 f.).

65   Überwiegend wird hier eine Ermessensreduzierung auf Null bejaht, wenn das Vorhaben gegen öffentlich-rechtliche nachbarschützende Vorschriften verstößt und dadurch die geschützten Belange des Nachbarn mehr als nur geringfügig berührt werden. Dies soll die Schlechterstellung des Nachbarn im Verfahren ausgleichen (vgl. *Bamberger*, NVwZ 2000, 983, 984 ff.; *R. Schmidt*, Öffentliches Baurecht, Rn. 516). Zudem sind die üblichen Anforderungen an eine Ermessensreduzierung (Gefährdung wichtiger Rechtsgüter oder erheblicher Schaden) regelmäßig nicht erfüllt, so dass der Nachbar gegenüber denjenigen Fällen erheblich benachteiligt wäre, in denen eine angreifbare Baugenehmigung erteilt worden ist.

66   Diese Lösung stärkt die Rechtsposition des Nachbarn und hat aus dogmatischer Sicht den Vorteil, dass sie den repressiven Nachbarschutz im Bauordnungsrecht eng an die Aussagen des materiellen Baurechts zum Nachbarschutz anbindet. Gegen sie spricht jedoch, dass sie die in der Rechtsprechung seit Langem einigermaßen gefestigten Grundsätze zum Anspruch des Bürgers auf behördliches Einschreiten für einen kleinen Sonderbereich modifiziert. Das Baunachbarrecht hätte sich damit von dem gelöst, was im Ordnungsrecht sonst vertreten wird. Überdies berühren die neuen Verfahren das materielle Baurecht und damit auch die darin begründeten subjektiv-öffentlichen Rechte in keiner Weise. Es erscheint bedenklich, verfahrensrechtliche Erschwernisse im Bereich des Nachbarschutzes durch Modifikationen des materiellen Rechts zu kompensieren (vgl. *Mampel*, BayVBl. 2001, 417, 420; Bedenken auch bei *Dürr/ Middeke*, Baurecht NRW, Rn. 338; zur Ermessensreduzierung im allg. Ordnungsrecht vgl. nur *W.-R. Schenke*, Polizei- und Ordnungsrecht, Rn. 101 f.).

67   Das *BVerwG* hat diese Auffassung nicht aufgegriffen. Es hat betont, dass die Frage der Ermessensreduzierung nach Landesrecht zu beurteilen sei, und darauf hingewiesen, dass in die Ermessenserwägungen auch die Möglichkeit eines zivilrechtlichen Vorgehens des Nachbarn gegen den Bauherrn einzufließen habe (*BVerwG*, NVwZ 1998, 395).

68   Damit wird zugleich eine weitere Möglichkeit zur Lösung des Problems angedeutet: Defizite im Nachbarschutz beim Anzeige- und Genehmigungsfreistellungsverfahren könnten durch zivilrechtlichen Nachbarschutz (vor allem aus §§ 1004, 906, 823 Abs. 2 BGB i. V. m. der nachbarschützenden Baurechtsvorschrift) kompensiert werden (*Oeter*, DVBl. 1999, 189, 192 und 195 ff.; *Seidel*, NVwZ 2004, 139, 142; abl. *Dolde/Menke*, NJW 1999, 2150, 2161; *Koch/ Hendler*, Baurecht, Raumordnungs- und Landesplanungsrecht, § 27 Rn. 52). Das dürfte der Intention des Gesetzgebers bei der Deregulierung des Bauge-

nehmigungsverfahrens entsprechen, den baurechtlichen Nachbarschutz teilweise zu „privatisieren". Auch diese Lösung, die Nachbarstreitigkeiten im Ergebnis den Zivilgerichten zuweist (*Schmaltz*, NdsVBl. 1995, 241, 246f.), bietet allerdings nur einen begrenzten Vorteil. Zwar könnten die Nachbarn den Streit unmittelbar untereinander ohne Zwischenschaltung der Bauaufsichtsbehörde austragen. Andererseits müssten die Zivilgerichte deren Aufgaben übernehmen. Letztlich liefe dies auf eine Verlagerung der rechtlichen Prüfung auf eine andere staatliche Stelle hinaus. Die Vorschriften über das Anzeige- und das Genehmigungsfreistellungsverfahren entlassen die Bauaufsichtsbehörden aber nicht aus ihrer Verpflichtung, bei der Errichtung einer baulichen Anlage darüber zu wachen, dass die öffentlich-rechtlichen Vorschriften eingehalten werden. Die Aufgaben und Befugnisse der Bauaufsichtsbehörden zur Gefahrenabwehr bleiben vielmehr unberührt. Dementsprechend weisen die Freistellungsvorschriften z. T. selbst darauf hin, dass die Freistellung von der Genehmigung die Bindung an das materielle Recht (und damit auch die daraus resultierenden subjektiv-öffentlichen Rechtspositionen) nicht aufhebt (z. B. § 51 Abs. 4 LBO BW). Die neuen Vorschriften haben also an der grundsätzlichen Zweispurigkeit des baurechtlichen Drittschutzes nichts Grundlegendes geändert (*Mampel*, BayVBl. 2001, 417, 418; zum Ganzen auch *Matyssek*, Nachbarschutz im öffentlichen Baurecht in den Fällen der Genehmigungsfreistellung, 2003).

Wenn auch unter dem Strich die besseren Argumente dafür spre-   **69** chen dürften, beim Nachbarschutz im Genehmigungsfreistellungsverfahren an den herkömmlichen Grundsätzen über die (zweifache) Ermessensreduzierung festzuhalten und Rechtsschutzlücken durch die Zivilgerichte – zumindest teilweise – schließen zu lassen, so muss doch noch einmal betont werden, dass die derzeit überwiegende Rechtsprechung der Oberverwaltungsgerichte nachbarfreundlicher judiziert (o. Rn. 62f.).

V. Nachbarschutz unmittelbar aus Verfassungsrecht

Wenn keine Norm des einfachen Rechts (und sei es auch nur als   **70** Ausprägung des Rücksichtnahmegebots) dem Nachbarn Schutz gegen das Bauvorhaben gewährt, wurde nach überkommener Rechtsprechung geprüft, ob der Nachbar sich für sein Begehren auf Grundrechte stützen konnte. In Betracht kam insoweit neben der Eigentumsgarantie in Art. 14 Abs. 1 GG vor allem das Grundrecht auf Leben und körperliche Unversehrtheit aus Art. 2 Abs. 2 Satz 1 GG.

1. Art. 14 Abs. 1 GG

71   Art. 14 Abs. 1 GG gewährt – nach immer noch vertretener Auffassung – Schutz vor **unmittelbaren Eingriffen** in das nachbarliche Grundeigentum (vgl. *R. Schmidt*, Öffentliches Baurecht, Rn. 487 f.; *Steiner*, Baurecht, Nr. 466; a. A. *Bönker*, DVBl. 1994, 506, 509). Ein unmittelbarer Eingriff liegt vor, wenn das Nachbargrundstück durch das Bauvorhaben gegenständlich in Anspruch genommen wird, wodurch das sog. **Säuleneigentum** betroffen ist.

72   **Beispiele:** Durch das Bauvorhaben entsteht ein Notwegerecht (§ 917 Abs. 1 BGB) oder ein Durchleitungsrecht für Ver- und Entsorgungsleitungen hinsichtlich des Nachbargrundstücks (*BVerwG*, NJW 1976, 1987). Auch bei einem Überbau und bei Geländeabrutsch wird unmittelbar in das Nachbargrundstück eingegriffen (*Manssen*, in: Becker/Heckmann/Kempen/Manssen, Öffentliches Recht in Bayern, 4. Teil Rn. 488).

73   Problematisch ist demgegenüber der Schutz vor **mittelbaren Beeinträchtigungen** des Nachbargrundstücks. In solchen Fällen bejahte die Rechtsprechung lange Zeit eine nachbarschützende Wirkung des Art. 14 Abs. 1 GG und leitete aus der Verfassungsbestimmung dann einen Abwehranspruch des Nachbarn ab, wenn durch das Bauvorhaben die vorgegebene Grundstückssituation nachhaltig verändert und der Nachbar infolgedessen „schwer und unerträglich" betroffen wurde (vgl. BVerwGE 32, 173, 178 f.; 36, 248, 251).

74   **Beispiele:** Von einer mittelbaren Beeinträchtigung ist auszugehen, wenn das Nachbargrundstück von dem Bauvorhaben verschattet wird, wenn Fenster des Nachbargebäudes durch eine Grenzbebauung unbrauchbar werden oder wenn von dem Vorhaben unerträgliche Emissionen ausgehen (*Dürr*, VBlBW 2000, 457, 459 mit weiteren Beispielen; *ders.*, DÖV 2001, 625, 627).

75   Diese Rechtsprechung ist im Schrifttum auf **Kritik** gestoßen. Es wurde dabei zu Recht darauf hingewiesen, dass die Eigentumsgarantie des Art. 14 Abs. 1 GG ein sog. normgeprägtes Grundrecht ist, dessen Schutzumfang nicht gegenüber dem einfachen Recht verselbstständigt werden kann (vgl. *Dietlein*, JuS 1996, 593, 598; *Battis*, in: FS f. Weyreuther, S. 305, 312 f., jeweils m. w. N.). Das *BVerwG* hat auf die Kritik reagiert und seine Rechtsprechung geändert. Danach scheidet Art. 14 Abs. 1 Satz 1 GG als Anspruchsgrundlage zur Abwehr von bauvorhabenbezogenen Störungen oder Beeinträchtigungen des Eigentums aus (BVerwGE 101, 364, 373). Zur Begründung führt das Gericht an, dass Belästigungen und Störungen des Nach-

barn durch ein Bauvorhaben von den Vorschriften des einfachen Rechts erfasst seien. Abwehransprüche des Nachbarn richteten sich deshalb nach diesen Vorschriften. Ein weitergehender Anspruch unmittelbar aus Art. 14 Abs. 1 Satz 1 GG könne grundsätzlich nicht bestehen.

Das folge daraus, dass der Gesetzgeber den Inhalt der grundrechtlich ge- **76** währten Eigentumsordnung zunächst einfach-gesetzlich zu konkretisieren habe (BVerwGE 101, 364, 373). Das *BVerwG* geht zudem davon aus, dass die vorgenannten baurechtlichen Normen den Inhalt und die Schranken des Eigentums in einer den Anforderungen des Art. 14 Abs. 1 Satz 2 GG entsprechenden Weise (verfassungsgemäß) konkretisieren (BVerwGE 89, 69, 78; vgl. *Ehlers*, VVDStRL 51 [1991], S. 214, 223 m. w. N.; vgl. aber *BVerwG*, ZfBR 2009, 580 zur Auswirkung von Art. 14 Abs. 1 GG auf die Auslegung des Landesdenkmalschutzrechts).

Diese Sichtweise überzeugt. Das einfache Baurecht ist auch im **77** Hinblick auf den Nachbarschutz als Inhalts- und Schrankenbestimmung i. S. v. Art. 14 Abs. 1 Satz 2 GG anzusehen. Das gilt auch, soweit Lücken im baurechtlichen Nachbarschutz auftreten. **Für** einen Rückgriff auf die Eigentumsgarantie des **Art. 14 Abs. 1 GG** ist in der Tat **kein Raum** (vgl. *Bönker*, in: Hoppe/Bönker/Grotefels, § 18 Rn. 70; *Koch/Hendler*, Baurecht, Raumordnungs- und Landesplanungsrecht, § 27 Rn. 40, jeweils m. w. N.; a. A. *Ibler*, Öffentliches Baurecht, Fall 3 Rn. 51).

Anders könnte die Rechtslage sich für einen Dritten darstellen, der nicht **78** durch das einfache Recht derart weitgehend geschützt wird wie der Eigentümer, dessen Rechtsstellung also nicht abschließend einfach-gesetzlich ausgeformt ist. Das könnte in Betracht kommen für einen Dritten, der nur obligatorisch berechtigt ist, die tatsächliche Sachherrschaft auszuüben (z. B. Mieter, Pächter). Ein solcher Dritter muss sich, wie dargelegt (o. Rn. 9 ff.), an sich gegen den Eigentümer (Vermieter) wenden, wenn Störungen auftreten. Gedacht werden kann aber auch daran, dass ihm – bis zu einer näheren einfach-gesetzlichen Ausformung auch seiner nachbarrechtlichen Positionen – mit Hilfe der überkommenen Rechtsprechung des *BVerwG* zum Schutz des Dritten vor mittelbaren Eingriffen aus Art. 14 Abs. 1 GG bei „schwerer und unerträglicher Belastung" geholfen werden kann (so *Lepsius*, Besitz und Sachherrschaft im öffentlichen Recht, S. 96 ff., 99).

2. Art. 2 Abs. 2 Satz 1 GG

Neben objektbezogenem Nachbarschutz aus einfach-gesetzlichen **79** Regelungen zur Bestimmung von Inhalt und Schranken des Eigen-

tums tritt der personenbezogene, der auf Art. 2 Abs. 2 Satz 1 GG gestützt wird. Ein solcher ist in der Rechtsprechung des *BVerwG* grundsätzlich anerkannt. Danach kann der Nachbar, wenn er durch eine
bauliche Anlage in seiner körperlichen Unversehrtheit beeinträchtigt
wird, ein Abwehrrecht gegen das Vorhaben geltend machen
(BVerwGE 54, 211, 222 f.). Eine unmittelbar auf Art. 2 Abs. 2 Satz 1
GG gestützte nachbarliche Abwehrklage setzt jedoch voraus, dass
der Staat seiner Schutzpflicht für Leib, Leben und Gesundheit der
Bürger nicht nachgekommen ist. Das wiederum ist der Fall, wenn der
Staat überhaupt keine oder nur unzureichende Maßnahmen getroffen
hat, um das gebotene Schutzziel zu erreichen (vgl. BVerfGE 77, 170,
214; 88, 203, 254; *OVG Nds.*, NVwZ 2001, 456, 457). Soweit Art. 2
Abs. 2 Satz 1 GG einen Schutz gegen Einwirkungen nachbarlicher
Anlagen verlangt, hat der Gesetzgeber dem in der Regel durch die
Vorschriften des privaten und öffentlichen Nachbarrechts ausreichend
Rechnung getragen (*BVerfG*, NJW 1997, 2509). Statt des Art. 2 Abs. 2
Satz 1 GG gelangen also vorrangig § 22 Abs. 1 BImSchG (*BVerwG*,
NVwZ 1996, 1023, 1025; *BayVGH*, ZfBR 2007, 487, 489) und ent-
sprechende das Leben bzw. die Gesundheit schützende Vorschriften
der Landesbauordnungen[78] zur Anwendung. Ein Rückgriff auf Art. 2
Abs. 2 Satz 1 GG ist regelmäßig entbehrlich (*Dürr*, KommJur 2005,
201, 203; *Dürr/Middeke*, Rn. 319 m. w. N.). In der Praxis hat er bislang auch, soweit ersichtlich, keine Rolle gespielt (vgl. *Löhr*, in: Bat-
tis/Krautzberger/Löhr, BauGB, § 31 Rn. 85; *Koch/Hendler*, Baurecht,
Raumordnungs- und Landesplanungsrecht, § 27 Rn. 42).

80   **Beispiel:** Nachbar N wendet sich gegen die Baugenehmigung des Bauherrn
B, der in der Nähe eine Mobilfunkanlage errichtet. Die Mobilfunkanlage hält
die gesetzlich festgelegten Grenzwerte ein. N macht dennoch geltend, durch
die elektromagnetischen Felder der Anlage in seiner Gesundheit beeinträchtigt
zu sein und beruft sich auf Art. 2 Abs. 2 Satz 1 GG. Ein Rückgriff auf dieses
Grundrecht ist zunächst nur möglich, soweit sich Nachbarschutz nicht aus
vorrangigen Vorschriften ableiten lässt, etwa weil aufgrund der konkreten
bauplanungsrechtlichen Situation kein Gebietsgewährleistungsanspruch besteht und auch nicht gegen das Rücksichtnahmegebot verstoßen wird. Da B
die gesetzlichen Grenzwerte eingehalten hat, stellt sich die Frage, ob der Staat
mit der Festlegung der Grenzwerte seiner Schutzpflicht nachgekommen ist.
Das ist zu bejahen, denn es ist nicht erkennbar, dass die festgelegten Grenz-

---

78 § 3 Abs. 1 LBO BW; Art. 3 Abs. 1 BayBO; § 3 Abs. 1 BauO Bln.; § 3 Abs. 1 BbgBO;
§ 3 Abs. 1 BremLBO; § 3 Abs. 1 HBauO; § 3 Abs. 1 HBO; § 3 Abs. 1 LBauO MV; § 1
Abs. 1 NBO; § 3 Abs. 1 BauO NRW; § 3 Abs. 1 LBO Rh.-Pf.; § 3 Abs. 1 LBO SL; § 3
Abs. 1 SächsBO; § 3 Abs. 1 BauO LSA; § 3 Abs. 2 BauO SH; § 3 Abs. 1 ThürBO.

werte den Gesundheitsschutz nur unzureichend verwirklichen. Daneben liegen noch keine verlässlichen wissenschaftlichen Erkenntnisse darüber vor, ob geringere Grenzwerte geeignet und erforderlich sind, um die Gesundheit der Nachbarn zu schützen. Aus der staatlichen Schutzpflicht folgt nicht, dass der Staat sämtliche denkbaren Schutzmaßnahmen treffen und Vorsorge bei rein hypothetischen Gefährdungen leisten muss (vgl. *BVerfG*, NJW 2002, 1638; NVwZ-RR 2005, 227). Mangels Schutzpflichtverletzung scheidet für N ein Anspruch aus Art. 2 Abs. 2 Satz 1 GG aus.

VI. Prüfungsreihenfolge

Abschließend soll noch einmal die Reihenfolge hervorgehoben werden, in der im Rechtsgutachten die einzelnen Aspekte des baurechtlichen Nachbarschutzes geprüft werden: **81**

– Zunächst muss das einfache Recht in all seinen einschlägigen Bestimmungen darauf abgeklopft werden, ob es eine **generell drittschützende Norm** für den in Rede stehenden Fall bereithält.   **82**

– Wenn sich nicht unmittelbar aus einer Vorschrift des einfachen Rechts Nachbarschutz ableiten lässt, muss geprüft werden, ob einzelne Bestimmungen des einfachen Rechts anwendbar sind, in denen das Gebot der Rücksichtnahme zum Ausdruck kommt (ob also **partiell drittschützende** Normen einschlägig sind).   **83**

– Erst wenn auch das nicht der Fall ist, ist danach zu fragen, ob sich Nachbarschutz aus **Verfassungsrecht** ergeben kann. Dabei ist zunächst an die Eigentumsgarantie aus Art. 14 Abs. 1 GG zu denken. Bei mittelbaren Eingriffen in das Eigentum des Nachbarn besteht aber – nach inzwischen weitgehend unstreitiger Auffassung in Rechtsprechung und Literatur – Drittschutz aus Art. 14 Abs. 1 GG auch dann nicht, wenn der Eingriff „schwer und unerträglich" ist. Art. 14 Abs. 1 GG kann also im Rahmen eines Gutachtens allenfalls insoweit eine Rolle spielen, als Drittschutz aus diesem Grundrecht nicht (mehr) zu gewähren ist. Da das Grundrecht auf Leben und körperliche Unversehrtheit aus Art. 2 Abs. 2 Satz 1 GG (im Gegensatz zur Eigentumsgarantie) nicht zu den sog. normgeprägten Grundrechten zählt, ist der Zugriff auf die aus diesem Grundrecht abzuleitende staatliche Schutzpflicht zwar rechtssystematisch möglich. Im Ergebnis wird die Schutzpflicht aber kaum einmal als verletzt bezeichnet werden können.   **84**

VII. Das Verhältnis von privatrechtlichem und öffentlich-rechtlichem Nachbarschutz

85   Der Nachbarrechtsschutz ist sowohl zivilrechtlich als auch öffentlich-rechtlich ausgestaltet. Die Normen des bürgerlichen Nachbarrechts begründen und gestalten, z. B. über § 906 i. V. m. § 1004 BGB, private Nachbarrechte, während die des öffentlichen Rechts mit den Vorschriften des Bauplanungs- und Bauordnungsrechts subjektiv-öffentliche Nachbarrechte einräumen können. Beide Rechtskreise stehen allerdings in Konkurrenz zueinander, weil sie vielfach nicht aufeinander abgestimmt sind. Unstimmigkeiten sind deshalb vorprogrammiert. Problematisch ist in prozessualer Hinsicht zudem die Handhabung der aus einer solchen Kumulation folgenden unterschiedlichen Rechtswegzuweisungen.

1. Zivilrechtlicher Nachbarschutz

86   Der zivilrechtliche Nachbarschutz ist zunächst im Bürgerlichen Gesetzbuch geregelt. Er unterteilt sich in Beseitigungs- und Unterlassungsansprüche bei Beeinträchtigung des Eigentums, in Abwehransprüche (vor allem aus § 1004 Abs. 1 BGB), in Ausgleichs- (vgl. etwa §§ 906 Abs. 2 Satz 2, 912 Abs. 2, 917 Abs. 2 BGB) und Schadensersatzansprüche aus unerlaubter Handlung (in erster Linie aus § 823 Abs. 1 und 2 BGB). Darüber hinaus wird Nachbarrechtsschutz durch die dem Zivilrecht zuzuordnenden Nachbarrechtsgesetze der Bundesländer gewährt (vgl. o. § 1 Rn. 8 ff.).

87   Das Nachbarverhältnis ist auf der Ebene des Privatrechts zweiseitig ausgestaltet. Der Nachbar kann im Rahmen der privatrechtlichen Nachbarstreitigkeit Ansprüche unmittelbar gegen den Eigentümer/Besitzer eines störenden Grundstücks, den Bauherrn, seinen Architekten oder den Bauunternehmer geltend machen (vgl. *Haag*, Öffentliches und privates Nachbarrecht, S. 29; *Mampel*, Nachbarschutz im öffentlichen Baurecht, Rn. 76; *Pastor*, in: Werner/Pastor, Der Bauprozess, Rn. 2098, 2108 f.). Für diese Ansprüche ist der Rechtsweg vor die Zivilgerichte eröffnet.

2. Öffentlich-rechtlicher Nachbarschutz

88   Der öffentlich-rechtliche Nachbarschutz ist hingegen als Dreiecksverhältnis ausgestaltet. Beteiligt sind der Bauherr, der Nachbar und

die Baugenehmigungs- bzw. Bauaufsichtsbehörde. Weil die Nachbarrechte als subjektiv-öffentliche Rechte ausgeübt werden, trifft die
Verwaltung die Pflicht, rechtlich geschützte Nachbarinteressen zu
wahren, die an sich nur das Verhältnis zwischen dem Bauherrn und
dem Nachbarn betreffen. Der Nachbar kann sein Anliegen verfolgen,
indem er im Wege des vorbeugenden, präventiven Rechtsschutzes
seinen Genehmigungsabwehranspruch oder im Wege des nachträg-
lich-repressiven Rechtsschutzes seinen Anspruch auf ein Einschreiten
der Baubehörde geltend macht (zu der Unterscheidung von vorbeu-
gendem und nachträglichem Nachbarschutz o. Rn. 55 ff.). In beiden
Fällen ist über § 40 Abs. 1 VwGO der Rechtsweg zu den Verwal-
tungsgerichten eröffnet.

3. Nebeneinander von privatem und öffentlichem Nachbarrecht

Wenn derselbe Lebenssachverhalt aus dem nachbarlichen Verhält-   **89**
nis sowohl öffentlich-rechtlich als auch privatrechtlich geregelt ist,
stellt sich die Frage nach dem rechtlichen Verhältnis der beiden For-
men von Nachbarschutz. Ist es bspw. möglich, dass der Nachbar ein
nach den Bestimmungen des öffentlichen Baurechts zulässiges Vorhaben abwehren kann, indem er zivilrechtlich eine von den Wertungen
des öffentlichen Rechts abweichende Entscheidung herbeiführt (vgl.
Bender/Dohle, Nachbarschutz im Zivil- und Verwaltungsrecht, S. 11
Rn. 20, mit dem Hinweis auf Wertungswidersprüche)?

Beispiel: Nachbar N greift die dem Bauherrn B von der Behörde erteilte   **90**
Baugenehmigung zunächst vor dem Verwaltungsgericht an, weil seine Gesundheit durch Immissionen, die von dem Bauvorhaben auf dem benachbarten Grundstück ausgehen, beeinträchtigt wird. Die Baugenehmigung erwächst
jedoch, weil N die Klagefrist versäumt hat (oder aus sonstigen Gründen, wie
z. B. einer späteren Klagerücknahme oder einem rechtskräftig klageabweisen-
den Urteil), in Bestandskraft. Ungeachtet dessen klagt N vor dem Zivilgericht
nach § 906 i. V. m. § 1004 BGB unmittelbar gegen den Störer auf Unterlassung
der Immissionen. Die Folge könnte sein, dass sich die nach öffentlich-rechtlichen Vorschriften ggf. ordnungsgemäß erteilte Baugenehmigung als wirkungs-
los erweist, wenn N vor dem Zivilgericht einen Unterlassungsanspruch gegen
das Bauvorhaben durchsetzt.

Zur Lösung der Konkurrenz von privatrechtlichem und öffentlich-   **91**
rechtlichem Nachbarschutz werden in der Literatur zwei grundsätz-
liche Modelle vertreten (vgl. nur *Matyssek*, Nachbarschutz im öffentlichen Baurecht, S. 73 ff. m. w. N.). Diese sind die Vorrangthesen, die
einem der beiden Rechtsgebiete den Vorrang gegenüber der jeweils

anderen Teilordnung des Nachbarrechts einräumen, und die Zwei-
gleisigkeits- bzw. Gleichrangigkeitsthese, die von einem gleichberech-
tigten Nebeneinander von privatem und öffentlichem Nachbarrecht
ausgeht.

92   Die **Vorrangthesen** überzeugen nicht. Ein Vorrang des privatrechtlichen
Nachbarschutzes bedeutete, dass die Baubehörde Genehmigungen erteilen
und damit subjektive Nachbarrechte verletzen könnte, ohne dass der auf eine
solche Weise Verletzte *diese* Verletzungshandlung gerichtlich überprüfen lassen könnte (*Seidel*, Öffentlich-rechtlicher und privatrechtlicher Nachbarschutz, § 2 Rn. 17). Das wäre mit Blick auf die Rechtsschutzgarantie des
Art. 19 Abs. 4 GG bedenklich. Außerdem gibt es Vorschriften des öffentlichen
Rechts, die für bestimmte Genehmigungen, soweit sie unanfechtbar sind, zivilrechtliche Abwehransprüche ausschließen (vgl. § 14 BImSchG, § 7 Abs. 6
AtG, § 75 Abs. 2 VwVfG). Der Erfolg einer zivilrechtlichen Abwehrklage gegen den Störer kann also nach einfachgesetzlichen Vorgaben davon abhängen,
ob im Verwaltungsrechtsweg eine Kassation des Genehmigungsakts erstritten
wurde. In solchen Fällen wäre ein Vorrang des zivilgerichtlichen Rechtsschutzes geradezu widersinnig. Gegen einen Vorrang des öffentlichen Rechts lässt
sich anführen, dass überall dort, wo das Sonderordnungsrecht zivilrechtliche
Abwehransprüche ausschließen will, entsprechende Sonderregelungen bestehen. Die Gesetzessystematik gebietet daher den Umkehrschluss, dass dort,
wo es solche Sonderregelungen nicht gibt, eine Verdrängung der privatrechtlichen Abwehransprüche nicht stattfindet.

93   Für die sog. **Gleichrangigkeitstheorie** sprechen insbes. die Vorschriften der Landesbauordnungen, nach denen die Baugenehmigung
unbeschadet der privaten Rechte Dritter erteilt wird[79] (vgl. *BVerwG*,
NVwZ 1999, 413). Danach finden privates und öffentliches Nachbarrecht eigenständig nebeneinander Anwendung. Die jeweiligen
Rechtspositionen sind aber nicht völlig losgelöst voneinander, sondern ergänzen und beeinflussen sich gegenseitig. So stellen z. B. nachbarschützende Vorschriften des öffentlichen Baurechts Schutzgesetze
i. S. v. § 823 Abs. 2 BGB dar. Da die Rechtsmaterien von verschiedenen Gerichten (Zivil- bzw. Verwaltungsgericht) überprüfbar sind, ist
es notwendig, öffentliches und privates Nachbarrecht zu harmonisie-
ren. Das hat der Gesetzgeber nach Hinweisen von *BGH* (BGHZ 122,
76, 78) und *BVerwG* (BVerwGE 81, 197, 200) jedenfalls im Hinblick
auf das Immissionsschutzrecht erkannt. Ein Beleg hierfür ist das Sa-

---

79 § 58 Abs. 3 LBO BW; Art. 68 Abs. 4 BayBO; § 71 Abs. 4 BauO Bln.; § 67 Abs. 6
BbgBO; § 72 Abs. 4 BremLBO; § 72 Abs. 4 HBauO; § 64 Abs. 5 HBO; § 72 Abs. 5
LBauO MV; § 75 Abs. 3 S. 1 BauO NRW; § 70 Abs. 1 S. 2 LBO Rh.-Pf.; § 73 Abs. 4
LBO SL; § 72 Abs. 4 SächsBO; § 71 Abs. 4 BauO LSA; § 73 Abs. 3 BauO SH; § 70
Abs. 4 ThürBO.

chenrechtsänderungsgesetz von 1994 (Gesetz zur Änderung sachenrechtlicher Bestimmungen v. 21.9.1994, BGBl. I S. 2457; vgl. *Pastor*, in: Werner/Pastor, Der Bauprozess, Rn. 2091 ff.; *Seibel*, BauR 2005, 1409, 1413 f.). Nach § 906 Abs. 1 Sätze 2 und 3 BGB i. d. F. des SachenRÄndG ist die Frage, ob die von einem Nachbargrundstück ausgehenden Einwirkungen auf ein Grundstück eine unwesentliche Eigentumsbeeinträchtigung darstellen, auch nach Regelungen des öffentlich-rechtlichen Immissionsschutzrechts zu beurteilen. Damit ist die Harmonisierung der verschiedenen Rechtsbereiche zwar in Gang gekommen. Der Gesetzgeber bleibt jedoch aufgefordert, auf diesem Weg weiterzugehen, um die komplexe Problematik um das Nebeneinander von öffentlichem und privatem Nachbarrecht zu entschärfen. Umstritten ist dabei insbes., wie sich öffentlich-rechtliche Rechtspositionen auf die zivilrechtliche Rechtslage auswirken (vgl. hierzu *Bönker*, in: Hoppe/Bönker/Grotefels, Öffentliches Baurecht, § 18 Rn. 32; *Stollmann*, Öffentliches Baurecht, § 20 Rn. 7 ff.).

Literatur: Zum Nachbarschutz im öffentlichen Baurecht insgesamt: *Beaucamp*, Öffentliches Baurecht in der Nussschale, JA 2005, 471 f.; *Bock*, Die Verfahrensbeschleunigung im Baurecht und der Nachbarschutz, DVBl. 2006, 12; *Hellermann*, in: Dietlein/Burgi/Hellermann, Öffentliches Recht in NRW, 5. Aufl. 2014, § 4 Rn. 308 ff.; *ders.*, in: Dietlein/Burgi/Hellermann, Klausurenbuch Öffentliches Recht in Nordrhein-Westfalen, 2009, S. 192 ff.; *Dürr*, Die Entwicklung des öffentlichen Baunachbarrechts, DÖV 2001, 625; *ders.*, Die Klausur im Baurecht, JuS 2007, 431, 432; *Muckel/Stemmler*, Fälle zum öffentlichen Baurecht, 7. Aufl. 2013, S. 99 ff.; *Hahn/Schulte*, Öffentlich-rechtliches Baunachbarrecht, 1998; *Kaplonek/Mitta*g, Nachbarschutz im öffentlichen Baurecht, JA 2006, 664; *Mampel*, Nachbarschutz im öffentlichen Baurecht, 1994; *Muckel*, Der Nachbarschutz im öffentlichen Baurecht – Grundlagen und aktuelle Entwicklungen, JuS 2000, 132; *Stollmann*, Grundfragen des Nachbarschutzes im öffentlichen Baurecht, VR 2005, 397.
Zur Rechtsprechung: *Beckmann*, Neue Rechtsprechung zum Schutz des Nachbarn im öffentlichen Baurecht 1/2001–3/2006, BauR 2006, 1676; *ders.*, Neue Rechtsprechung zum Schutz des Nachbarn im öffentlichen Baurecht 2006–2009, BauR 2009, 1525; *Ortloff*, Die Entwicklung des Bauordnungsrechts, NVwZ 2006, 999, 1003; *Stüer*, Planungsrechtliche Zulässigkeit – BauNVO – Rechtsschutz, DVBl. 2009, 754, 756.
Zu I. (Allgemeines): *Dürr*, Nachbarschutz im öffentlichen Baurecht, KommJur 2005, 201; *Schlichter*, Schutznormtheorie und nachbarschützende Festsetzungen im Bebauungsplan, in: FS f. Hoppe, 2000, S. 1031; *Schoch*, Nachbarschutz im öffentlichen Baurecht, Jura 2004, 317.
Zu II. (Gebot der Rücksichtnahme): *Decker*, Die Grundzüge des (bauplanungsrechtlichen) Gebots der Rücksichtnahme, JA 2003, 246; *ders.*, Der spezielle Gebietsprägungserhaltungsanspruch, JA 2007, 55; *Gaentzsch*, Das Ge-

bot der Rücksichtnahme bei der Zulassung von Bauvorhaben, ZfBR 2009, 321; *Jäde*, Das bauplanungsrechtliche Rücksichtnahmegebot, JuS 1999, 961; *Konrad*, Gebietserhaltungsanspruch und Gebot der Rücksichtnahme, JA 2006, 59; *Krebs*, Öffentlich-rechtlicher Drittschutz im Bauplanungsrecht, in: FS f. Hoppe, 2000, S. 1055; *Pauli*, Das Gebot der Rücksichtnahme und Drittschutz im Bauplanungsrecht, 2005; *Seibel*, Das Rücksichtnahmegebot im öffentlichen Baurecht, BauR 2007, 1831; *Stühler*, Das Gebot der Rücksichtnahme als allgemeines Rechtsprinzip im öffentlichen Nachbarrecht und die Bildung von Fallgruppen nach Konfliktfeldern, BauR 2009, 1076; *Troidl*, David gegen Goliath: Erdrückende Wirkung im öffentlichen Baurecht – abriegelnde und einmauernde Bauvorhaben aus Sicht des Rücksichtnahmegebots, BauR 2008, 1829; *Voßkuhle/Kaufhold*, Das baurechtliche Rücksichtnahmegebot, JuS 2010, 497.

Zu III. (**Nachbarschutz aus Vorschriften des Bauplanungsrechts**): *Konrad*, Gebietserhaltungsanspruch und Gebot der Rücksichtnahme, JA 2006, 59; *Marschke*, Der Gebietserhaltungsanspruch, 2009; *Rosin*, Probleme von Einwendungsmöglichkeiten des Nachbarn bei der Zulassung von Biogasanlagen im Außenbereich unter besonderer Berücksichtigung der Niedersächsischen Rechtslage, NdsVBl. 2007, 68; *Schröer*, Praxis-Update: Gebietserhaltungsanspruch, NZBau 2008, 169; *ders.*, Öffentliches Baurecht – Grenzen des Gebietserhaltungsanspruchs, NJW 2009, 484.

Zu IV. (**Nachbarschutz aus Vorschriften des Bauordnungsrechts**): *Erbguth/Stollmann*, Entwicklung im Bauordnungsrecht, JZ 2007, 868, 876; *Löffelbein*, Genehmigungsfreies Bauen und Nachbarrechtsschutz, 2000; *Mampel*, Zum Anspruch Dritter auf bauaufsichtliches Einschreiten, DVBl. 1999, 1403; *Martini*, Baurechtsvereinfachung und Nachbarschutz, DVBl. 2001, 1488; *Matyssek*, Nachbarschutz im öffentlichen Baurecht in den Fällen der Genehmigungsfreistellung (§ 67 BauO NW), 2003; *Mehde/Hansen*, Das subjektive Recht auf Bauordnungsverfügungen im Zeitalter der Baufreistellung – Eine Bilanz, NVwZ 2010, 14; *Schoch*, Eingriffsbefugnisse der Bauaufsichtsbehörden, Jura 2005, 178; *Seidel*, Bauordnungsrechtliche Verfahrensprivatisierung und Rechtsschutz des Nachbarn – Öffentlich-rechtlicher Schutzanspruch und quasinegatorischer Abwehranspruch im Vergleich, NVwZ 2004, 139.

Zu V. (**Nachbarschutz aus Verfassungsrecht**): *Erbguth*, Öffentliches Baurecht, 5. Aufl. 2009, § 15 Rn. 57 ff.; *Ibler*, Öffentliches Baurecht, 2006, Fall 3 Rn. 48 ff.; *Koch/Hendler*, Baurecht, Raumordnungs- und Landesplanungsrecht, 5. Aufl. 2009, § 27 Rn. 40 ff.

Zu VII. (**Verhältnis von privatrechtlichem und öffentlich-rechtlichem Nachbarschutz**): *Haag*, Öffentliches und privates Nachbarrecht, 1996; *Koch/Hendler*, Baurecht, Raumordnungs- und Landesplanungsrecht, 5. Aufl. 2009, 5. Aufl. 2009, § 27 Rn. 51 ff.; *Matyssek*, Nachbarschutz im öffentlichen Baurecht in den Fällen der Genehmigungsfreistellung (§ 67 BauO NW), 2003; *Schapp*, Das Verhältnis von privatem und öffentlichem Nachbarrecht, 1978; *Seibel*, Die Harmonisierung von öffentlichem und privatem Nachbarrecht, BauR 2005, 1409; *Seidel*, Öffentlich-rechtlicher und privatrechtlicher

Nachbarschutz, 2000; *ders.*, Bauordnungsrechtliche Verfahrensprivatisierung und Rechtsschutz des Nachbarn, NVwZ 2004, 139.

§ 11. Der Nachbarschutz im Verwaltungsprozessrecht

Das Rechtsschutzziel des Nachbarn im Verwaltungsprozess ist re- 1 gelmäßig entweder auf die Aufhebung der dem Bauherrn erteilten Baugenehmigung oder auf die Beseitigung des bereits errichteten Bauwerks gerichtet. In prozessualer Hinsicht kommen dafür die reguläre Klage vor dem Verwaltungsgericht bzw. der vorläufige Rechtsschutz in Betracht.

I. Das verwaltungsgerichtliche Hauptsacheverfahren bei Anfechtung der Baugenehmigung

1. Zulässigkeit der Anfechtungsklage

Die meisten nachbarrechtlichen Streitigkeiten hängen damit zu- 2 sammen, dass dem Bauherrn eine Baugenehmigung für ein Vorhaben erteilt worden ist, mit dem sich der Nachbar nicht abfinden will. Der Nachbar erhebt also verwaltungsgerichtliche Klage, um die Baugenehmigung zu beseitigen (Falllösungen finden sich u. a. bei *Ibler*, Öffentliches Baurecht, Fall 3; *Muckel/Stemmler*, Fälle zum öffentlichen Baurecht, S. 100 ff.).

a) **Eröffnung des Verwaltungsrechtswegs.** Die Eröffnung des 3 Verwaltungsrechtswegs gem. § 40 Abs. 1 Satz 1 VwGO bereitet in der Regel keine Probleme, da mit den Vorschriften des öffentlichen Baurechts um die Anwendung von typisch öffentlichem Sonderrecht i. S. der sog. modifizierten Subjektstheorie gestritten wird.

b) **Statthafte Klageart.** Als statthafte Klageart steht dem Nach- 4 barn gem. § 42 Abs. 1 Alt. 1 VwGO die Anfechtungsklage als Drittanfechtungsklage zur Verfügung, soweit er die Aufhebung der Baugenehmigung als ihn belastenden Verwaltungsakt erstrebt.

c) **Klagebefugnis.** Der Nachbar ist gem. § 42 Abs. 2 VwGO klage- 5 befugt, wenn nach seinem Sachvortrag die Möglichkeit besteht, dass er durch die Erteilung der Baugenehmigung in subjektiv-öffentlichen

Rechten verletzt ist. Eine Verletzung von Nachbarrechten kommt dann in Betracht, wenn der Nachbar sich auf eine drittschützende Norm berufen kann.

6   **aa) Rechtsträger.** Aus der Grundstücksbezogenheit des Bebauungsrechts folgt, dass bei Konflikten die betroffenen Grundstücke durch ihre **Eigentümer** rechtlich repräsentiert werden; grundsätzlich sind nur sie Inhaber subjektiv-öffentlicher Nachbarrechte. Dem Eigentümer gleichgestellt sind der **dinglich Berechtigte**, insbes. der Nießbraucher, sowie der Käufer eines Grundstücks, auf den bereits der Besitz übergegangen und zu dessen Gunsten eine Auflassungsvormerkung im Grundbuch eingetragen worden ist (*BVerwG*, NVwZ 1993, 477, 478; *BVerwG*, NJW 1994, 1233, 1234). Denn auch sie sind Inhaber unmittelbar grundstücksbezogener Rechte. Dagegen fehlt es an der Klagebefugnis, wenn der **Mieter oder Pächter** eines Hauses gegen die dem Nachbarn erteilte Baugenehmigung vorgeht, weil er seine bodenbezogenen Rechte von anderen Personen ableitet. Er muss seine Rechtspositionen gegenüber dem Eigentümer geltend machen (vgl. o. § 10 Rn. 9). Allerdings kommt für den obligatorisch Nutzungsberechtigten unter bestimmten Voraussetzungen ein Abwehrrecht aus Art. 2 Abs. 2 Satz 1 GG in Betracht, da es sich hierbei um personenbezogenen Drittschutz handelt (vgl. o. § 10 Rn. 11). Auch der **einzelne Wohnungseigentümer** hat keine selbstständige Klagebefugnis aus § 42 Abs. 2 VwGO, denn alle Rechtsverhältnisse unter Miteigentümern richten sich ausschließlich nach dem Zivilrecht (vgl. *BVerwG*, NVwZ 1998, 954, 955). Werden Nachbarrechte gegenüber außerhalb der Wohnungseigentümergemeinschaft stehenden Personen geltend gemacht, so ist zu unterscheiden. Eine Verletzung des gemeinschaftlichen Eigentums kann nur die Eigentümergemeinschaft geltend machen. Dagegen kann der einzelne Wohnungseigentümer sich auf baurechtliche Nachbarrechte berufen, soweit die konkrete Beeinträchtigung seines Sondereigentums in Rede steht (vgl. *BayVGH*, NVwZ 2004, 629, 630).

7   **bb) Möglicher Verstoß gegen nachbarschützende Normen.** Nach gängiger Praxis der Verwaltungsgerichte und ganz h. L. muss bereits im Rahmen der Klagebefugnis jede Norm, aus der sich ein Recht des Nachbarn ergeben kann, darauf untersucht werden, ob sie ihm tatsächlich ein subjektives Recht verleiht oder ob sie nur im öffentlichen Interesse erlassen wurde (vgl. nur *Schenke*, Verwaltungsprozessrecht, Rn. 513 ff.; *Tettinger/Wahrendorf*, Verwaltungsprozess-

recht, § 17 Rn. 21 f.). Demgegenüber soll nach anderer Ansicht die Drittschutzproblematik schwerpunktmäßig erst im Rahmen der Begründetheit der Klage erörtert werden. Da § 42 Abs. 2 VwGO das Gericht lediglich zu einer Art Vorprüfung verpflichte, dürfe die Klagebefugnis nur verneint werden, wenn die zu prüfenden baurechtlichen Vorschriften unter keinem denkbaren Gesichtspunkt nachbarschützend sein könnten und auch ein Verstoß gegen das Gebot der Rücksichtnahme von vornherein ausscheide (so etwa *Würtenberger*, Verwaltungsprozessrecht, Rn. 282; *Dürr/Middeke*, Baurecht NRW, Rn. 362). Die eine wie die andere Vorgehensweise ist ohne Weiteres vertretbar. Im Hinblick auf diese Aufbaufrage kann nicht von „richtig" oder „falsch" gesprochen werden. Wenn hier dennoch empfohlen wird, der h. M. zu folgen und die drittschützende Wirkung einer Norm im Rahmen der Klagebefugnis (nicht erst in der Begründetheitsprüfung) zu klären, dann nur deshalb, weil in juristischen Prüfungen, Examensprüfungen zumal, die gängige Praxis erwartet werden dürfte.

Nach der **Schutznormtheorie** hat eine Norm drittschützenden **8** Charakter, wenn sie nicht nur Interessen der Allgemeinheit schützt, sondern zumindest auch dem Schutz von Individualinteressen dient (o. § 10 Rn. 3). Dabei sind – wie ebenfalls bereits dargelegt worden ist (o. § 10 Rn. 2 ff.) – zunächst **generell drittschützende Normen** zu suchen.

Beispiel: Nachbar N erhebt Klage, um gegen die Baugenehmigung des Bau- **9** herrn B vorzugehen. Er macht geltend, dass die Genehmigung rechtswidrig sei, weil sie ohne das nach § 36 BauGB erforderliche Einvernehmen der Gemeinde erteilt wurde. Diese Klage wird bereits im Rahmen der Zulässigkeit an der fehlenden Klagebefugnis scheitern. Wenn die Baugenehmigung ohne das notwendige gemeindliche Einvernehmen erlassen wurde, ist sie zwar rechtswidrig. Da § 36 BauGB aber allein die Planungshoheit der Gemeinde schützt, dient die Vorschrift nicht den subjektiven Belangen des Bürgers (*BVerwG*, NVwZ 1997, 991, 992). Die Vorschrift des § 36 BauGB hat folglich keinen nachbarschützenden Charakter, so dass sich aus ihr auch keine Klagebefugnis ergeben kann.

Sofern keine generell, also unabhängig von den Besonderheiten des **10** Einzelfalls Drittschutz gewährende Norm zur Verfügung steht, muss nach **partiell nachbarschützenden Normen** Ausschau gehalten werden. Hierbei handelt es sich um Normen, die nur in Verbindung mit dem **Gebot der Rücksichtnahme** (o. § 10 Rn. 13), das in ihnen zum Ausdruck kommt, Drittschutz vermitteln. Das ist z. B. der Fall bei

§§ 31 Abs. 2, 34 Abs. 1, 35 Abs. 3 BauGB bzw. § 15 BauNVO (vgl. *Löhr*, in: Battis/Krautzberger/Löhr, § 31 Rn. 78 f.). Es muss aber nicht nur eine solche partiell nachbarschützende Norm gefunden werden, die Ausdruck des Gebots der Rücksichtnahme ist. Der **Nachbar** muss zudem **qualifiziert und individualisiert betroffen** sein. Um insofern die Klagebefugnis bejahen zu können, ist ein substantiierter Sachvortrag erforderlich. Es muss deutlich gemacht werden, warum das genehmigte Vorhaben im konkreten Einzelfall für den Kläger unzumutbar sein könnte. In Ausnahmefällen ist auch ein Rückgriff auf Verfassungsrecht denkbar, insbes. auf die staatliche Schutzpflicht aus dem Grundrecht auf Leben und körperliche Unversehrtheit nach Art. 2 Abs. 2 Satz 1 GG (o. § 10 Rn. 79 f.).

11   **cc) Exkurs: Rechtsschutz gegen eine Teilbaugenehmigung.** Erhält der Bauherr eine Teilbaugenehmigung, so kann der Nachbar jedenfalls eine Verletzung derjenigen drittschützenden Normen rügen, die durch den bereits genehmigten Teil des Vorhabens betroffen sind. Problematischer ist der Rechtsschutz in Fällen, in denen der Nachbar sich ausschließlich auf solche drittschützenden Normen beruft, die erst durch das weitere Vorhaben, für das noch keine Baugenehmigung vorliegt, verletzt werden. Regelmäßig besteht ein Interesse des Nachbarn daran, die Bauarbeiten für den genehmigten Teil des Vorhabens bereits frühzeitig zu unterbinden, wenn am Ende das gesamte Vorhaben rechtswidrig ist. Demzufolge ist dann, wenn mit einer Teilbaugenehmigung gleichsam eine Vorentscheidung für das gesamte Vorhaben getroffen wird, die verwaltungsgerichtliche Prüfung nicht auf den Inhalt der Teilbaugenehmigung beschränkt. Die Prüfung darf sich auch auf die Wirkungen des noch nicht genehmigten Teils des Vorhabens beziehen. Sie darf jedoch nicht über die bereits bei der Baugenehmigungsbehörde beantragten Vorhaben hinausgehen. Erweiterungen, für die noch kein Bauantrag gestellt wurde, bleiben unberücksichtigt (*OVG Hamburg*, BeckRS 2010, 46557).

12   **d) Notwendige Beiladung.** Der Bauherr ist gem. § 65 Abs. 2 VwGO zu dem Verfahren notwendig beizuladen. Andere betroffene Nachbarn und Mieter können im Wege einer einfachen Beiladung nach § 65 Abs. 1 VwGO hinzugezogen werden (vgl. *BVerwG*, NJW 1993, 79).

13   Soweit die Gemeinde nicht zugleich Baubehörde ist und die Baugenehmigung nur im Einvernehmen mit ihr erteilt werden kann (§ 36 BauGB), ist auch die Gemeinde notwendig beizuladen.

e) Widerspruchsverfahren. Der Klageerhebung muss gem. § 68 **14** Abs. 1 VwGO ein Vorverfahren vorausgegangen sein. Einige Bundesländer haben das Widerspruchsverfahren jedoch gem. § 68 Abs. 1 Satz 2 Halbs. 1 VwGO bereichsspezifisch oder für den Regelfall abgeschafft (vgl. *Kopp/Schenke*, VwGO, § 68 Rn. 16 ff.; zu der Rechtslage in den einzelnen Ländern siehe *Beaucamp/Ringermuth*, DVBl. 2008, 426; *Kamp*, NWVBl. 2008, 41, 42; *Steinbeiß-Winkelmann*, NVwZ 2009, 686 f.).

Nach § 110 Abs. 1 Satz 1 JustG bedarf es in **Nordrhein-Westfalen** vor Er- **15** hebung einer Anfechtungsklage einer Nachprüfung in einem Vorverfahren abweichend von § 68 Abs. 1 Satz 1 VwGO nicht, wenn der Verwaltungsakt während des Zeitraums vom 1.11.2007 bis zum 31.12.2014 bekannt gegeben worden ist. Die Regelung erfährt allerdings zahlreiche Ausnahmen und Gegenausnahmen. Das ist gesetzestechnisch mehr als ungünstig ausgefallen. So gilt der Ausschluss des Vorverfahrens nach § 110 Abs. 3 Satz 1 JustG NRW nicht für Anfechtungsklagen eines Dritten. Dies wiederum gilt nach § 110 Abs. 3 Satz 2 Nr. 7 JustG NRW nicht für Entscheidungen der Bauaufsichts- und Baugenehmigungsbehörden. Danach ist also auch für die Drittanfechtung einer Baugenehmigung kein Widerspruchsverfahren statthaft.

Soweit es eines Vorverfahrens noch bedarf, beginnt es mit der Er- **16** hebung des Nachbarwiderspruchs (vgl. § 69 VwGO). Der Widerspruch muss form- und fristgerecht, d. h. innerhalb eines Monats nach Bekanntgabe der Baugenehmigung, erhoben werden, § 70 Abs. 1 VwGO. Die Wahrung der Widerspruchsfrist ist Zulässigkeitsvoraussetzung für den Widerspruch *und* für die Klage (vgl. *OVG NRW*, NVwZ-RR 1995, 623; *Schenke*, Verwaltungsprozessrecht, Rn. 679 ff.). An dieser Stelle ergeben sich mitunter folgende Probleme:

aa) Verfahrensrechtliche Verwirkung. Häufig ist die Baugeneh- **17** migung den betroffenen Nachbarn nicht förmlich bekannt gegeben worden. In diesen Fällen wird die Widerspruchsfrist des § 70 Abs. 1 VwGO nicht in Lauf gesetzt. Gem. § 70 Abs. 1 VwGO ist der Widerspruch grundsätzlich innerhalb eines Monats nach Bekanntgabe zu erheben. Insbesondere eine rein zufällige Kenntnisnahme genügt nicht den Anforderungen, die an eine Bekanntgabe i. S. d. § 41 VwVfG zu stellen sind. Auch § 70 Abs. 2 i. V. m. § 58 Abs. 2 VwGO ist insoweit nicht unmittelbar anwendbar. Hieraus darf jedoch nicht der Rückschluss gezogen werden, dass der Nachbar ohne zeitliche Einschränkungen Widerspruch und Klage erheben könnte. Die Einlegung von Rechtsbehelfen wird in diesen Fällen vielmehr durch das Rechtsinstitut der **verfahrensrechtlichen bzw. prozessualen Verwir-**

kung (§ 242 BGB analog) begrenzt. Wegen der Besonderheiten des nachbarschaftlichen Gemeinschaftsverhältnisses soll die Jahresfrist des § 58 Abs. 2 VwGO bei fehlender Bekanntgabe eine zeitliche Grenze für die Anfechtung der dem Nachbarn erteilten Baugenehmigung markieren. Nach Ablauf der Jahresfrist soll eine Anfechtung nach den Grundsätzen von Treu und Glauben endgültig ausgeschlossen sein. Die Frist beginnt ab dem Zeitpunkt zu laufen, in dem der Nachbar von der erteilten Baugenehmigung zuverlässig Kenntnis erlangt hat oder sie hätte erlangen müssen (*BVerwG*, DVBl. 1969, 362, 363; BVerwGE 44, 294, 300).

18   Davon zu unterscheiden ist die **Verwirkung des materiellen Abwehrrechts**, die bereits vor Ablauf der Jahresfrist eintreten kann (vgl. *BVerwG*, NVwZ 1991, 1182; *OVG NRW*, NWVBl. 2000, 128; insgesamt zur Verwirkung von Nachbarrechten im Baurecht *Troidl*, NVwZ 2004, 315). Häufig wird es einen Gleichlauf zwischen der prozessualen Verwirkung und der Verwirkung des materiellen Abwehrrechts geben. Ein wichtiger Unterschied liegt allerdings darin, dass das materielle Recht bereits vor Erteilung der Baugenehmigung verwirkt sein kann. Das Recht, Widerspruch und Klage gegen die Baugenehmigung einzulegen, entsteht dagegen erst mit Erteilung der Baugenehmigung, so dass es erst ab diesem Zeitpunkt verwirkt werden kann (vgl. *OVG Nds.*, NVwZ-RR 2011, 807 sowie die Anm. von *Dziallas*, NZBau 2012, 100). Ob ein materielles Abwehrrecht verwirkt ist, hängt zum einen davon ab, dass seit der ersten Möglichkeit zur Erhebung von Rechtsbehelfen längere Zeit verstrichen ist (**Zeitmoment**). Darüber hinaus müssen besondere Umstände hinzutreten, welche die verspätete Rechtsausübung als Verstoß gegen Treu und Glauben erscheinen lassen (**Umstandsmoment**). Mithin ist von einer Verwirkung des materiellen Abwehrrechts eines Nachbarn gegen ein genehmigtes Bauvorhaben auszugehen, wenn der Nachbar in Kenntnis der Erteilung einer Baugenehmigung oder im Falle des Kennenmüssens ihrer Erteilung über längere Zeit untätig geblieben ist, dieses Verhalten des Nachbarn Grundlage für die Entstehung des Vertrauens des Bauherrn in das Ausbleiben von Nachbareinwendungen ist und der Bauherr aufgrund dieses Vertrauens von der Baugenehmigung Gebrauch gemacht, namentlich vermögenswirksame Dispositionen getroffen hat, deren Rückgängigmachung oder Verlust ihm nicht zuzumuten ist (BVerwGE 44, 294; 78, 85).

19   **Beispiel:** Die Baubehörde erteilt dem Bauherrn B die beantragte Baugenehmigung, ohne diese dem Nachbarn N förmlich bekanntzugeben. Auf dem Grundstück des B setzt eine rege Bautätigkeit ein. N hätte deshalb von der Genehmigung zuverlässig Kenntnis erhalten müssen. Erst zwei Jahre später erhebt er Widerspruch gegen die Baugenehmigung des B. Das Bauvorhaben ist inzwischen abgeschlossen. Mangels förmlicher Bekanntgabe hat zwar die Widerspruchsfrist des § 70 Abs. 1 VwGO nicht zu laufen begonnen. N war aber aufgrund des **nachbarlichen Gemeinschaftsverhältnisses** verpflichtet, Ein-

wendungen frühzeitig geltend zu machen, damit der Schaden für B möglichst gering bleibt (vgl. *Troidl*, NVwZ 2004, 315, 316). Indem er erst nach zwei Jahren (also weit nach Ablauf eines Jahres) gegen die Baugenehmigung vorgeht, verstößt er gegen die Grundsätze von Treu und Glauben. N hat deshalb sein Anfechtungsrecht verwirkt. Sein Widerspruch ist unzulässig.

bb) Entscheidung über verfristeten Widerspruch. Zuweilen ent- 20 scheidet die Baubehörde über einen verfristeten Widerspruch so, als sei er fristgemäß erhoben worden. Grundsätzlich kann die Widerspruchsbehörde, weil sie als „Herrin des Vorverfahrens" gilt, das Fristversäumnis durch eine gleichwohl ergehende Sachentscheidung heilen, indem sie mit dieser Entscheidung den Rechtsweg von sich aus neu eröffnet (h. M., abl. etwa *Kopp/Schenke*, VwGO, § 70 Rn. 9). Das gilt aber **nicht**, wenn durch die Sachentscheidung die Rechtsposition eines durch den unanfechtbaren Verwaltungsakt Begünstigten wieder entzogen würde. Eine solche Konstellation ist im Nachbarstreitverfahren bei der Baugenehmigung anzunehmen, da die bestandskräftig gewordene Baugenehmigung dem Bauherrn eine gesicherte, begünstigende Rechtsposition vermittelt (vgl. *Bönker*, in: Hoppe/Bönker/Grotefels, Öffentliches Baurecht, § 18 Rn. 79 m. w. N.). Es bleibt dann bei dem verfristet erhobenen Widerspruch, den die Widerspruchsbehörde als unzulässig zurückweisen muss.

Davon zu unterscheiden ist die anders gelagerte Konstellation des § 50 21 VwVfG. Danach kann sich der Bauherr (und Adressat der Baugenehmigung), wenn die Baugenehmigung auf den Widerspruch eines Dritten hin während des Vorverfahrens aufgehoben wird, nicht auf Vertrauensschutz aus § 48 Abs. 2 und 3 sowie § 49 Abs. 2 und 3 VwVfG berufen. Auch ist dann die Fristbestimmung des § 48 Abs. 4 VwVfG nicht einzuhalten.

cc) Beteiligung am Verwaltungsverfahren. Eine andere Frage ist 22 die, ob der Nachbar bereits vor Erteilung der Baugenehmigung gegenüber der Baugenehmigungsbehörde einen Anspruch darauf hat, dass er an dem Verwaltungsverfahren beteiligt wird. Aus dem Beteiligungserfordernis gem. § 28 Abs. 1 VwVfG, dessen Nichtbeachtung über § 45 Abs. 1 und 2 VwVfG geheilt werden kann, ergibt sich kein Anspruch des Nachbarn auf Anhörung vor Erlass des Verwaltungsakts. Die Anhörungspflicht stellt zwar eine drittbezogene Amtspflicht dar (vgl. *Kopp/Ramsauer*, VwVfG, § 28 Rn. 78; s. auch *BGH*, NVwZ 2004, 638), deren Verletzung **Amtshaftungsansprüche** auslösen kann. Das heißt aber noch nicht, dass ein Anspruch auf Anhörung besteht. Genauso wenig lässt sich aus dem VwVfG ein Anspruch auf Bekanntgabe des Verwaltungsakts mit drittbelastender Doppelwirkung herleiten. Die Landesbauordnungen schreiben ebenfalls größtenteils keine generelle Beteiligung des Nachbarn vor[80] (anders ist die Situation in Bayern, Art. 66 Abs. 1 BayBO). Das führt zu bedenklichen Ergebnissen. Soweit das Vorhaben nicht mehr zu verhindern ist, hilft ihm auch ein Amtshaftungsanspruch gegen die Baubehörde in der Sache nicht weiter. Deshalb erscheint es angebracht, für das baurechtliche Genehmigungsverfahren die zwingende Bekanntgabe der dem Bauherrn erteilten Baugenehmigung an die Drittbetroffenen zu regeln (andere Wertung bei *OVG NRW*, NVwZ-RR 1998, 540).

23   Immerhin für den Fall, dass eine Baugenehmigung entbehrlich ist und das Genehmigungsfreistellungsverfahren zur Anwendung kommt, haben zum Teil die Landesgesetzgeber die Verpflichtung des Bauherrn in das Gesetz aufgenommen, den Angrenzern vor Baubeginn mitzuteilen, dass ein genehmigungsfreies Bauvorhaben durchgeführt werden soll[81].

24   **dd) Ausschluss der aufschiebenden Wirkung.** Eine für die Praxis wichtige Regelung beinhaltet § 212a BauGB. Diese Vorschrift soll der Schaffung von Arbeitsplätzen dienen und gibt wirtschaftlichen Investitionen Vorrang vor nachbarlichem Drittschutz, der aus diesem Grund beschnitten wurde (vgl. BT-Drs. 13/7586, S. 30; *Spannowsky*, GewArch 1998, 1, 8). Sie schließt in ihrem Absatz 1 die aufschiebende Wirkung von Widerspruch und Anfechtungsklage eines Dritten gegen Baugenehmigungen aus und bildet damit eine Ausnahme zu § 80 Abs. 1 Satz 1 VwGO (vgl. § 80 Abs. 2 Satz 1 Nr. 3 VwGO).

25   § 212a BauGB lässt die aufschiebende Wirkung eines Widerspruchs gegen einen **Bauvorbescheid** unberührt, da es sich bei diesem nicht um eine bauaufsichtliche Zulassung des Vorhabens handelt. Ebenso wie die Baugenehmigung entfaltet der Vorbescheid zwar sog. Feststellungswirkung, weil er die Zulässigkeit des Vorhabens feststellt. Anders als die Baugenehmigung hat er jedoch keine Gestattungswirkung, d. h. er hebt das im öffentlichen Baurecht herrschende präventive Bauverbot nicht auf (*Bönker*, in: Hoppe/Bönker/Grotefels, Öffentliches Baurecht, § 18 Rn. 95; vgl. auch *BayVGH*, NVwZ 1999, 1363; a. A. *OVG Nds.*, NVwZ-RR 1999, 716; *OVG NRW*, DVBl. 1999, 788, 789).

---

80 Vgl. § 55 LBO BW; § 71 Abs. 2 BauO Bln.; § 64 BbgBO; § 70 BremLBO; § 71 HBauO; § 62 HBO; § 70 LBauO MV; § 68 NBO; § 74 BauO NRW; § 68 LBO Rh.-Pf.; § 71 LBO SL; § 70 SächsBO; § 69 BauO LSA; § 72 LBO SH; § 68 ThürBO.
81 Vgl. Art. 58 Abs. 3 S. 2 BayBO; § 67 Abs. 4 Satz 3 BauO NRW.

Der erhobene **Nachbarwiderspruch allein kann** wegen § 212a **26**
BauGB den unmittelbar bevorstehenden Beginn der **Bauarbeiten
nicht verhindern.** Dafür ist vielmehr zusätzlich erforderlich, dass
die Baugenehmigungs- bzw. Widerspruchsbehörde auf Antrag des
Nachbarn gem. § 80a Abs. 1 Nr. 2 i. V. m. § 80 Abs. 4 VwGO die
Vollziehung der dem Eigentümer erteilten Baugenehmigung aussetzt
(vgl. *Battis*, in: Battis/Krautzberger/Löhr, BauGB, § 212a Rn. 2) oder
das Gericht gem. § 80a Abs. 3 i. V. m. § 80 Abs. 5 Satz 1 Alt. 1 VwGO
die aufschiebende Wirkung des Widerspruchs anordnet (einstweiliger
Rechtschutz). Das Bestehen oder Nichtbestehen des Suspensiveffekts
hat auf die Zulässigkeit des Widerspruchs keine Auswirkungen.

f) Verlust von Rechten. Der Nachbar kann seine Abwehrrechte **27**
durch Verzicht, Verwirkung (des materiellen Abwehrrechts) oder
Rechtsmissbrauch verlieren (zur verfahrensrechtlichen Verwirkung
bereits o. Rn. 17).

aa) Verzicht. Die Möglichkeit eines Verzichts besteht in materiell- **28**
rechtlicher, bezogen auf das materielle Abwehrrecht, und verfahrens-
rechtlicher Hinsicht, bezogen auf die Einlegung von Rechtsmitteln
und das Geltendmachen des Abwehrrechts (vgl. *Bönker*, in: Hoppe/
Bönker/Grotefels, Öffentliches Baurecht, § 18 Rn. 111 m. w. N.). Erforderlich ist, dass der Nachbar eine wirksame und eindeutige Verzichtserklärung abgibt, die der zuständigen Baubehörde zugeht. Der
Verzicht kann ausdrücklich oder konkludent erfolgen. Die Frage, bis
zu welchem Zeitpunkt ein Widerruf des Verzichts möglich ist, wird
unterschiedlich beantwortet: bis zu dem Zugang bei der Behörde,
bis zu dem Erlass der Genehmigung oder grundsätzlich gar nicht.
Unter Umständen ist die Verzichtserklärung analog §§ 119 ff. BGB
anfechtbar (vgl. *OVG Nds.*, NVwZ-RR 2013, 947; *Bönker*, in: Öffentliches Baurecht, Hoppe/Bönker/Grotefels, § 18 Rn. 111). Zu beachten ist, dass der Verzicht auch den Rechtsnachfolger bindet
(*OVG MV*, NordÖR 2001, 480, 482).

Beispiele: Ein Verzicht kann u. a. durch eine schriftliche Zustimmungserklä- **29**
rung oder durch die Unterschrift auf den Bauplänen und -vorlagen erklärt
werden. Es ist auch möglich, dem Bauvorhaben durch eine Nachbarvereinba-
rung zuzustimmen (*Erbguth/Stollmann*, JZ 2007, 868, 877; *Schröer*, NZBau
2009, 304, jeweils m. w. N.).

bb) Verwirkung und Rechtsmissbrauch. Die **Verwirkung mate-** **30**
rieller Abwehrrechte setzt zunächst voraus, dass eine gewisse Zeit

verstrichen ist, sog. Zeitmoment. Der erforderliche Zeitraum bestimmt sich nach den Umständen des Einzelfalls und beginnt in
dem Zeitpunkt, in dem die Rechtsverletzung erkennbar ist (vgl. *Ku-
schnerus/Schöler/Stehr*, NWVBl. 2004, 297, 301). Ferner muss der
Nachbar durch sein Verhalten bei dem Bauherrn das berechtigte
Vertrauen erweckt haben, er werde sein Abwehrrecht nicht mehr
geltend machen, sog. Umstandsmoment (*BVerwG*, BauR 2003,
1031; *BVerwG*, NVwZ–RR 2004, 314; *OVG NRW*, BauR 2005,
1766). Eine Verwirkung des materiellen Abwehrrechts tritt aber
nur ein, wenn der Nachbar die Rechtsverletzung kennt oder zu
kennen hat. Hat der Bauherr sein Vorhaben in dem Zeitpunkt, in
dem der Nachbar Kenntnis erlangt hat oder erlangen musste, bereits
im Wesentlichen verwirklicht, so scheidet eine Verwirkung infolge
von Untätigkeit des Nachbarn aus (*OVG Rh.-Pf.*, DVBl. 2011,
1107).

31   **Beispiel:** Bauherr B möchte an der Grundstücksgrenze zu seinem Nachbarn
N eine Garage bauen. Die Baugenehmigung hierfür wird N nicht förmlich bekannt gegeben. Er erhält allerdings noch vor Baubeginn eine Ausfertigung der
Genehmigung und wird über Art und Umfang des Vorhabens informiert.
Während der Bauarbeiten unternimmt er nichts gegen das Bauvorhaben. Vielmehr unterhält er sich mehrmals auf der Baustelle mit B über die geplante Garage und ermuntert diesen zur Durchführung des Vorhabens. Erst neun Mo-
nate nach Baubeginn legt N Widerspruch gegen die Baugenehmigung des B
ein. Der Widerspruch ist zwar innerhalb der Jahresfrist analog § 70 Abs. 2
i. V. m. § 58 Abs. 2 VwGO erhoben. N ist jedoch über einen längeren Zeitraum untätig geblieben und hat mit seinem Verhalten bei B den Eindruck erweckt, dass er nicht gegen die Baugenehmigung vorgehen würde. Er hat deshalb sein materielles Abwehrrecht verwirkt (vgl. hierzu und zu weiteren
Beispielen *Troidl*, NVwZ 2004, 315, 316 f.).

32   **Rechtsmissbrauch** liegt vor, wenn der Nachbar eine Rechtsverletzung geltend macht, die auf der unzulässigen Nutzung des eigenen
Grundstücks beruht (*OVG Koblenz*, NVwZ 1982, 692). Fordert der
Nachbar von dem Bauherrn, dass dieser eine nachbarschützende Vorschrift einhält, obwohl der Nachbar auf seinem Grundstück selbst
gegen diese Norm in vergleichbarer Weise verstoßen hat oder die
Vorschrift seinerzeit nicht beachten musste, ist dies ebenfalls rechtsmissbräuchlich (*OVG Nds.*, BauR 1999, 1163; *OVG NRW*, BauR
2002, 295; a. A. *Waechter*, BauR 2009, 1237, 1244; zur Problematik
bei dem Erwerb von sog. Sperrgrundstücken vgl. *BVerwG*, NVwZ
2012, 567; *OVG MV*, NordÖR 2004, 155; *R. Schmidt*, Öffentliches
Baurecht, Rn. 490).

Beispiel: Als Nachbar N auf seinem Grundstück ein Gebäude baute, beach- **33** tete er die damals notwendigen Abstandflächen. Nach derzeitigem Recht wäre dieser Abstand allerdings nicht ausreichend. Heute möchte Bauherr B auf dem angrenzenden Grundstück ebenfalls ein Gebäude errichten. N kann von B nur verlangen, dass dieser den gleichen Abstand zur gemeinsamen Grenze beachtet, den N seinerzeit einhalten musste. Es wäre rechtsmissbräuchlich, wenn N von B fordern würde, den derzeit vorgeschriebenen größeren Grenzabstand zu beachten (vgl. *Finkelnburg/Ortloff/Otto*, Öffentliches Baurecht, Bd. II, S. 279 m. w. N.).

2. Begründetheit der Anfechtungsklage

Die Anfechtungsklage des Nachbarn (die sich gegen eine dem Bau- **34** herrn erteilte Baugenehmigung richtet) ist nach § 113 Abs. 1 Satz 1 VwGO begründet, soweit die Baugenehmigung rechtswidrig ist *und* der Kläger dadurch in seinen Rechten verletzt wird. Es ist besonders sorgfältig darauf zu achten, dass die Klage nur Erfolg hat, wenn dritt-schützende Normen verletzt sind. Ist das nicht der Fall, wird die Klage abgewiesen, auch wenn die Baugenehmigung sich aus anderen Gründen als rechtswidrig erweist (vgl. *Brohm*, Öffentliches Baurecht, § 30 Rn. 17; *Hellermann*, in: Dietlein/Burgi/Hellermann, Klausuren-buch, S. 197 f.).

II. Das verwaltungsgerichtliche Hauptsacheverfahren beim Verpflichtungsbegehren auf Einschreiten der Bauaufsichtsbehörde

Die Verpflichtungsklage ist die richtige Klageart, wenn es dem **35** Nachbarn darum geht, dass die **Bauaufsichtsbehörde** gegen ein Bau-vorhaben auf dem Nachbargrundstück **einschreitet**. Das gilt nicht nur im Hinblick auf sog. Schwarzbauten, d. h. genehmigungsbedürf-tige, aber ohne Genehmigung durchgeführte Vorhaben, sondern auch hinsichtlich genehmigungsfreier bzw. -freigestellter Vorhaben (vgl. *Brohm*, Öffentliches Baurecht, § 30 Rn. 24; *Ortloff*, NVwZ 2001, 997, 1001). Der Nachbar hat keinen öffentlich-rechtlichen Abwehr-anspruch unmittelbar gegen den Bauherrn. Die Durchführung der Aufgaben der Bauaufsichtsbehörde richtet sich primär nach der Lan-desbauordnung und subsidiär nach den Vorschriften des allgemeinen Polizei- und Ordnungsrechts, des (Landes-)Verwaltungsverfahrens-rechts und des (Landes-)Verwaltungsvollstreckungsrechts. Dementsprechend schreitet die Behörde durch den Erlass einer regulären Ordnungsverfügung – also mit dem Handlungsinstrument des Verwaltungsakts – ein. Es gelten insoweit die allgemeinen Rechtmäßigkeitsanforderungen an den Erlass einer Ordnungsverfügung. Die Entscheidung über das Einschreiten steht jedoch im Ermessen der Bauaufsichtsbehörde, so dass der Nachbar die Behörde erst bei einer **Ermessensreduzierung** auf Null zu einem Einschreiten verpflichten kann. Überwiegend wird **im genehmigungsfreien Verfahren** eine Ermessensreduzierung angenommen, wenn das Bauvorhaben gegen nachbarschützende öffentlich-rechtliche Vorschriften verstößt und dadurch die geschützten nachbarlichen Belange mehr als nur geringfügig beeinträchtigt werden (*VGH BW*, NVwZ 1995, 490, 491; *Brohm*, Öffentliches Baurecht, § 30 Rn. 24 m. w. N.; vgl. o. § 10 Rn. 64 ff.). Wenn das Ermessen der Bauaufsichtsbehörde auf Null reduziert ist und der Nachbar einen Anspruch auf behördliches Einschreiten besitzt, ergeht ein sog. Vornahmeurteil (§ 113 Abs. 5 Satz 1 VwGO). Die Behörde wird dann verpflichtet, die beantragten Maßnahmen vorzunehmen. Ist hingegen eine Ermessensreduzierung nicht anzunehmen, erlässt das Gericht ein Bescheidungsurteil (§ 113 Abs. 5 Satz 2 VwGO), nach dem die Behörde den Nachbarn unter Beachtung der Rechtsauffassung des Gerichts erneut bescheiden muss.

36   **Beispiel:** Bauherr B hatte vor einigen Jahren die Genehmigung für den Bau eines Betriebs nebst kleinem Betriebsinhaberwohnhaus in einer nordrhein-westfälischen Gemeinde erhalten. Das Gebiet, in dem das Vorhaben realisiert wurde, ist im Bebauungsplan als Gewerbegebiet festgesetzt. Kurz nach der Errichtung des Gebäudes musste B den Betrieb bereits wieder einstellen. Seitdem wohnt B in dem Betriebsinhaberwohnhaus. Er beabsichtigt nicht, das Grundstück wieder gewerblich zu nutzen, sondern möchte es weiterhin lediglich für Wohnzwecke verwenden. Nachbar N, der ein Gewerbe auf dem angrenzenden Grundstück betreibt, sieht sich in seinem Gebietsgewährleistungsanspruch (o. § 10 Rn. 28 ff.) verletzt. Bei der zuständigen Bauaufsichtsbehörde beantragt er den Erlass einer Bauordnungsverfügung, mit der B die Nutzung zu privaten Wohnzwecken untersagt werden soll. Als sein Antrag abgelehnt wird, erhebt N Klage vor dem Verwaltungsgericht mit dem Antrag, die Behörde zum Erlass einer entsprechenden Bauordnungsverfügung zu verpflichten. Wird die Verpflichtungsklage Erfolg haben?

37   In der Zulässigkeit der Klage ist zu prüfen, ob N klagebefugt ist. Hierfür muss die Möglichkeit bestehen, dass er durch die Ablehnung seines Antrags in einem subjektiv-öffentlichen Recht verletzt ist, § 42 Abs. 2 VwGO. Das ist aber nur dann gegeben, wenn aus einem solchen Recht ein Anspruch auf das begehrte Verwaltungshandeln folgt. Er könnte sich für N aus § 61 Abs. 1

Satz 2 BauO NRW[82] herleiten lassen. In erster Linie dient die Ermächtigungsgrundlage für den Erlass bauaufsichtsbehördlicher Verfügungen dem Schutz öffentlicher Interessen. Allerdings kann N aus ihr jedenfalls dann einen Anspruch auf Maßnahmen der Behörde gegen B ableiten, wenn nachbarschützende Vorschriften verletzt sind. Hier könnte von den drittschützenden Festsetzungen des Bebauungsplans über die Art der baulichen Nutzung abgewichen worden und N dadurch in seinem Gebietsgewährleistungsanspruch verletzt sein. In diesem Fall kommt für N ein Anspruch auf den Erlass der Bauordnungsverfügung gegen B aus § 61 Abs. 1 Satz 2 BauO NRW in Betracht. Demzufolge ist N klagebefugt.

Die Klage ist begründet, wenn die Ablehnung des Antrags rechtswidrig, N **38** dadurch in seinen Rechten verletzt und die Sache spruchreif ist. Das ist der Fall, wenn er einen Anspruch auf die Nutzungsuntersagung aus § 61 Abs. 1 Satz 2 BauO NRW hat. Hierfür müssten zunächst die Voraussetzungen dieser Vorschrift erfüllt sein, d. h. die Nutzung zu reinen Wohnzwecken müsste gegen öffentlich-rechtliche Vorschriften verstoßen. Sie ist formell illegal, da die Wohnnutzung betriebsbezogen war und diese Bezogenheit mit der Betriebseinstellung entfallen ist. Bei der anschließenden privaten Wohnnutzung handelte es sich um eine genehmigungsbedürftige Nutzungsänderung, für die aber keine Genehmigung eingeholt wurde. Darüber hinaus ist die Nutzung materiell illegal, weil sie der Festsetzung über die Art der baulichen Nutzung als Gewerbegebiet widerspricht und damit gegen § 30 Abs. 1 BauGB i. V. m. § 8 BauNVO verstößt. Somit sind die Voraussetzungen von § 61 Abs. 1 Satz 2 BauO NRW erfüllt.

Auf der Rechtsfolgenseite räumt § 61 Abs. 1 Satz 2 BauO NRW der Be **39** hörde ein Entschließungs- und Auswahlermessen ein. Ein Anspruch des N auf eine bestimmte Maßnahme besteht folglich nur, wenn das Ermessen bezogen auf das „Ob" und auf das „Wie" des Einschreitens auf Null reduziert ist. Falls ein Vorhaben wie hier genehmigungspflichtig ist, eine Genehmigung aber nicht eingeholt wurde (vgl. die Situation beim Schwarzbau o. Rn. 35), wird eine Ermessensreduzierung auf Null bejaht, wenn wichtige Rechtsgüter des Nachbarn mehr als nur geringfügig gefährdet sind und die Gefahr nur durch ein Einschreiten der Behörde beseitigt werden kann. Durch die private Wohnnutzung des B entsteht keine große Gefahr für wichtige Rechtsgüter des N, z. B. das Leben oder auch das Eigentum, so dass eine Ermessensreduzierung auf Null nicht eingetreten ist. N steht ein Anspruch aus § 61 Abs. 1 Satz 2 BauO NRW auf Einschreiten der Behörde somit nicht zu. Da der Behörde auch kein Ermessensfehler unterlaufen ist, wird das Verwaltungsgericht auch kein Bescheidungsurteil aussprechen. Die Klage des N ist unbegründet (das Beispiel ist angelehnt an *OVG NRW*, BauR 2009, 1716).

---

82 Vgl. § 47 Abs. 1 Satz 2 LBO BW; Art. 54 Abs. 2 Satz 2 BayBO; § 58 Abs. 1 Satz 2 BauO Bln.; § 52 Abs. 2 Satz 2 BbgBO; § 58 Abs. 2 Satz 2 BremLBO; § 58 Abs. 1 Satz 2 HBauO; § 72 Abs. 1 Satz 2 HBO; § 58 Abs. 1 Satz 2 LBauO MV; § 79 Abs. 1 Satz 1 NBO; § 59 Abs. 1 Satz 1 LBO Rh.-Pf.; § 57 Abs. 2 Satz 2 LBO SL; § 58 Abs. 2 Satz 2 SächsBO; § 57 Abs. 2 Satz 2 BauO LSA; § 59 Abs. 1 Satz 2 BauO SH; § 60 Abs. 2 Satz 2 ThürBO.

40   **Gegen einen öffentlichen Bauherrn** muss sich der Nachbar mit einer Leistungs- oder Unterlassungsklage (gerichtet z. B. auf Beseitigung der baulichen Anlage oder Unterlassung der geplanten Bautätigkeit) zur Wehr setzen (*HessVGH*, DVBl. 2000, 207; *OVG Rh.-Pf.*, NVwZ 2000, 1190; *VGH BW*, VBlBW 2000, 483), wenn für das Vorhaben eine Baugenehmigung (*OVG NRW*, NWVBl. 1999, 426) oder bauaufsichtliche Zustimmung (*Ortloff*, NVwZ 2000, 750, 754) nicht erteilt worden ist.

III. Vorläufiger Rechtsschutz gegen nachbarliche Bauvorhaben

41   Nachbarwiderspruch und -klage gegen eine Baugenehmigung entfalten gem. § 80 Abs. 2 Satz 1 Nr. 3 VwGO i. V. m. **§ 212a Abs. 1 BauGB** keine aufschiebende Wirkung (zu den Auswirkungen des § 212a BauGB auf § 80 Abs. 5 VwGO vgl. *N. Huber*, NVwZ 2004, 915). Der Bauherr kann also die ihm erteilte Baugenehmigung weiterhin ausnutzen und sein Vorhaben realisieren. Um wirksamen Rechtsschutz zu erlangen, ist der Nachbar deshalb darauf angewiesen, im einstweiligen Rechtsschutz nach § 80a Abs. 1 Nr. 2 i. V. m. § 80 Abs. 4 VwGO bzw. nach § 80a Abs. 3 i. V. m. § 80 Abs. 5 VwGO seine Position zu sichern. Geht es dem Nachbarn in der Hauptsache nicht um die Beseitigung einer Baugenehmigung, sondern um die behördliche Bauuntersagung oder Baueinstellung, dann kommt zur vorläufigen Sicherung seiner Rechte eine einstweilige Anordnung nach § 123 Abs. 1 VwGO in Betracht (*Bamberger*, NVwZ 2000, 983, 984 ff.; *Debus*, Jura 2006, 487 f.; ausführl. *Löffelbein*, Genehmigungsfreies Bauen und Nachbarrechtsschutz, S. 191 ff.).

1. Genehmigte Vorhaben

42   Wenn das Bauvorhaben förmlich genehmigt worden ist, stehen dem Nachbarn folgende Möglichkeiten zur Verfügung, um im Wege des vorläufigen Rechtsschutzes die Bauausführung zu verhindern: Er kann nach § 80a Abs. 1 Nr. 2 i. V. m. § 80 Abs. 4 VwGO einen Antrag auf Aussetzung der Vollziehung bei der zuständigen Behörde oder nach § 80a Abs. 3 Satz 1 i. V. m. § 80a Abs. 1 Nr. 2 i. V. m. § 80 Abs. 4 VwGO beim Verwaltungsgericht stellen. Dort kann er auch nach § 80a Abs. 3 Satz 2 i. V. m. § 80 Abs. 5 Satz 1 Alt. 1 VwGO die Anordnung der aufschiebenden Wirkung beantragen (vgl. zur Pro-

blematik der Antragsfassung *Gersdorf*, in: Posser/Wolff, BeckOK VwGO, § 80a Rn. 46 ff.).

Streitig ist, ob wegen des Verweises in § 80a Abs. 3 VwGO auf § 80 Abs. 6 **43** VwGO vor einer Anrufung des Gerichts zunächst ein Antrag bei der Bauaufsichtsbehörde bzw. der Widerspruchsbehörde erforderlich ist. Teilweise wird die Auffassung vertreten, dass der Nachbar stets zunächst den Versuch unternehmen müsse, die Verwaltung zu einer Aussetzung der Vollziehung der Baugenehmigung zu veranlassen (*OVG Nds.*, NVwZ-RR 2005, 69). Der *VGH BW* sieht in der Verweisung hingegen ein Redaktionsversehen (*VGH BW*, NVwZ 1995, 292). Überwiegend wird vertreten, dass das Gericht direkt angerufen werden kann, da die Behörde an die Interessenabwägung des Gesetzgebers gebunden ist, während das Gericht eine selbstständige Interessenabwägung vornehmen und auch die Erfolgsaussichten in der Hauptsache beachten wird (vgl. *Bönker*, in: Hoppe/Bönker/Grotefels, Öffentliches Baurecht, § 18 Rn. 87; weitere Argumente bei *OVG Rh.-Pf.*, NVwZ-RR 2004, 224). Nach einer vermittelnden Ansicht ist zumindest dann kein vorheriger Aussetzungsantrag an die Behörde nötig, wenn der Beginn der Bauarbeiten unmittelbar bevorsteht. Dies leitet sie aus dem Rechtsgedanken des § 80 Abs. 6 Satz 2 Nr. 2 VwGO ab (*OVG Rh.-Pf.*, NVwZ 1993, 591). Richtigerweise wird man die vorherige Anrufung der Behörde schon aus Gründen der Effektivität des Rechtsschutzes nicht verlangen können.

Der Antrag ist begründet, wenn das Interesse des Nachbarn an der **44** Aussetzung der Vollziehung gewichtiger ist als das des Bauherrn an der Weiterführung seines Vorhabens. Die Behörde oder das Gericht muss also eine **Abwägung der widerstreitenden Interessen** vornehmen (allg. dazu im Zusammenhang mit § 80 Abs. 5 VwGO *Kopp/Schenke*, § 80 Rn. 152; *Muckel*, Fälle zum Besonderen Verwaltungsrecht, S. 75 f., 144 f.). Maßgeblich sind dabei die Erfolgsaussichten des eingelegten Rechtsmittels in der Hauptsache. Es muss somit summarisch geprüft werden, ob dieses zulässig und begründet ist. Erweist sich die erteilte Baugenehmigung bei summarischer Prüfung der Sach- und Rechtslage als offensichtlich rechtswidrig und verletzt sie den Nachbarn in seinen Rechten, überwiegt sein Suspensivinteresse gegenüber den Interessen des Bauherrn an der Durchführung der Baumaßnahme (vgl. *Bönker*, in: Hoppe/Bönker/Grotefels, Öffentliches Baurecht, § 18 Rn. 90 ff.).

Umstritten ist derzeit, ob sich der gesetzlichen Regelung in § 212a **45** BauGB die Vorgabe entnehmen lässt, dass dem Vollziehungsinteresse grundsätzlich Vorrang zu gewähren sei. Die wohl noch h. M. lehnt das ab und sieht in **§ 212a BauGB** lediglich eine Regelung über die Verfahrenslast, die durch § 212a BauGB abweichend von der Regel des § 80 Abs. 1 VwGO festgelegt werde (vgl. die Nachw. bei *N. Hu-*

ber, NVwZ 2004, 915 f.). Diese dem Rechtsschutz des Nachbarn günstige Lösung wird sich aber entgegenhalten lassen müssen, dass sie der Intention von § 212a BauGB nicht entspricht. Die Vorschrift legt es nahe, eine Veränderung des in § 80 Abs. 1 und 2 VwGO angelegten Regel-Ausnahme-Verhältnisses anzunehmen. Mit § 212a BauGB gilt die Regel **„im Zweifel für die Vollziehung"** (*N. Huber*, NVwZ 2004, 915, 918; vgl. auch *Bönker*, in: Hoppe/Bönker/Grotefels, Öffentliches Baurecht, § 18 Rn. 86 f.; *Debus*, Jura 2006, 487, 489 f., jeweils m. w. N.).

46   Anders ist die Situation, wenn sich der Bauherr über die nach § 80a Abs. 3 Satz 2 i. V. m. § 80 Abs. 5 Satz 1 Alt. 1 VwGO angeordnete Suspensivwirkung hinwegsetzt und die ihm erteilte Baugenehmigung unter Missachtung der gerichtlichen Anordnung **faktisch vollzieht**, indem er trotzdem mit dem Bauen beginnt oder seine bereits begonnenen Baumaßnahmen fortsetzt. In diesen Fällen kann der Nachbar nach § 80a Abs. 1 Nr. 2 Alt. 2 VwGO bei der Behörde bzw. nach § 80a Abs. 3 Satz 1 i. V. m. § 80a Abs. 1 Nr. 2 Alt. 2 VwGO beim Verwaltungsgericht beantragen, dass einstweilige Maßnahmen zur Sicherung seiner Rechte getroffen werden. In Betracht kommen dabei eine vorläufige Stilllegung oder eine Nutzungsuntersagung, nicht jedoch die Beseitigung.

2. Vorhaben ohne Baugenehmigung

47   Soweit der Bauherr illegal oder im Rahmen des Genehmigungsfreistellungsverfahrens ohne eine formell erteilte Baugenehmigung baut, kommt für den einstweiligen Rechtsschutz des Nachbarn von vornherein nur das Verfahren nach **§ 123 Abs. 1 Satz 1 VwGO** in Betracht. Das Rechtsschutzziel richtet sich auf die Verpflichtung der Bauaufsichtsbehörde, gegen das Bauvorhaben mit einer Bauordnungsverfügung in Gestalt einer Stilllegungsverfügung einzuschreiten.

48   Der Antrag auf Einschreiten der Behörde nach § 123 Abs. 1 Satz 1 VwGO ist begründet, wenn der Antragsteller die tatsächlichen Umstände eines Anordnungsanspruchs und eines Anordnungsgrundes glaubhaft gemacht hat (§ 123 Abs. 3 VwGO i. V. m. §§ 920 Abs. 2, 294 ZPO). Die Prüfung des Anordnungsanspruchs entspricht der Begründetheitsprüfung bei der Klage in der Hauptsache.

49   Im Hinblick auf den **Anordnungsgrund** bedarf es eines spezifischen Interesses des Antragstellers, Rechtsschutz gerade im Eilverfahren zu erlangen. Der Anordnungsgrund ergibt sich aus der Dring-

lichkeit bzw. Eilbedürftigkeit der Sache (vgl. *Happ*, in: Eyermann, VwGO, § 123 Rn. 53). § 123 Abs. 1 Satz 1 VwGO stellt auf eine Gefährdung der Rechtsverwirklichung ab, wobei die Gefährdung sich bei objektiver Betrachtung konkret abzeichnen muss. Es muss zu besorgen sein, dass ohne den Erlass einer einstweiligen Anordnung irreversible Fakten eintreten, so dass sich das gefährdete Recht im Hauptsacheverfahren nicht mehr durchsetzen lässt oder dass die Zustandsveränderung den Erfolg im Hauptsacheverfahren weitgehend entwertet (vgl. *Dombert*, in: Finkelnburg/Dombert/Külpmann, Vorläufiger Rechtsschutz im Verwaltungsverfahren, Rn. 150, 158 ff.). Insofern ist zu berücksichtigen, dass der Bauherr jederzeit mit den Baumaßnahmen beginnen und bereits begonnene Maßnahmen fortsetzen kann. Ein schneller Baufortschritt erschwert sowohl aus tatsächlichen Gründen (Schaffung vollendeter Tatsachen) als auch aus rechtlichen Gründen (etwaige Unverhältnismäßigkeit der Beseitigung des bereits Gebauten) die Verwirklichung eines materiell-rechtlichen Anspruchs des Nachbarn und begründet so die erforderliche Eilbedürftigkeit.

Der **Anordnungsanspruch** besteht, wenn das Bauvorhaben gegen 50 materiell nachbarschützende Vorschriften verstößt und das der Bauaufsichtsbehörde nach der Eingriffsermächtigung in § 61 Abs. 1 Satz 2 BauO NRW[83] zustehende Ermessen auf Null reduziert ist. Eine Ermessensreduzierung ist im Allgemeinen anzunehmen, wenn durch das Vorhaben besonders wichtige Rechtsgüter wie Leib, Leben und Gesundheit verletzt sind oder ein so erheblicher Schaden droht, dass die Untätigkeit der Behörde ermessensfehlerhaft wäre (*Heintz*, in: Gädtke/Temme/Heintz/Czepuck, BauO NRW, § 61 Rn. 42; zu abw. Ansätzen insbes. bei genehmigungsfreien Vorhaben vgl. *Debus*, Jura 2006, 487, 491 ff.; s. auch o. § 10 Rn. 62 ff.). Eine Ermessensreduzierung auf Null wird auf dieser Grundlage jedenfalls dann angenommen, wenn der Verstoß des Bauvorhabens gegen nachbarschützende Normen offensichtlich eine Gefahr für die genannten Rechtsgüter als Elemente der öffentlichen Sicherheit bedeutet (vgl. *Heintz*, in: Gädtke/Temme/Heintz/Czepuck, BauO NRW, § 61 Rn. 16 f., 35, 39).

---

83 Vgl. § 47 Abs. 1 Satz 2 LBO BW; Art. 54 Abs. 2 Satz 2 BayBO; § 58 Abs. 1 Satz 2 BauO Bln.; § 52 Abs. 2 Satz 2 BbgBO; § 58 Abs. 2 Satz 2 BremLBO; § 58 Abs. 1 Satz 2 HBauO; § 53 Abs. 2 Satz 2 HBO; § 58 Abs. 1 Satz 2 LBauO MV; § 79 Abs. 1 Satz 1 NBO; § 59 Abs. 1 Satz 1 LBO Rh.-Pf.; § 57 Abs. 2 Satz 2 LBO SL; § 58 Abs. 2 Satz 2 SächsBO; § 57 Abs. 2 Satz 2 BauO LSA; § 59 Abs. 1 Satz 2 LBO SH; § 60 Abs. 2 Satz 2 ThürBO.

51   Bei dem Antrag des Nachbarn auf Erlass einer einstweiligen Anordnung gem. § 123 Abs. 1 VwGO ist insbes. das **Verbot der Vorwegnahme der Hauptsache** problematisch, nach dem grundsätzlich keine
vollendeten Tatsachen geschaffen werden dürfen (vgl. *Bönker*, in:
Hoppe/Bönker/Grotefels, Öffentliches Baurecht, § 18 Rn. 107). Ausnahmsweise ist dies jedoch möglich, wenn für den Nachbarn anderenfalls schwere, unzumutbare Nachteile entstehen würden und dessen
Erfolgsaussichten in der Hauptsache eindeutig überwiegen (vgl.
Schenke, Verwaltungsprozessrecht, § 25 Rn. 1036). Aufgrund des Verbots der Vorwegnahme der Hauptsache kann grundsätzlich keine Abrissverfügung im einstweiligen Rechtsschutzverfahren erlassen werden. Eine Baueinstellung ist zwar möglich, hierfür werden in der
Praxis aber strenge Anforderungen an das Rechtsschutzbedürfnis des
Antragstellers gestellt (vgl. *Mehde/Hansen*, NVwZ 2010, 14, 17 f.).

**Literatur: Zu I. (Hauptsacheverfahren bei Anfechtung einer Baugeneh-
migung):** *Diehr/Geßner*, Die Abwehrrechte landwirtschaftlicher Betriebe gegen heranrückende Wohnbebauung – Ein wichtiges Beispiel des Nachbarschutzes im öffentlichen Baurecht durch das bauplanungsrechtliche
Rücksichtnahmegebot, NVwZ 2001, 985; *Dürr*, Nachbarschutz im öffentlichen Baurecht, KommJur 2005, 201; *Muckel/Stemmler*, Fälle zum öffentlichen
Baurecht, 7. Aufl. 2013, S. 99 ff.; *Hübner/Köpfler*, Die Vielschichtigkeit der
Regelungsmöglichkeiten einer Nachbarschaftsvereinbarung, BauR 2008,
1406; *Jäde*, Die Bindungswirkung der Nachbarzustimmung – eine unendliche
Geschichte? UPR 2005, 161; *Muckel*, Der Nachbarschutz im öffentlichen
Baurecht, JuS 2000, 132; *Schlette*, Die Klagebefugnis – § 42 II VwGO, Jura
2004, 90, 93 f.; *Schröer*, Zur Reichweite nachbarlicher Zustimmungen bei
nachträglichen Änderungen baulicher Anlagen, NZBau 2009, 304; *Troidl*, Verwirkung von Nachbarrechten im öffentlichen Baurecht, NVwZ 2004, 315;
Waechter, Abstandsklage, nachbarliches Gemeinschaftsverhältnis und planungsrechtliche Schicksalsgemeinschaft, BauR 2009, 1237.
Zu II. (Hauptsacheverfahren bei einem Verpflichtungsbegehren): *Mampel*, Zum Anspruch Dritter auf bauaufsichtliches Einschreiten, DVBl. 1999,
1403; *Mehde/Hansen*, Das subjektive Recht auf Bauordnungsverfügungen im
Zeitalter der Baufreistellung – Eine Bilanz, NVwZ 2010, 14; *Otto*, Rechtsschutz gegen genehmigungsfreie Bauvorhaben, ZfBR 2012, 15.
Zu III. (Vorläufiger Rechtsschutz): *Bamberger*, Die verwaltungsgerichtliche vorläufige Einstellung genehmigungsfreier Bauvorhaben – Synchronisie-
rung von Anordnungs- und Aussetzungsverfahren?, NVwZ 2000, 983; *Debus*,
Vorläufiger Rechtsschutz des Nachbarn im öffentlichen Baurecht, Jura 2006,
487; *N. Huber*, § 212a I BauGB und die Auswirkungen auf den einstweiligen
Rechtsschutz nach § 80 V VwGO, NVwZ 2004, 915.

Sachverzeichnis

Die Angaben beziehen sich auf die Paragrafen (fette Zahlen) und
die Randnummern (magere Zahlen.)